货币、金融、现实与道德

以一个崭新的视角论述古老问题

[英] 爱德华 · 哈达斯 著

周振雄 译

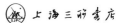

上海三联书店

目 录

货币、金融、现实与道德

推荐序（一）

货币是商品之价值的完成了的形式。正是在这种形式中，包含了商品价值之摆脱，对商品使用价值的依附而趋向自身独立的隐秘倾向。

既，货币不仅仅充当商品交换的一般等价物，而倾向于升华为主宰一切商品生产和商品交换的君主。这一升华之实现，便是资本市场（金融）之形成。人类真是太有意思了，在其经济生活中竟敢如此以头立地！

爱德华·哈达斯此著讨论货币金融与现实之间的关系的伦理性质，目的在于从根本上揭示种种接连不断的金融危机的总根源，这超出了经济学、金融学通常的理论范围，而这种超出恰是这部著作的重大意义之所在。

周振雄先生倾注了很大的精力，完成此著之汉译，并做了百余条注释，使中文读者能较顺利地进入读著作展开的思考，这是本书读者都会感谢的。

我在此向中国读者郑重推荐此著。

王德峰

2025 年 7 月 27 日于上海

王德峰：复旦大学哲学系教授、博导，原复旦任重书院院长，马克思主义哲学史教师及"当代外国马克思主义研究中心"研究员，兼任美学教研室主任。主要从事马克思主义哲学的当代意义及当代艺术哲学研究。代表作品有《哲学导论》《艺术哲学》等专著，译著有《时代的精神状况》《音乐哲学》，并发表《论马克思哲学对现象学原则的包含与超越》等多篇论文。他曾获复旦大学校长奖和林氏奖、上海市高校教学名师等荣誉，其"哲学导论"课程被评为上海市精品课程。

推荐序（二）
后贵族式金融——西式批判与中式建言

本书最伟大之处就是创造了"后贵族式金融"这一词汇，本书所有内容都是围绕这一概念展开。

本书作者爱德华·哈达斯教授将融资分为经济性融资和社会性融资，经济性融资是为了经济更好地发展而进行的融资，经济性融资的资本报酬是合理的；社会性融资则是一个阶层向另一个阶层"进贡"的金融形式，"利息"就是现代化的"贡品"。尽管现代社会已经没有了贵族，后贵族式金融却以一种隐蔽的生产关系，将贵族时代的社会规则遗留了下来，而之所以出现这样的情况，是因为货币的存在。

后贵族式金融出现的时代背景

本书前两章主要讲货币的问题。哈达斯教授指出，在货币出现之前人类处于以物易物，以劳动换取劳动的"大交换"时代，货币出现后，这种大交换因为货币的存在而复杂化了。因为货币具有储蓄功能，所以追求货币成为了人类的动机。

在本书中，哈达斯教授提出了一个"三联体"的货币经济概念，并且这个概念贯穿全书，导致本书有些令人费解，但我们如果结合凯恩斯提出的持有货币的"三种动机"理论就容易理解很多。书中的"三联体"左侧的货币基本上对应凯恩斯提出的货币的"谨慎动机"，是指储蓄货币；三联体的中间部分，也是本书反复出现的"代币"一词，指的就是"交易性货币"，也是货币的重要职能之一。

本书前面两章提出"大交换""三联体""代币"等概念，其实是在阐述"后贵族式金融"产生的时代背景。因为哈达斯教授的概念与现代经济学概念并不完全对应，所以会有些费解。

"后贵族式金融"批判

本书的精华是从第三章开始的。从这章开始，哈达斯教授开始批判"后贵族式金融"，他认为"后贵族式金融"的结果，是将货币从社会相对贫穷的成员转移到相对富裕的财务投资者。与经济性融资不同的是，后贵族式融资的根本目标不是解决目前资金短缺的问题，虽然偶尔会解决这些问题，但其主要导向是创造一种由穷人向富人的长久货币性义务。在经济性融资出现之前，这种社会性融资就已经广泛出现，比如前现代农民和工匠就会向他们的精英领主与主人提供劳务与其劳动果实。

在以农业为主的前现代经济体中，大部分土地由贵族与其他地主所有，租户的义务称为"租金"，随着货币越来越普遍，由较低向较高的回报义务，开始以货币形式而非实物形式表达。这是财务"贡品"。

"后贵族式融资"甚至不是为了提高经济效率而设计的，恰恰相反，它旨在为特权阶层的特权买单并保护其特权。后贵族式融资破坏了当代社会的平等主义规范，它几乎没有任何经济益处，并且直接反对现代社会所声称的平等主义社会和经济理念。贵族式金融让极少数人提高极度奢侈的生活，而让一群人陷入绝望的贫困。一种人性缺陷导致他们期望不切实际的巨额收益。"后贵族式金融"导向的是阶层固化，是一个阶层向另一个阶层进贡。

哈达斯教授指出，在现代住宅、商业以及工业地产的租金中，贫困向富裕的资金流动仍然占据主导地位。就像过去一样，用农民

货币、金融、现实与道德

佃户的贡献支出他们领主的奢侈生活方式与军事冒险，当今资金流向也表达着一种类似的贵族式劳动配置，租客向现代房东支付的房地产租金，也使现代房东的奢侈生活与社交投机成为可能。

哈达斯教授总结到：后贵族式金融在现代地租、政府债务、消费信贷、过度商业收入领域表现得非常明显。在现代社会，债务违约不再剥夺一个人的所有社会自由，然而巨额债务——无论是还清的还是未还清的——仍然造成某种程度的金融性奴役，债权人有效控制着债务深重的债务人可以在哪里生活与工作，而利息余额的担忧和资金流失，导致一种接近主人与奴隶式的附庸关系。生活在豪宅里的金融家是一批操纵国王与民选政府的傀儡大师。

西方国家的政府融资也具有后贵族式融资的特征，政府融资大部分回报偿付流向了那些位居国家经济金字塔上较高位置的人们，而大部分的这类款项来自大多数位居底层的纳税人，政府财政由穷人到富人的资金流动，并不支持现代社会为努力提高经济平等的思想，后贵族融资的根本是底层民众的贫困化，经济不景气时期，财务性贡品的负担更会加剧。

"过度商业收入"也是导致"后贵族式金融"的第三种形式，名副其实的债务奴役，塑造了"后贵族式融资"，并且经济融资奠定了一个不良的道德基础，导致了经济效率的低下。教授在书中提到 2008 年以及在它之前的历次全球经济危机，显然 2008 年全球经济危机是"后贵族式金融"极致化的崩溃。

"贪婪"是后贵族式金融出现的原因

哈达斯教授认为"贪婪"解释了为什么那些已经相对富裕的人们如此致力于"后贵族式金融"。在没有贵族的时代，仍然有很多人期望过上贵族式的生活，他们不付出劳动，靠定期享受别人的贡品维持生活。

贪婪不仅具备破坏性，有时甚至是反社会性的，因为它鼓励不分享，从而破坏了对社会繁荣至关重要的共同纽带。因为这种贪婪导致富人拒绝为国家服务，拒绝缴纳他们公平份额的税款。哈达斯教授形象地将其比喻为"社会性贪婪就像小孩子觊觎玩伴的玩具那样，只是为了拥有而非使用它们"。

一个多世纪以来，几乎每一次经济衰退都可以追溯到银行的贪婪行为。当代社会越来越多的公司受到股东价值的指导，这将公司从共同利益的仆人转变为金融贪婪的主人。

贪婪背后的学术问题分析

哈达斯教授认为，贪婪的泛滥与学术的堕落有关。贪婪的概念对主流的当代学术是陌生的，美德与恶行的传统区别在过去几代人之中基本上被摒弃了，善恶的区别让位给了合法与不合法，道德的门槛在不断后退。西方经济学的学术结构特别仇视关于善恶的辩论。经济学变为了一门纯粹描述的学科，根据现代经济学定义，道德判断被排除在外。

笔者对此也有同感。现代西方经济学先后经历了纳索·威廉·西尼尔主张的"去政治化"，卡尔·门格尔主张的"去历史化"，马克思·韦伯主张的"去价值化"，约翰·内维尔·凯恩斯主张的"去规范化"，米尔顿·弗里德曼主张的"去真实化"五次方法论革命，已经不具备批判性和建言性。然而这并非西方经济已死亡，其实批判的理论也可以中立化或模型化，这比纯粹的道德批判更具有力度，本书更多是致力于舆论批判，而非将这种批判理论化。

现代经济学不仅不批判贪婪，甚至出现了歌颂贪婪的现象，而且这种现象从资本主义一诞生就出现了。现代资本主义起源于荷兰，人类最早的现代经济学著作是伯纳德·曼德维尔写作的，曼德维尔的《蜜蜂的寓言》就是一部歌颂贪婪的著作。他认为私人的恶行可以带来公共利益，因为曼德维尔的巨大争议，后世学者对其唯恐避之不及，只有奥地利学派的哈耶克等人将其奉为"先知"，奥地利学派的所有著作也不过是曼德维尔的注释而已。哈达斯教授在本书中虽然点到了哈耶克的名字，却没有对其进行批判，而哈耶克与弗里德曼等新自由主义知识分子的主张，的确是导致"后贵族式金融"盛行的一个根本原因。

在西方国家，新自由主义经济政策盛行后金融监管被放松，这点在书里也被提及，但更重要的是，新自由主义经济政策导致的"福利削减"以及底层贫困化，才是真正导致后贵族式金融泛滥出现的根本原因。正如哈达斯教授在书中所指出的，贪婪利用了穷人的绝望，从社会角度，投资对象只有在胁迫下才愿意提供非常高的回报，让穷人免遭苦难的贷款利用了社会不公，以及发薪日的高额利率贷款往往利用了无知和劣质品格，教育贷款成为年轻人的长期负担，利用这些弱点或弱势地位所赚取的回报都是贪婪的，"后贵族式金融"其实占据的是公共服务和社会福利的空间，如果整个社会公共服务和社会福利可以跟上，就不会有那么多穷人会陷入"后贵族式金融"的沼泽泥潭。

"后贵族式金融"的理论分析

学术界对贪婪的颂扬无非是基于，同时也始于"曼德维尔哲学"。这种哲学被奥地利学派继承并神秘化，但经过笔者"祛魅化"后又变得非常简单易懂。其实笔者已经将曼德维尔的思想概括为一个模型，这就是"利润创造供给"，供给是利润的函数，企业家是为利润而生产，而非为需求而生产，只是顺便满足了需求。

现代经济学认为需求创造供给，这并没有错误，但需求并不直接创造供给，供给是企业家创造的，企业家创造供给则是受到利润的驱使。从微观个体来说，产品供给量其实是利润的函数，利润越高产品供给越大。在现代经济学中供给曲线应该是一条供给随着利润的变化而变化的曲线，曼德维尔哲学并没有什么神秘，它如此简单，曼德维尔只是最早用寓言揭示了利润创造供给的原理。

降低贪婪与改变"后贵族式金融"的方法

哈达斯教授认为，"后贵族式金融"出现的根本原因是贪婪。他提出了七种抑制贪婪的方法，分别是竞争、利润监管、行业监管、广泛的公共服务、官僚制度、公众与专业的压力、观念与理想。笔者并不反对以上建议，但也对此有一些补充。

根据我们上面的模型分析，贪婪是对利润的贪婪，那么降低利润则一定程度上避免贪婪的蔓延，而货币的利润显然是在政府的控制之内的。贪婪其实也是有周期性的，贪婪的周期性就是货币政策的周期：高利率时期，社会普遍出现金融贪婪；低利率时期，社会性的金融贪婪则出现下降趋势。我们只要通过央行的货币政策制定，将货币利润降低到一定程度，社会就不会出现系统性的贪婪。这也是笔者提倡的"最优央行货币利率"。在笔者的理论中，"最优央行货币利率"是一个中间利率，如果人类实行笔者提出的"最优央行货币利率"规则，货币就不会再出现"高利率时期"，系统性的金融贪婪就可以在很大程度上从宏观层面被削除。

道德的谴责与理论的批判

哈达斯教授在书中指出，在社会科学中真正扼杀旧范式且孕育新范式的，是更加模糊的东西——一种无定形的，逐渐聚集的看似合理且最终令人信服的新概念、事实、论点以及历史实践的集合。道德的谴责并不能代替理论的批判，笔者的经济学理论研究受益于现代经济学方法论革命，但不拘泥于方法论革命。笔者坚信，经历过方法论洗礼的批判性理论才更具备批判性，批判性理论也要模型化，这样更符合现代学术规范，也可以更好地解决问题。

在本书中，哈达斯教授提出了一个非常好的问题，从长远看也许可以开启一个新的学术研究分支。尽管如他所说，新的理论必定有一定的模糊性和无定形，但随着更多的学者加入由他开创的这一新的学术研究分支，也或许如他预测的那样，将会有更多的概念、事实、论点和历史实验诞生出支持他的"后贵族式金融"研究，最终"后贵族式金融"理论也必将成为一种解读现代社会的新学术范式。

这是一部只有欧洲学者才会写出的重量级著作。欧洲底层民众经历了中世纪长期的贵族压迫与奴役，因此他们对这种"后贵族式金融"有着更深刻的体会，他们绝不允许这种旧生产关系在新时代通过金融的方式死灰复燃。

哈达斯教授的研究不仅对西方社会有意义，对中国同样具备现实意义，现代经济学虽然标榜意识形态独立，但在最近几十年却强烈地关注政府的道德问题，现在也应该到了关注社会道德问题的时候了。

高连奎

2025 年 7 月 7 日于北京

高连奎：经济学家，中国原创经济学论坛理事长，美国麻省理工学院达特茅斯 CIE 经济研究中心原主任。

推荐序（三）

　　很高兴成为周振雄先生新近译著《货币、金融、现实与道德》的首批读者。作为我十年前在上海交大金融工程师班及随后在上海财大对冲基金班的学生，周振雄已为今日的译作奠定了坚实的金融专业基础。借此机会，我也很高兴分享一些与书中观点产生的共鸣。

　　当货币成为社会运转的纽带，当金融渗透至生活的每个角落，我们终究无法回避一个核心问题：在数字洪流的背后，价值应以何为锚？振雄这部译著的问世，正是对这一问题的深刻回应。它不回避金融世界的复杂性——既承认资本逐利的天然属性，亦追问其利益边界的伦理刻度；既解析金融工具的精巧逻辑，也深切关注工具背后人的处境。从古典时代关于"货币是否应生息"的争论，到现代社会对"算法歧视是否公平"的拷问；从历史上一次次经济泡沫破裂的教训，到当下科技金融催生的新型道德困境，书中每一章都致力于搭建一座桥梁：让冰冷的金融规律与温热的人文关怀相遇，令抽象的市场理论与具体的现实选择对话。

　　"现实道德"从来不是空中楼阁。它体现为政策制定者权衡效率与公平时的考量，是银行家面对风险时的审慎抉择，是普通人使用金融服务时对"被尊重"的期待，更是每位参与者在"能做"与"该做"之间的清醒判断。这本书的价值，恰恰在于它拒绝将道德简化为教条，而是引导读者在具体情境中深入思考：当金融创新与风险防控冲突时，如何寻求平衡？当普惠金融遭遇商业可持续性瓶颈时，应作何取舍？当技术重塑金融形态时，人的尊严与权利又该如何保障？

该书的原作者爱德华·哈达斯博士并未在书中提供标准答案，但他指引我们持续探索"更好的可能性"。因为真正的金融伦理，从来不是书斋里的冥想，而是植根于现实土壤的智慧——它让货币的流动更趋近正义，使金融的力量更贴近人性，让我们在追求繁荣的道路上，始终铭记"为何出发"。

愿这本书能成为您的一面镜子，既映照出金融世界的温度与维度，也照亮每位参与者心中那份不可妥协的价值坚守。

申 毅

2025 年 7 月 26 日于上海

申毅：上海申毅投资董事长。流体力学博士，金融衍生品专业硕士。曾任高盛集团欧洲 ETF 部门创始人，管理美股自营交易团队。

2010 年回国创立"申毅投资"，专注量化对冲策略，经常在《第一财经》《彭博财经》等媒体担任嘉宾。现任上海市基金同业公会副会长，上海北外滩绝对收益投资学会会长。

译者序

在金融学术界和哲学领域中，能够将深奥的理论通俗化，且兼具丰富实战经验的学者，实属难得。爱德华·哈达斯教授正是这样一位卓越的学者，他不仅是英国牛津大学的资深研究员兼讲座教授，还曾在国际媒体路透社热点透视栏目和金融时报担任经济专栏编辑，并作为欧洲知名电台的特邀嘉宾解析金融与时政的议题。他曾供职于欧美著名全球性金融机构摩根士丹利和普特南担任专职股票分析师，这一系列的经历为本书内容的专业价值奠定了坚实的学术理论与行业实操的基础。

哈达斯教授对本书的成就，不仅源于其数十年丰富的职业生涯，还得益于他在世界顶尖名校牛津大学、哥伦比亚大学以及纽约州立大学的会计、金融、数学及哲学等多个领域的完整系统教育。这些教育背景使他能够集金融理论与实践于一身，将深刻的哲学思想与金融理论融会贯通，为读者提供了其独特的视角和深刻的洞见。

作为一位马克思主义学派的经济学家，哈达斯教授忠实地遵循亚里士多德古典哲学的道德价值观。此外，他在撰写本书中运用了散文般的语言和精妙的修辞风格，擅长通过比喻将严肃而深奥的哲学和金融理论深入浅出地解释给读者，使本书不仅具有极高的学术价值，而且极具可读性。

本书堪称是一部金融学批判的启蒙性理论书籍，通过其批判性的视角，探讨了现代金融体系中的各种问题与挑战，尤其是在应用新教伦理、公平机制和资本主义精神阐述了人性的贪婪在金融领域所引起的种种表现，从客观上、主观上乃至社会学的视角将它们分析得淋漓尽致。哈达斯教授的写作风格清新脱俗，既富有哲学深度，又不失通俗易懂，使得本书成为专业学术界和普通读者之间的桥梁。

我有幸成为哈达斯教授在牛津的学生，并为翻译本书就其相关内容与他一起频繁而深入探讨了一年有余，我自认为在信、达、雅方面下了点工夫，除了忠实于原文内容外，尽量保持原文的句型、语法结构与章法。此外，为了便利读者阅读，我还为译文添加了百余条脚注，供读者参考之用。这些脚注不仅有助于理解原文的深意，还能帮助感兴趣的读者拓展在哲学、金融学等领域的知识，增强阅读体验。

最后，我更要特别感谢黄韬总编和张静乔责任编辑的慧眼识珠与鼎力支持。没有他们的肯定与付出，这本书或许至今仍束之高阁。同时，我也要诚挚感谢王德峰、高连奎两位教授，以及申毅会长拨冗分别为本书撰写推荐序。感谢金斌华先生始终如一的坚定支持。感谢周振毅先生的大力推动与倾情相助。感谢马纬女士和李勤峰先生在文字与财务方面提出的宝贵建议。

周振雄

2024 年 6 月 22 日于上海

前言

　　有何不同：本著作是一本关于货币与金融的书籍，它同时又是一部基于对经济活动理解的书籍，其中金融、货币甚至以物易货的部分完全可以作为选择性阅读的书籍。然而，这种对经济活动的理解，是基于对经济学正确方法的基本判断，对人类经验的某些部分进行学术研究。我不认为某种经济模型是有效的，除非它完全适用于所有社群——不仅适用于经济学家通常所研究的那种复杂且充满货币的国家经济模式，而且也适用于较为简单的经济模式，包括那些业已消失的基本上依靠狩猎、捕鱼或者采集野生食物为生的游牧民族的经济模式，尽管他们大多一起劳动与消费，既无货币又不与其他群体发生贸易关系。本著作的第一章和第二章所列举的范式满足我的有效性标准。

　　我对于经济的描述在几个方面与大学经济系通常认为理所当然的基本观点有很大不同。与本书最相关的不同点不仅在于，那些教授们通常将经济视为货币物，而我则不然；还在于他们认为经济学的研究本质上是数字的，而我并不这么认为。对他们而言，唯一有效的解释与分析，要么是抽象数学的，譬如像推导物理定律；要么是统计的，譬如像生物学或者当代社会学发现模型。就我而言，经济学主要是一门伦理、社会及其定性的学科。我认识一些经济数字可以传导丰富的信息，但是我发现，即使那些有用的经济数字信息也常常会带来更多的虚假性而不是正确的理解。依我之见，几乎不言而喻的是，经济体系以及其创导者并未遵循严格的数学定律，无论是简单的还是复杂的。人们并不按照数学法则生活。他们的行为有时可以用统计方法来描述，但是这些用统计方法推导出来的行为模型及其趋势，往往隐藏得远超出它们所揭示的东西。

此书的由来：考虑到我对经济学传统数学方法的不信任，选择撰写这个基本上是数学范畴的货币与金融的主题似乎有点奇怪。这对于我来说有时确实有点奇怪。事实上，我为自己曾于 2007 年写过一本几乎没有提及货币或者金融的经济学理论专著而感到自豪。在2008 年至 2009 年的金融危机之前，我曾坚定打算远离这两项主题，金融危机和随后缓慢的经济复苏改变了我的初衷。当时，我无法满意地解释，为什么世界金融体系会如此濒临崩溃，为什么全球经济如此难以从一场短暂的金融危机所造成的损害中恢复过来，或者为什么在各国政府将全球金融体系从其明显错误的结果中拯救出来之后，其变化却如此之小?

几年之后，我意识到用研究伦理学科的方法探索经济学，才是解释金融危机的钥匙。要用多年的时间才能牢固领会到金融领域的道德困境，这源于大众（与专业人士）对其适当的经济角色的误解。在调查这种误解过程中，我更深刻地思考着货币可以和应该发挥什么样的作用。一旦这一概念框架变得清晰之后，我不但解释了2008 年至 2009 年的金融危机，而且还解释了我将在本著作第一章论述的整个"金融例外"的本质。其结果，摘掉经济学家的"数字有色镜"之后，可以让他们更清楚地看到，这场看似充斥着数字危机背后的道德伦理剧。作为一个令人沮丧的奖励，十多年来全面思考这些想法并将它们转化成本著作，足以导致货币与金融体系中另一个可能严重的问题出现，这一次是突如其来的消费者物价的通货膨胀。最新的难题支持了本著作的基本理论：除非金融规则和惯例变得贴近现实并且合乎道德，否则金融危机还将接踵而至。

无政策推荐：本著作缺乏后危机时代的书籍都有的一个共同特征，就是提出一系列如何避免未来困境的可行性建议。早期的一稿里确实曾有过一些类似的清单，但在我意识到那 15 项重大建议中，没有一项会获得当前任何重要的政治性支持后，还是决定作罢。我断定与其用那一系列显然不那么现实的建议赢得一些持怀疑论的读者，还不如说服那些犹豫不决者误以为我是位乌托邦梦想家。我仍然坚信那些建议或者类似的想法，可以在复杂经济的当代现实世界，以及道德薄弱的人类永恒世界中发挥良好的作用。然而，如果没有一个关于金融贪婪的新的或者可能是复兴的社会共识，我的任何建议都不会起作用。我只能遗憾地说，这看起来仅是一个愿景。

无太多明显的哲学性讨论：本著作鲜有明确的哲学论述，但我的议程是建立在深刻的哲学之上的。用最通俗的话来说，我想用更坚实的基础取代幼稚的功利主义、现实盲目的方法论个人主义①和伪非规范性②，这些都是学院派经济学的基础，它们源自西方哲学、社会思潮以及哲学人类学③的伟大传统。更具体地讲，本著作包括了对亚里士多德④就货币论述的提炼，几乎类似于学院派的努力，揭示我们所称的"货币"实际上是两种不同观点：一种是坚定抵制

---

① 译者注：现实盲目的方法论个人主义，指一种经济分析的方法，其主要关注个别行为与决策，忽视超出个体决策狭义范围的广泛现实社会、文化和结构背景的复杂性及其相互作用对这些行为的影响。
② 译者注：伪非规范性，指某事物在表面上看起来是非规范性的或缺乏已建立的规范，但实际上它仍携带着潜在的规范、价值或假设；是用来描述假装中立或缺乏规范影响的欺骗性外观，而其实存在着隐藏或隐含规范的一个术语。
③ 译者注：哲学人类学分为广义和狭义两种理论，广义泛指哲学上一切关于人的理论、观点、学说，相当于传统的人本主义思潮；狭义特指 20 世纪初由德国哲学家马克斯·舍勒创立，并由文化人类学家米契尔·兰德曼等人发展成为，包括宗教哲学人类学、生物哲学人类学、心理哲学人类学、文化哲学人类学，以及功能主义的哲学人类学等学科分支的庞大哲学体系。
④ 译者注：亚里士多德（Aristotle，前 384—前 322），古希腊哲学家。在哲学上提出潜能实现说，在伦理思想上认为道德是人这一存在者实现其本质的能力，在逻辑学上创建三段论演绎推理形式。

洛克①—休谟②—斯密③将货币与政府分开，以及将经济与社会隔离的努力；另一种是大众化卡尔·马克思所声称的揭示货币之谜的努力，即对涂尔干④的金融二元社会学的认同，以及受奥古斯丁⑤和海德格尔⑥影响对时间的理解。最重要的是，对金融的道德分析是基于托马斯⑦所认为的对美好生活的理解。

无过多天主教教义：在我出版第一部关于经济学的专著与本书之间，我还于 2020 年出版了一本关于天主教社会学说的书籍。该学说的经济方面帮助塑造了当前著作的撰写工作。特别是，我将在本书第二章介绍约翰·保罗二世⑧于 1981 年关于劳动的教皇通谕是大交换⑨范式的基础。更笼统地讲，继任教皇本笃十六世⑩概括的道德框架是我所有经济思想的基础："经济领域既不是道德中立的，也不是

---

① 译者注：约翰·洛克（John Locke，1632—1704），英国哲学家，为启蒙时代最具影响力的思想家。在经济学上提出劳动创造使用价值和地租来自剩余劳动的学说。
② 译者注：大卫·休谟（David Hume，1711—1776），英国哲学家、历史学家和经济学家。在经济学上支持当时繁荣的英国工商业，反对降低利率、间接税与提高劳动力价格。
③ 译者注：亚当·斯密（Adam Smith，1723—1790），英国哲学家和古典经济学家，其代表作《国富论》系统地阐述了劳动是财富的源泉及其价值的尺度。
④ 译者注：埃米尔·涂尔干（Émile Durkheim，1858—1917），法国社会学家和人类学家，与卡尔·马克思及马克斯·韦伯并列为社会学的三大奠基人。
⑤ 译者注：奥古斯丁（Augustine，354—430），古罗马基督教哲学家，用新柏拉图主义论证基督教教义将神学与哲学结合，著有《忏悔录》流传至今。
⑥ 译者注：马丁·海德格尔（Martin Heidegger，1889—1976），德国哲学家，存在主义主要代表。毕生探求存在的意义，著有《存在与时间》《论真理的本质》等。
⑦ 译者注：托马斯·阿奎那（Thomas Aquinas，约 1225—1274），意大利哲学家和神学家，托马斯主义创立者，著有《神学大全》。
⑧ 译者注：约翰·保罗二世（John Paul II，1920—2005），出生于波兰，1978 年当选为第 264 任天主教教宗，即教皇。
⑨ 译者注：本书作者爱德华·哈达斯（Edward Hadas，1956—），美国当代伦理学派经济学家和现代柏拉图学派哲学家，大交换是他原创的经济学专业术语，贯穿于全书。他将大交换定义为人类劳动与劳动成果的经济交换，即将人类的所有劳动笼统地归属于该大交换的一侧，并将人类所有的劳动成果笼统地归属于该大交换的另一侧，他认为这两侧的人类活动相互间大交换的经济关系是所有人类经验的核心。
⑩ 译者注：本笃十六世（Benedict XVI，1927—2022），出生于德国，2005 年当选为第265 任天主教教宗并于 2013 年因健康等因素请辞。

本质上不人道的并且与社会对立的。它是人类活动的一部分，正因如此，所以经济必须用伦理的方式构建与管理。"由于教皇语录与其说会吸引潜在的读者倒不如说会遭致反感，故这是本著作唯一的一次引述。

不与经济学家过多辩论：本著作还包含一些与传统经济学理念上的小争议。在哲学及神学上，我避免惟有专家们才感兴趣的争辩术与细节。我尤其想避免那些不熟悉主流经济学或者马克思主义经济学的读者，不必费力地对陌生的观念作详细的谴责。较精通经济理论的读者也许已喜欢更具挑战性言辞，但当告诉他们的想法不成熟、不道德、不准确以及不连贯时，我并不认为那些知识渊博且有思想的持怀疑态度者会心悦诚服（尽管我确实认为这些形容词概述了主流学院派经济学的基本原理）。我谦卑地坦承，在关于资本理论、政策性利率的影响，以及投资风险的量化等内容论述中，我所希望的智慧超出了想象。然而，我足够自信或许愚蠢或者自大，不但对这些大多数努力视为根本性误导而予以驳回，还要在我阐述自己的理解时很大程度上忽视了它们。尽管如此，我仍然提供了一些详细的批驳，以供一些尚无太多经济专业背景训练的读者在无太大损失前提下浏览这些内容。

我仅简略、概貌性、有限地论述了经济学、金融学以及货币历史学。对于围绕着货币与金融的象征性与社会意义海量的似是而非的讨论，作简洁性处理的正当理由，是因为倘若作了精心与细微差别的分析的话，其后果会更糟糕。我决定，这部数百页的著作需要公正地对待这些主题，且不谈多年的研究，若处理不当只会对一些本质上概念性的论证产生出，与其说提供深刻的见解，倒不如说会加深更多疑惑。

没太多引经据典：决定专注于我自己的理念解释了本著作为何较少引经据典。我仅对一些事实和较为晦涩难懂的著作引证。知识分子的自我中心主义也许会原谅一个相对简洁的参考文献目录的理由，这些文献应被视为那些跨越学术边界的思想家和专业领域的行家的样本，它们在本著作的主题上影响过我的思考。我希望这种以当今学术标准而论不甚规范的精简方法对待引述及其出处，使得本著作的新颖之处脱颖而出。我自豪地认为，在本著作所谈及的有关货币与金融的大部分内容是原创的。

总结：书名《货币、金融、现实与道德》是对本书简略而精准的概括。在第一章的介绍之后，每一章都用书名中的单独一词命名该章节。虽然还有点细微的问题：我在第二章中讨论货币现实，在第四章完全致力于当代金融中最危险的现实距离，第五章中的道德主要局限于对贪婪罪孽的论述，当然也论述隐含着社会学的慷慨与正义的美德。

第二章与第四章对金融工具与实践进行了一些相对详细的论述。欢迎专业背景略弱或较少兴趣的读者对有些章节仅作一般性浏览。而专业背景较厚实或者对专业知识饶有兴趣的读者，还可以阅读本著作含有更详实内容的附录部分。

鸣谢：本著作用了数十年时间的孕育，并用了几年写作而成。期间多个机构和众多人以不同的方式帮助了我：有建议、辩论、友情支持，也有尖锐的提问。我亏欠了（非财务上）许多组织与个人，如果我不在此致谢他们定会羞于见人。

机构：牛津大学黑衣修士学堂拉斯卡萨斯研究所、达拉斯大学、美国天主教大学人类生态学院、牛津大学继续教育系、路透社热点透视、牛津斯坦福大学、泰洛斯基金会。

人员：Andrew Abela，Jan Benz（为她的热情），Philip Booth，Leonie Caldecott，Christine Desan，Hugo Dixon（为他提出的第一个疑问），Father Richard Finn，Lauren Fishman 和 Katherine Silk（为他们曾疑惑我想做什么），Paul Gait，Richard Gipps，Andrew Griffin，David Harrison，Sarah Lister，Kelly 一家，Margaret McCarthy，Lucas Neo，Michael Pakaluk，Peter 与 Kinga Róna，David C. Schindler，Tim 与 Mary Ann Sheehy，Stephanie Solywoda，Russell Sparkes，Sarah Thomas，Lucy Traves 等。

货币与金融问题　第一章 01

1. 赞誉现代经济

现代经济是一项协调的奇迹。数十亿人的不同劳动交织在一起，为同样的数十亿人提供了难以置信的范围广泛的商品与服务。

在几乎所有消费品的生产过程中，每个人只贡献出微小部分的劳动。生产组装线上工人依赖在线上的其他员工、产品设计师、厂房建造者、维护专家、契约律师、运送产品到零售商的司机。建筑商、工程师、汽车司机以及零售商都有自己的长长的依赖链，引申出了无数的环环相扣的贡献与关系。一位亲自为学生传授知识的教师可以提供私人教学服务，但他还是需要那些为其提供书本、房屋以及在教育机构工作者的劳动。这不仅仅是物质穿越经济的过程，所有劳动者都在现代世界浩瀚的知识、巨大的信任和深厚的道德期望的伟大宝库中汲取自己微薄的一部分。许多劳动者也为保持这些宝库不断地充实所需的劳动力，贡献了他们一些绵薄的份额。

正如现代经济结合了许多人的劳动成果，它也完成了劳动分工。专业化让人们的劳动生产率更高，主要是通过鼓励开发并且扩充上述提及的宝库。在劳动专业化中，信任宝库尤为重要。如果没有信心将每一份专门的劳动融入整个经济中，那么专业知识就不会有其吸引力。这种经济信任的程度及其密度堪称是这个时代的一项奇迹。这还与货币在经济中的作用相关。

我将在下一章阐述货币在经济中的作用。目前，我想指出生产体系的复杂性——众多劳动者在参与如此多样化的任务中的协调——保障了无数人在不同时空地域的巨大距离中，实际劳动与最终可消费的劳动成果的努力。结果并非自给自足，相反，每个人的劳动几乎与其消费并无直接联系。某人的工作也许有助于生产其身上的衣服、家里的电力、孩子的教育或者口袋里的手机，但是如果没有无数位陌生人的劳动，这一切都难以实现，他们中许多人在遥远的地方生活与工作。

这种复杂的经济体系虽有不少不利因素，但是它至少有一项伟大的优点。它正在实现几乎整个人类历史上曾认为不可能完成的任务：消除绝对贫困。每个社会里都有较富裕的人和较贫穷的人，但缺乏生活必需品的人却越来越少。事实上，相互依存的经济不仅防止最严重的赤贫状况，对于世界上绝大多数人而言，现在的总人口比以往任何时候都要多，错综复杂地混合与分配的现代劳动力与生产了也为他们提供了基本经济物品，如长寿、教育、电力以及移动手机。

在最发达的经济体中，生产的商品与服务的范围以及用于生产它们的劳动分工是巨大的。劳动在这些经济体里并不都是完美的，有待完善，但是专业化确实有着很多优势。与过去以农业为主的时代相比较，现在需要更多的劳动具备技能与想象力，而且更高比例的人口有机会找到真正的专业性职业和在精神上感到有意义的职业。

经济方面的好消息不太可能止步于当前的成就。只要再多干一些社会与政治的工作，那么经协调过的现代经济体系无疑可以缩小世界上的贫富差距。世界上每个人都应能够消费大致相同的商品与服务。认为在不破坏环境或者不耗尽原材料的前提之下，维持普遍消费繁荣的说法更具争议性，但至少有些专家认为这是可能的。在过去两个世纪中，技术创新和社会重组已经推翻了所有增长极限的悲观预测。

我并不是说现代繁荣已经创造了一个新的劳动或者消费的天堂，更别说人类与自然界的关系了。这里存在诸多的深刻问题，从持续存在的可怕贫困到消费狂躁造成的更多精神错乱。还有，在许多现代世界的极其新颖事物中——家庭、性别角色、宗教信仰、政治观点、社会组织以及艺术（仅列举这些最显著的）方面的前所未有的变化——经济以其成就脱颖而出。从道德视角着眼，几乎消除赤贫可能就是最显著的进步标志，然而还有许多其他的进步，从提高物质舒适安逸程度到降低在家庭、户外、工厂和办公室工作的劳动强度以及生活上的压力，从延长教育年限到增加休闲种类的多样化与时间，从缩短上下班实际路途的距离到扩大健康营养食品等。

本著作不是一部关于整体经济的书籍，因此也就没有空间来全面盘点其优缺点。我的观点只是简要地为货币与金融体系的薄弱点提供一些背景情况。该体系的优缺点应该是与其所支持的经济进行比较。

现代经济的一项成就与金融的比较尤其相关——它的坚韧性，即劳动-生产-消费体系在各种压力的作用下变得相当容易且迅速。当品味改变或者科技进步时，新期望的商品与服务的供应通常会在几个月内迅速跟上需求。人为的经济灾难，譬如工厂爆炸或者群体中毒不仅罕见，并且确实发生时，也很少会对经济的相关部门造成几个月以上的破坏。同样，自然灾害和略轻微的人为困境也是如此，譬如飞机失事、食物污染、企业欺诈、原材料短缺以及产品设计缺陷等。当此类事件发生后，恢复正常很少超过几周的时间。一般情况之下，经济结构的复合程度越高，它的坚韧抗压性就越强。

这种坚韧抗压性的一个基本原因是，经济的复合性允许并且支持其冗余。当出现意外事件，如在库存耗尽、扩建工厂，以及寻找合理受欢迎的替代品时，无论需要什么，几乎总有替代资源。即使当经济体系发展缓慢，如因抗击新冠时而限制生产期间，以及由于俄乌冲突的制裁导致其降低出口时，它们所产生的问题几乎不会持续数年。

柏林国际机场就是经济坚韧性、冗余性以及有益的相互依存性的一个很好的例子。按照现代经济的标准，该项目是一场严重灾难。错误的设计导致最初计划的建设工期，以及施工所需的劳动力成倍增加。然而，该工程延误并未对柏林以及区域性经济产生明显的损害，更别说影响全球航空运输系统了。当地航空管理局维持着老机场较合理的正常运营。施工延误所造成的困难被化整为零，以至于那些忍受着不便的人们几乎并没意识到其存在。毫无疑问，一个"按时且低于预算建成"的机场，本来早就应该可以更加早地提升运力与效率，并且更好地利用实际用于维持老机场旧系统运转的劳动力与能源。因而，现代经济惊人地擅长找到次佳解决方案，即便是相对比较大的难题也是如此。

或者再细看一下 2020 年的新冠疫情。头条新闻描述说，所有的发达经济体都要有一个巨大的经济衰退，但几乎整个经济活动下降的原因仅仅是官方限制措施的机械性结果。作为整个发达经济体，在面临这场前所未有的、突如其来的挑战时，全都彰显出了它们一贯的坚韧性。除了少数出现的一些意外挫折，食品零售商能够满足大部分机构食品服务和餐厅用餐突然中止所产生的额外需求，电信系统同样轻松地应对了大规模转向居家办公的挑战。一些地方的医疗系统最初不堪重负，但是几周之内，所有发达经济体都能够应付自如了。全球性地协调防疫研究与分享知识，以及所需医疗设备和试剂的生产迅速增加。新的管理软件开发出来追踪被感染者，以及向大量有技能的人们迅速提供研究医疗方法和疫苗所需的资源。较贫穷的经济体国家受到的损害则比较严重，因为一个生产经济越发达的国家，其生产抗压能力就越强。

2. 金融例外

现在到了该作比较的时候了，在普遍的经济能力过剩性、坚韧抗压性以及可靠性模式中一个显著的例外，是货币与金融体系在劳动、生产与消费的惊人的经济协调中发挥着至关重要的作用。然而，与经济中几乎所有其他领域不同的是，货币与金融都被一系列持续并且普遍的棘手问题所纠缠。经济体必须应对不稳定的货币供应、非必要的价格意外变化、过度的金融收益、分布不均的金融损失、由财政债务导致的政治矛盾以及频繁发生的金融危机。货币和金融的问题与危机不是新的问题。货币问题自其在经济中扮演核心角色以来就一直存在，同样金融问题也自产生以来存续至今。虽然货币与金融的难题也许在程度上略有减轻，即使如此，其减轻的程度也不明显。20 世纪 20 年代的欧洲以及 30 年代的美国的金融危机，造成了严重的经济破坏后果，近年来在世界许多国家中也出现了一系列类似的、相当严重且旷日持久的危机。许多金融崩溃已导致数年严重的经济困境。

将全球经济的各个历史阶段之间作比较，越接近近期的经济，金融领域的状况越显得糟糕。尽管自第二次世界大战以来，极端贫困明显减少、平均寿命显著提高、富国污染程度有效下降、教育在富裕国家与贫困国家都得到了显著发展、计算机和移动电话的导入创造了可以称之为工业革命①的现象……而货币与金融体系还是继续产生经济繁荣与萧条的周期性循环，并且较长时期地扭曲以及损害了经济的其他领域。换而言之，货币与金融的例外已经变得越来越显著了。

金融行业的专业人士大多承认存在着严重问题。经济学家与政府监管官员也这么认为。这种共识已经导致了反复行动，即所谓的"一次又一次的巨大改革努力"。这些改革的浪潮可能有助减轻因货币与金融不足所造成的损害。尽管如此，2008 年的国际金融危机显然是系统性失效的一个明显且具有破坏性的例子，它揭示某些事情

---

① 译者注：工业革命也称产业革命，指 17—18 世纪源于英国，后传播至法、德、美等国，由手工生产过渡到采用大机器机械化制造的革命。

仍然存在着根本性的错误。在那场危机中，金融困境异常严重，它影响到了经济的其他领域，并且经济损失还得持续很长时间。甚至可以说，德国经济从第二次世界大战中所遭受的身心创伤中恢复的速度，比起世界发达经济体从这场金融危机中复苏的速度都要快得多。

在我开始撰写本著作的十多年后，有些经济问题以及许多随后的金融系统的扭曲尚未完全得到解决。同样在我写作时，一些迹象显示，发达经济体世界可能正在进入另一次严重的货币与金融的混沌期，零售价格通胀率高得令人不安，而金融资产——我所称的货币物①——多年来的价格通胀所造成的社会不安定因素却没有得到很大的扭转。即便避免了最糟糕的情况，在上一次金融危机的混乱局面尚未彻底消除之前，再次遭遇新的一轮金融危机，是其系统运转不畅的一种征兆。与此同时，我认为可以预测数月的严格抗疫限制所带来的经济影响，以及欧洲数十年来首次俄乌冲突的经济影响，将在两三年内几乎消失——如果将战后重建也纳入此衡量中，则有可能是十年。

当现代经济中的一个重要系统有着如此多的持续问题时，可以肯定地说，某些东西出了严重的毛病。这与货币，尤其是与金融又有何关系？为什么会出现这种金融例外情况？

正如马克思主义者所断言的，这些问题是资本主义制度不可避免的。也许梦想让一种货币和跨期货币金融性安排的经济体运作得像挖掘煤炭、生产半导体，或者传授教育那样地顺畅运转是愚蠢的。如此梦想并非真正愚蠢，我会马上解释。造成这种例外的原因

---

① 译者注：货币物（money-things）一词，是本书作者所创造的金融专业术语，旨在区别于金融资产；货币物特指那些对特定资产具有直接所有权且可以储存的物品，例如，金银、股票、债券、绘画、地产、大宗商品等可被拥有所有权的资产。但值得指出的是，许多货币物与资产无关，譬如政府的债务和抵押贷款；相反，许多资产与货币物也没有任何直接关系，最明显的例子是政府拥有的资产，譬如公共道路、水坝、医疗保健系统、公立院校等。

　　　　　　　　　　　　　　货币、金融、现实与道德

是，人们对这些货币物运转的方式或者它们应该如何运作的深刻误解。更严重的是由于问题存在于科学哲学家所称的"现存范式"①。大部分货币与金融体系运转不灵是由于其基本运转模式不能胜任，即货币应如何运作、金融可以怎么做或者应该怎么做，以及整个体系如何运作和应该如何适应其他经济领域的要求。更具体地说，我列出一系列错误观念包括：对于货币本质的普遍认知、利率运作方式、财务安排在经济中所扮演的角色、最常见的财务安排的设计、银行的运作、政府货币操作、金融市场结构、商品定价、货币政策及其金融监管制度的复杂性，以及拒绝考虑因容忍金融贪婪而造成的社会风险。所有这些主张都将在本著作中得到证实（以及所有这些术语也将得到解释）。最后一个关于贪婪的主张可能是最令人惊讶的。然而，在我看来，它却是最重要的。

正如我很清楚地意识到，在实体经济中并不是所有劳动、生产、配置以及消费都运转良好的那样，我也深知并不是货币与金融的世界都运行不畅。事实上，对于大多数人而言，绝大多数经济活动在大多数时间里，货币体系的主要任务运行得较为有效。它在我曾描述过的，组织几乎难以置信的复杂的生产以及供应链等方面发挥了润滑与协助作用。货币交易业务如同正常经济活动组成部分一样变得更加高效。金融业务同样有时也有助于经济良好运转。

尽管货币与金融体系所带来的益处是巨大的，总体上对它的评价却极其消极。这个评判理由将通过本著作逐一展开，我会阐述货币的本质是什么、金融的本质是什么，以及为什么当前的货币与金融安排对于那些本质来说是不相宜的。

---

① 译者注：现存模式或现存范式，指在特定领域、行业或背景中被广泛接受或主导的模型、框架或信念体系；它代表了在特定时间点被广泛认可和遵循的思维、理解或做事方式的确立。此术语常用于描述主导的理论、方法论和实践，塑造人们在特定学科或领域中处理问题的方式。

3. 为什么金融失灵惊人，又意味着什么

我刚说过，当前的货币与金融体系运转得异常糟糕。我还提出并且表示，我将拒绝接受这样的一种可能性，即任何货币体系都必须在某些无法修复的结构性缺陷中苦苦挣扎。事实上，不仅没有如此的缺陷，而且这个体系实际上应该比经济的几乎任何其他部分都容易控制。考虑到它们的差异性，这需要大量技术人才、材料以及协调工作，保障服装贸易、教育事业、航空运输工业，或者经济中任何其他非货币性部分的平稳运转。成千上万人的劳动必须受到培训、分工、分配与监督。这些劳动大军必须掌握上千种技能，并且许多工人必须将高度的一致性和精确性与至少一定程度的主动性和想象力结合起来。专用场所及其设备必须建设与维护。持续的成功要求始终不懈的努力，掌握解决那些由顽固的自然界和人类心理所引起的无穷无尽的问题。需要对现有系统进行频繁、众多、微妙以及复杂的改变，以满足或者激发新的欲望，并且应对政治、社会或科技环境上的变化。严峻难题的出现几乎不可避免也无法预测。人类的技能与制度结构必须代代相传。面对所有这些切实的挑战，这些经济体系能够完全运转实在是令人赞叹，更不用说它们在没有太明显问题的情况下继续运转了。

货币就简单得多了，而且应该更加容易处理。除了运营一些相对简单的工厂来制造硬币与纸币，以及建立一套广泛、昂贵但是易于标准化的银行业务网点外，几乎没有什么实质性的挑战。纸币，特别是电子或者数字货币，几乎可以在瞬间内制造、分发与销毁，而且几乎没有什么成本。经济中绝大多数商品与服务的种类看似无穷无尽，但是货币（钞票）的种类规格却甚少，而且它们很大程度上是可以互换的。在现代信息饱和的经济中，货币体系的各个方面都可以轻松衡量。货币控制轻松地适应现代政府的职权范围——政

货币、金融、现实与道德

府都是有史以来组织最完善、社会一体化程度最高的政治当局。譬如，在发达经济体的每个政治当局，都遵循一套几乎难以置信的详细规则，这些规则管理着向数百万或者数千百万民众征税以及向他们分发福利。似乎如此能干的政府，不应该为保障社会所需数量的货币，在准确的时间稳定地提供给正确的人群的问题上遇到太大的挑战。

金融比货币则要复杂一些，正如我将会解释的那样，基本上是因为金融涉及货币承诺，而作出这些承诺比兑现要容易得多。尽管如此，金融始终存在于风俗习惯的严格控制之下，如今已被编纂成繁杂的法律，甚至更详尽的规章制度。这种集习俗、法律和监管的综合力量可以轻易地限制金融契约的条款，以保障它们合理而且灵活，并且限制违反它们的不利影响。此外，无明显理由表明金融难题会有害于劳动、生产、分配以及消费等实体经济。违反金融契约不会直接伤害人与物品。金融混乱可能会导致货币供应紧张，但货币补救措施应该很容易找到。毕竟——有必要重申一下——货币可以被瞬间创造、部署与销毁，而且几乎无需任何成本。同样，再作一个比较可能有助于说明此观点：全球经济体每年向数百个政治管辖区域供应 14 亿部新的智能手机，使 70 亿部移动电话保持极其低廉的相互连接成本，以至于除了世界上最贫困的五分之一人口之外，其他所有人都在使用。一个能够做到这一点的经济体也应该可以毫无困难地组织成功的货币与金融体系。

其实货币与金融体系也不必运转得特别顺畅。人们及其组织机构已经证明自己能够适应商品物价、劳务薪资和其他货币数量的较为显著的变化，适应几乎所有的利率水平以及货币汇率的大幅度波动。如果货币与金融体系在这些数字方面仅仅是因为变化多端，那么它们就不会被视为失灵，尽管一位公正的法官肯定会看到改进的空间。然而，该体系甚至没能达到最低的胜任指标。为了整体经济的利益，货币系统往往注入了不是太少就是太多的货币量。当货币被创造时，其过程是烦琐累赘的，而且本应支持共同美好经济的新资金，却往往流入错误的渠道。金融系统的状况极其糟糕，它经常不能有效公正地履行其应有的功能，而且还常常遭受危机，这些危机严重到足以对经济的其他领域造成持久的损害。

这些失灵再一次提出了一个基本问题：为什么这些系统是如此混乱？我已经给出了我的答案——一个错误的范式。心理学提供了一项有用的类比：人们有时无法处理一件本应很容易的事情——譬如说，一个受过教育的人却害怕乘坐飞机，或者一位能干的专业人士却为完成一项简单的工作而苦苦挣扎。这些陷入困境的人可能曾被诱骗上飞机或者被威逼干过活，但是持续的失败通常是思维深层次错乱的症状，即将事件的事实放入错误的情感或者智力模式之中。失败越不合理，其操作范式就越错误。本著作的中心论点是货币与金融体系正在发生类似的事情。这些相当简单而且可轻松调整的经济子系统的失效，是一种深层次智力—情感—道德病理学的症状。

更具体地说，我将在本著作中论证货币与金融体系，尤其是金融部分，存在两项基本错误：首先，容忍那些不必要和危险地脱离现实的安排；其次，热衷于一些异常的、普遍的且不受约束的道德不良的行为。不良行为的背后是贪婪，这是一种普遍流行且深深毒害于金融系统的恶习。依我之见，这两个问题是密切相关的：贪婪刺激情感并且扭曲判断力，导致货币与金融体系中的权威机构和参与者容忍甚至鼓励，与现实脱节的安排和系统性破坏的行为。其结果包括降低货币系统的效率和财务安排与期望，这显然不符合人类知识的限度、社会的共同利益或者最基本的正义标准。换言之，贪婪削弱了本应将货币，尤其是金融更紧密地与现实联系在一起的判断能力，以至两者皆失去了清醒，都无法遵循社会正义的准则。

4. 被奴役于落后的旧观念

范式转变是非常困难的，因为这需要人们在思维上对已经习惯于舒适且习以为常的判断、期望以及在本能上作出根本的改变。当几乎所有受人尊敬的专家认为新的分析框架毫无意义、微不足道、难以理解、错误百出或应受谴责而予以抵制时，这些转变便尤为艰难。完全转变需要彻底吸收全新的方法、培养崭新的分析本能、体验新颖思维的结果，以及深刻肃清旧意识的残余。在任何学科中，这种模式转变几乎都是循序渐进的——正如人们所说的，"科学之进步，一步一坟墓"——因此，早期的适应者可能面临数年的专业冷落或痛苦的不和。

尽管困难重重，许多研究领域还是发生过范式转变，譬如，从亚里士多德哲学到牛顿学说再到物理相对论，从主要信赖神学到较有争议的历史批判圣经的诠释，或者从基督教的历史框架到世俗的历史学。我希望鼓励经济学领域也发生类似的深刻变革。我希望看到大学院系和咨询公司，在聘用那些不接受本著作范式的人时会犹豫不决。我曾梦想某位系主任或招聘官会解释道："哦，你认为经济从根本上来说是数学的，而经济活动并不总是深刻而自觉地符合道德。你否认这种活动从根本上是非冲突性的、非最优化的、非功利主义的、非个人主义的，以及非唯物主义的。很遗憾，我不能确定你是否适合来我们这里。"我可以这样做白日梦……

我可以梦想，但传教之路是一条漫长且艰苦的旅途。我无法提供任何可以质疑旧方法的实验，因为两种范式都可以为一切提供解释。数据无法证明经济学本质上是非数值的，我只有依靠智识传播的传统技术：在试图根除旧假设的同时播下新方法的种子。本章其余部分主要致力于专门论述该使命中的第一部分——改变智识的土壤。我将论述三种关于货币的广泛存在且深深误导的观念。（货币先于金融，因为倘若不充分理解前者则无法理解后者。）解释清楚这些混淆应该可以为下一章起到引人入胜的作用，为更深入地分析货币真正是什么、做什么的缜密描述作点铺垫。

货币是一种稀缺商品

第一个错误信念是，认为货币本质上是一种"耐久性"且稀缺的商品。直到约一个世纪前，此观点还会略有不同的表述：货币本质上是一种有形且稀缺的商品。在实践中，这种有形的货币物质通常是黄金或者白银，但是从理论上讲（按此错误理论），它可以是任何难以获得的东西，可被触摸、可以永久储存并且随时取出，而不会发生任何变化或衰减。该信念更现代的版本删除了"触摸"部分，但仍然保留着耐用价值的其他特征。

这种修正是必要的，正如我将通过列举证据解释。然而，它混淆了基本概念，因此我先从这条较老的信条入手——纯货币是纯粹的黄金、白银或其他稀缺性实物。如果黄金被铸造成硬币，那么**真实**金币的价值被认为本质上就是那枚硬币实际所含黄金的价值。从历史角度来看，这种对基本价值的假设并没有因为持续降低铸币的成色（相同数值的金币被混铸入其他较低价值的贵金属的含量或者为铸金币"削剪"其边缘）引起贬值而改变，也没有因为后来增加对无形的货币形式的依赖而变化。人们认为"纸币"和"银行票据"的账户余额的真实价值，**实际上最终**被认为是黄金（或白银，或其他任何产物）的价值，这些实物被用作货币，可以在假设的情况下进行交换。实际的硬币、纸币以及账户金额都只是某种暂时或不完全意义上的货币。**真正**的货币是支持这些代币的耐用商品。

此定义将真正的货币描绘成可超越时空的东西。贵重商品可以在任何地方使用，只要这种货币性商品被认为有价值，并且很可能永远保值。直到进入 20 世纪之后，货币作为有形商品的这一定义才

　　　　　　　　　货币、金融、现实与道德

为大多数货币使用者，以及绝大多数专家毫无疑问地接受，其中不仅包括几个世纪以来所有对该主题著书立说的全能哲学家，而且还有 19 世纪以来随着研究关于货币创造、流通、目的以及失衡等细分理论而涌现出的专业经济学家。

直到现代货币饱和的工业经济发展时期，这定义才显得现实。实际上，几乎所有形式的前现代经济①时代的货币在其价值上，都依赖于与黄金、白银或者某些其他供应数量极其有限的具体商品的现货，或者与其存在某种联系。很明显，**真正的**货币实际上是普遍的价值载体，而不是硬币或者其他构成获取承诺数量的**最终价值载体**的物品。这些类似货币的物品仅被视为**真实**物品的替代品，倘若没有稀缺性与耐用性，货币怎么可能有任何价值或者用途？

然而，在整个 19 世纪至 20 世纪的过程中，替代物变成真实的物品。这个转型的历史具有启示性意义。从纸币和银行票据的发明，一直到 20 世纪 70 年代，各种货币发行机构都坚持这样的假设：任何货币都应该可以兑换成恒等数量的黄金。即使在黄金兑换权被暂停或者限制时（而且这种情况常常发生），"金本位制"仍被视为神圣不可侵犯的准则。必须那么做，因为在有形的货币范式里没有其他选项。货币使用者与经济学家被说服，只有承诺最终或者潜在的能与黄金兑换的物品才是真正的货币。然而，这种所谓替代货币的黄金价值的虚构最终导致了经济困难以及银行危机。作为回应，法定可兑换性原则在 20 世纪 70 年代被废除，起初只是暂时性的，但几年之后就被明确废除了。从那时起，在这个世界，货币与任何有形商品不再有任何联系，即使是最微弱的联系。

按照有形的货币理论，拒绝金本位兑换原则将摧毁货币体系。当这种变化实际到来时，一些真正的信徒储存起了黄金以防备一场

---

① 译者注：前现代经济，指从古代到工业革命前时期的经济体系，包括农业经济、商业经济或早期市场经济，存在于不同的历史时期、地区和文化中，例如罗马帝国等古代文明、中世纪经济和大航海时代的早期商业经济。

货币崩溃。然而，取消这个所谓的黄金支持后，并没有产生明显的影响。在人们仍然认为黄金兑换承诺至少在假设上有效时，该系统继续运转得与之前差不多。新的安排在某些方面表现得较好而在另一些方面则较差，当然，整体上肯定没有明显的劣势。

这可能听起来很像一项积极的证据，证明货币的旧定义与它所属的范式就是错误的——货币显然不是黄金或者依赖于黄金的物品，尽管几乎所有人都曾如此认为。然而，正如科学史学家所充分理解的那样，既定的范式对于相反的证据有着顽强的韧性。无论是普通大众还是经济学专业人士，都非常不愿意放弃"货币本质上是某种具有储存了价值的稀缺商品"这一基本理念。他们依然如此。在我撰写本作的时候，人们对加密货币的轻信热情就是基于这样一个观念：一种仅因其严格有限供应量而保持其价值的货币，将不可避免地替代那些受到强大政府认可并且控制的货币。

经济学家大多知道，不能轻易信任比特币与类似的加密货币，但是他们在讨论普通货币的属性时一直缺乏洞察力。其中许多人已经采取了科学史学家所熟悉的一种技巧，即扩大所讨论的相关定义，希望使其扩展到足够宽广可以涵盖现实，但又不至太过宽泛而失去所有意义。所选择的货币定义修改成在本节开头处提及到的：用"耐久性"替代了"有形性"。这一重新定义已让对货币的旧的理解获得了新生（或许这有形性是由于在政府货币当局控制的金库中仍然储存着黄金）。

为数不少的，也许还是大多数的经济学家仍然信奉于新瓶装旧酒。他们坚持认为，即使货币可能不再需要由某种有形的而且有价值的东西"制成"或者"可兑换成"，但它仍然在本质上是某种耐用的商品，是一种可以作为用于购买其他东西的长期性代价物。这些经济学家认为银行货币（或者可能仅是政府货币当局发行的货币），本质上与经济中使用的任何其他商品相似。这些货币不再是黄金的索取权。取而代之的，是一种对某物的权利主张，要么是发

　　　　　　　　货币、金融、现实与道德

行货币的政府税收的能力，要么是持币银行保持盈利的能力。这些限制旨在确保可用的纸币和银行票据的数量受到限制，就像黄金一样，纸币和银行票据在**结构**上处于供应短缺状态。有限的数量赋予货币本质上具有一个内在持久价值。在修改后的模型中，银行和纸币不再被视为是黄金的劣质替代品。相反，它们已成为有形商品的先进继承者，在该范式中没有发生变化。从**概念上说**，货币依然被视作一种便利物，因其有限的供应量而存在持久的内在价值。

此观点是错误的。正如我将在下一章中更具体地解释的那样，经济学家和公众的传统智慧与事实几乎完全背道而驰。货币之所以是货币，因为它被认为是货币，并且**实际上**被用作货币。所有货币的真正"货币属性"，无论是过去还是现在，实际上就是其精确地与本质地被接受作为支付媒介的可能性，支付薪资、物价、税收以及任何需要用货币预期支付的事物。金币的"货币属性"，即其作为货币的本质，并非源于它所含有的贵金属，而是一种**本质上无形**并且未必永恒的东西，即对货币创造者的可信度。虽然黄金的含量支撑其可信度，但是信誉才是关键。

总而言之，所有货币**本质上无需由物制造**，也没有为其提供价值基础的实质。与拥有类似恒定价值的商品极不相同，货币按其属性并非有任何持久性价值。进一步说，稀缺性也不是货币系统的**自然**属性。更确切地说，**根本上**货币的供应量既不应该稀缺也不应该过剩。相对于货币使用的经济体的规模而言，货币本应该供应充裕。

在前面的段落中，我已将与属性和本质相关的词汇用黑体字体表示。我对所涉及这些哲学议题的关注是完全实用性的。货币**根本的、基本的、本质的、实质的、纯粹的现实**可能完全不同于表象。一枚前现代硬币可能看起来是它被盖印以鉴定过其所含黄金的价值，其实这**只不过**是提供价值的印章本身而已，并非鉴定其声称的或者实际所含提供其价值的黄金量。货币可能看起来是一种可以随着时间的推移，与其他商品或者它自身进行交换的商品，但**实际上**

按其**属性**来看，货币是一种组织当前生产与分配的代币。（这些主张将在第二章予以合理性证明。）

货币的单独性

第二个错误信念是货币本质上是私人的：非社交性或者反社会性。这种观点源于几个不同的多样性。在温和的非社交性的版本中，货币被认为是一种本质上与所有其他重要社会结构分离的工具。货币应该可以在不与国家及其机构、司法系统、教会、各种传统贵族、艺术与思想界，甚至体育界有任何联系的情况下运转。当然，人们认识到实际上货币在所有这些其他机构中都发挥着作用，并且管理货币体系的机构也是治理机构的一部分，但在理论上，货币与社会其他部分的分离仍然存在。这是必然的，因为按照这一范式中的观点，货币思维通常与经济以外的机构的利益相对立。人们认为在关乎社会的更高层次与共同利益的事务中，货币是不合时宜的。很显然，认同"金钱能买到最好的正义"是有问题的；对金钱过于感兴趣的政治家被定义为"腐败"；优秀的运动员应该不仅仅为金钱去赢得奖牌；以及所有非货币领域的社会组织联盟都应如此。金钱降低了社会风气，甚至亵渎了神圣。相比之下，人们认为金钱仅局限在与社会无关的领域里，即专属私人经济关系的范围内，它的使用才是正确的。

另一种较激进的、反社会的变体与各种反建制革命者相关。在这种思想的影响之下，人们认为金钱所起的作用比仅仅降低社会风气更具强大的破坏性。它积极地削弱了社会的非货币基础。以此观点，既然任何对货币的依赖都是直接反对所有非货币结构的性质，那么金钱思维的出现就会摧毁或者败坏所有现存的结构。营利性大学与其他非营利性大学在社会阶层、知识性，或者一些其他非货币的标准都不相同。受金钱为导向的教会必然会忘却神圣。以金钱为

货币、金融、现实与道德

导向的社会完全充斥着交易、掠夺与贪婪，无一点慷慨、高尚，甚至简单的乐趣的空间。当某物出售时，它就不再具有应用的价值了。

大多数情况下，对货币的非社交性与反社会性的理解被用作批评现代社会。威廉·华兹华斯①有一行著名的诗句，"在获取和支出中，我们浪费了自己的力量"，但是他们表述了大致相同的情感：对某物定价的行为本身就是贬低了它的价值，对更高或更低的物价的仔细关注，进一步降低了它的价值，而那些曾经或者依然给予货币关注的社会群体的崛起，又贬低了社会的价值。

马克思主义者是最具影响力的反社会性货币的信徒。马克思本人对这种所谓的反社会性货币力量的态度具有两面性。一方面，他赞扬现代货币经济消除了封建社会的原始压迫关系的方式；另一方面，他与追随者们尖锐地批评了以金钱为主导的资产阶级社会的残酷与非人道性。有些讽刺的是，那些反马克思主义和"自由市场"虔诚的狂热者，却同意马克思主义对金钱的描述。他们只是颠倒了马克思的判断。他们既不谴责货币的崛起，也不预测受到货币压迫者的革命，而是认为一个依赖非社交性货币系统，可能比任何可用的非货币性社会结构更加公平、更加诚实，也更能实现个性解放。马克思主义者与他们的对手之间的争论可能会很激烈——范式内部的辩论也通常如此——但无需由我裁判他们，因为双方关于货币本质的假设都是错误的。

一些思想史有助于解释这种错误，因为第一项关于货币的错误，即其有形性，是基于看似合理却实际上错误的经验判断，而这个社会错误则主要是哲学上的。将金钱视为其本质上远离或者实际上敌视正常社会关系的东西，可以追溯到西方哲学鼻祖之一的亚里士多德的思想。在对正义的讨论中，他将交换正义与必然的社会正

---

① 译者注：威廉·华兹华斯（William Wordsworth，1770—1850），英国浪漫主义诗人，主张以自然清新的诗风、日常朴质的语言挖掘人的内心世界。

义的形式区分开来，前者体现在具有相等货币价值的私人交换中，而后者包括应该得到什么的分配正义以及如何实施惩罚的纠正正义。亚里士多德提出的观点是，具体货币事务的交换公平仅需要在个人之间达成一致，这成为现代政治哲学和传统货币范式中相当核心的要素。自 17 世纪英国哲学家约翰·洛克以来，大多数经济学作家都已争论或者假设了所有货币契约产生了一种正义，或者对于马克思主义者来说，产生了一种远离所有正常社会与政治互动的非正义。历史学家卡尔·波兰尼①将货币和契约经济的兴起描述为：经济安排逐渐从社会"脱嵌"② 关系。

现代经济和现代社会在许多方面与前现代社会的确有所不同，但在对待货币的态度上并非如此。对金钱的非社交性与反社会性的理解在任何时候、任何地方都是根本错误的。事实上，非社交性货币的观念是自相矛盾的，因为货币本质上是一种经过社会认可的人类人工的产物，正如我刚提议并将在第二章解释的那样，它必须始终由某些社会政治权威的验证。为了维持这种社会认可，货币必须与社会的所有权威结构和指导机构紧密地结合在一起。货币、货币经济、金融体系以及经济体内交换正义的实践，都牢固地嵌入在特定的社会或者政治体系中。货币是众多的社会制度中的一种，与许多其他制度有着千丝万缕的联系，尤其法律体系和银行网络。人类社会学与历史的证据都支持这一哲学逻辑。

货币机构需要一个运转良好的社会才能发挥作用，因为它们如此广泛地依赖着其他机构。货币绝不与社会的组织规则疏离或者对

---

① 译者注：卡尔·波兰尼（Karl Polanyi, 1886—1964），出生维也纳的英国经济史学家、人类经济学家和经济社会学家，著作《大转型》被视为社会学史研究的范本，在该书中，他对自然与社会作出深刻的反思和批评，认为社会需要有保护性的制度和法规，以防止不受制约的市场力量潜在有害的影响。

② 译者注：脱嵌，又译脱域机制，其定义最初由波兰尼提出并由英国社会学家安东尼·吉登斯男爵（Anthony Giddens, 1938— ）完善，是一个社会学术语，指人们在当代全球化时代无需面对面接触即可相互交流的能力，通过互联网打破地域障碍与世界各地建立联系，使他们从传统的当地互动环境中摆脱了原有的社会关系。

　　　　　　　　　　　　　货币、金融、现实与道德

立，它始终是一种牢固共享社会秩序的标志。

当然，社会从来不是完美和谐的。无需伟大的哲学家就能认识到社会既统一又分裂，而社会的治理机构，包括运转良好的货币体系，既可能引发怨恨也可能维护秩序。正如马克思所声称的那样，金钱确实可能会在社会中造成疏远。诚然，在现代社会经济上的异化并非仅仅甚至特别是与金钱相关的。正如新洛克学派所宣称的那样，金钱还可以在社会秩序中提供一定程度上的解放。当然，金钱并没有什么特别之处。过去几个世纪以来，社会倾向于更多地依赖金钱来管理经济，因此必然减少了对传统社会与政治结构的依赖，这种社会选择并不标志着它本身的社会性衰退或者个人自主权增强。相反，这只是许多相互交织、相互支持，有时相互对抗的现代社会大变革之一，这些变革是社会及其成员的正常体验而已。我将在第二章中更多地论述货币的种种社会意义。

货币揭示价值真相

第三个也是最后一个错误信念，也许是三个中最为错误的一个，尽管有许多人响亮地声称它在经验和哲学上都被证实是合理的。这个观点是，货币总是精确地衡量着它所支付的物品的价值。对于货币数字的精确一致性的信念，已深深地融入当代经济思维与预期的结构之中。在他们的研究和判断中，专业经济学家几乎不假思索地假设，所观察到的货币价值（实际支付的价格与时薪），是一种用于比较其他通常不相称事物的实际价值的精确可靠的尺度的基础。实际支付的价格只能是一个基础，因为相同数量的货币在不同的时间与地点可以购买到不同的一些东西。然而，经济学家确信，通过应用一种公正的科学技术，所有实际价格都可以被操纵，以提取和表达一个恒定、基本而且数值化的价值。这些几乎具有讽刺意味的"真实"数字在所有情况下保留其价值，因而它们可以跨越不同时间与空间进行比较。譬如，如果说 17 世纪法国人的典型收入约是 500 年前中国人的 30％上下，或者说比今日中国人的典型收入高出 1/10，这被认为是完全合理的。

这种精确一致性假设，无疑为现代对一切事物进行公正和普遍的数值测量的愿望，提供一种范例性的满足。这一假设还导致了经济学家大量的细致工作，以保持众多虚实的价格关系的一致且合理。这项任务是艰巨的，因为劳动、消费与货币的种类和相互作用实际上差异性很大。这些假设的"真实"货币数字的仆人应该考虑到许多变化因素：生产什么、投入生产的劳动力数量、税收、养老金安排、房地产价格，以及非货币交换得来的劳动与消费。这需要大量奇思妙想的推测和近似值，以确保经济学是一门基于观察和测量的经验性与定量化的科学。

这些经过提炼的数值观察结果，是作为关于个人经济行为的微观经济理论，以及关于社会经济组织的宏观经济理论的一个庞大网络的基础。不幸的是，这个基础并不牢固。虽然这种数字花招技巧高超而且富有想象力，但它最终仅仅揭示出对一个误导性目的作出巨大的专业奉献。这些"真实"数字的任意性是一种反常现象，应该引起人们对整个经济学定量范式的质疑。在将经济学视为对本质上定性的人类活动作非定量的研究中，这一挑战在经济学范式中消失了。

精确一致性的假设是彻头彻尾的错误。与精确或者一致性相距甚远，货币数字之间的关系没有明确或者恒定的非货币含义，而且这些数字的数值关系对货币体系之外的事物没有什么帮助。的确，正如我将在第二章中解释的那样，价格通常基于各种经济事实与力量。然而，说某块馅饼值十美元，仅仅意味着说此话的人认为在此时此刻，这块馅饼的合理物价是十美元。如果说，制作馅饼的一个特定小时的劳务价值是十美元，则意味着十美元被认为是这位面包师在此刻此地的正确时薪。这种说法并不表明馅饼或者制作馅饼的真正的人类价值，也不表明在另一个地方或者时间相类似的馅饼或者制作馅饼的劳动力可能的价格。倘若不将馅饼的物价置于复杂的社会—心理—伦理的结构之中，价格数字可能无法揭示馅饼的实际或者感知的品质。

这种粗糙性延伸到了货币比较，这些可以是指示性和提示性的，但是从来不是精确的。"那块馅饼的价值是这块的两倍"的唯一确切含义是逻辑上的同义重复——金钱价格确实是或者应该确实是高两倍。这种比较并不意味着以任何非货币标准衡量，这块馅饼的价值是那块馅饼的双倍。这种数字比较本身甚至没有任何明显的人类意义。人们无法赋予馅饼"双倍价值"，就像无法赋予人类体验中的任何一种"双倍美味、漂亮、饥饿或者疲倦"一样。毕竟，人类并不是像有些功利主义哲学家所想象的那种精于计算的生物。当目标与努力结合在一起时，个体价格与薪资的含义的不确定性和误差性会被放大。将大量经济物品的物价组合起来的货币性综合指标意义不大，同样对跨越长时间的货币作比较也没有什么意义。特别是人们高度迷恋的国内生产总值（GDP）计算所披露的信息甚微，而精确的国内生产总值比较（譬如"增长 2.3％"）所披露出的信息则更少。

我怀疑对于大多数读者来说，精确一致性货币的神话是我选择揭穿的三个错误信念中最不熟悉的一个。为了更具体地阐述，我将列举三个例子。

我的第一个例子就是关于跨时间的货币比较。考虑一下这个表面上毫不引起争议的陈述："我目前的收入比我父亲当年在与我相同年龄时的收入高出约 60％。"这种概略的数字比较在某种名义上可能是真实的，假设它反映了在工资单或者纳税申报表上的准确信息。事实上，作为数字事实表述，整数是不必要的近似。一个计算器将迅速得出"我比某某的收入高出 58.453％……"，此外，由于名义与实际换算表的现成可用性，还可以轻松扣除官方表格上衡量的通货膨胀的影响因素。"按实际价值计算，我的收入比某某高出12.275％。"然而，虽然这种数字比较听起来很深奥与精确，但除了逻辑上的同义重复外——它仍然没有任何意义——我的收入经上述相应调整后确实比我父亲的作了调整后的收入高出12.275％。

所有从这种数字表述中，提取两个在完全不同社会与经济环境中的消费生活方式，作精确的数字比较的努力是毫无意义的。因为任何数字，更别说精确到了十万分之一的数字，都无法有意义地比较两人在完全不同的社会环境与经济背景中的生活方式。也许公平地说，我去国外度假和拥有无线上网的生活方式比起我父辈当年的生活要富裕得多，当时他仅能负担国内休假且仅有固定电话与黑白电视机。考虑到他有保障的养老金而我必须应对更多干预的政府，得出相反的结论或许是公平的。无论如何，说我的支出客观上多出 1/10 或者 1/5，都是没有意义的，更不用说精确地多出了 12.27％。所涉及的商品在数量上根本不具有可比性。

第二个例子是在经济学家中一个传统的讨论话题，即所谓的钻石与水的悖论。水作为生命必需品，客观上远比钻石更有价值，且钻石充其量只是件装饰品。然而，一公斤或者一立方米钻石相比于同样一立方米水的成本几乎总是贵得多。看似价值观的悖论依赖于精确一致性的假设。事实上，货币衡量标准的比较没有特殊意义，因为物价实际上并不衡量任何恒定的客观价值。钻石与水的相对物价并不表达任何相对价值的任何判断。它们可能反映了生产的相对成本、两种物品的相对稀缺性，或者某种相对的社会价值，但是它们唯一明确表达的是逻辑上的同义重复——这就是水与钻石的成本各是多少。

我的最后一个例子是在日常商业生活中标准会计技术上所体现的精确性。想象一下，一台用于混合花生酱的新机器每小时可以比旧型号的机器多搅拌出 20％升的量（占据相同空间与使用相同的电量）。每小时产量的数值增益可以被精确地测量出来，也许甚至可以达到精确度的万分之一。但对于货币问题来说则是完全不同情况了——这项投资会降低多少生产成本？这只能粗略地做出答复，因为需要大量猜测——尤其是对新机器的使用寿命以及未来维护费用的估计。答案还需要对经济学家所谓的未来成本的现值进行任意计算（这个徒劳且错误的概念将在附录中详述）。不可避免的印象是它的不精确性太大，无法得出譬如成本降低 1.46％的结论。最多可以说，新机器将混合成本的总体货币衡量大致降低了几个百分点。

价格、薪资以及其他货币数字不可能完全是随机和可变的。然而，为了完成它们的工作——协助经济运行的功能，正如我将在第二章里解释的那样——它们只需要足够精确一致地执行其关键，而且基本上是机械性的经济作用。这一门槛非常低，货币衡量标准通常容易跨越它。当它们未能通过时，就像美国医疗保健的定价极其不一致那样，经济中定价不当的部分通常会出现严重问题。

糟糕的货币数字很少造成太大的伤害。尽管如此，将精确性一致性的神话当作真理会带来许多不必要与令人失望的后果。最重要的是，假设货币价值相互兼容导致对货币的依赖，将其视为经济分析与规划的所谓坚实的定量锚。货币措施并不是这样的锚。它们无法量化经济利益，也不能提供一致的，更别说提供精确的经济福利比较。

此外，相信精确一致性谬误经常导致经济政策中货币数量的优先顺序适得其反。当局为了维护某些纯粹的货币价值而试图改变经济，其优先考虑的事项几乎是错误的。最常见的传统目标之一是通货之间的汇率。最近，与国内生产总值或者国内生产总值增长率一样，通货膨胀率也被奉为圣杯。过于盲目地信赖其中任何一个数字都会导致错误的决策，有时甚至导致真正的痛苦。较好的做法是出于共同经济利益的考虑，调控货币的供应量与价值，而不是相反的方式。

当前货币金融范式中的其他严重错误的观念将会在本著作中出

现。不过，与其提供一个预览，我宁愿用一个与开篇事实相互呼应的观察来结束本章。在现代经济中，非同寻常的不仅仅是金融体系的持续失灵。关于货币与金融的非常古老的观念仍然持续着，同样不寻常。

我曾提到过有些错误观念可以追溯到亚里士多德时期。这种长期而富有活力的知识遗产在哲学、文学和其他艺术领域中是被期待和有益的，但在与现代经济相关的领域却远非经典。几乎所有操作世界的机器设备所需的知识均是在 1800 年之后获得的，其中大部分知识是在 19 世纪末掌握了电力之后才获得的。前现代理论同样与现代工业的详细规章制度、现代城市的设计，以及现代信息数量和类型的处理毫不相关。货币与金融的指导理念也不尽相同。虽然这些理念可能强化了现代思维的某些方面，但是它们实际上与体液①生理学和四元素②的物理学一样过时。它们已经被经济实践所否定，并被现代社会学、群体心理学，以及人类学的现代事实所一一替代。

不过有一些非常古老的观念，确实可以帮助经济学家设计出一套更好的货币金融体系。那些观念曾是在许多经济研究领域盛行过的范例，只因时过境迁被后来更能与时俱进的观念替代了而未能流传至今。传统的道德心理学和哲学伦理学对货币，尤其是金融有着许多有益之处。如果经济学家认真考虑伊曼纽尔·康德③的一项基本原则的含义，即人的价值（有时被翻译为"尊严"）是"无限高

---

① 译者注：体液或称基本体液，指在古希腊和罗马生理学以及在中世纪和文艺复兴时期医学中，有四种体液即血液、粘液、（黄）胆汁和黑胆汁，它们在人体内的相对比例被认为是影响人的身心健康的基本体液，每种体液与某些品质与气质有关。

② 译者注：四元素或称四元素说也称四根说，指由古希腊哲学家恩培多克勒等人发展起来，后被亚里士多德完善的古希腊朴素唯物主义学说，认为组成万物本原的基本元素有四种（根）——火、水、土、气，这是理解和解释物质和自然界的早期尝试。随着原子理论和元素周期表的发展，现代物理学超越了此简单的模型。

③ 译者注：伊曼纽尔·康德（Immanuel Kant，1724—1804），德国哲学家，古典唯心主义的创始人；在认识论、形而上学、伦理学、政治哲学以及美学方面作出重大贡献，主要著作有《纯粹理性批判》《道德形而上学基础》《实践理性批判》等，其专著的特点关注理性、个人主义和对传统权威的怀疑。

于任何价格，如果没有价格，它就根本无法平衡或比较，否则将侵犯其神圣性"，那么货币将会被更好地理解。如果金融体系也考虑到基督教所阐明的，以及被大多数传统的西方思维所接受的人性基本道德现实——人总是追求善良，但是总受到邪恶的诱惑，那么金融体系将会运作得更加顺畅。

货币 第二章 02

我在第一章结尾处对一些错误答案的评判中包含着正确的提示。货币不是商品，它只是用于交换劳务与消费的代币。货币不是反社会性的，它是一种深深根植于社会的组织机构。货币并不是衡量任何事物的精确或者一致的标准，它是一种粗略但便利的数值工具，可以根据不同社会与社会情况的需要而使用。在本章我将详细展开和证明这些描述。

抱歉，本章略有些冗长。在理论上，它应该可以缩得短一些。货币从根本上来说并不是非常复杂，而且其技术细节，无论是任何实际的货币体系还是某种理想中的货币体系，都不会改变其基本简单的图景。然而，仔细研究了海量的关于货币论述文献并且与潜在的读者进行讨论过之后，我被说服了，如果我尝试呈现的货币理解是如此不同寻常的话，那么仅仅描述货币的实际经济功能只会更加令人困惑而不是给人启迪。我本可以通过多用几年时间增加一些写作本章的篇幅，对其他关于货币的性质、历史及其意义的理论作详细讨论。但是我选择试图引导读者，提供一种连贯的替代方案，仅是挑战一些特别常见的先入之见与假设。我还涉及了一些货币体系的复杂性，希望能应对一些针对我的研究方法所提出的常见异议。

为帮助读者跟上这么冗长而且相当详细的阐述，我将本章分成十节，以下作些概括。

最初的两个章节是初步的引言。第一节基本上只是列举并且扩展了第一章有关货币的各种社会与文化意义的论述。货币的许多象征意义都非常有趣，但是我将它们纳入我的讨论的动机既非出于尊重，也非因为好奇。我只是想帮助读者认识并且把他们相关货币的有趣观念放置一边，因为这些观念会分散他们对货币的经济作用应有的注意力。货币的社会学、人类学、政治学、符号学、文化学以及心理用途与意义，将不可避免地影响经济学家和非专业人士对货币的想法。我希望对于这种影响的意识鼓励一些在思想上的警觉性。

第二节引言部分是对经济本身实际的、基本的、本体论的、真实的，以及人性及其意义的简要描述。在大多数关于经济学学科的介绍中，这个主题不是被忽略，就是被几句模糊、毫无意义甚至根本错误的语句一笔带过。在标准的实践中，任何定义都会被搁置一边，经济学主要是对各种货币问题的研究，所以关于货币支付的各种物品的讨论几乎完全从货币角度考虑。尽管这种方法默认了货币在经济中的实际作用，然而对于讨论该作用显然是不够的。这引发了一些尚未触及到的实质性问题，譬如**为什么**要用货币来买卖具体的物品，货币与买卖的物品**有何**关系，以及货币究竟用来交换的是**什么**。如果不解决这些基本问题，就无法真正解决货币在经济中的地位、优势与限制，而要理解经济的本质，就必须先回答这些基本问题。本章的第二节会提供这种理解。

第三节会接着描述货币怎样地实际融入刚定义过的经济体系。任何已学过经济学的人都会感到宽慰，因为我对货币作用的定义大家都很熟悉——它是个交换媒介。然而，如果他们仔细阅读我的解释的话，可能会变得略感不安。

接下来五个章节会放大这些概念，解释一些货币的关键特征：它究竟如何准确地融入经济的其他部分，它如何描述经济现实，它是由什么构成的，又是如何以及为何被创造与销毁的，以及如何保持货币供应与付费经济活动相一致的挑战。我本可以在此结束本章，但有两种与货币的相关错误观念被如此普遍地误信，以至于我认为最好直接面对。第一种错误观念是，货币的价值随着时间的推移而保值不变，这已被介绍过一些。第二种错误观念是，货币是一种信贷形式，这可能似乎有点专业，但是关于货币定义上的这种貌似晦涩的区别对金融有着重要的影响。

1. 货币作为一种符号

并非所有的社会都使用过货币，但是对于那些已使用过货币的社会而言，它始终是一种制度。在赋予它社会学或者人类学名称时，我的意思是任何货币体系都具有普遍理解的规则、强大的传统、与其使用者和其他社会制度的复杂关系，以及即使在当前所有成员（或者货币的使用者）都离世之后这种存在仍然预计永续生存。这种制度从来不仅仅是功能性的，因为人们一起工作时，不可避免地会为他们的所有实践发展出复杂的意义矩阵关系。货币制度是典型的，它既现实又有意义。像其他制度一样，它承载着一种深刻而微妙的象征意义。各类富有想象力的文化观察家，从前现代的神话创作者到后现代的叙述学家，都对被我称之为"符号货币"的东西产生了浓厚的兴趣。然而，当代经济学家至少在他们的意识里忽略几乎所有的兴奋。他们对文化意义、符号、模式以及仪式等全都不感兴趣。他们更愿意将货币当作一种简单的物品，相信他们自己的分析是直截了当的。货币对他们而言就像刷成单一白色的墙壁。相比之下，符号货币则就如同委罗内塞①的一幅华丽的画作，充满着光彩夺目与活力的神秘全景。

没有必要争论货币的真正本质是单纯的功能性，还是深具象征性的。它们始终是两者兼而有之。货币作为经济工具具有功能性，同时作为一种文化机制具有丰富的象征性。当今的许多学院派经济学家可能更愿意将所有色彩鲜艳的含义，留给轻浮的知识分子以及狂热的诗人，而他们自己则继续严肃地观察货币在经济中的作用。这

---

① 译者注：保罗·委罗内塞（Paolo Veronese，1528—1588），意大利文艺复兴时期的画家，是威尼斯画派中的一位现实主义大师；他的画具有灿烂的色彩和独具匠心的透视，构成了令人眩目的效果，对于后来17世纪巴洛克绘画的影响十分深远。

种未能承担应用的责任理应是个错误。所有货币的非经济意义都可能会，其中某些非经济含义肯定会，影响人们的思维——甚至影响到他们自己的——关于货币作为一种经济工具的思考。为了解货币，符号货币的多种变异性知识肯定会带来我之前曾提及过的必要的审慎性。

这些含义的变异如此之多，以至于心理学家与诠释学学者有时将货币象征主义称为多因素决定论。换言之，货币有许多并非一致性的象征意义。正如将在本节列举展示的那样，符号货币既能分隔又能统一社会与政体，它既可贬低又可提升人们的社会地位，也既可以是善良的又可以是邪恶的、强大的或弱小的、高贵的或卑贱的、精神的或者世俗的，等等。这种复杂性与矛盾性并不令人意外。重要的社会制度——譬如婚姻、军队以及饮食习惯——都带有各种属性，其中的一些地方必然会有着重叠、相互矛盾或者看似毫不相干的关系。

为了充分理解具有多重性意义的货币制度，需要做一项特别复杂的练习，正如人类学家克利福德·格尔茨①所称的"厚重描述"，即对货币的所有特征作开放性与文化敏感性分析，包括分析它们之间的关系，以及那些支持、塑造和削弱它们的社会紧张关系和愿望。每个社会在各个时期都会有自己相当丰富的对符号货币的描述，而全面的分析将包括对货币可能的普遍性本质意义的超厚重描述。延续我之前那个绘画类比，这样的全面描述犹如参观一座巨大的宫殿，从上到下覆盖着复杂而色彩鲜艳的委罗内塞巨型画作。符号货币指南将是一项宏大项目，可能需要一支学术团队才能完成。为了理解这个项目的规模，可以考虑参照格奥尔格·齐美尔②的

① 译者注：克利福德·格尔茨（Clifford Geertz, 1926—2006），美国人类学家，象征人类学和诠释性人类学发展的代表人物；他最著名的著作《文化的阐释》，阐述了厚重描述的概念并讨论符号和诠释在文化研究中的作用。

② 译者注：格奥尔格·齐美尔（Georg Simmel, 1858—1918），德国哲学家、社会学家和文化理论家，形式社会学的创始人，著有《货币哲学》等，在该书中探讨了货币如何在社会关系中充当象征与媒介以及如何影响人类行为与互动。

《货币哲学》。该书于 1900 年首次出版，可能是了解货币在特定社会中意味着什么的最完整的尝试。在该书里仅就其中一些意义的讨论，占据了约 500 页的篇幅，然而他对所选主题的论述严重不足。

我绝对不尝试步上齐美尔的后尘！相反，我只提供 24 种符号货币属性的简述——对于各种符号货币的描述。其中一些意义是建立在相当牢固的文化或者其他重要性的基础之上，而另外一些几乎完全是象征性的。我恳请读者原谅所有的差错和过度简化。作为部分辩护，我可以指出这些差错的存在只会加强我其中一个基本论点：符号货币相关的"事物"远比狭隘经济分析要更加微妙与更为复杂。

货币是：

1) **一种不结果实的宝藏**：货币沉睡在国库、保险柜或者银行账户里。它无所作为，不产生效益也不作贡献。它贫瘠且不结果。这种无用性有时可能会困扰其拥有者，但更常见的是仅仅因拥有货币，就为他们提供实质性的安慰与满足。货币是最纯粹的财产形式，是一种社会物自体[①]，因为按照公认的文化标准，货币显然是令人渴望的。积蓄无需任何实际的理由，尽管囤积的财宝或者珍藏的货币的所有者有时会说，他们储存金钱是为了预备以后使用。这种说法并不虚假，但是货币拥有者通常更愿意在他们的一生和几代人中保留这些货币及其所代表的意义。珍藏的货币无需以某种随时可用的形式保存。正恰恰相反，宝藏货币常见于炫耀性与不可花费的形式（经济上贫瘠性）——金属锭、奢华珠宝、精美艺术品、非生产性土地或者其他有价值的静置物品。在现代世界中，货币性的财宝通常包括股票、债券以及更复杂的金融性"工具"，这些工具已经克服了传统财宝固有的贫瘠性。这种多少有些可疑的成就将会

---

① 译者注：物自体或自在之物，是德国哲学家康德（人物简介参见本书 26 页脚注③）引入的概念；他认为人类的知识受到人们认知能力本质的限制，人们只能按照事物在人们看来的方式认识事物，而不是它们本身的样子。他区分现实为两个领域：表象领域（通过感官和心理能力感知与体验事物）和本质领域（独立于人类的感知与经验）。

在第三章详细阐述。

2）**一种安全的保障**：如果向一名被鄙视的难民、一位处理饥荒的政府官员，或者一个遭受涝灾的家庭询问"金钱意味着什么"，答案可能都与"安全"有关。将金钱缝在衣服里、埋在地底下、锁在箱柜中，甚至存放在银行里——隐秘的金钱提供了避免或者缓解多种灾难的手段。受金钱保护的安全的现实被象征安全的"罩子"所包围着。藏匿金钱表达了对那些尚未处于危难之中的人的愿望与安全感。当政府最薄弱、前景最黯淡时，货币保护带来的安慰最受欢迎，然而最安全的货币往往最难花费，因为它被存放在远离家园的安全之处，或者是以隐藏的黄金的形式囤积着。

3）**一种魔法的承诺**：货币将潜在的权力、行动和财富浓缩成一种微小的代币，如今又变成了银行余额的无形代币。就像阿拉丁神灯一样，货币在未来变幻无穷的大千世界中表现出其奇妙之处。就像传说中的魔灯一样，货币可以被带到任何地方，并且可以做几乎任何事情。在某种程度上，其他财富相对于货币的魔法都显得那么单调且有限。尽管一幢大房产或者一次昂贵的旅游可能永远无法完全满足预期，并且通常还会带来些烦恼与失望，但是货币始终是人们梦寐以求的东西。想象中令人神往的奇迹总是比物质世界的任何现实更加伟大，因此当金钱被实际花费时，它几乎不可避免地失去一些魔力。

4）**一种社会冲突的标志**：金钱是争夺的对象与手段。它承载着政治权威，而匮乏金钱则意味着在社会及政治上的依赖性。在大多数的社会中，金钱的分配极不平等，那些少数富人中的任何一位所控制的资金数量，都比中产阶层中众多成员所有的金钱数量还要多得多。最有钱的人与组织往往利用金钱塑造社会的法律与制度。这些形成的法律与制度往往有利于富人的利益，并惩罚与限制贫穷者，从而导致相互敌对倾向。贫穷者常常生活困苦，有时绝望，往往会受到诱惑，试图通过政治或者暴力手段要求更加平等地分配金钱与货币购买力。极不平等的货币分配所造成的社会阶级区分，至少说明了为何每个现代社会都会出现冲突。富人通常赢得大多数的战役，但是货币并不总能买到赢得社会战争所需要的力量与忠诚。

5）**一种经济与社会压迫的工具**：货币不仅能分隔人群，还能征服他们。它是一种统治权力的工具。因为货币不像有形的资产那样，它很容易积累，而且很容易被交换成赚钱的资产，所以富人在每个社会中往往变得更有权力。社会在经济中依赖金钱的程度越高（我会在本章内阐述），富人往往就越能够控制银行、公司、监管系统以及立法机构的运作。尽管富人经常将自己与贫困及其苦难隔离开来，但是这种距离并不因此导致冷漠。恰恰相反，他们的意志通常强加于穷人。富人的意愿通常有两个方面，一是保留他们的经济与政治控制权，二是增加更多自己积累的钱财。

6）**一种社会团结的形式**：没有任何一种社会制度能像货币那样把社会凝聚在一起。税务制度从全民那里收缴税金再分发给所有人。商业货币交换将偶尔的相遇变成了临时的社群。货币的灵活性使得通过资金的汇集几乎可以立即创建新的企业。在广袤的空间中，货币的可携带性与互换性允许人们在新的场所轻松地加入新的社会和经济社团，以及集聚在一起组成新的大小型团体。货币是大多数雇主的命脉，它们在现代社会中起着重要的作用。在这些组织中，货币调节着员工之间的关系并勾勒出清晰的内外界限。

7）**一种个体疏远的根源**：相对那些构建牢固社群关系的关爱、忠诚、深厚的亲情关系、习俗、友情以及义务等纽带而言，货币是一种可怜的替代品。金钱关系总是冷酷与算计的，以至即使是金钱上的慷慨，也会被造成一条划在捐献者与受赠者之间的金额界线。依赖货币交易带来反社会性自由（关于反社会观念已在第一章中阐述过）。一个有足够多钱的人可以选择孤独，并且会因为非货币纽带的约束与烦恼而经常作出这样的选择。用货币购买任何所需物品的决定，伴随而来的是不被需要与不分享的严重孤独后果，以及仅仅因为金钱而被需要的孤独感。

8) **一种个人自主与满足的工具**：货币是个人自由的象征与现实。货币让其所有者摆脱在身体与精神上的许多生活压力，包括不愉快的家庭、不受欢迎的邻居等。货币允许其所有者选择不同类型的教育、就业、休闲活动以及各种商品与服务。金钱也许买不到爱情，但是为了所爱之人而随心所欲地花费的自由，是一种真正的鼓励真诚的慷慨表达。金钱可以被花费在如果没有大量的花费就无法实现的巨大而有意义的事情上。

9) **一种个人堕落的工具**：金钱表达欲望与需求。穷人常常害怕没有足够的钱，而富人似乎总是想要得更多。对货币的渴望会引诱人们从事有损尊严的劳动，而没有金钱会导致借高利贷，从而陷入货币绝望之境。实际货币匮乏几乎是受社会排斥的缩影，而感知缺钱已成为社会绝望的标志和原因。

10) **一种贬低真实价值观的社会性溶剂**：金钱允许并鼓励富人，尤其是新科富人破坏、摧毁或者绕过支撑社会制度及其伦理价值观（在第一章中提及过的马克思主义观点）。既然货币具有无形性与互换性，它很容易摆脱传统的沉重包袱，包括那些社会所需的所谓社会繁衍、习俗传承、伦理标准以及代代相传的知识。当有钱人购买荣誉与社会地位时，既定的非货币性社会秩序受到玷污和扭曲。当可衡量的货币交易取代了传统的人际安排时，非货币性社会系统中相互尊重的共享和等级关系制度被淡化了，取而代之的是商品化、数量化以及直截了当的价值标准。当货币成为一切事物的衡量尺度时，任何精神价值以及价值观的迹象都将被抹杀了。

11) **一种统一社会习俗有用的标志**：金钱是人们表达自己作为其社会成员的方式之一。从给子女零花钱，到购买保险、设立储蓄账户和养老金，各种不同种类的货币承载着不同的社会意义。许多货币风俗习惯加强了社群的凝聚力。嫁妆与聘礼不再像昔日那么常见，但是给予新婚夫妇、成年子女以及老年父母的金钱礼物通常具有表达情感与义务的深刻象征性意义。各种类型的货币被赋予不同名称——时薪、年薪、奖金、租金、股息、资本利得、保险金等——它们创造了一个表达和丰富了共同社会生活的价值观与意义的体系。

12）**一种政府权威的标志**：在现代经济体中，政府是货币的最终提供者或者担保方（我将在本章后面作具体解释），因此经济越依赖货币交易，人们就越与政府紧密联系在一起，无论它是件好事还是坏事。税收和福利制度在公民与政府之间建立了广泛的直接货币的纽带。更间接地说，政府通过银行系统对法定货币交易的记录进行监控、指导和惩罚个人以及企业的经济行为。甚至规定只能使用"法定货币"作为一种货币纽带，将人们与政府支持的有关货币权威当局联系在一起。无法印制自己的货币的政府（譬如美国各州的政府和在某种程度上的欧元区成员国等"次级主权国家"），通常会因缺乏真正货币主权带来的政治权威与公众尊重。

13）**一种政治上的统一物**：全国性货币是现代民族国家的关键标志之一。对于今天的大多数人来说，能够使用同一种货币进行买卖的能力是共同政治身份的最明显的实际标志。货币通常比土地、血统或者历史等其他政治统一性的因素更为优越，因为它既不依赖虚构的故事也不排斥少数族群。普遍的政府福利体系中的货币共享增强了其政治统一感。货币体系的不可避免的统一有助于解释一些欧洲政治家对创建同一种跨国货币的热情。欧元的存在与持久性自动地增强了该区域性的团结，形成了一个商务性统一的"欧元区"，其参与政府是货币上的次级主权国家。

14）**一种心理上的符号**：金钱是我们心理语言的一部分。当传统的弗洛伊德①学派分析师审视囤积货币现象时，他们觉察到在为未来消费或防范潜在灾难的意识欲望背后，潜藏着强大的心理动

---

① 译者注：西格蒙德·弗洛伊德（Sigmund Freud，1856—1939），奥地利心理学家、神经学家以及精神分析学派的创始人；他的思想对心理学、精神病学和更广泛的社会科学领域，特别对人类思想与行为的研究产生深远的影响。

机。他们看到了一种控制生活的欲望，囤积者要在面临陌生而充满敌意的世界之前积聚并且增加财富。纯粹的弗洛伊德主义者将金钱视为——或者用比较专业的表达——婴儿期欲将排泄物保留在体内这一不可能的愿望的替代品。这种对金钱"肛门吝啬"的理解，尤其适用于守财奴的明显非理性的行为，他们只想囤积更多的金钱，而不是用金钱来购买更多的自由。弗洛伊德主义者解释说，几乎每个人都有守财奴倾向，因为婴儿期的欲望从被未完全抛弃。相反，一些资深心理学家将类似于常见的患有双相情感障碍者，即将一种躁狂期极端的过度挥霍形式看作是原始慷慨的表达，认为是一种对宇宙神秘壮丽的热情拥抱的表现。

15）**一种社会地位的象征**：货币经常被用作证明某人的权力与地位。对于社会象征性而言，单纯的金钱没有其所能购买的物品显得重要——譬如土地、房产、文凭、慈善捐献后获得的感激之情。尽管如此，货币本身通常也是一种重要的标志。用现钱（无需任何借贷）购置一幢房子、一辆汽车，或者支付大学学费清晰地显示了社会与经济成功的迹象。在银行账户里的存款被认为表示财富与卓越，储蓄账户中一大笔余额通常被视为尊严的象征，譬如在申请外国居留权时会受到礼遇。公司有时会以现金储备为荣，虽然这通常违背财务专家的建议。各种货币支付形式的名称通常携带着明确的不同的社会含义，年薪比时薪的地位高，而投资收入（在有些税收司法管辖区被称为"非劳动所得"收入）的地位则更高。

16）**一种宗教般崇拜的对象**：货币与宗教（玛门①和上帝）之间存在着复杂的关系。所有伟大的宗教理论都蔑视对金钱的迷恋，但牧师和其他异教领袖以及许多信徒，常常陷入现金积累的邪教陷阱之中。许多人祈求得到更多的金钱，而巨额的银行存款有时被解释

---

① 译者注：玛门（Mammon）源于基督教神学，指物质主义或追求利欲和贪婪的代称。玛门作为对上帝奉献的竞争对手，象征着将物质财富置于精神价值之上的诱惑。

为与财神友好的神明相处的迹象。相反，货币经常替代或者承担宗教目的和内涵。基督徒有时谈论对金钱的盲目崇拜，而马克思则写过资本主义"商品崇拜"。这两个传统都描述着大致相同的事情，即对所谓"万能美元"的崇拜与奴役。宗教词汇至多稍微夸张了点而已，人们却为了获得美元或者欧元而作出巨大的牺牲，然后常常期望这些金钱能够为他们做些准精神上的事情——为自己买到幸福、从他人处买到尊重或关爱，或者向上帝买到恩惠。

17）**一种不朽的赝品**：富人与穷人同样要面对死亡的恐惧与神秘。无论多少钱都买不到永生。尽管如此，许多人相信他们的货币财富能够创造一种超越死亡的遗产。在前现代文化中，遗产主要表现为潜在的永恒之物：实体纪念碑和纪念诗歌。这些形式依然存在，但纯粹以金钱为基础的纪念物已经变得更加普遍。其中包括罗德斯①学者和诺贝尔奖，以及一些鲜为人知的以人名命名的奖学金、教授席位和基金会等。资金如果足够多，就可以使其名字经久不衰、代代相传。在更为适度的范围内，中产阶级的父母可以通过他们的财富留存在子孙后代的记忆中——"这幢房子是由我已故父母买下的"。

18）**一种在群社内无声的语言**：非语言交流有助于团结不同的群体。人们通过共同理解的"肢体语言"与常见表达礼貌和崇拜的仪式性动作结合在一起。金钱还为特定群体"代言"。人们通过小费表达尊重或者优越感，也从买彩票中显露对随机获利的欲望。他们通过薪水衡量自己的社会地位。他们在寻找折扣价或全价上表达自己的性格特点。他们在花钱模式上表现出粗心或者谨慎。他们在积攒钱财上表现出谨慎、贪婪或者漫不经心的态度。钱包里带多少

---

① 译者注：塞西尔·约翰·罗德斯（Cecil John Rhodes，1853—1902），英国开普殖民地总理，1870 年到南非以开采钻石和金矿致富，于 1903 年设立罗德斯研究生奖学金，每年挑选各国本科优秀毕业生前往牛津大学深造，此奖享有"全球本科生诺贝尔奖"之美誉。

钱，抽屉里塞多少钱？多久核对一次银行对账单？透支或者债务有多可怕？这些金钱问题的答案有助于表达人们在社会背景下的身份与地位。

19）**一种在不同社群之间的通用语言**：如同在公共厕所外的性别标识一样，货币也是一种在世界各地都可以沟通理解的语言。货币是世界上最可靠和最通用的沟通媒介。一个来到陌生国度的访客即使不懂当地的语言，也可以轻松地使用货币度过日常的生活，并且表达友情、自豪、谦卑、欲望与感激之情。货币极大地简化了融入新社群的过程，因为任何人都可以购买到合适的服装、食物以及房产。贸易几乎离不开货币，而贸易将人们与不同的社群联系在一起。宗教、学习以及婚姻也是能够成为跨越政治与社会的界限实现结合的机制，但这些机制的效果相比使用货币交流所产生的效果而言则要慢得多，而且一旦出现差错通常会造成更大的分歧。

20）**一种财务投资的代币**：货币是财务安排的语言。正如将在第三章会阐述的那样，这些金融协议旨在将当前一定金额的货币，与未来的既能统一又可能分隔社会的其他一定金额的货币作交换。货币有助于将经济中的许多组织联系在一起，并创造了金融体系单一大型社会机制，以及构成该体系中的众多个体银行。然而，货币同时也拉开了贫富之间的社会距离。正如我还会在第三章中解释的那样，从经济学角度来看，贮藏货币与实际投资融资截然不同。但从社会学角度来看，这两种活动却都被合并成了"投资"。这些投资带来社会地位、政治与经济的权力——以及它们自身的社会责任与道德义务模糊性。

21）**一种"不良无限性"的载体**：正如亚里士多德所认识到的，货币超越了物理现实的界限。在物质世界中，我只能使用和拥有有限数量的任何物品。我的消费能力是有限的，我的寿命是有限的，宇宙中的农田、艺术品以及能源的数量都是有限的。然而，货币在某种程度上却是无限的。正如我总可以在写下的或者想到的任何一个最大数字上加上 1 那样，欧元无论在流通中已经有了多少的量，随时可以创造出另一块钱的欧元。人们总是想要更多的金钱，并且在满足了那种欲望后，还想要更加多的金钱。正如亚里士多德也认识到的那样，这种潜在的无限欲望具有某种不自然的特点。虽然知识和善良在某种程度上是无限的，因为它们表达着某种超越和神圣的东西，但我们在这个世界中受到物理局限的制约，既有我们自己的制约，也包括自然界的限制。货币虚假和不自然地承诺或者威胁着要打破那些世俗的限制。货币只会提供哲学家黑格尔①所称的不良或者错误的无限性。

22）**一种与自然和希望相悖之物**：自然界的植物、动物、有形的繁殖、逐渐生长和逐渐腐烂，正如法国诗人兼作家查尔斯·佩吉②所说的那样，是"柔韧的、自由的、有生命的、多产的、不可互换的、非同质的、不可交换的、不可买卖的、不可数的和可计算的"。他明确对这一自然界状态下的世界进行了描述，以与货币"对照物"的性质形成鲜明对比。货币可以买到某种安全感，但是这种安全感也仅仅通过，在生命基本的流动和自由作了"木乃伊化"时，它只能通过"冷冻保存"。货币象征并且表达了人类为创造一个可计算、分隔和控制的世界所做的一切。货币的反人性与它的反神性相辅相成。佩吉说，货币声称要界定未来的所有可能性。当人们让自己银行账户中的货币数量指导他们的行动与期望时，那么希望，即人类相信上帝对我们的美好意图的能力，就失去了作为一个神学美德范畴的能力。

---

① 译者注：格奥尔格·威廉·弗里德里希·黑格尔（Georg Wilhelm Friedrich Hegel，1770—1831），德国哲学家，德国古典唯心主义的集大成者。黑格尔哲学是马克思主义哲学的来源之一；其最著名著作《精神现象学》发展了一个复杂而系统的哲学框架，试图理解现实、知识和人类意识的本质，他的哲学对包括政治理论在内的广泛学科产生了深远的影响。
② 译者注：查尔斯·佩吉（Charles Peguy，1873—1914），法国诗人、散文家和编辑。

23) **一种相对价值的精确仲裁者**：经济学家通常不认为货币数字具有象征意义。正相反，正如在第一章已经阐述过的，他们一般认为货币衡量大致上精确，以及大致上有形地反映了某物的价值。经济学家经常认为，建立或者发现所谓的"真实"价格对于任何经济体的成功至关重要。这种推理基于通常不言而喻，有时甚至被否定的假设，即货币数字，尤其是它们之间的比率，应该并且能够揭示出某物的一致且有意义的定量价值。然而，正如我将在下一节解释的那样，利用这些货币数字来形成相对于实际人类或者客观价值的判断，既无经验性也无实用性，而是一种象征性的思维。

尽管经济学家时常把自己视作像物理学家，或者生物学家那样的"硬"科学家，但他们对定量象征主义的依赖，更像占星术家和炼金术士的工作，后者将精确的定量化观察组织成，据称是有意义的宇宙和定性量体系。

24) **一种对人类诅咒的载体**：圣保罗①说过，贪爱金钱是万恶之源。与他近乎同时代的奥维德②也说过，自己发现"黄金带来的伤害比铁更多"，这象征着历史上最后以及最糟糕的时代即将来临。彩票中奖者常常被他们所渴望的金钱弄得倾家荡产，而严肃的道德家也经常将金钱描述为某种污染的载体。尽管这种说法在言语上可能有些夸张，但是金钱的紧凑性、权威性、灵活性以及无限可能的数量，都不可避免地鼓励甚至激发贪婪。人们需要坚定的决心，任何时候如果他们想抵制渴望更多金钱，无论仅是一点点还是许多，

---

① 译者注：圣保罗（Paulos，约5—约67年），早期教会主要领导人之一，亲自把基督教传到小亚细亚、希腊、罗马等地，他的一些书信构成了《圣经·新约》的重要组成部分，其对基督教思想和基督教在古代的传播产生过持久的影响。
② 译者注：普布留斯·奥维第乌斯·纳索（Publius Ovidius Naso，公元前43—公元18年），通称奥维德（Ovid），古罗马诗人，代表作《变形记》等。他的作品以其机智、优雅和对拉丁语的娴熟闻名，对后来的文学，包括乔叟和莎士比亚等诗人的作品的影响是深远的。

甚至想无限得多的时候。米达斯王①的诅咒是真实的——对金钱的偏好胜过它所能买到的物品，使世界变成一堆金光闪亮的毁灭物。赌博的欲望将面对机遇或者财富的近乎宗教般的敬畏，转化为一种粗俗的且具有社会破坏性的贪婪表现。然而，无论金钱多么有用，它总在道德上具有危险性。

在每个使用货币的社会中，货币的这些广泛而深刻的含义大多数都存在，至少其中一些会影响到每个人，从最精明的经济学家到较少有经济学问的消费者以及最年幼的儿童，都会有与货币相关问题的模糊想法。换而言之，所有关于货币的思考都不可避免地携带着炫耀、保护、神奇、分歧、统一、保留、慷慨、奴役、解脱、贪婪或者贬低地看待货币的象征意义。尽管在本著作的其余部分，我尝试将分析的关注点仅限于货币的纯粹经济用途上，然而保留如此狭隘的视角需要认识到，象征货币是一种独特类型的货币，本质上不同于我所说的劳动与消费的代币货币，以及我所称的现在与将来的储蓄货币。我将在本章第四节更详细仔细地解释这些术语。

在深入研究这些较简单类型的货币之前，我想重申我对象征货币的深深敬意。它不仅比代币货币或者储蓄货币更复杂，从智力角度来看，它还更有趣，而且至少可以这么说，它对人类境况更为重要。我们内心对货币所产生的观念，更多地揭示了我们对世界及自己在其中的地位的看法，还不仅仅是我们实际使用货币的方式。换言之，货币的非经济含义比其经济功能更为重要。在前现代经济体中几乎肯定是这种情况，当时贸易与制造业极其有限，货币主要用于表示地位（作为财富）、体现政治统治权威（作为贡品）、确立社

---

① 译者注：米达斯（Midas），希腊神话中的弗里吉亚王，贪恋财富求神赋予点石成金法术的故事非常有名，这个警示故事讲述了过度贪婪和以牺牲人际关系与幸福为代价追求财富的危险。

会关系（作为嫁妆或聘礼）或者供奉某些宗教仪式（作为祭品）。在各种文化人类学家研究的具有浓厚象征意义的社会中，货币通常很少有着现代的数量意义。相反，货币的流动与位置被理解为一个相互交织的系统中的一部分，在这个系统中，女性、战利品、礼物以及祝福都是社会意义的象征。货币的象征意义的卓越性可以从基督教对货币的理解中看出，玛门被视为世俗王国的象征及其体现，基督教要求信徒放弃世俗王国而追求天国。在后基督教社会①中，货币很可能变得更加具有象征意义，既因为其周围的货币多了，也因为其更有力的传统竞争对手作为象征结构的衰落，如宗教实践的形式和其他神与人之间的联系衰退了。

虽然我无意综合所有这些符号的象征性，但是我确实对当代社会与经济计划者提出一条建议。他们应该记住，象征货币既潜在地具备统一性又有分隔性，因此他们应该努力确保货币在社会中的实际使用时加强其统一性象征，以抵消其分隔性的象征意义。譬如，确保家庭与社群能够获得一些资金以在危机中提供安全缓冲可能是件好事。类似但相反的是，尽可能地从教育、医疗保健和其他社会系统的活动中去除金钱，以最大限度地减少其造成的疏远效应，譬如有人陷入那些片面性资金不足的烙印以及误导性量化所导致的迷茫。

带着一些遗憾，我现在必须告别那种思维。然而，尽管这些有关象征货币的丰富描述，对于社会学、人类学、心理学或者公共政策来说，可能多么有趣且重要，但它们对于经济而言却大多数是不相关的。作为一种纯粹的经济工具，货币只有一个目的。我将在后面两节中解释，我对经济、货币以及货币的经济作用的理解。在结束本节之前，我想非常简单地指出，两种基本上非经济性象

---

① 译者注：后基督教社会，指基督教影响力显著下降或远离传统基督教价值观、信仰和实践的社会或文化；其特点则表现为宗教信徒的教堂出席率下降，以及基督教对生活各个方面包括道德、伦理和文化规范的总体影响降低。

征货币的理解，它们极大程度地模糊了对货币与金融的传统经济研究。

第一种非经济性象征货币的理解是我列举的前三项的综合：贪婪的宝藏、财富的象征以及安全的保障。它们都属于经济学家所称的货币贮存价值能力的各个方面。货币具有潜在的消费能力的观念当然没错，譬如当已经储蓄了养老基金的工人退休时，他们通常可以从这些基金中提取并且使用这些资金。然而，这种观念也不完全正确。正如我将在本章中详细解释的那样，当硬币、纸币或者储蓄账户余额一旦被储存时，这些资金已经被转移出了劳动与消费的经济体系之外。它变为储蓄货币，这已不再是严格经济意义上的货币了（按照我对经济的定义）。

象征货币对经济思维的第二种特别危险的侵扰来自我所列举的最后一项，即货币贪婪的无情诅咒。正如我将要解释的那样，从纯粹经济工具的视角来理解，货币本身并不会激发贪婪。然而，贪婪是人类心理中一股隐匿的力量，尤其是在对待那些已经从实际经济中提取的储蓄货币的思考中，它很容易在人们对货币的思维中显现出来。贪婪的诱惑会受到欢迎或者抵制。当前的金融体系中受到了过多的欢迎，这在道德上是错误的，在经济上也会适得其反。

所有这些将在第五章中作详细的解释，但在此总结这一论述的结论可能会有所帮助，因为它将象征货币的保值观念与象征货币的贪婪属性联系在一起。贪婪鼓励人们相信货币至少应该在储存中保持其价值。如果没有贪婪的信念，储存、储蓄或者投资货币的价值变化将不会造成社会压力。在道德氛围得到改善的情况下，那些货币财富的持有者永远不会被让财富越来越多的欲望所吞噬，这种欲望既不公正，且具有经济和社会破坏性。简而言之，货币金融体系的融资部分经常无法为经济利益服务，很大程度上是因为它未能阻止，更别说控制贪婪了。

2. 大交换

在本章开头我说过，经济学家不应该简单地认为货币的存在是理所当然的，更不应毫无疑问地将经济活动等同于一切实际上或者潜在货币。他们需要一个完全非货币性经济活动的定义。在本节中，我会提供一个这样的定义。

让我重申一下对货币与经济的传统的、不容置疑的观点。至少以我的经验，当大多数人谈论"经济"时，他们讨论的是金钱——做些什么才能赚到钱、钱花在什么地方、如何分配这些钱，以及货币体系的各个部分如何运作。货币交易很少**不**被视为经济活动的标准单位，而对于货币衡量的真正含义的质疑更加罕见。

如果这种对"经济"的普遍理解的看法是正确的话，那么普通公众的方法与专业人士的也就大致相同。在经济学已经成为一门像样的学科后的二至三个世纪中，研究几乎都局限于货币以及货币所支付的物质东西与人类的活动，即我所称的"付费经济的领域"。无论是有意识的还是无意识的，经济学家都理所当然地接受了一种目的论叙述，即货币的使用被认为是最"理性"或者"现代"的社会与经济的安排。一些社会学家、历史学家以及人类学家对货币化社会的益处持较中立的观点，但在刚过去的几代人中，经济学家通常了然傲立于其他社会领域的学者之中。即使博弈论的实验，这是一种经济学家非常钟爱的心理分析的原始尝试，也几乎总是涉及货币或者准货币的奖励与惩罚。

这都是完全错误的。经济实际上并非只是"关于"货币的。恰恰相反，经济的本质是通常由货币所支付的人类活动。

货币、金融、现实与道德

一种定义

更准确地说，经济活动是人类劳动送给世界的礼物，以换取作为来自大千世界的礼物的劳动成果。更粗略地说，经济学是对世俗人类劳动与消费活动之间关系的研究。据我所知，此定义在完整性（包括劳动、劳务分配、生产、消费、消费分配和环保责任）、普遍性（在所有社会形态中均有效，无论其精神与文化价值观如何，无论其技术与知识的复杂程度如何），以及完全独立于货币等方面都是新颖的。

由于此定义对我的命题非常重要，所以我认为需要对其基因谱系作一些阐述。将关注点放置在人类主要活动（劳动与消费）上，是对"经济"词源意义的现代化，即个性化版本——家政法则①。将经济学视为交换研究的观念可以追溯到亚里士多德，他论述了他所赞同的家庭间的非货币交换，他还论述了他认为不自然的商人间的货币交换，这与我将用来描述货币被人为地在经济活动中的画蛇添足作用，持大致相同的理由。正如皮埃尔·罗桑瓦龙②所诠释的那样，经济学概念涵盖所有劳动与消费，而没优先考虑政府、富人、贵族或者工人的利益，这是对 18 世纪现代经济学基本社会假设的延伸。对劳动作为经济核心的兴趣由约翰·洛克提出，经亚当·斯密和卡尔·马克思完善，并由教皇约翰·保罗二世与其他学者添

---

① 译者注：家政法则，或译为家庭法，被称为词源意义上的"经济学"，可追溯到古希腊与家庭资源的管理及组织，其中包括劳力、财务与消费有关的概念；其原始形式指有效管理家庭事务的原则。"经济学"源于希腊语 *oikonomia*，是由 *oikos*（房子）与 *nomos*（法律或管理）组合而成，指代"家政法则"。经济学的概念随时代的进步超越家庭管理，涵盖了对经济体系和社会资源分配等的研究，其中包括生产、分配、消费、贸易以及国家和世界性经济运作。

② 译者注：皮埃尔·罗桑瓦龙（Pierre Rosanvallon，1948—），法国历史学家和社会学家，专攻民主史和法国政治模式，深入探讨国家的作用、公民身份的性质以及民主与历史记忆之间的关系等问题，著有《法兰西政治模式》等。

加了人类学维度之后进一步完善。将消费的概念视为劳动的对应物被隐含在国民生产和国民收入的标准经济讨论中，尽管这种人类学维度上的对应关系几乎从未被注意到。最后，礼物在人类社会中的重要性，自 20 世纪之初以来一直是受人类学密切关注的主题。本笃十六世暗示，在经济活动中实现充分交换正义需要一种礼物思维，对经济学的契约思维采取一种既定的——也是完全理所当然的——蔑视。我认为将所有这些观点结合起来，形成了我自己独创的定义。

在这个经济活动的定义中，货币与经济相互重叠，但却远非完全相同。一方面，货币并不仅仅在我所定义的经济范畴内使用。货币还能以在前面章节中所阐述过的象征性方式使用。尤其是，货币的象征性方式（或以此名义的某些物品）用于"储存价值"与实际经济相重叠，但这种社会角色与原始的人类劳动与消费的经济活动之间没有直接关系。这种非经济性货币属性将在本著作中作广泛而深入的论述。在货币与经济关系的另一方面，有大量真正的经济活动却在不使用货币的情况下频频发生。

这个经济学的定义可能会让有些读者感到不安，因为他们已经习惯于将货币视为任何合理的经济理论的核心。我希望随着著作中的论点逐渐展开，任何认知上的不满也都会渐渐消失，因为我的理解实际上是与"经济"通常所指的含义是一致的，至少一旦经仔细思考了其日常含义之后就会如此。

粗略地说，经济学涉及一种特殊的人类双重活动：劳动与消费。劳动将人们所处的世界作改造或者作文明化处理，而消费是利用文明化的世界促进人类条件的一些美好事物。

为了解货币是如何融入这些经济事物并与这些经济事物相适应，经济定义中的五个关键术语是相关的——交换、劳动、消费（劳动果实）、礼物以及人性化世界。我会对它们一一作出解释。

交换

我先解释交换。货币交换对于现代人来说是再熟悉不过的了——我们为赚钱而工作，并花钱购买自己及他人所创造的物品。自然科学的学生熟悉，这种基本代谢交换的最原始的非货币版本——所有生物都以获取营养交换某种劳动，以获取食物所提供的身体繁荣。然而，更广泛、更高贵且同样基本的人类经济性交换却远未受到如此的关注程度。在经济中，人类以许多通常对他们来说具有重大意义的活动与努力的"劳动物品"，以换取许多对他们而言也有意义的不同商品与服务的"消费物品"。这种代谢性给予与索取——在社交、情感、身体、道德、智力与审美上——是人类生活中一个重要且通常美丽的部分。劳动及其成果的大交换已经融入人类生存状态中，每个社会在某种程度上都围绕着它而建立。

大交换，被定义为劳务与劳动成果的经济交换，是所有人类经验的核心。这种交换的伟大性是三重性的。最微不足道的是这种交换涉及各种截然不同的物品。劳务表达了人性的一个方面，而享用劳动成果即消费品与服务，则表达了完全不同的另一个方面。更重要的是，这种交换之所以伟大，是因为它的必要性，它对于人类生活的延续与充实是必需的。如果没有某种消费，人们就完全无法生存，更不可能过上有尊严的生活，除非做一些主观及客观上有意义的劳动，以及获取一些主观及社会上有意义的消费品与服务。

最重要的是，大交换的概念之所以伟大，是因为它包罗万象。它表达了无数并不起眼的经济交换的要素——从一份劳动所得的薪资（货币涉及这类较小的交换），这些劳动果实所得的价格（又是货币），制作食物的劳务所得换取为自己所做的并会消耗的食品（无货币涉及本交换），这个家庭共同辛劳所得换取家庭共同消费（货币非必须），此人的手工制品换取那人的农产品（货币非必须），一名前现代贵族（参战与审美荣耀）劳动①所得换取那些农民的奴役劳动（货币为可选项），一位母亲为其孩子的成长而付出的爱心照顾，以换取她孩子在消费了母爱的劳务惠赠其报答（无货币），每个人通过长长的生产和分配链所做的每一项具体的货币交换特定的商品与服务（货币），到给政府服务与福利缴纳税金（货币与非货币关系的混合）。每一项个体的经济交换都只能被充分理解为大交换中的一个小小的部分。

劳动

在大交换的一侧是人们的**劳动**。劳动总是利用劳动者自己的体力、技能以及特长。它几乎总是利用这个世界上的某些物质事物，无论是它们的原始自然状态，还是更常见的处于已经被转化并且部分人性化了的状态。不同人的各种能力与世界上众多的资源创造了许多类型的劳动力。人们狩猎、采集以及饲养。他们种植、收获以及碾磨。他们开采、冶炼以及锻造。他们学习、教学以及实验。他们组织与训练、指挥与执行、提供娱乐与辅导健身、传播与保存信息。他们有的付出劳务维护和平，也有的付出劳力参与战事。

人类在本性上是为了劳动而"被造就的"，同样他们在劳动中"造就了"思考（智人②的表现）、生活在社群里、使用双手，有的还会说话交流，有的对神秘表现出惊奇与崇拜神灵的能力。与人性的其他方面一样，人类认为劳动是普遍的——所有人都劳动并且应该劳动终生。（我所指的"所有人"包括从婴儿到晚期病人。我将

---

① 译者注：前现代贵族劳动，指存在于近代之前的社会中属于贵族的个人所从事的工作或劳动，通常包括：参战保卫领土、参与其领地管理、资助文化艺术发展、参政担任君主顾问或政府公职、参与农业和庄园维护以及休闲社交等活动。
② 译者注：智人，是指现代人类物种的学名，通常用于将现代人类与其他古人类物种（如尼安德特人和直立人）区分开来。智人以其高级认知功能的能力而著称，包括复杂思维、解决问题以及先进文化和社会的发展。

很快讨论这些人的劳动。）

　　劳动者始终或者至少在大部分时间上受到积极愿望的驱动。每个人都感到需要劳动——通过发展与运用劳动技能去追求个人的卓越，并通过贡献有用的和令人向往的成果支持公共利益。然而，就像人性中的其他一切事物那样，劳动的意愿也总是至少在某些小部分上有所不足。所有人会至少在某些时候发现劳动的负担。否定的判断是合理的，因为劳动总是会伴随着一些令人不快的辛劳及其某些不期而遇的义务。劳动的负担会导致劳动中总会出现推诿责任以及偷懒的时刻。为了克服人类的这些自然弱点，需要结合一些奖励手段激励成就和惩治措施惩罚失败。对于大部分社会的多数成员来说，这些奖励与惩罚的某些形式表现在分配社会劳动果实的多少上。

　　对积极追求劳动卓越与负面辛劳之痛的存在是无可非议的。如何平衡这两者更是一个有争议性的话题。在最高层次上，人类的美德与恶习的混合是一个哲学和神学辩论的主题，而且这样的辩论不像很快会结束。我个人的哲学判断是，在经济领域就像在人类的其他方面一样，积极地追求美好是每个人与每个社会中最基本的，通常更有力量，但是消极力量也总是令人可畏的。我不会在这里为这种乐观的判断辩护，因为它对本著作的大部分论点来说无关紧要。正相反，我所关注的在金融领域中的贪婪的危险，至少会适应于人类经济本性中善恶平衡的更悲观的解读。

　　为了充分领会劳动的道德与精神的广度与深度，必须将货币从对劳动的人性的理解中剔除。从宽广的视角来看，尤其是在时间的维度上，劳动在人类生活中的作用是巨大的。各种类型的劳动可能占据了大多数人生活中的大部分时间。至于深度，它在创造与支持有尊严的人类生活和繁荣社会方面的作用，最好的方式是提及一些更加杰出却未被充分认识的劳动类型及其惊人的成果。这些劳动通常被经济学家忽视，因为它们经常是些无偿的劳动。

　　公平地说，个人与家庭照料的劳务不再被专业经济学家完全忽视。女权主义经济学家现在开始关注传统上被视为纯粹"女性的工作"的领域。然而，即使她们有时也未能充分赞扬生育与抚养孩子、养育家庭、照料病人，以及为各种需要的人们提供情感和实际支持，更别提为家庭更和谐有序所从事的许多繁杂的事务。所有这些有组织的、有目的的，并且非常实际的关爱的努力，在情感上、心理上与体力上往往都具有挑战性。她们中的大多数还需要有很精湛高超的技能。这些工作往往更多的是无偿的、远多于付费的服务，更常常是由女性而非男性来承担。他们结出人类受到关爱与照顾的美好与奇妙的果实，即人们可以在充满关爱的家庭环境中茁壮成长。

然而，富有成果的劳动并不仅局限于健康的成年男女的有偿或者无偿的劳动。婴儿与儿童也会劳动，将他们的精力投入到适应其年龄的自然任务中。婴儿努力发现、理解并且参与人类环境中的奇迹与痛苦。当婴儿成长为儿童时，他们通过劳动，包括玩耍与游戏学习如何应对成长过程中的诸多挑战。在现代社会中，儿童的日常劳动一般包括正规学校教育的欢乐与痛苦，这些被认为会产生许多不同的成果：未来更具生产力的劳动所需的技能、过上高尚而充实的生活与建设富强社会所需的知识，以及实现精神祥和所需的智慧。儿童通过许多阶段的劳动，最终结出最有活力的果实，即下一代的成年人。

当年轻人主要努力地学习如何茁壮成长时，老弱病残者必须努力求得生存。尽管并非总是如此，但这种艰苦的劳作大多由老年人承担。这类辛劳看似毫无意义，但它应该而且实际上通常也确实如此，会产生出有时是苦涩但仍然非常有价值的生命果实，即按照人性的自然尊严地过着生活。其中有一些体弱者同样可以，而且通常会让看护者焕发他们崇高的精神。

消费

在大交换中，人们不仅给予，他们也获取。正如大家都劳动一样，每个人也都消费。他们消费劳动果实。

所有劳动都会结出一些果实。换而言之，每一次劳动都为人类社会带来一些新的东西，无论是对某个物体作了转化、给劳动者或者社群增添了新的知识，还是改变了某人的身体或者灵魂。在本质上，消费是利用，有时甚至耗尽这个多样化的果实。在经济交换中，人们接受明显不同的两种礼物，既来自通过劳动成为文明化的物质世界，也来自置身于这个世界之中的社群。

经济学家赋予"消费"一个比日常用语更宽泛的含义。他们并不把消费局限于彻底使用某物直到不再适用于其最初的用途。相反，这还包括消费那些慢慢腐烂或者根本不会腐烂的物品。我的消费定义还不够宽广，尽管我已经包含了接受关爱的不同劳动果实的涵义。在大交换中，婴儿消耗父母的时间与精力，就像律师或建筑师的客户消耗这些专业人士的时间与能力一样。我还要急于补充一句：从道德、心理、精神或者文化的视角来看，我对关爱所作纯粹经济性处理有点不得体和不够诚实的简单化的倾向。然而，这是一幅劳动及其果实的新陈代谢的现实图景。

消费一般分为商品与服务两类，商品主要来自自然世界的消费品，而服务则主要是由人类劳动创造的消费项目。这种区分是有用的，但是其边界经常不清晰。自然界的任何物品在被消费之前都必须经过人类的大量加工，因此，消费品不可避免地成为自然与人类的混合体。只有经过精心饲养、烹饪以及应用餐具，才能将植物与动物做成佳肴。矿石需要工程知识结合人类工艺才能成为汽车。房屋不仅要有木材与砖块，还需要建筑专业知识才能被建造出来。反过来说，几乎所有的服务都需要支付一些实物而达成。

建筑师和律师需要纸张，如今还需要计算机才能为客户服务。父母需要食品、衣服以及玩具才能养育孩子。演员需要剧场和舞台设备将剧本转化成演艺作品。服务是人类与自然的混合体。在过去几个世纪中，人类对世界的改造变得更加广泛，因此，这些混合体中的人类部分，无论是商品还是服务，都变得更加重要。

无论是接近还是远离未经人类改造的或者人类改造前的世界，消费就像劳动一样对于人类的尊严是必要的。事实上，有序而愉悦地消费满足人类需求与欲望的众多商品及服务，是真正人性的崇高表达。当然，现实并未符合这种理想化的描述。与劳动一样，消费始终受到人性缺陷的影响。人们经常贪婪，渴望要消费超过他们自己或者其社群的共同利益的东西。人们也可能会感到骄傲，对自己消费产生过度的满足。他们可能会嫉妒，垂涎别人享受的消费与服务。他们可能会粗心大意，浪费了消费的礼物。消费中呈现出人性的两面性，即高贵的自然表达和欲望的自然混乱，两者不安地共存着。

礼物

从哲学上说，尽管我认为消费与劳动一样，其带来的好处相对于坏处而言占据主导地位，但与劳动一样，我的哲学与人类学的判断，对于货币及其金融的论述并无直接相关性。然而，这两种积极评价确实有助于解释我对这两类经济活动作为**礼物**的描述。这一提法可能有点令人惊讶，因为它直接并且通常与货币相关的交换正义的狭义理解相矛盾。当货币与劳动或其果实相交换时，这种交易两侧的价值理应被认为完全相等。经济活动的两侧都是礼物的观念同样与流行的观点相悖，即一份礼物只有在无任何期望于未来得到回报的情况下才是真正的礼品。带有回报预期的赠品通常被视为是某种形式的以物易物，而非礼品。

这些反对意见都过于简单化了。正如我将在本章后面会解释的那样，在某些特定交换中对纯粹的货币等价物的渴望忽视了大交换的持续性质。同样，单方面的礼物概念也忽视了"礼品经济"的公共性与不确定性。想象一下，在许多富裕社会中围绕着圣诞节以及生日的赠礼仪式，即使是最慷慨的礼物也总是带着期望获得某种形式的回报。期望的回报可能是现在或未来的实际礼物或者是无形的东西，也许是对赠予者慷慨的感激之情或是对其社会地位的仰慕。在礼物经济中，礼品本质上应该是慷慨的、具有社会意义的，而且对适当的礼物有所关注和期望。

在这种广泛却又有细微差别的理解中，大交换中的劳动奉献确实必须是真正的礼物，即使仅仅因为以这种个人或者其他人的劳动果实的形式呈现的回报，从每个人的角度来看，不可能具有与所奉献的相同价值。这种不等价性是不可避免的，正如在第一章中论述过的第三种混淆应该已经阐明的那样。在大交换中所接受的物品总是与所给予的有着本质上的不同，因此，两者之间不可能有真正的相等。更深刻的是，劳动之所以是礼物，因为它的果实总是与某些社区内部分享。相关社区的规模取决于具体的交换。该社群可以小到直系亲属，如同典型孤立的前现代自给自足的农耕家庭，或者大到整个世界，就像在当代高度互联的全球经济中经常发生的情况。最后也是最深刻的一点是，劳动是礼物，因为这种无限制奉献的终极目的是慷慨的。人们奉献自己的劳动；他们综合使用自己的能量、力量、智慧、技能、情感与激情的组合。人们很容易批评劳动恩赐的次要性与不太重要的目的——为了获得尽可能高的回报或者比邻居更高的回报。然而，劳动的自我奉献的首要及本质目的是使物质世界服务于人类社会以及使社会更人道的慷慨愿望。

正如人们将劳动的礼物奉献出来使世界文明化，他们也从文明化的世界接受消费的礼物。这个礼物的赐予者很难确定。有宗教信仰的人可能会说这是上帝、大自然的丰富赐予，或者在某种概念上类似的力量或实体。从实际消费者更有限的角度来看，捐赠者是多方面的。有劳动者将大自然文明性化，有组织劳动并且分配其成果的社会，有实际的物质世界，还有在哲学或者甚至神秘意义上这个自然世界的能力被文明化的事实。

人们喜欢接受这个世界的礼物；他们也理所当然地喜欢消费。消费礼物对他们有益。这种有益性从婴儿消费其母亲的乳汁及其关爱中获取愉悦开始，消费食物与关爱的简单乐趣贯穿于一生并且被不断地增添与扩展。后来还增加了其他类型的消费——欣赏艺术品的乐趣、休闲活动的宁静与刺激，以及陶醉和炫耀家庭生活的舒适与奢侈。从道德层面上说，消费的挑战是以适当的感恩之心接受来自世界的许多礼物，尊重各类赠予者，以及过分觊觎或者世俗依附。与劳动一样，有许多不可避免的失败，但是接受消费的礼物也可以像馈赠劳动的礼物一样表现出高尚品德。

人性化世界

在大交换中，人们既是劳动的贡献者又是消费的获益者。然而，正如我刚解释过的那样，人们消费的不仅仅有人类劳动的产品与服务，还有非人类转换而成的物质材料。这种待转化的物质材料的原始形态就是我所称的自然**世界**的东西。我在这里使用这个词汇在哲学意义上是——人类生活中的非人类物质。其他词语也被用来描述相同的概念。科学家通常根据他们的侧重点来提及环境、生态系统或者自然世界。社会理论学家谈论物质世界或者自然界，并将其与人类社会和文明进行对比。有些宗教人士则称之为神造物。

无论叫什么名称，这种最终被消耗的原材料具有两个对经济活动至关重要的特点。首先，未经人类加工的原始材料几乎毫无用处，因为它几乎无法为人类服务。其次，这个自然世界具有潜在的用处，因为它的许多部分都可以通过转化成为给人类提供服务的消费品与服务。自然世界的本质——顽强而富饶——有助于解释大交换的许多方面：劳动的辛苦、对积累人类知识的依赖，以及消费品与服务的可用数量与质量的局限性。

改造自然世界是劳动的两项基本任务之一（另一项任务是人类社群更充分地人性化）。唯一不以某种方式转化物质世界的劳动是人际最直接的关怀形式，以及也许是人与神之间最纯精神的劳动形式。除了这种纯粹的爱与崇拜之外，其他被消耗的物品都需要通过劳动来人性化世界。用我的专业术语来说，劳动的礼物是使世界万物富有成果，将它们转化为可以提供消费的礼物。

尽管自然世界必然存在于大交换过程中，但经济活动本质上始终是人类的而非物质的。无论具体消费品的世俗部分多么重要，其经济价值总是来自于人类的转化，而不是来自于世俗的原材料。

物质世界在经济中的次要作用通常被掩盖，广泛实践中给予某些物质世界部分的社会价值，通常是货币价值。最重要的是，土地经常被拥有与买卖，对土地的控制权或缺乏控制权，往往导致不同程度的社会地位。此外，黄金、石油和其他所谓的大宗商品，通常被视为具有超过生产所用的劳动力成本的货币价值。大多数经济学家和几乎所有经济参与者，都毫无疑问地接受了这种将类似人类式样的经济价值赋予非人类事物的做法，但他们如此漠视是错误的。这种归因本质上应该被视为不自然，因为货币是人类具有文化与历史价值的人工制品，只有在人类大交换中才能真正发挥作用。正如本章的论述将明确的那样，分配给事物而非使用它们的人的货币价值，是围绕着实际人类经济的象征及其社会边缘的一部分。尤其是，它们是社会象征性理解货币作为价值储存手段的主要范例。

货币与大交换（预览）

大交换是经济现实。经济无非是这种交换：人们改造自然世界以服务人类，通过劳动使自然界人性化，然后将这个经过人性化处理过的自然界之物投放到消费中去，将劳动者的礼物与自然界作交换，以获取源于自然界给予消费者的礼物。应该已经很清楚的是，货币只不过是这场大交换中的一种有用的工具或者代币。将货币视为经济**的本身**甚至是经济的首要因素，都是对世界的辉煌和人类改造世界之努力的侮辱。

下一节将解释货币实际上如何适应经济。作为过渡，我将首先介绍大交换的五项有关的特征。读者可能已经很熟悉了其中有些内容，因为它们基本上是对第一章讨论的错误思想的更为充分的探讨与纠正。

1) **大交换本质上并非完全是社会性的**：人类对自然世界的改造无论何时何地都是一种群体的努力。从哲学上来说，某些哲学家声称个体可以、应该或者确实只是促进其自己的欲望，此提法是无道理的。为了捍卫这一驳斥，我需要偏离一点本著作的范围，但值得一提的是，因为标准经济模型——从亚当·斯密到博弈论，包括马克思主义的大部分——都是基于相反的假设，即基于普遍的排他性的自身利益。无论这种"方法论个人主义"① 对于理解心理学或者道德上有什么价值（在我看来毫无价值可言），它在经济学上尤其无益，因为大交换在实践与动机上都必须是公共的。没有人可以只消费自己的劳动果实。无论是劳动还是消费，几乎无缝衔接着世界都必须共享。

在劳动中，分享总是涉及一个相对庞大的群体。这个群体包括已故者，因为如今的劳动者总是从父母或者老师那里学到许多他们的技能与习惯，而那些父母或老师也是从他们的前辈那里学来的，

---

① 译者注：方法论个人主义，是古典经济学的基本观念，强调社会现象和解释应该通过检查社会中个体行为者或主体的行动、选择和行为来分析与理解，而不是仅仅关注集体或群体层面的解释；它假设个人是追求自身利益的理性决策者，试图将更大的社会模式和制度解释为这些个人行为和互动的涌现属性。

以此类推。劳动的社群同样包括未来的后代，因为在劳动中追求卓越的一个重要动机是关心子孙后代的福祉。如今，所有劳动社群都包括男性与女性，因为繁衍后代需要两性共同参与。每个社群还包括各个年龄段的人们，因为每个人在童年时都需要其他人的劳动成果，而体弱以及病患也迫使许多成年人也有类似的需求。人类能力的局限也迫使人们一起劳动。在前现代经济体中，农民需要工匠，俗人需要牧师，病人需要医生，强者统治弱者，士兵并肩作战。随着经济发展得更复杂，劳动力要求更加专业与熟练，因此劳动力社群成长得更加庞大，其结构与相互依赖关系也变得更加复杂。

消费在多个方面也必然是公共的。所有不同劳动的成果都被汇集在一起，以便所有人都可以消费所有人所生产的东西。而且无论大小，人们以群体的形式生活、用餐、着装、工作、学习、娱乐、旅行等。他们的消费发生在群体共享的场所：房屋、社区、城镇以及大型统一的政治实体、商城、校园、医院、公路等。随着经济变得更加相互依存，消费就像劳动一样也变得更加深度地社会化。譬如，大规模生产通过消费相同产品将许多人联系在一起，以及大众娱乐允许或者迫使数百万人共享着相同的休闲消费体验。

对于这种普遍的经济社会性有着两个重要的条件。首先，尽管劳动与消费的社群性的存在是不可避免的，但任何具体的劳动的成果无需被某个特定社群中的每个人分享。屠夫的劳动对其素食邻居的消费没有直接影响，而游艇制造商的生产对邻近自给自足的农场主的消费至少也没有直接作用。

其次，即使在最公共的经济生活中，劳动与消费也在某种程度上完全个人化的。在最基本的层面上，大交换有时主要发生在一个人身上——我主要作为劳动者，可以为自己提供劳动的果实。更重要的是，即使我作为一个或者多个社群的一员进行劳动与消费时，我也可以并且通常会作出个人的选择，寻求个人的满足感，并且对大交换中的双方执行着自己的做法。

经济教训：有助于经济更好运转的工具（提示：思考货币）必须本质上是社会性的，即由某个社群共享。它还应该足够个人化地帮助社会每个成员在大交换的两侧都有自己的经济生活。

2) 劳动与消费的根本不同无法作有意义的比较：作为一种人类活动，所有劳动都具有本质上的相似性。在每一种劳动类型中，人们都做大致相同的事情。他们会应用自己的许多方面——通常是选择某些知识、本能、智力、体力、情感以及精神能量——去执行改造世界的具体任务。另一个共同之处是所有劳动都发生在社会的结构之中——每个劳动者总是受到某种实践规则与卓越标准的指导。这些规则与标准始终存在，无论它们是否被书面记载、传承或者仅仅吸收成为文化习俗。家庭主妇知道如何以及为什么清洁与烹饪，孩子知道如何以及为什么玩耍与学习，护理员知道如何给予实际的关爱之意，农民知道如何耕作与收获，工厂工人知道如何完成分配的任务，管理人员知道其工作的任务等，以此类推。

所有劳动类型的结构相似性，解释了为什么大多数人可以轻松地改变他们的劳动生活。有些变化是人类状况的正常经历。孩子在学习中的付出让他们几乎无缝衔接地过渡到第一份成年人的劳动工作，办公室的工作可以毫不费力地转到照料婴儿。劳动力的某些变化遵循着社会不同模式的需要。在许多当代经济体中，一项工作通常会自然地引导到另一份工作，一种职业有时也会发展出另一种职业。当然，这种劳动力的互换性存在着一些局限性，并非每个人都具备着某些工作类型所需的在智力、气质或者体格特征上的要求。尽管如此，与消费的差异性相比较，在劳动力上的差异性则还是要小得多。

因为劳动的果实确实是多种多样的。即使在最简单的经济体中，这可列举出包括食物、衣服、住所、身体保暖、精神保护等众多的商品与服务，而且许多服务都是出于关爱所提供的劳务。在现代经济中，消费品的多样性就像万花筒：一首诗歌、一辆汽车、一套教育课程、一支牙膏、一次飞行旅游、一季自家培植的蔬菜，以及护理员温馨爱抚（经济的复杂性几乎很难改变人类的这种需求和欲望）——现代消费者获得了成千上万种不同的商品与服务。

消费的对象不仅更加多样化，然而其互换性远不如劳动任务。在劳动方面，诗人可以较轻松地成为一名教师、一位汽车设计师、一个组装线上工人，或一家农场的农民。他也许有时已经在从事一些业余爱好的园艺工作。在消费方面，类似的可替代性则相当罕见。当一种品牌的牙膏很像另一种品牌的牙膏时，一首诗歌却无法替代牙膏、汽车、课程或拥抱。社会学上的判断有时会放大消费品的细微差异。譬如，当仅从实用性机器或者劳动产品的角度考虑的话，豪华版的轿车与入门级的车辆几乎可以互换；但从消费者的社会地位与影响的视角看，它们有着天壤之别。

几乎无数的消费品与服务之间的差异如此之大，以至没有一个通用的尺度可以对它们进行一致性的比较。当水稀缺时，它比钻石更加珍贵；而一旦水源充足，多余的水通常比额外的钻石价值低得多。这种比较是相对简单的。但是，一辆汽车是否比一首诗歌、一张漂亮床单、一幅墙上的画或者一堂丰富有趣课程更有价值？这些问题几乎是荒谬的。即使可以设计一个排序——无论是主观的、客观的，还是在某种情境之下的，它也不会是数值化的。任何试图以任何尺度来衡量那幅画比这首诗歌更有价值的尝试，都会进一步陷入概念荒谬的领域。正如已在第一章中阐述过的，说一首诗歌的价值究竟是一辆轿车的一半或者两倍都是无稽之谈。

不同消费品与服务的不可比性和不相称性本身不是个问题，但它确实使大交换的组织变得复杂化了。然而，似乎有一个看似简单的解决方案可以解开这个消费估值的难题。不同的消费项目可以根据它们所投入的劳动力价值来估价。这种近似值法也许可能会成功，因为正如我刚说过的，一小时的劳务与另一小时的劳务大致相同。"生产所需的劳动工时"可以提供一个数字标准值。在这个系统中，如果一辆轿车"包含"2000个劳动工时，而一首诗歌包含10个劳动工时的话，那么这辆轿车的价值将是这首诗歌的价值200倍。

使用劳动工时来为消费品与服务定价的想法可能有吸引力，但它有严重的局限性。最重要的问题是概念性的。没有理由假设消费品实际上**值得**制造它所需的劳动力工时量。该物品的"主观"价值来自消费者或者其社会所**感受到**的满意度。消费的愉悦与劳动工时没有必然的关系。那些小时时间也不一定与物品的"客观"价值相关，后者价值来自于向个体消费者、一个特定的社会或者整个人类，当前与未来提供的**实际商品**。譬如，无论从劳动者的满意度还是从共同利益的角度来看，一位母亲的一小时爱心劳务可能比一家广告公司10小时的劳动更有价值。

使用这种消费比较度量存在令人望而生畏的实际问题。最重要的一个问题是由常规的社会实践所引起的，这种忽视了所有劳动在人类方面的近乎同一性。我提及过不同类型汽车的社会价值差异性。其实许多不同类型的劳动也是如此。客观上相似的劳动类型通常具有截然不同的社会价值。譬如，贵族劳动曾经是高级社会地位的，而农民劳动则是低级社会地位的。如今律师和银行家的职位较高，而体力劳动者和护理员工的职位大多较低。这些差异不仅表现在社会地位上，尽管基本上与经济学无关；这些差异也表现在对消费品与服务的报酬上，它们非常相关，因为它们构成了大交换的一侧。不同类型的表现被分配的消费价值的差异，使得无法使用某种粗略的劳动时间单位，或者某种由复杂技能调节劳动单位作为消费品的价值标准。毕竟，如果按照消费品与服务的分配报酬来衡量劳动贡献，那么就不可能同时以劳动工时为基础来给这些相同消费品与服务定价。

另一个实际问题是劳动本质上的公共性质。不可能确定哪些工时制造了哪一辆具体的汽车。这些工时中有多少来自工厂的工人、广告的撰写人、软件的工程师以及工厂行政办公室的清洁工呢？又有多少来自那些现在已经成为工程知识的公共产权呢？该辆汽车是否也隐含地至少包含了某些用于建筑行驶汽车道路的劳动力，以及一些用于制定与实施保障安全行驶法的劳动力？对于这些问题没有无可争辩的正确答案。

所有这些条件与复杂性都指向一个简单的真理。大交换就是一种交换，但没有任何一种估值量化系统可以给不同东西的两侧提供一个真正的、自然的、绝对的以及现实的等价。事实上，如果没有一个共同的价值尺度，等价关系与其说不可能，不如说毫无意义。对于劳动与消费交换的任何两个要素，在它们的属性和社会影响都有很大的差异，以至于无法为它们赋予可以被称为真正的可作量化比较的价值。

只有在最高可能的水平上才能说劳动与消费的价值在某种程度上是相等的。既然世界上所有的劳动全都产生了劳动的果实，那么就会有一个最基本的劳动与消费的恒等式（除了作一些技术调整外）。然而，那种宏大的相等性并不提供关于如何将一大堆社会上作不同贡献的个别劳动项目，与一大堆更实际的社会上不同的消费项目作相等匹配的指导。

经济教训：如果可以创建一种工具来帮助经济更好地运转（提示：思考货币），通过将大交换两侧的各个项目减少到一个共同的数值标准，它只能为主观、客观以及社会学价值提供粗略的且最终有些武断的指导。然而，这对于厘清这两堆巨大而繁杂的劳动与消费会非常有益。

3）大交换本质上发生在瞬间的：基本上，经济活动的两侧总是同时发生。每一项人类活动都总是发生在过去与未来之间正消失的时间节点上，因此从概念上说，任何经济社区都会正好消耗与其生产的产品。当然，在实践中，任意具体时间生产的劳动果实与该特定劳动果实的消费之间都有延迟的原因——关于这点可以参考下一个观察讨论——但这些调整并不会改变经济行为的真实本质，正如摩擦力不会使牛顿定律失效一样。大交换总是当前可用劳动的礼物与对当前可用劳动果实的消耗之间的交换。

那个想法可能会令人惊讶，所以我将尝试提供一些哲学背景。根本问题是经济活动如何适应时间。实际的劳动与消费（而不是某种据说可以代表它们的象征）可以在多大程度上及时地提前或推迟？非常有限。昨天完成的劳动无法撤销，昨天没做的工作通常不能在不耽误今日的工作的前提下完成，而今天没做的工作基本上永远丧失掉了。消费也类似。如果我今天不吃食物，我今天就得挨饿。无论是对食物的回忆还是向往都不能改变我目前的饥饿。同样，无论是回忆还是向往都不能改变今天的无家可归、寒冷或者衣不蔽体的现实。

我稍微夸张了一点。人类社会通常会保留大多数消费品的储备供应（服务则较困难些）。人体生理学允许储存一些能量。人的心理允许储存一些情感——过去的持续残留以及未来的偶尔预示。尽管如此，这些例外情况只是稍微改变一点冷酷的事实。大交换发生在当下。经济，被理解为在劳动与消费之间的交换流动，远比被认为是美丽与神圣更具同期性，即远比那种过去与现在并存的文化以及远比那种过去、现在与将来共存的政治更具有同步性。

经济教训：一种有助于经济更好运转的工具（提示：思考货币）必须是本质上并且主要在当下发挥作用的工具。随着时间的推移使用该工具可能会扭曲大交换或者分散注意力。

4）**大交换过程通常相当缓慢**：尽管劳动与消费总是本质上发生在当下，生产却不同。生产是熟悉的——工厂制造汽车、农场种植小麦、工程事务所设计产品，以及母亲或者护理员工提供关爱照料。从大交换视角上来看，生产是对物质世界人性化的实际过程，它将劳动转换成可消费的劳动果实。

然而，无论如何考虑生产，它几乎总是需要相当长的时间。从自然界采集原材料到消费其最终的商品与服务之间可能跨越许多年。如今三明治面包的一系列经济因果关系可以追溯到也许数个世纪之前。对其劳动的叙述可能从开垦荒地到种植小麦、碾成面粉到制作面包。这条叙述链或许还可以延伸到勘探铁矿石、制造耕种小麦的犁铧，以及烘烤面包箱。即使不想追溯得那么遥远，面粉也可能已是几个月前被磨细的，而且面包可能也是在食用之前一两天烘烤的。

面包的例子是典型的。人类经济本质上瞬间的大交换中的商品部分是以许多耗时的生产过程为基础的。即使是父母"生产"关爱之举（我再次重申，这种纯粹经济的描述在社会与道德上是不充分的），也需要数年时间的训练将一个人培育成有爱心且有技能的成年人。

我已经提及在大交换内部作转化需要时间的最根本原因：原始的自然，包括原始的人性，都是不合作的。需要大量劳动才将未成形的世界和未训练的人类转化为文明化的世界。大多数这种提取、转化、提炼、成熟以及培训的劳动必须按顺序进行，因此需要很多时间。

随时间推移的自然生产与人类瞬间交换劳动及其成果之间，存在着一种不可避免的紧张关系。现代经济中的一项成就，是对越来越长而且复杂的生产链作有效的组织与管理。这需要出色的物流能力，譬如在中国将澳大利亚的铁矿石、南非的锰矿石转化成钢铁，然后用这些钢铁制造洗衣机并且销往伊朗、中国、南非以及澳大利亚。为了使如此长而且分散的生产链发挥作用，在任何环节上贡献劳动的人们必须能够立即，有时还可能提前分享其劳动的最终可消费成果的利益。澳大利亚的矿工要求对洗衣机拥有一些当前的所有权，而在数月甚至几年后，这些制成的洗衣机的小部分将成为其劳动成果。

实际上，他要求的不仅仅是那台洗衣机上的一部分，还有任何含有他所帮助从顽固的自然世界中开采出的、铁矿石制成的其他消费品上的份额。他要求并在一定程度上分享大交换中所有，与他相关的生产成各种产品的份额——食物、服装、住所以及教育等。每一种消费品与服务都来自其或长或短的生产链。虽然许多生产链重叠并且相互作用，但很少能将任何具体劳动者的直接成果与其消费明确地联系起来。为了使经济良好运转，有必要找到一种方法，用已制成的消费品与服务的总生产样品来替代任何特定劳动者的具体在制品。在一个多重链的经济中，必要的广泛替代要求高度有效的社会组织与相互信任。某种系统或者机制，最好是简易而且灵活的，将使这种以整体替代部分的系统性替代更加容易。

经济教训：一种有助于经济更好运转的工具（提示：思考货币），在人类驯化自然的漫长过程中可以使用并且有用。

将不完整的劳动产品交换为成品消费品，是在复杂经济中协调劳动和消费的更大挑战的一部分。在阐述这一挑战之前，我要补充两个关于在大交换与跨越时间上的生产及其供应链之间差异的观察。

第一个观察是纠正一种常见的经济误解。人们通常认为或者假设，典型的经济行为是沿着其中一个链上在某个节点上发生的货币交易——零部件制造商销售给最终生产商、农民销售给商人、纺织品制造商销售给小贩，或者孟加拉国服装厂销售到瑞典连锁店。值得注意的是，亚当·斯密认为这些中间行为与交易，以及他认为促进和完善他们的情感与欲望是成功经济活动的中心。他描述了一种"人性中某种倾向……去互相交换，易货贸易"。尽管卡尔·马克思持不同的社会观，却有着相似的经济中心观。在他的模型里，所有货币交易都是"商品交换"。这可能是对在生产链中间的货物与物品交易的一种正确而粗浅的描述，但它从本质上降低了劳动薪资成为一种象征性去人性化的系统方法。

尽管货物与物品交易的讨价还价无疑发生过，但斯密的心理模式和马克思的政治与社会学模型都存在着一种根本性的误解。无论是斯密还是马克思，都被公认为现代经济思想的奠基人，但他们都没有充分认识到经济，即大交换是建立在人性中更加公共与全面的方面之上的。经济是人类对劳动的需求及其取向，与人类对消费品和服务的需求及其接受能力的相互作用，结合了人类对共同分享经济努力社群的忠诚度，以及通过劳动使自然世界变得人性化的潜力。生产链只是大交换的特定方面。契约和货物与物品交易的谈判——就像官僚结构、传统实践和行政命令那样——仅仅是构成这种交换的方式。正如我将解释的那样，薪资是一种有用的工具。它们本质上是人性化的。

第二个观察是劳动的节奏与消费的节奏略有不同。因此，经济上的"现在"，即瞬时大交换时的片刻，在实践中可能还得需要一些时间。这两项活动在当天很少同时发生——通常是交替进行。大多数即时食品都会在仓库、商店或家里的橱柜里存放过一段时间。这些库存的扩张与收缩防止了不因生产或者消费中的微小意外变化扰乱整体经济。这种有益的缓冲让瞬间交换延长成一个相对略长点的当前时刻。

5）**协调大交换通常很困难**：在任何经济共同体中，大交换涉及许多人的差异化劳动，这些人生产许多不同而且通常相距遥远的物品，并由相同的人们消费这些物品，也就是劳动生产这些物品的每个人。大交换的两侧需要作出无数的决策——考虑到现有的技能与自然资源，哪些社区成员根据当前应该做什么，以及哪些成员目前想要并且可以消费些什么。还需要决定投入多少劳动力来继续当前的生产，以及投入多少劳动力来增加和改变生产商品与服务的能力。为整个社区作出的决策与社区内群体和个人所做的，以及为他们而作出的相似决策交织在一起。谁将生产什么和谁将消费什么？哪些劳动力将与哪些消费相关联？如何协调所有的劳动？如何安排各个生产阶段？如何避免和解决劳动与消费分配的纠纷？

这些问题的答案彼此相互依赖并且不断变化，尤其是在能力极其广泛的现代经济体中。经济愿望在一定程度上受到当前可能性的影响而稳步变化，而社会与个人对这些经济欲望的反应也在不断改变可能性。对现状的感受受到对未来的希望和预期的影响，而这些希望和预期又受到当前情况的影响。劳动力分配的决策影响着消费的分配，反之亦然。在一个社区内，个人与群体的劳动与消费的决定影响整个社区的决策，反之亦然。更令人困惑的是，所有这些讯问、考虑与决策都在现实的一些困难的约束下进行——有限的知识、有限的可能性，甚至有时还不合理或者是未被认可的欲望。

结论是不言而喻的，劳动与消费的协调是复杂的。

关于大交换的第三个观察结果——劳动与消费本质上是不同的——增加了问题的复杂性。事实上，这两种交换活动是如此不同，以至任何个人劳动的人类价值与任何消费品及服务的集合都不存在客观的等价性。必要的劳动力消费与该大交换两侧的不可通约性结合，极大地增加了经济协调的实际复杂性。由于缺乏自然的客观等价性，关于哪些劳动与哪些消费相匹配的任何决策都需要人们的判断。人们与社会通常为比较大交换的两侧设定伦理或者社会的标准（我们更重视智力而非体力、男性的工作胜于女性的工作、父母的工作胜于单身人士的工作），并将这些标准纳入实际分配。其他社会和伦理的考虑因素也可能被视作为与分配相关，譬如所有人的共同尊严、某些个人的特殊需求或者非劳动相关的优势，以及继承的或者指定的社会地位。

有各种方式来管理、协调、分配以及裁决复杂且实际和社会任务。一种方式是遵循**规则**。传统是规则的来源之一。你沿着父母以前做过的方式做事。你与社群分享一部分你的劳动或其果实，你贡献一部分你的劳动或其果实给社会的上阶层，或者你接受社会的下阶层献给你的礼品。传统可以根据个性与自然事件大致上灵活地，并且随着知识的增长或者状况及其信仰的变化而发展演变。法令是规则的另一个来源。一位主任、一个委员会或者一名被指定的专家可以告诉你何时何地做什么样的劳动、决定你可以消费什么样的商品与服务。

前现代社区通常较小而且相对简单，很大程度上依赖于传统规则来组织大交换。规则在经济组织中依然发挥着重要的作用，但它们本身无法有效应对现代经济的复杂性。生产链太长且太复杂，大多数人难以轻松地共享或者提供劳务或者劳动果实。一个中世纪的农民可能给封建领主交出 1/3 的收成，但一位软件工程师则无法轻易地将其 1/3 的产品上交给政府，或者将其 1/10 的产品分给为其提供食物的超市。假设有一台 100 亿万兆的超级巨型计算机，它也许可以精确地尊重每个人的意愿，并且清晰地理解共同的经济利益，为每人分配劳动与消费。然而，在现实中，现代经济的复杂性、相互作用、知识不完整以及相互依赖实在是太严重了，以至不允许这种良性的中央规划。

真正有用的是一种经济工具——即使只是人为的、近似的以及暂时的——也能提供一些粗略的数值等价物。如果每个参与者都可以依赖一种普遍认同的数值，来比较一种劳务类型与另一种劳务类型、一种消费类型与另一种消费类型、所有类型的劳务与所有类型的消费，那么协调、分配以及规划将变得容易多了。这种工具可以是某种代币，它代表着在大交换中每一个单一个体部分——这么一点的劳动，那一份特定的产品或者服务。

当然，这种可计数的代币所"代表"的是近似值。它充其量像一幅美丽山脉景观的平面单色地图。事实上，它甚至连这种相似的程度都达不到。代币是量化的，而大交换本质上是非量化的，因为它本质上是与人有关的交易。尽管如此，一种易于使用的代币将有助于人们遵循传统、制定和遵守规则，并且组织高度分工的劳动与高度多样化的消费之间的复杂的相互依存关系。

实际上，无需加上"将是"的条件。这样的工具已经存在。这就是被称为货币的代币。

经济教训：货币是通过为劳动与消费创建出人为的、粗略的以及社会认可的共同估值标准，以帮助更好运转经济的一种工具。

这个修饰性的形容词对于理解货币至关重要。这种工具有着许多重要的限制。

3. 货币介绍

什么是货币

货币的定义直接源于前面的讨论，它是一种在大交换部分里面被社会公认的、具有量化属性的代币。用较通俗的文字来表述，它是消费者用于交换商品与服务，以及劳动者用其劳务换取所得的代币。

从本质上来说，货币是广泛而普遍的人类劳动及消费活动的媒介。在实际操作中，货币的媒介与生产的细节密切相关，生产将世界上具体劳动与具体物品转化为具体的消费品与服务。作为一种广义的概括，生产过程越复杂，货币就越有可能成为连接所有相关劳动与所有相关消费的有效方式。在现代经济体中，使用货币的生产者组织，譬如公司和政府部门，通常在大交换的支付部分充当服务媒介。消费者一般按价支付给这些机构，劳动者通常从这些机构中获取薪资。

我对货币的定义与三项标准描述中的两项相对吻合。货币是一种"交换媒介"，因为它是协助劳动与消费之间大交换的一种工具。它是一个"计量单位"，因为它具有定量属性。正如我已提示过的，并且还将在本章后面解释的，我对另一项描述，即"价值储存"，有着严重的异议。

在经济中货币的基本流动可以被看作是线性的，要么从消费者到生产者，要么从生产者到劳动者。然而，从"人（消费者）到生产者"以及从"生产者到人（劳动者）"，这两条线路显然是相互

联系的。事实上，货币流动反映了大交换的循环流动性：劳动者将
（劳动）给予被改造中的自然界，而自然界将（消费品与服务）给予
消费者，与此同时消费者也是劳动者。货币从人们手中流出，然后又
流回到人们的手中。像任何圆圈一样，货币的循环，既没有起点也没
有终点。确实，人们首先作为消费者进行消费，然后那些花费的货币
又因他们成为劳动者，而被作为薪资支付给了他们。同理，人们首先
挣钱，然后再花钱。货币不断地像斯密所说的在"流通巨轮"中流
动着。

　　除了必然的循环，货币本质上还具有社会性。它总是从众人那
里流出，通过众人，再流到众人那里。它来自许多消费者，在许多
生产者链上集结并且流经，然后再分配给许多劳动者。就每个人而
言，这三重多样性创造了一个自动的组织与人类相互依赖关系。作
为一名劳动者，我依赖着许多消费者与生产者；作为一个消费者，
我也依赖着许多劳动者与生产者。

　　像经济的定义一样，货币的定义也使用了令人困惑的术语。然
而，在这里无需讨论其中任何一个。我已在上一节介绍过大交换
（在上一节），以及无法为那大交换的两侧（在第一章中）的任何一
侧分配有意义的**量化**衡量。在本章的第五节中，我将更多地探讨货
币数字的非真实性。在第四节中，我将论述货币使用局限于经济**部
分**的重要性，以及在第六节中讨论货币性**代币**的价值的**共同认可**的
性质及其重要性。

　　在本节中，我要更深入地探讨货币经济的运作方式，尤其是在
复杂的现代工业经济中，识别三个特别有用的功能。

货币分配的天才（配置本身）

　　货币并不直接组织或者配置劳动与消费，而是由人来完成：作
为个体劳动者与消费者，通过他们建立的组织及其政府的国家权

力。货币仅是一种可以帮助复杂过程的工具，这个过程不断地交换着一个错综复杂而且不断变化中的劳动网络，以获得一个同样错综复杂且在不断变化却完全不同的消费网络。货币并不是唯一的工具——我将在本章的下一节中阐述一些其他工具。除了人类的基本辅助智能选择之外，劳动与消费还可以在不使用任何其他工具的情况下进行。

然而，货币是最有用的也是被最广泛使用的工具。在现代经济体中，价格、薪资和其他货币数字对消费者可以买多少，以及帮助他们决定买什么具有重大的影响力。它们还影响劳动者决定，将从事怎样的有偿工作以及投入多少精力。货币数字帮助机构与政府的规划者作出决策并且贯彻实施它们。换而言之，货币作为一种纽带贯穿于现代经济的结构之中。

让我列举一些货币的用途。

a）正如上一节所解释的，货币为大交换经济的各一侧分配相对应的数值，既给截然不同类型的劳动分配数值，又给极不相同的消费品分配数值。

b）正如上一节所解释的，货币允许任何和所有的劳动力与消费进行比较、对比和相连。货币可以在大交换的两侧无区别地使用。同样的货币既可以支付劳动也可以支付消费，因此，劳动自动地根据消费来估价，而消费则自动地根据劳动来估价。

c）货币的这两种属性的结合是协同的，以至很少有人将它们理解为是分离的。消费者可以选择成千上万种付费的物品，也可以成为并且通常是潜在的成千上万的职业人士，或者雇主花钱聘用的劳动者。生产商可能必须协调数千甚至几百万的雇主、客户以及供应商。政府征收为支付劳动与消费的资金中的税金，并且支付这些人们作为对他们的劳动与消费的酬谢。总体而言，货币简化了许多经济决策，并且通常——尽管并非总是如此——澄清了许多经济决策。

d）货币在对人类状况知之甚少的情况下发挥着良好作用。依赖对劳动与消费的直接而精心安排的管理，似乎比一种粗糙、不现实和间接的工具更有效率与公正。这些实际的考虑，在19世纪谴责金钱为压迫性的社会主义者的脑海里几乎没有出现过。他们只考虑某种象征性的货币。然而，在第一次世界大战期间，德国政府的思考是完全务实的，即构建一个拥有广泛生产与消费配额，以及极少地依赖货币的计划经济。当新苏维埃政府复制那个模式到刚成立的苏联时，他们的动机既是务实又是意识形态的。

德国的实验因时间较短没有失败，但苏联的实验尽管时间较长，却失败得非常惨重。无论其计算机有多么强大，中央规划者都无法充分了解经济活动中的一切，从而始终作出正确的决策。无论多么聪明，任何规划者都无法说服消费者与劳动者，其决策要比个人自己在使用其资金上的决定要好。无论其多么深思熟虑，任何权威机构都无法猜透各种富有想象力的人们及其机构任何花费资金改善大交换的运转。

e）货币有效地将经济决策转化为经济行动。一个想象的、程式化但仍然典型的例子可能有助于解释这种微妙的特性。俄亥俄州哥伦布市的一位纳税人说："由于我们今年多缴纳了额外的税金，政府将有足够资金拓宽从这里到辛辛那提的高速公路，可是高额的税金意味着我们不再能够负担原已计划好的西班牙之旅了。我猜那将会对巴塞罗那的旅游业造成不小的冲击。"这两项变化的货币意义非常明确。从一百万名不同的纳税人那里，向每人征收额外一百美元的税金，将其用于支付建造公路的劳动力及建材，而削减这一百美元的开支，将减少无数的俄亥俄人的巴塞罗那度假，从而减少资金可供支付在那里的旅游工作者的薪资。货币损失可能导致加泰罗尼亚旅游局①的从业人员流失。

---

① 译者注：加泰罗尼亚旅游贸易局（Catalan Tourist Board）是由加泰罗尼亚政府于2010年成立，总部设在西班牙巴塞罗那，旨在促进该地区旅游业和国际影响力。

然而，在现实经济中，这种转移远非显而易见。这种直接的货币转移肯定不会反映在实际经济中。对于只能待在家里这个新的状况，西班牙航空公司的飞行员、酒店工作人员以及导游都是多余的了，那些人也不可能都突然前去俄亥俄州杰斐逊维尔市，从事新产生的浇筑混泥土的工作。经济资源的实际使用与组织方面的变化，将比支出的转变更加间接与复杂。将有两股经济与货币变化的波浪，这两者规模都较小，然后逐渐变得更小，犹如涟漪消散于遥远的经济之中。一股波浪源于俄亥俄州，新的经济资源将用于高速公路的重建。由于所需的资源不会完全闲置，新的劳动力配置将对某些老的配置作点变更。有些工人必须改变他们的劳动方式，一些工厂必须改变他们的生产产品，诸如此类。每个个体在劳动与生产中的变化，都会导致一系列逐渐变小的调整。俄亥俄州的波浪继续传播，直到那些变化越来越分散直至微小到无法识别。在大西洋的另一岸，西班牙的波浪源于旅游业的失业与无薪。失业的员工将在不同的地方，或者不同的经济部门寻找就业机会，从而产生另一系列较小的变化，以及诸如此类变化，直至再次变化，一直变到过于分散以及渺小而无法识别为止。

货币系统引导并鼓励这两股不断扩散并且减弱的真实经济变化的波浪。这种系统通常运作得非常良好。一种新的价格、薪资、劳动与消费的平衡在大交换的广阔区间中以惊人的速度建立起来，其中包括许多看似与旅游业或者高速公路建设无关的部分。

当然，这种货币体系无法创造奇迹。无论税金收入有多少，都不能让政府采购到自由飘浮在空中的高速公路。这不太现实，较实际地说，如果全世界熟练的公路施工工人的数量不足以建设政府决定建造的所有高速公路，那么无论再多的金钱也无法立即将导游变成压路机操作员。然而，货币可以逐渐帮助实现大交换中必要的变化。货币可以用来培训新的公路建设的熟练工人。

f) 货币的非物质性质使其具有无限的可分性（不存在最小的货

币单位）以及普遍的存在性（货币可以在其整个领域以光速移动）。这些货币属性有益于大交换运作。尽管货币所支付的劳务与物品只能在有限程度上分割，而且还通常不能轻松运输，但货币却在理论上和越来越多的实践中，以所需的小单位进行几乎瞬间的流动。

非物质性带来了无数具体的经济优势。使用虚拟货币，可以毫无困难地安排五个人共同拥有同一辆汽车的所有权，或者让分散在世界各地的五百万人共同拥有与某个单一企业建立的共享财务关系，甚至让某人将其劳动所创造的相当于三分钟或者三毫秒的消费价值，转移到数千里之外的企业、个人、政府或慈善机构。货币的自动可分割也将交易成本降至到最低。将一份统一的劳务时薪分割成数百笔不同的消费品与服务的小额采购，几乎无需花费什么成本。

g）货币数字可能没有真正的人类含义，因为人类并非数字，但货币仍然帮助人们作出决策。货币通过可作比较的价格作为明确的基准，帮助消费者在相似的商品与服务之间，对不可比较的定性评估作出选择。货币还有助于比较完全不同类型的劳动，以及比较完全不同的消费生活方式。

h）货币可以在任何接受它的地方使用，从而促进远距离的货币性贸易。

i）共享的货币收入和薪金自然地将组织内的劳动者联系在一起，支持他们的社群归属感。

j）货币礼物是人们将自己的消费转移到远方亲人一种非常简单的方式。

k）货币使人们相对容易地在不同地方或者不同工作之间作迁移，退还有缺陷或者不需要的产品，以及尝试新的产品。

l）货币提供清晰的社会地位标志——薪资可以比生活方式更具有普遍性。

货币分配的天才（平衡）

与计划经济不同，基于货币的分配本质上是自我平衡的。有了货币，就无需中央权威机构来确保所需的劳动力得到使用，所有的产品都被消费，以及特定配额的承诺能够被实现。恰恰相反，货币体系内部本质上平衡的大交换的基本结构确保，至少在原则上，生产的所有物品都会自动消费掉。这种双向货币体系与劳动和消费的原始的、非货币的基本等价性完全一致。在货币经济中，这种价值平衡几乎是自动维持的。因为货币在劳动与消费的循环中无休止地流转，给劳动者的薪资及其他支付项目的总量基本上被定义为，与这些同一批人作为消费者时所支付的价格及其他支付项目的总量相等。

需要谨慎的是，劳动报酬与有偿商品及其服务之间的等价性，与其说精确还不如说是粗略的，原因我将在本章后面阐述。这些缺陷受到许多经济学家的极大关注，但这种关注很容易掩盖劳动与消费的基本概念的对称性，以及由此产生的薪资与价格的货币数字的算术对称性的综合威力。

这种基本等价关系应该是经济分析的中心以及货币分析的起点。不幸的是，它经常被经济学家忽视。他们受过训练，将斯密的交易与易货贸易发生的"场所"视为"市场"经济活动中心。然而，市场并不区分劳动与消费。事实上，它们经常被用来打破薪资与价格之间的基本人际关系（譬如在商品定价以及高额利润的合理性方面）。实际上，如果经济学被正确理解为对劳动与消费的人类活动的研究，那么基于市场的分析从根本上来说是不经济的。

我用初级代数形式来表述货币的基本经济等价性。甲女士收到薪资 x。她可能没意识到，基本等价性是确保在她的经济中所有收入的总和，即每个人的 x 的总和，被我称为 X，等于 Y，即支付的所有价格的总价值。Y 是所有单个价格的总和，其中每一个单个的价格被我称为 y。甲可能知道其收入 x 在她的经济圈中相对的高低，但是她无需考虑其在总薪资中的所占份额是怎样一个特定的、非常渺小的分数，即 x 除以 X。她也知道其为购买每一种消费品或者服务都支付一个价格 y，以及她个人在消费上的总金额，我称之为 y*，将（大约地）等于她的收入 x，但她无需担心其在总消费支出的所占的比例，即 y* 除以 Y，是否等于 x 除以 X。

换言之，这个系统无需有意识地了解对实际分数 x/X 和 y*/Y 的运行。每个人在经济总薪资的比例（她自己的比例 x/X）必然与他们支出的价格比例（她自己的比例 y*/Y）相同。当经济的两侧的比例相加时，全部劳动收入必然支付全部消费价格。这些基本货币事实可以用两个方程式表示：

$$\sum_{n=1}^{N} x_n = X = \sum_{m=1}^{M} y_m = \sum_{n=1}^{N} y_n^* = Y \tag{1}$$

$$\frac{x_n}{X} = \frac{y_n^*}{Y} \tag{2}$$

其中 N = 有偿劳动者－消费者的数量；x_n = 劳动者 n 的薪资；M = 售出的消费品与服务的数量；y_m = 商品 m 的物价；y_n^* = 消费者 n 的总消费支出。

由这些基本货币的相等性所代表的平衡，对现代经济非凡的成就之一作出了重要的贡献——非常充分地利用了劳动、原材料以及生产能力的可用资源。

货币分配的天才（灵活性）

货币体系比实体经济中的任何事物都要灵活得多——生产体系、劳动者技能或者消费者的品位。然而，货币的用途——作为薪资、价格、税收、捐款、保费、福利、储蓄或各种类型的财务性资金流（最后两项并不作为大交换中实际货币的代币）——任何事物所需或所支付的货币金额几乎可以立即改变。正如我将在后面阐述的，这种近乎无限的灵活性甚至延伸到了可用的货币供应总量。

货币的灵活性可能会产生麻烦，譬如价格突然上涨会不必要地剥夺穷人的必需品。然而，在大多数情况下，货币数量的灵活性对于经济管理具有极大的帮助，特别是适应我在之前描述的从旅游到建筑行业变化的例子。除了从旅游到高速公路等生产变化之外，调整的原因还有很多。技术或原材料的可获得性可能会发生变化，例如来自半人性化世界的作物和矿石。人口情况也不断发生变化，每个劳动者在成长过程中都在学习，然而随着时间的推进，不同的劳动力群体源源不断地加入经济。与此同时，消费者随着年龄的变化改变了他们原来的品位与欲望，同时组织机构和政府随着时代的发展修订了他们的做法与规则。

在理论上（总是）以及实践中（相当经常），货币数量会随着所有这些经济变化作出反应。这里存在着一个共同的模式。如果某些事物——无论是劳动力、原材料、中间产品，还是可供给消费者使用的物品——变得更稀缺，无论是绝对的还是相对于该物品的变化，货币数量将会增加。如果某物的供应变得更充沛，尤其是相对于购买欲望而言，货币数字将会下跌。在理论上（总是）以及实践中（比较经常），人们会根据货币价值的变化而改变他们的行为。这些行为的变化可以朝着多个方向发展，有助于将生产与消费恢复平衡。假设生产牛肉的成本保持不变，但牛肉的物价相对于其他物价上涨，那么对每个人而言都是一种信号，表明在旧的物价下可能存在着一种短缺情况。更高的物价或许能起到阻止那些并不坚定或较贫困的潜在买家购买牛肉，从而中止短缺局面。此外，更高的物价或许也可能鼓励牛肉生产商增加供应，并且使用至少是额外的部分收入支付添加牲畜、饲料以及仓房所需的资金。这种较高的物价

　　　　　　　　　　　　货币、金融、现实与道德

或许也会鼓励消费者购买更多的猪肉作为牛肉的替代品，从而导致对猪肉的需求增加，可能还会提高猪肉的物价，进而促使生产更多的猪肉。价格与实际经济行为的相互作用链将会继续下去，直到整个付费经济再次以尽可能高的产能运转。X（薪资总额）再次等于Y（消费支出总额）。

货币推动经济学家所称的均衡或者供需平衡，很少像我在本节中列举的理想化例子所暗示得那么顺利，譬如更多一些高速公路建设和更少一些旅游，以及更高一点牛肉的物价和更少一点的牛肉消费或猪肉生产。这种货币工具强大而且灵活，但是其运作远非机械的或者"完美的"（该词在幼稚的新古典主义供需模型①中是核心词汇）。货币数字平衡效应的局限性主要源于这些数量化工具的多种用途。有时，货币数字的变化表达了社会、政治以及经济的权力关系。有时，这些变化是由法律、规章以及心理因素的改变所引起的。有时，决定价格与薪资的人选择限制货币数字的灵活性，或防止一个货币数字的变化影响到其他货币的数字或生产的数量或质量。譬如，生产商可能仅仅将牛肉的物价上涨的收益作为利润，即（粗略地说）超出薪资以及其他运营成本的收入。更通俗地说，生产商有时在实际经济失衡表明本应该调整价格却未改变价格，以及有的时候他们在并无短缺或过剩的因素影响下改变当前的价格。

即使当价格变动具有信息性，但是它们传递的信息往往也是隐晦的。一个生产商并不总能判断出，收取更高价格能力是否是经济体要求更多生产的方式，还是该经济体表示生产对于其他供应商来说变得更昂贵，或只是表明旧的货币总供应量与有偿物品的总供应

---

① 译者注：新古典主义供需模型是微观经济学的基本概念，解释市场上的供给与需求相互作用决定价格与数量的关系。它基于新古典主义经济学（Neoclassical Economics），该原则出现于 19 世纪末与 20 世纪初，其创始人阿尔弗雷德·马歇尔（Alfred Marshall, 1842—1924）在融合了供求理论、边际效用理论等的基础上，建立了以均衡价格论为核心的完整的经济学体系。新古典主义经济学的核心思想是理性行为假设，即个体在作出决策时会考虑效用最大化。

之间的平衡已经丧失的一个迹象。

这些对货币灵活性的现实性和实用性的限制是重要的，但它们也不应该被夸大其词。不仅货币体系比任何其他劳动分配、消费分配以及广义信息传递的替代系统更加灵活有益，而且价格变化以低廉的成本提供了有用的信息，而无需额外的分析劳动力。

四个难题

我希望能以一种吸引人的简单方式描绘出货币体系的辉煌。本章的其余大部分内容都致力于使其变得更加复杂，并且可能不那么精彩。首先，我将列举出四种货币使用的方式，无论是表面还是实际上都无法精确地反映大交换的活动。

为物品付费而不是为人付费：我已经强调过经济，即大交换，是一种双向的人类活动。正如我所说的，如果货币是人际相互交流中一种有用的代币，那么它本应该本质上是人类的和完全经济的，并且是一种仅供人们使用而且仅用于支付劳务与消费的工具。其他类型的付款则违反我的定义：付款给人们却并非为了劳务与消费，或支付那些并非用于消费的物品。事实上，许多货币转移——也许还是大部分的交易——似乎都违反了我的定义。税收、福利以及其他货币转移几乎都是通过与（劳动的）薪资以及（消费的）价格脱节来定义的。此外，生产机构总是从其他生产商机构采购物品，这些物品并非由个人消费的，而是在生产过程中用于进一步的使用。

众多的例外实际上既不违反也不否定以人为本的定义。政府的货币最终都是由经济活动——劳动与消费——在付费（货币性）经济活动中生成的。政府仅提取并分配一些货币到大交换循环中。它支付的很大一部分福利可以被视作本应无偿的关怀性劳务薪资，但无需这种考虑也能看得出政府的转移系统，与劳动和消费的货币循环是不可分的。这个转移系统与大交换的统一性对于其他所有的资金转移都是至关重要的，从汽车保险到火箭保全，从宗教捐赠到乐透①彩票抽奖。由于这些本质上都是由个人进行的社交活动，因此最终的货币分配取决于社会以及个人的逻辑。

当生产厂商从其他生产厂商购买零组件或某些其他非日用品时，人际之间的联系就更加隐秘了。即使在这种情况下，货币与人类在大交换中的脱离只是表面现象，生产厂商之间的货币交换并非本质上的"货币交换物品"。它们是对众多劳动报酬的总结与简化。更确切地说，这种在人们之间总是瞬间性进出的货币是在消费品与服务的生产过程中暂时的凝固物。（我借用了马克思的这个词汇，但并不是马克思主义符号货币的解释。）凝结着劳动的"原始"材料、零组件以及半成品都可以称为生产物。（在"原始"一词加上引号旨在提醒，这些材料只是相对于需进一步加工处理而言的原始材料——它们已经通过开采或者收割了的劳动而被人性化了。）

货币化生产品的过程与合并众多生产劳动的过程并驾齐驱。从尚未经人类改造过的自然世界到最终可消费的产品，生产链通常被无数多的定价点划分。在最初确定货币性价值时，第一件生产品的物价，粗略地说，约等于为制造它所支付的所有薪资的总和。从经济和货币的角度来看，生产品可以被描述为已凝结在其中的劳动。这种模式在所有后续的定价点上递归式地继续沿用。每一件生产品的物价仍是非常粗略的金额，代表着相关生产品在其最后定价点上的总价格，加上参与转化或者组合这些生产资料的后续劳动力的薪资。随着生产链的推进，生产品增加了越来越多层次的凝结劳动，无论是经济上的还是它们的物价上的。

一个例子可能有助于阐明我的意思。一辆汽车是由众多类型的劳动和从非人性化的自然界中获取的物质制造出来的。当供应商将

---

① 译者注：一种彩票，印有编码图形或文字供人们选择、购买以及在票面上填写数字，并按特定规则取得中奖权利的凭证，目前世界上至少有 110 个国家和地区的政府或特许机构发行各类形式的彩票。

生产产品销售给生产链上最远的其他供应商时，汽车的生产通常涉及成千上万个定价点。当消费者支付汽车时，他基本上是在为整个生产链上的众多类型的劳动付费。他支付了用于提炼铁矿石制成发动机缸体的劳动、用于采集二氧化硅制成玻璃做成车窗的劳动，以及几十种原材料和上千种中间体所进行的劳动等。消费者还支付了用于构建各个生产阶段所需工具的一部分劳动，从专门生产汽车零件的铣床到运输库存的道路，以及用于提供设计与人力资源管理等服务的一部分劳动。所有这些劳动力成本，都是通过大量表面上以"货币换取物品"的资金流在诸多生产链上积累或者凝结的。

众多生产链上的生产厂商经常争论哪些企业单位应该支付什么。这些争端可能很激烈，却不能消除交易本质上是人际交往的特性。货币交换最终都折射、传递或者调节人类在大交换中的行为。简而言之，几乎所有支付给劳动者的薪资最终都是由消费者付出的，同时几乎所有的消费者付出的货币最终都流向劳动者。

货币物：用货币术语来说，生产品基本上是一种暂时凝结的劳动。在它们之间，货币循环所折射出不间断的大交换略作暂停，但其根本性并未改变。然而，有时货币确实会完全离开大交换，当它被放置在某种"容器"中，可以潜在地被取出并重新放回大交换中。我将会更详细地讨论诸多类型的"货币物"，从贷款和土地到股权和储蓄账户。

政府：在现代经济体中，政治当局及其机构扮演着三种明显不同的货币角色。在这些所有的角色中，货币流动似乎与大交换相距甚远。这种表象往往具有相当的欺骗性。

政府的第一个货币角色是生产以及销售特定商品与服务。它们以两种本质上不同的方式做到这一点。当国营生产厂商以接近凝结在那些东西里的薪资总成本为物价销售其产品时，从货币角度来看，政府与生产相同产品的"私营"公司没有本质上的不同。此类企事业可以而且通常已经被"私营化"了，其运营方式基本上不会发生重大变化。它们无需特殊的货币关注。

对于政府的另一种货币流动类型则需要特别的关注。这些关注涉及向实际消费者提供大量的无成本或者低成本的消费服务与商品。值得注意的是，发达经济体的居民通常不希望直接或几乎直接地支付政府项目，诸如军队、警察服务、医疗保健、教育、道路，以及各种类型的公园与娱乐设施。这种免费或者价廉的消费其实是相当昂贵的。在富裕的国家，政府直接和间接地支付了他们约五分之一的全部薪资。

这是如何运作的呢？正如工资单所示的，当前的劳动和已凝结的劳动的报酬，完全属于付费经济的范畴。劳动者获得正常的货币薪资，而供应商按正常的货币价格收费。然而，在消费方面，情况却并不完全或根本非货币性的，因为消费者几乎不为他们获得的商品与服务支付费用，或者只是支付非常少的费用。征收的税金用于填补不可避免的货币缺口。

那些税收是政府的第二个货币角色部分：将征缴来的税金（或重新分配）还之于民。这种货币再分配，我称之为福利，发放给老人、病人、儿童和失业者，以及任何其他被认为值得政府的税金支持的个人、群体与组织。正如那些已列举过的，福利制度现在是付费经济的重要组成部分。在富裕的国家中，政府用于再分配福利的货币量与支付薪资以及采购的金额相当。

在每个国家，纯粹的政府货币周转系统补充并与非政府的薪资价格系统互动，但这两套系统遵循着不同的"逻辑"。粗略地说，政府货币周转系统按需求、正义以及公共利益调整支付，而非政府薪资与价格系统旨在通过奖励技能、努力以及职位提高其效率。这两种逻辑的描述与分析对于理解经济与社会的运作及其互动作用很重要，然而社会与经济的推理，对于本著作的主题货币与金融则无关。相关的问题是，庞大的政府货币周转系统，以及政府提供的服务与商品的间接支付的可能性，是否威胁或者反驳我关于在付费经济中薪资与价格存在基本货币等值性主张。

换而言之，政府的货币角色是否扭曲了我的基本经济图景，即有偿经济中价格和薪资与在大交换中的劳动和消费之间，存在着互为镜像的等价性的基本经济观点？这种扭曲不会损害我的范式（请记住，范式总是能够处理明显的例外以及偏差），但是它可能会产生一些问题。

幸运的是，就我的理解而言，政府的货币流动实际上只是以一种微不足道的方式，打破了薪资与价格的平衡，消除了我的第一个等式中所发现的薪资与价格的完全等量关系，或在某种假设性无政府条件下可能发现这种等值性。在现实世界中，这个等量式只做了点修正：变成了政府完税后薪资与政府完税后价格。换而言之，总薪资在扣除了税及福利之后的计算所得，等于总价格在扣除了税及福利之后的计算所得。这个等量式适用于个人、公司，以及整个经济。

由于政府福利有时可以描述为收入的增加或价格的降低，因此政府调整后的薪资和价格的确切计算始终存有争议。这种不精确性可能会引起对我的方法的批评。他们还会引证反对我将福利混淆成薪资。我将反驳道，关于分类的辩论是微不足道的，政府福利最好理解为准薪资，用以补偿人们原本照料与生存而付出却未被支付的劳务。尽管我发现如此争议较有趣，但是它们与货币和人类的等值的基本思想无关：用劳务所换得的货币等于为购买劳动果实（消费品与服务）而支付的货币。

正如我之前所说的，该等量关系是粗略的。这些偏差是重要的（我将在本章后面阐述它们），但是它们并不改变货币在劳动与消费循环中流动的基本图景。政府的考虑因素只是给这种无休止的周而复始的流动增加了复杂性，将原始薪资与价格的循环改变为政府税后薪资与价格的循环。我的第一个平衡方程可以轻松地修改成包含这种复杂性的等式：

　　　　　　　　　货币、金融、现实与道德

$$\sum_{n=1}^{N} x_n + g_n = X = \sum_{m=1}^{M} y_m + g'_n = \sum_{n=1}^{N} y_n^* = Y \qquad (3)$$

其中 g_n 表示政府与劳动者 x 之间的税收流量（譬如所得税与养老金支付），而 g'_n 表示政府与消费者之间的税收流量（譬如销售税与补贴）。

政府与货币的最终互动角色与前两项有很大不同。前两项都在货币体系**内部**，但政府也可以说在这个体系**之上**运作。更准确地说，在现代经济体中，政府最终对货币体系的运作负责。政府通常将实际管理委托给其他实体。尤其是银行，目前负责大交换中绝大部分的货币创造与销毁，以保障新旧货币在三联体的中间部分顺畅地流通。

其他再分配的中介机构：其他组织具有与政府类似的分配，或者再分配货币的特征。有些慈善机构既接受一些人的捐款也向其他人支付费用。保险公司向一大批人收取少量的资金，并将大量的资金提供给少数人。乐透彩票和其他博彩活动、帮派团伙，以及宗教社团同样也以种种不同的理由从事类似的事情。

机构之间非薪资或非价格的货币转移与个人之间的类似周转相互补充。人们有时会直接把资金捐给家人、朋友或者他们认为值得的其他人。在较不慷慨的情况下，人们有时会同意交付与接收资金作为人际间财务安排的一部分。所有这些个人支付，就像中介机构的支付一样，最终都是大交换的一部分。在考虑这些支付情况后，劳务报酬，即现在包括政府和私人的转移支付，依然等于劳动成果的支付，即现在包括政府和私人的转移支付。这些非政府的支付可以轻松地添加到已经修改过的基本方程式中：

$$\sum_{n=1}^{N} x_n + g_n + p_n = X = \sum_{m=1}^{M} y_m + g'_n = \sum_{n=1}^{N} y_n^* = Y \qquad (4)$$

其中 p_n 表示劳动者 x 的非薪资与非税务资金流量。

货币价值稳定性理论

我已经说过，货币本质上在不可测量的劳动与消费的经济生活中提供了有用却未必真实的衡量标准。货币数字与布匹尺码、气温度数或者人群个数等的衡量标准也完全不同，所有这些都具有清晰而且明确的含义，因为它们与物理世界中确切可测量的事物相关。货币衡量标准无法有如此客观的关联，因为经济活动无法被简化为数量化单位。货币数字与实际劳动以及消费的真实事物确实存在着某种关系，但是没有数字能够与非量化的人类活动建立起一种牢固或者一致性的关系。

缺乏一个紧密真实的锚定导致了货币有些漂泊不定。在逻辑上用同义重复表述，一张一欧元的钞票总是值一个欧元，但欧元在实际劳动与消费方面的价值就必然处于不稳定以及不连贯的范围内。相同欧元单位在同一个时间不同的地点，或者在不同的时间同一个地点支付不同的劳务与消费。

这种不确定性可能会让经济参与者感到不安。对于许多相信货币是经济分析的基本单位的经济学家来说，这种不确定性不仅令人不安，而且更糟糕的是一种专业上的尴尬。对于他们来说，经济事物不能以精确的货币术语被有意义地衡量，以及货币不能用经济术语作一致地估价，似乎都是错误的。这些经济学家更愿意，这些实际已支付了的薪资与价格，即付出的货币表明与付费劳动和消费品及服务作了"交换价值"，在某种程度上是基于一个真实经济数字价值，或许是基于消费者或者劳动者的心理。

事实上，经济学家不仅仅希望有一致性的价值观。他们通常会将货币数字赋予一种基于**某种事物**一致并且可量化的真实价值。这个"某种事物"的性质一直存在着激烈的争论。我认为有五个主要的议题。

　　　　　　　　　　货币、金融、现实与道德

黄金与税金：第一个也是最传统的方法，声称货币本身具有一致性的价值，这在第一章中被认为是错误的观念。由黄金或其他贵重材料创造的价值，使它们作为货币要么包含着价值，要么至少在理论上包含了交换价值。按照这种理解，货币根本没有人类的意义。相反，人类的经济活动具有货币意义，如同所有的货币物一样，正是因为它们可以兑换货币。在这种方法中，货币本质上是不被认为或者仅仅作为代币在大交换的某些部分使用。相反，它应该像一种商品可以交换、储存和消费。

这种观念存在着实际问题。黄金、白银以及相类似贵重物品的可用数量无法被精确地分割，尤其是当大量贵重物品从大交换中退出而被储存时，很难作为有用的代币。为了弥补这种问题，必须实际使用其他物品作为货币，通常是纸币或者账面数字。这些代用的货币附带着可兑换成真实"硬通货"的不可靠承诺。从现实角度来看，这种"金本位制"只是些客套的虚构。经济学家还提出了替代更容易获得的硬通货"支持"，特别是未来的税务收入以及创造新货币的贷款。这些方法存在着相反的实际弱点——它们的供应量太大而且不确定，无法提供稳定的价值。

这些实际问题很严重，但商品货币理论的概念性缺陷——货币可以而且应该与经济活动相分离的假设——更为严重。实际上，经济被视为货币的仆人，而不是将货币保留在适当的位置，作为必然的人类经济利益的仆人。商品货币并不一定是残酷的，但当它的供应受到制约且扭曲或限制经济活动时，就会变得很残酷。在1896年，美国总统候选人威廉·詹宁斯·布赖恩①呼吁结束金本位制，

---

① 译者注：威廉·詹宁斯·布赖恩（William Jennings Bryan，1860—1925），美国政治家、律师和演说家，曾任美国国务卿（1913—1915）和联邦众议院议员（1891—1895）；在1896年民主党全国代表大会上发表了著名的"黄金十字架"演讲，认为金本位制有利于富裕的精英却牺牲了普通人的利益，他因在美国历史上对经济及政治改革的热情倡导，譬如妇女选举权等，而被人们铭记。

基本上是正确的，该金本位制限制货币供应而使负债累累的农民和债务人陷入贫困。用他一段对选民激情的话来说："你们不应该把这顶荆棘王冠压在劳动者的额头上，你们不应该将人类钉死在黄金的十字架上。"

劳动价值：货币价值最合理主张的客观标准是作为累计劳动时间的衡量标准。正如之前阐述过的那样，这种方法具有吸引力。劳动价值在某种程度上可以用时间来估算，时间可以直接而且客观地测量，而花费的时间无疑是人们评估其劳动生活的方式之一。然而，花费时间不是人们和社会评估劳动的唯一方式，因此劳动小时还不能作为货币性价值的标准。

"真实的"货币：我在第一章中提及过，经济学家已创建了一种准货币单位，他们声称这种单位具有一种恒定的客观价值。由于极大的职业傲慢，他们将其命名为"真实的"货币，如同实际国内生产总值中的真实一词那样，都是一系列可疑的假设与不恰当的简化。这种"真实"的准货币衡量可以有益于特定目的。然而，它过于僵化与武断，无法被视为真实（与"真实"相比较）经济的全面或者客观的衡量标准。

易货货币：经济学家常常梦幻般地谈论过去有贸易却无货币的社会。这样的社会仅仅是对"曾几何"的世界的思想实验，因为在现实的历史中前货币经济几乎没有贸易，罕见的商品交换更多的是通过社会活动仪式而非数字计算来实现。在这些叙述中，商品货币仅仅是无限的传递性交换价值集合的一种简化。货币成为所有交易的中间环节：梨子不再用钉子交换，而是以货币交换得到，然后货币也可以买到钉子。货币可以由任何物品制作而成，但是厌倦了以物易物的货币发明者总是选择一些相对紧凑并且非常稀有的物品——通常是白银或者黄金。

以物易物替代货币的叙述是高度个性独特的。个体协议指导着所有货币的创建以及所有货币价格的设定。这种贸易货币既无社会

货币、金融、现实与道德

监护者，也无总体余额，更无模糊性。这种独立于权威也许吸引许多经济学家，但以物易物的方式对于货币属性的解释却是无益的，也不连贯，并且还不完整。它的无益性，是因为真实或者抽象商品的交换构成货币数量基础的假设，并没有为相对价格所包含的非常有限的信息增添任何有益信息，这种相对价格被描述为货币总供应量的一部分。它的不连贯性是因为一旦货币进入假设的易货经济，绝对价格就取决于货币供应的供应量，因此这种假设的易货历史就立即与货币体系的运作及其价值无关。它的不完整性，是因为单个商品交换比率无法捕捉到货币价值的系统性相互因果关系——价格影响薪资，而薪资又反过来影响价格。

效用：近两个世纪以来，许多经济学家一直都假设，货币的数量在某种程度上与他们所认为的对人类状况至关重要的、普遍的以及主观上善良的数量有关。这种假定的非货币却与货币相关定量的善良一样被赋予了数个名称，包括幸福、快乐以及效用。最后一种最受到经济学家的青睐，他们很少声称货币是所有各种人类幸福或者快乐的唯一关键。然而，他们确信货币数字与所谓的效用单位之间存在着一种对应关系，并且这种对应关系贯穿于经济领域（对于他们来说，这基本上是货币领域）。在新古典主义微观经济学核心概念的偏均衡模型中，任何物品的价格都设定在需求与供给相交的点上，需求以给定价格的预期效用表示，供给被假定为随价格的上涨而相对稳定地增加。

这个模型背后的基本直觉是，赚取更多的金钱或者花费更多的金钱总比赚取较少的金钱或者花费更少的金钱好，尽管这显然并非总是正确的，但是至少在所有条件都相同的情况下多少有点合理性。然而，经济学家通常假设效用与货币之间的关系远不止一个粗略与一般的对应关系。该模型表示，实际薪资与价格提供了相当精确的相对效用指数。在一些较不合理的假设（这些假设在新古典模型中迅速堆积起来）下，金钱与效用之间的对应关系变得单调。换而言之，价格或者薪资不同的程度正好代表着提供的效用差异程度。譬如，如果一种物品的成本比另一种的高出 1/3 的话，那么第一种物品必须多提供出 1/3 的效用。

经济学家非常喜欢效用，尤其是他们在教授入门课程时，但它实际上不能增加货币价值的任何坚实性。即使效用的数字规模确实存在，而且其效用可以通过某种依赖于货币的公式来衡量——这两种非常难以置信的可能性——实际花费的货币单位也无法转化为一致性的效用单位。这种转换必须依赖于我曾阐述过的人工"真实"单位。这种假定的转化成效用只会为原始的、毫无疑问可观察到却肯定不稳定的货币衡量标准，添加另一层武断或想象的调整。

货币数字的含义是什么

我刚刚有效地否定了五种关于货币数字的建设性精确含义：黄金或者类似物品的商品价值、劳动工时的价值（或者劳动力）、通过"真实"调整标准化的客观价值、基于以物易物评估的交换价值，以及效用的主观价值。我的否定也许听起来毫无妥协，但我也确实承认货币数字一定意味着**某种**含义。它们不可能被凭空挑选出来或者随机分配。相反，人们赋予它们事物以及行为，他们总是有选择这样做的理由。因此，必须有理由为每一个非数字的，或者不明显的（劳动或者消费的）数量化经济行为分配特定的数字。那么，货币数字在通常情况下意味着什么？而且任何特定的货币数字告诉我们什么？

这两个问题的答案是简单的，却令人沮丧。每个货币数字的含义都是高度可变的聚合体，包括我刚刚排除的所有综合含义，也许还包括了我尚未考虑到的其他含义。货币数字确实是有意义的，但是它们的精确而真实的含义可能永远无法确定，因为有太多变化力量在作用于每一个以及它们整个集合上，以至于除了提供最粗略的

　　　　　　　　　货币、金融、现实与道德

解释之外别无他法。用数学的语言来说，总是有太多变量使得任何有意义的因果关系方程式无法求解。

考虑一下，譬如怎样确定某个特定雇员的薪资。这个数字依赖于大量的比较、动机以及互动。该职位假设的或者期望的社会地位、类似员工的薪酬、雇主的竞争地位以及定价的灵活性、雇主经理以及雇员的心理的状况、雇员居住地的生活成本、税收以及福利水平、雇员的家庭状况、总体商业环境、雇主以及雇员的公平与正义感、货币体系中的资金可用性程度、税收与福利体系，以及一系列法律要求等等——所有这些以及可能的其他因素在现代经济中所设置的每一份，以及所有的薪资中都发挥着一定的作用。设定价格的过程也相似，只是还需要附加考虑到利润等更多的因素。税收也是货币数字，而且它们的确定更为复杂，需要添加政治因素并且希望加入一些额外的伦理考虑。

除了所有这些因素，我们还是无法确切地知道应该或者需要支付多少具体的货币金额。以一部移动电话为例。这个价格是否应该或者包括某些薪资及费用，即支付给维护智力基础架构从而支持复杂技术的工程师以及教师的劳务薪资，或者包括为使用手机而建设物理基础设施所付给政府和公司的费用？另外，移动电话是否应该相对得便宜一点以及大学学费和税收是否得相对得昂贵了一些呢？

或者考虑一辆汽车。目前的价格包括汽车本身、某些相关汽车从研发到公关活动的相应成本，以及最初数年使用中所指定的维修保养费用。这些选择是任意的。譬如，有个很好的论点认为，所购买的是使用整个汽车复杂运输系统的特权。在这种情况下，最合适的价格可能是每年度使用费，这不仅支付了制造该汽车的费用，而且还支付了维护道路以及燃料运输系统正常运转的费用。

与融资相关的一个问题是，任何物品的价格是否应该包括为维护或者增加总产量所需要部分的支出。与公共政策相关的一个问题是，在价格—薪资—税收系统中如何分配用于提供诸如污染防治、医疗保健以及治安执法等公共服务的款项。对这些问题没有正确或者错误的答案。有些答案只有随着时间渐渐地推移，通常是通过社会选择以及在历史偶然事件的某些组合中找到，甚至有的理由随着事件渐渐地演变时而清晰时而则难以理解。

如何在货币体系中分配成本与福利的各种选择的优势超出本著作的范围，但是实际结论是简单明了的。对经济的复杂系统的任何划分都是任意性的。经济学家在讨论内部积极性以及外部消极性时认识到这个问题的严重性。然而，这种内外之间的划分暗示着"外部性"的分类具有误导性。没有清晰的界线界定什么是包含在一件物品内部以及什么是外部的。

总而言之，有太多的因素在起作用，以至于所有的货币数字都被无法根除掉的不确定性所包围着。它们不具有明确的经济意义。

模糊性的迷雾限制了讨论**公平或者公正的价格与薪资**有用性，却没有消除它们。这个概念一直受到一些基督教思想家和许多社会主义者的珍视。他们的理由是，既然货币数字是由人类决定的，而他们总是以某种善意或者利益为目标，那么它们定位于公正的利益是合适的。然而，批评某一具体的货币数字未能达到该目标也是适当的。就像善意不能掩盖该论点的根本缺陷一样，具体的货币数字也不可能绝对地被视为公正或者不公正。

考虑一下对经济不公正的两种无争议的理解。如果在实体经济中有充足的粮食可供每人都能获得均衡饮食的前提下，那么如果货币体系的相关部分，即粮食的物价与粮食购买者的薪资以及货币福利的组合，在考虑了能获得免费食物时，仍然未能分配给每人足够吃的食物，那是不公平的。类似地，如果食物不够分配时，货币数字最终出现一部分人分配过剩而另一部分人却严重短缺，那也是不公平的。

在任何一种情况下，不公正的并不是粮食的物价、饥饿者的薪资、无法进入自己种栽的果园，也不是政府给农民或者消费者补贴的款项不足。不公正的是：给一些人分配的粮食时出现不必要地短缺。如果薪资提高时价格也跟着上涨，这种情况将是不合理的。反之，如果政府计划确保分配给每个人足量的食物，即使降低薪资或者提高价格也可能合理。单单价格和薪资不能被判断为公正或者不公正，因为道德判断需要分析一系列货币数字的结果，以及分析任何相关的非货币性经济的安排。

当然，某些货币数值字可能过于极端，以至于它们不太可能成为公正的经济安排的一部分。然而，道德仍然仅限于在大交换的实际安排之中。数字本身在本质上是道德中性的工具。人们可以根据实现具体结果的效率来评判，而不是以它们内在的正义性来评判。

更一般地说，任何巩固货币价值并且赋予货币数字单一明确含义的努力都不会成功。问题的根本在于：整个探索是基于对货币本质的错误理解。无论是主观还是客观，货币不是一种价值的衡量标准。它对现实世界的具体部分**不是**一个明确参照物。它只是一个简单的工具，实际上是一种过于简易的工具，但是碰巧又是极其有用。它是一种帮助人们组织其经济生活以及协助每个社会按照其意愿管理经济的手段。（我不会尝试回答谁代表"社会"以及该"社会"如何想要并且决定什么等非常相关的问题。）货币是一种将数字附加到，实际上无法量化的事物与关系上的一种粗糙工具。没有理由期望这样的工具能够提供任何绝对的、永恒的或者真实的知识。

一旦这种对货币的理解被充分领会，就可以清楚地看到，经济学家之间就价格与薪资实际代表什么样的价值的激烈而且深奥的辩论——使用价值、交换价值、均衡价值，或者一些经调整过的劳动价值——几乎是毫无意义的。各种价格与薪资肯定在某些时候与这些声称的价值中的有些或者全部有着某种关系，但是货币体系的基本目的并不代表或者表达任何一致性的价值。它仅帮助大交换作平稳而高效地运作。

当然，为了将货币视为一种任意工具，必须采取两个心理步骤：停止认为货币是经济学的中心，并且认识到实际经济根本不会受那种似乎可以提供有意义的数值缩放的影响。根据我的经验，经济学家发现采取这两步骤非常困难。我认为暂停并且放弃数字范式的努力是值得的，因为这将使经济学家领悟到，经济数据隐藏的真相通常多于它们所揭示的内容。

给货币添加信息

货币是灵活的、高效的、一致的以及信息丰富的，但它提供的信息却是有限的。货币数值（价格、薪资、税收等）都仅是数字而已。它们无法提供任何详细信息，即关于支付了什么、交易发生的时间与地点，以及付款人或者收款人的身份。它们既无法告知税务当局某笔具体税款是，或者应该与哪些具体的支付有关，也无法帮助商家与生产商追踪具体客户，更无法向警察与政府当局通报有关潜在的犯罪分子或者叛乱分子购买行为的信息。

这些无能为力都是不可避免的，因为货币本质上是一种匿名且相同性的商品。然而，货币只能以某种物质形式存在：硬币、纸币、支票或者电子记录。所有这些形式都是个性化的——每一张欧元纸币或者一枚硬币都是独特的，如同每一张支票与每一笔输入的电子资金流动的记录一样，都是独一无二的。这些货币单独的电子记录可以携带各种类型的信息，尤其是电子交易所附的记录信息可以非常详尽。

随着所有数据处理，包括银行数据的监控、汇总以及搜索成本的下降，这种信息已经变得更加容易获取以及更加广泛使用。这种货币信息使用的最明显标志是"无现金"交易的兴起，其中银行常规的审批、执行以及记录所有细节，这么做比起收银员处理纸币以及硬币的支付手续来不仅更快，还更准确。中央货币当局希望通过引入政府发行的"数字货币"来进一步推动这一趋势。至少可以想

货币、金融、现实与道德

象，这些可以直接地连接到交易者，而不是像现在还只是连接到他们的银行账户。

根据定义，本质是不可改变的，将信息附加到资金上不会改变货币的性质。然而，当本质上匿名的货币与大量信息密不可分时，就创造了一种具有其复合性质的新生事物。这种复合信息与货币，信息性货币，相对于普通货币具有许多优势。信息货币通过允许银行，也许最终是政府，详细跟踪人们与组织的支出情况，增加便利性并且阻止欺诈犯罪。货币使用者也可以查看他们的账户余额。

然而，一些信息货币的应用更具争议性。许多隐私倡导者反对银行出售其货币附加信息。对操纵性商业行为的批评者不希望信息货币中的信息被用于吸引与评估实际以及潜在的客户。也许最重要的是它的监控可能性，即限制政治上不可接受的资金往来，使实际与潜在的不同政见者以及信仰各种商业与政治自由的人们感到害怕和愤怒。

对于某些经济学家来说，这些可能性存在着痛苦的讽刺。具体地讲，20 世纪中叶的奥地利经济学家弗里德里希·哈耶克①热情地赞扬过价格体系，因为它提供了足够的信息，使经济能够在没有任何令人窒息的中央控制的情况下良好运行。在他看来，中央经济集权是通往政治奴役之路上的重要而且危险的一步。哈耶克会震惊地发现，在他普遍欢迎的技术进步可能导致货币体系中，他所珍视的供需指标与他所畏惧的集权政府的有用工具密不可分。如果哈耶克的担忧即使只有一半是合理的，那么货币作为一种政治压迫的来源

---

① 译者注：弗里德里希·哈耶克（Friedrich Hayek，1899—1992），奥地利出生的英国经济学家、政治学家和哲学家，以倡导自由市场资本主义而著称，著有《通往奴役之路》等。他因在货币和经济波动理论方面的开创性工作以及对经济、社会与制度现象相互依存的分析荣获 1974 年诺贝尔经济学奖。

可能很容易成为其第 25 种社会含义①。

4. 三联体

　　货币制度存在于经济和社会的两个方面，前者是涉及世界范围内劳动与消费的大交换经济，而后者则是牵涉到引导各种机构的社会关系。在现代经济体中，货币发挥着至关重要的作用，但它只是一长串重要的制度之一。它就如同所谓的技术共和国（扩展了现代知识的广泛存储并使其随时可用），大规模熟练生产的工厂体系（将知识转化为消费品），有效且广泛的法律、行政与监管机构（在经济的许多方面制定目标并维持秩序），政府指导和授权的收入管理体系（使大规模生产成为可能）以及限制并监管竞争（激励创新并且打击自私懈怠）。在现代社会中，货币制度发挥着非常重要但可能不是决定性的作用。它通常服从于政治体系、阶级关系、家庭结构以及并非货币化的医疗保健与教育综合体等制度。

　　在本节中，我将把货币放在经济和社会这两个背景下。我的指导原则是一个简单的三分法，如下图所示。这于我的论点来说，非常重要的是，特意取名为三联体，以及它的三个部分贯穿于本书，它们是根据下图中所处的位置来标识：左侧、中间和右侧。

SOCIETY 社会		
左侧部分：	中间部分：	右侧部分：
货币 无经济	货币 经济	经济 无货币

---

① 译者注：作者在本章第一节中已经详细地阐述了 24 种货币的生活含义，请参见。

　　　　　　　　　　　　　　　　货币、金融、现实与道德

三联体的左侧部分代表货币的社会用途，即这些发生在劳动与消费的大交换之外的用途。（我将用大量的篇幅详细阐述在经济之外使用的货币，如何或者是否该"货币"等同于在大交换中用于调控或者调解的货币。）中间部分是货币作为该大交换的主要媒介，它包括所有的付费劳动以及付费消费，并包括许多税收与其他非价格、非实物的支付。最后，右侧部分代表了大交换的一部分，其中货币制度并不直接存在。所有三个部分完全置于一个更大的社会矩形内。三联体也可以被描绘成一个韦恩图[①]，参见下图，其中一个椭圆包括了货币的所有用途，而另一个包括所有大交换中的所有有偿或者无偿的行为。交叉的区域是付费经济，也就是三联体的中间部分。我之所以选择引用三联体，因为该图像强调了各个部分之间的边界，这对于理解金融的本质非常重要。它也不太可能导致错误的观念，即货币在大交换的内外基本相同。然而，它失去了韦恩图[②]在显示付费的中间部分，与非付费的右侧部分的经济活动的统一性方面的清晰度。

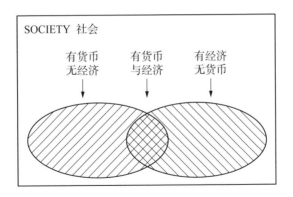

---

① 译者注：韦恩图（Venn Diagram）是集合之间关系的示意图，显示属于多个集合的元素；由一系列重叠的圆圈组成，每个圆圈代表一个集合，重叠部分代表多个集合的元素。

② 译者注：在作者的韦恩图里，货币的作用程度从左向右作类似于光谱排列由重到轻地过渡，区域之间跨界是连续性并非跳跃式地变化。

在三联体和韦恩图中三个部分的相对大小并不意味着它们的相对重要性。实际上，右侧部分根本无法衡量，其他两个部分也无法通过任何非货币度量作有意义的量化。左侧和中间的部分显然都是数字的，但它们的货币数字是否真正相称，却是一个不可忽视的问题。尽管无法量化这些部分，但还是可以得到粗略的印象。我想说经济学家几乎总是高估中间部分的重要性，常常误解左侧部分的性质并且夸大其重要性，而对于右侧部分关注甚少。

左侧部分（非经济性货币）

在左侧的货币已被提及了几次，即在大交换中没有对等物的货币。在这里我先从专业术语的介绍开始，进行总结与统一解释。在撰写有关前现代经济（我指的是前工业时代①），我通常称在左侧部分中所持有和交换的货币为"宝藏货币"。在现代经济体中，货币以及准货币"宝藏"通常是无形的，持有这些"宝藏"往往是合法的债权而不是物理空间。为了尊重这种转变，我将三联体左侧部分的这种非经济性货币的现代形式命名为**储蓄货币**。

原则上，宝藏货币或者储蓄货币总是可以转化成中间部分可使用的货币性代币。这种潜在性解释了为什么储蓄货币通常被认为是实际货币或者准货币。在现代经济体中，储蓄货币与真实的经济活动中的货币之间通常存在着相当活跃的双向流动。然而，按照我对货币作为一种经济工具的定义，后者才是真正的货币，因为只有在

---

① 译者注：前工业经济是指工业革命之前存在的经济体系，工业革命始于18世纪中叶的英国，在欧洲持续到19世纪，后来传播到世界的其他地区；该时期的经济主要是农业经济，以体力劳动、畜力以及简单的工具为基础；其经济结构通常以封建主义为特征，土地是财富与权力的主要来源，劳动力与土地联系在一起；其金融体系很不发达，以物易货和非货币交换非常普遍。另外，作者还提及了前现代经济（参见第二章第一节的相关脚注），简言之，前现代经济包括前工业经济在内的现代之前存在的更广泛的经济体系，但是它们的特征可能因历史与文化背景不同而有很大差异。

中间的部分使用的货币才真正地与大交换直接相关。为了清楚起见，当付费经济中流通货币与经济上惰性的储蓄货币之间的差异相关时，我将专门提及**代币货币**。

除了储蓄货币之外，左侧部分还包括实际的与概念性的储藏库，用来储存潜在以及过去的代币货币。不同类型的前现代的宝藏货币通常被存放在实际的金库里，但是随着储蓄货币的典型形式的变化，该词的含义也已经发生了变化。我给所有这些不同的储蓄货币的箱柜起一个通俗的名字：这个尽管不雅却很清晰的新词汇是**货币物**。（货币物不应该与货币数值相混淆。所有的货币物都位于三联体的左侧部分，而货币数值可以位于三联体的中间以及右侧的部分。）

这一新的货币词汇可能会让某些读者感到困惑。然而，它的设计却有完全相反的意图——旨在明确区分那些在标准货币类型中模糊的概念，诸如"储蓄""实物资产"以及"金融资产"。我试图凸显货币的界线，一条将三联体的左侧部分与它的中间部分分开来的界线。在界线的一侧，中间部分，货币是代币货币，这是一种数字工具，是帮助组织、分配以及社会化劳动与消费的经济活动。在界线的另一侧，左侧部分，货币是非经济性的储蓄货币，具有各种实际的社会"含义"以及各种潜在的经济力量，我将从本节起通篇阐述这些内容。换而言之，我是在特定的经济大交换的货币方面，与经济嵌入于法律、社会以及文化安排的货币方面之间划清界限。

这种明显的差异性值得重申。代币货币主要用于直接或者间接地依赖于劳动与消费经济活动的支付。相比较而言，储蓄货币永远无法支付劳动和消费。通常情况下，它可以跨越三联体的边界线进入中间部分，此时它会被转换成代币货币。然而，储蓄货币只要仍然留在左侧部分，它无法购买劳动力或者消费。它充其量带来心理满足、经济与政治权力、潜在未来消费以及法律上主张的权力，即对其他人以房租、贷款利息以及股息形式的稳定资金流。

最后一点，这种对他人代币货币的债权是金融的核心，但储蓄货币并不总是在金融体系中使用。就其最简单的形式而言，储蓄货币只不过是因从大交换中转移过来而变得惰性的代币货币。传统的金库就像床垫、储蓄罐以及其他贮藏容器那样通常保存着经济上惰性的硬币。这种无经济效益的代币货币的现代等值物，是被储存在安全地方的钞票以及更典型的在银行储蓄账户里的余额。账户是一种货币物，而其价值是储蓄货币的金额。

在前现代经济体中，经济上惰性的硬币并不是唯一的货币物类型。正相反，宝藏货币常见以非货币形式保存——即在本章第一节提及过的贵金属锭、艺术品以及珠宝等。这些宝藏主要用于社会性目的：这些物品旨在展示国家的伟大、统治者从神明获得的恩宠，或者人民对神灵力量的崇拜。这些宝藏仅次于作为"货币"来看待，譬如作为潜在的代币货币。事实上，尽管它们实际上是一种可以"兑现"的价值储备手段（否则它们在任何意义上都不会是货币），通常不希望将宝藏转换成代币，而且这种情况相对罕见。

储藏的硬币几乎不再具有现代储蓄货币的特征，但是宝石、珠宝以及其他贵重物品仍然是某些人的货币物收藏（通常被称为投资组合）的一部分。前现代的宝藏中，黄金是最彻底地进入货币物的时代的宝藏。许多政府保留黄金储备，也许是出于对货币本质仍存有困惑，或许是作为某种政治稳定性的信号。有些个人也拥有黄金，通常是由于对货币本质仍感到困惑。没有任何贵重材料的艺术品已被添加到个人拥有的有形且无经济功能的货币物清单中，有收藏品以及所谓的古董的大杂烩清单。连环漫画册、扑克牌，以及无用的各种陈旧的小摆设等现在有时也被视为货币物。

大多数货币物的当前价格都可以相对精确地估算（由于它们大多数与实体经济相距甚远，因此在某种程度上它们免受精确一致性谬误的影响）。国家货币物的财产清单表明，上述娱乐性新类别仅占有形货币物总价值中的极小部分。土地或者更准确地说是对实际土地所有权的权利主张，在该类别中占据主导地位。令人困惑的是，这种重要类型的货币物几乎从来都不仅仅是一种单纯的货币物。尚未开垦过的部分土地不可能与人类的劳动分开，而唯有劳动才可使土地承载建筑物、道路以及大交换中的其他物品。从概念上讲，任何一块土地支付的价格包括支付土地本身的储蓄货币，以及补偿土地改良的代币货币。在实践中，在两种类型货币之间的分界很难确定，这种困难导致了我将稍后阐述的一种货币的边界问题。在石油、小麦和黄金等大宗商品的价格中，代币货币与储蓄货币之间同样存在着难以区分以及潜在的分界问题。

土地自从可以买卖以来已经成为一种货币物（实际上在许多社会中并没有太久的时间），但是在工业经济体，相对于无形的货币物而言，土地已经失去其重要性。我已经提及过其中的一项，即简单的银行账户余额。无论是在绝对数量还是在经济影响上，更重要的是金融货币物。由于融资是本书中的绝大部分内容的主题，因此我只想指出所有金融"证券"（股票或股份、债券和贷款、衍生证券等）都是货币物，但是并非所有货币物都具有金融性。

在离开对三联体左侧部分的简单介绍之前，我将提出两点一般性意见。首先，代币货币的规则和性质必须与货币物的规则和性质截然不同，因为这两种类型的货币与经济有着不同的关系。在左侧部分中任何物品与大交换的联系即使有，其充其量是微弱的，而在中间部分的所有货币都与之密切相关。直至近些年，经济学家仅仅模糊地理解它们的这些差异，即使在当下还经常被忽视或者遗忘，这给社会以及经济带来了一定的代价。

其次，经济学家难以区分储蓄货币与代币货币的原因之一是，除了著作外，这两个词汇几乎总是被赋予一个相同的名称，即"货币"。正如我将在第三章中指出的那样，金融学科领域充满着定义不清的术语，而对于"货币"的混淆就是最基本之一。这两个"货币"术语是相关的，这类似于在英语词汇中的 conscience（良知）和

consciousness（意识）这两个含有主观自我意识的单词是相关的（如在法语中，用相同一词"*conscience*"① 表示那两个英语单词），但它们并没有清晰地区分其深层含义，因为对于货币意义的思考在哲学上和经济上存在着混淆。而且，语言上的同音异义词只会加强这种混淆。

中间部分

本章前面整个部分都在专门讨论三联体的中间部分，即经济的付费部分。它表明了货币是怎样成为经济组织与资源分配的一种非常出色的工具的。在阐述了货币的经济优势之后，我也应该谈谈它的某些弱点。接下来的四个部分会介绍，代币货币系统可能无法成为有用的经济工具的一些方式。在本小节中，我只简单地对该工具的实际工作原理进行两项关键性观察，一项是描述性的，另一项是情境性的。

描述性观察是，货币从来不会以"纯粹货币"或"货币本身"的通用形式出现。它总是以一种特殊的货币形式出现，在现代经济体中通常称为通货。每一种通货都有自己具体的法律、制度以及政治安排。这些安排的许多变体已经被尝试过或者想象过，但是标准的现代安排是在每个政治定义的国家中只有一种合法有效的通货，并且至少在通常情况下，每个国家的通货仅在其本国境内有效。某些国家确实大致上可合法地使用几种通货，也有几种通货被多个国家共享。然而，这些实践都被视为例外。

从实际以及政治上的需要，在所有通货安排的背后都有一个原则或者愿望，即该通货应该尽可能地支付许多不同的物品。这种普遍性的愿望在理论上是合理的，因为通货的货币属性恰恰正是在需

---

① 译者注：该法语词的意思里既有良知又有意识或者有道德意识之意。

　　　　　　　　　　　货币、金融、现实与道德

要定量中介的大交换的任何要素之间作媒介的能力。通货的支付能力越强，它就越接近货币的本质。然而，由于它与我将在本章后面描述的货币的政治及其政府的实用性相冲突，这种货币本质上的普遍性在当今全球政治秩序中无法实现。简而言之，一种真正的全球通用的现代通货几乎是不可思议的，除非有一个单一的全球货币管理机构控制其供应。这看上去不会在近期实现，因为货币供应对于大多数民族国家来说具有太大的政治意义，以至不愿意放弃对其的所有权力。

货币非普遍性的结果之一是通货边界的产生。这些都会造成经济摩擦，我将在本章稍后论述其中一些摩擦。在这里，我只做简单的陈述，当前主要用来减少摩擦的方法，即使用活跃的兑换通货市场以及政府给予通货之间"汇率"的担保，都没有发挥良好的作用。正相反，"外汇兑换"危机仍然是在现代经济中一个经常出现的问题。这些危机以及对跨越不同通货之间支付的各种限制，都是我已在第一章论述过的货币与金融体系特殊无效的例子。

情境性的观察是，货币工具不是唯一的而且在任何经济中通常也不是最重要的组织工具，即使在中间部分规模庞大且组织良好。货币可以实现上一节所描述的所有精巧之事，但是即使是相当简单的经济体也不能仅仅依靠一系列精巧之事来有效组织其运作。除了货币之外，经济体还必须并且确实需要依赖传统、规则、法规以及法律。此外，还有众多的经济组织，每一个经济组织都有其行政结构、统一原则以及纪律处分措施。在发达经济体中，这些组织在很大程度上已构建了大致上严格的官僚机制，并且形成了自己的规则及其文化。在所有现代经济体的顶层都是政府，它们始终拥有重要的经济权力与责任。更为复杂的经济体总是伴随着更加复杂的政治行政政府，因为为了平稳运行，这些经济体需要更广泛的监管系统以及更庞大的政府来制定并且执行这些法规。

货币只是经济体中许多组织机构之一的观察结果应该是如此显

而易见以至于不值一提。从概念上说，即使认为像货币数字这么简单与数字化的东西，可以像经济这样复杂又涉及人为事务的唯一甚至主要组织制度，也确实需要一种任性的天真。实际上，只有非常狭隘的视野才无法理解，货币在当代经济生活的实际指导中所起的作用相当有限。

不幸的是，由于相当多的局限以及盲目，以至我确实需要对货币的重要性作相对化的处理。货币使经济成为一个体系的假设被纳入经济学家的标准专业范式中，与"货与物交易和物与物交易"的愿望和实践是经济心理及其现实的核心的假设，两者非常相似及相关。相比之下，在我提倡的大交换的范式中，货币没有特权地位。正相反，在这个范式中，货币基本上受到质疑，因为货币作为一种纯粹的数字工具，在概念上存在严重的弱点，它应用于本质上非数字性的事物时，由于差异性太大，甚至无法以非数字的方式进行比较。值得注意的是，像货币这样一种有缺陷的工具却可以发挥其作用，但是它的重要性显然不如概念扭曲程度较小的制度。

右侧部分（无需货币的经济）

我已经说过，三联体右侧部分在前现代经济体中占据过主导地位，并且在工业经济体中继续发挥着，比以货币为中心的经济学家通常所注意到的更为重要的作用。那些是与一部显然非货币经济著作相关的主要特征。然而，我确实还有七条需要进一步解释与忠告性评述。

1）**不使用货币的情况**：首先，可能有助于识别在经济中一些典型的无需使用货币的情况。我已经提到过在现代世界中最重要的领域，即**家庭**内部的关系。父母通常不给其子女的劳动支付报酬，儿女也几乎从不支付父母的劳务。成年人也不指望其年迈体弱的父母为他们给予的任何护理支付报酬。家族内的非货币交换通常包括在

货币、金融、现实与道德

几代同堂的大家庭内，以及为那些有利于扩大家族事务而提供相互照顾与支持：譬如，礼物与款待的交换、共享百乐餐①，还有在社区或者朋友之间相互邀请共进晚餐，以及那些心灵善良者免费辅导邻居孩子完成家庭作业。

货币通常出现在这些家庭安排的边缘。譬如，在单一收入的家庭中，各位家庭成员通常将有酬劳动者的薪资用于购买消费品与服务，以造福家庭所有或者部分成员。然而，在这些家庭内部的经济其本质上是非货币性的。劳动力与消费的分配，包括已支付的商品与服务，均受到既定的规则、理想原则、间歇性谈判以及不断变化的权力关系等的某种组合的指导。

在前工业经济体中，货币可能相对稀缺，因为非家庭分配往往按**惯例**进行。换而言之，现在典型的以货币方式偿还家庭以外人的义务通常是根据习俗确定：向封建领主或者当地神父交出欠下的这部分庄稼或者那几天的劳务。领主、国王或者社区可能还欠着未兑现的公共性劳务，譬如清理水道或者参军作战。在前现代公共无偿劳务中，往往将**强制**与习俗混合在一起。在现代社会中，这种情况较为罕见——士兵甚至囚犯通常会为他们的劳务而获得一些报酬。然而，在发达经济体中，在**自愿**劳动的性质以及在灾难期间的消费共享方面，货币的缺席是至关重要的。"我想给那些有需要的人一些东西"是一种有意识地努力避免某些类型的符号货币。从社会与心理上看，志愿者在做相同的任务时有别于那些有偿劳动者：照顾病人、探访孤寡人员、清洁社区。最后，有些是非货币类型的**配给**。非货币配给的规范包括自愿排队等候、居住在特定区域、测试分数值以及疾病严重程度。

2）**为什么不使用货币**：考虑到货币在大交换中的可选作用，需

---

① 译者注：参加聚餐的每家或每人带一味自制的菜肴供大家分享。这种百乐餐的形式在许多文化中流行，通常出现在家庭聚会、社群活动，甚至办公室聚会等场合。

要解释的是它的使用，而不是它的缺席。然而，我已经指出过货币确实很有用，因此其中一些有优势似乎与当前不使用货币的经济领域有关。有几种可能的原因导致不使用货币。

有的时候货币数值增加的复杂性多于清晰度。这在大型生产组织内经常发生。通常情况下，在长长的生产链上它**并不**创建有效的定价点。依靠管理程序、系统分析以及劳动的社群精神通常会更加有效。货币始终处于幕后，但是通常作为一种附属物，而且有时甚至还成为中央经济活动组织的障碍。在较小规模情况下，那些试图将有关金钱事宜搬到内部分配存有争议问题的家庭时——"从现在起我要收取你的伙食费，你这个懒鬼丈夫"——很少发现金钱会澄清相互权益冲突的正义性。

然而更常见的情况是，人们避免使用货币并不是因为代币货币效果不佳，而是因为某些符号货币效果太好。象征意义可能会使货币不适合特定类型的劳务或者消费。这种对于象征性厌恶在家庭内部普遍存在，以及在判断两性关系时也常见，尽管"性工作"现在有时被认为是一种正常的付费劳务。更通俗地说，货币本质上是太算计性与分离性的，人们"购买"不到类似于不可度量的与本质上统一的爱情关系，此观点在近几十年中已经变得更为普遍。在西方国家中，长期以来的嫁妆与聘礼货币性传统已经被大部分人所抛弃，然而关于以金钱衡量子女、父母以及亲戚之间关爱的既定社会禁忌则得到了加强。

人们对于货币与非货币性礼物的普遍态度，提供了符号货币的细微差异的很好例子。在前面的部分中，我讨论了赠送礼品的效率作为货币的一个优势之一，但是效率与惠赠并不是轻松伙伴。货币性礼物常常在爱情关系中，甚至在相互尊重的商业间象征着友谊的交流上被认为是不合适的。商务礼物的规则有时需要较强势方或者较弱势方惠赠更有价值的礼品，但是不同价值的表达几乎从来不应该采取交换不同货币金额的形式。在私人关系中，如果说"我没有

货币、金融、现实与道德

时间给你买一瓶酒，这是我本来会花的 15 欧元"，似乎会很奇怪或者粗鲁。

我刚提及过志愿服务的定义是不使用货币的。这种推理与家庭关爱的逻辑相似。人们认为无报酬劳务是崇高与善良的，以及在不支付的情况下允许或者鼓励消费是社会统一并且道德提升的标志。当然，人们的动机通常在道德上混合的，因此志愿服务常常与社会地位的展示联系在一起："她可以无需报酬承担做所有这些事。"即便如此，认为放弃报酬是一种社会地位的标志的理解，依赖于对货币使用的一种消极判断，同样的基本判断导致 19 世纪许多拥有土地的贵族鄙视那些新富贵，以及有时讥讽被封为贵族的实业家，因为他们认为自己都是"贪图金钱"之徒。

当政府在使用其权力时避免通过货币进行调解，他们正在传达出一种有力而无情的信息。他们拒绝将货币视作为一种开放性以及双向的工具的象征性理解。征缴货币罚金或者迫使地主以某个价格出售其地产，不可避免地促使政府与业主作某种形式的谈判。仅仅扣押商品并且剥夺所有者的财产就是单方面宣布完全控制。

有时，配给比使用货币更受欢迎，因为它被视为更公正。在这种情况下，它是一种社会学上被拒绝的符号货币。货币具有带来社会分化的意义，不在于其数量，而在于其分配的不均匀性。然而，当消费品与服务通过专业地确定需求进行配给时，仍然有一丝对货币固有的量化的蔑视："货币不是对象。"即使当货币计算涵盖了非货币分配时——譬如医生的总薪资或建设学校总费用——让患者或者学生必须用货币衡量来思考这些问题被认为是不合适的。

3) **货币的边界**：许多类型的劳动与消费都是在没有任何货币的情况下发生的，但是它们可能与三联体中间的货币性经济部分的边界的距离存在很大差异。在不引起太多社会或者经济的混乱情况下，付费的活动可以被认为位于朝着非货币性部分的左侧。有些劳动类型紧挨着，以至于它们有时处于货币经济之中，有时处于货币经济之外，有时甚至同处一个社会。在现代经济体中，除了刚刚提及的志愿服务之外，清洁房间以及照顾儿童等家务劳动是有偿活动的主要例子。这些活动通常在家庭或者社群内为无偿活动：妈妈在家看管婴儿时，而爸爸在车间或在公共关系顾问公司工作。然而，有时这种劳动是有偿服务："我们雇了一位保姆。"很少见的情况是，有偿完全取代了家庭内部的无偿劳动："我付钱请我妹妹来看管这些小孩子。"

直接的经济考虑对社会与个人关于具体的劳动产品属于三联体的哪个部分的决定具有一定的影响。最值得注意的是，人们经常比较不同类型的劳动（儿童保育和公共关系），部分是通过计算对消费品与服务的分配的可能影响（公共关系的薪资减去请人照料小孩的成本后所剩的大致费用，与自己"居家"照料子女的得失作比较）。然而，其他考虑因素——社会、心理、技术与道德等因素——通常至少同样重要。这些考虑因素通常与符号货币的多样性相关。譬如，在一个家庭当管家或者女佣，由于社会的发展、中产阶级的崛起，以及从接受家庭雇主支付到拒绝支付的心理转变，传统家庭服务的吸引力已经减弱了。此外，诸如自动洗衣机以及高效洗涤剂等科技的发展，已经减轻了家务的辛劳程度与减少了技能含量，也许改变人们对于支付别人做家庭服务的看法。另一方面，向妇女开放了具有社会声望与智力上挑战性的有偿劳动之后，对于那些能承担得起聘请家庭服务的女雇主来说，增加了支付别人来从事传统家庭女性的护理与清洁劳动的吸引力。与此同时，妇女应该从事有偿劳动的新标准期望，可能增加了一些女性承担付费家务劳动的意愿。

4) **估算薪资的混乱**：关于有偿与无偿劳动的评论可能已经使我远离了对货币的功能主义的态度。尽管如此，我还要补充一点：将假设的货币价值分配给非货币性经济活动可能会严重地歪曲无偿活动的性质。性爱活动就是一个明显的例子。有偿和无偿的性关系是

货币、金融、现实与道德

如此不同以至于在估算后者的货币价值时歪曲其性质。从妓女那里所买到的与（类似的）爱情中所给予的性爱本质上是完全不同的。出于相同的原因，尽管在较小程度上，用货币价值来估算无偿的家务或者儿童的保育则是错误。货币的许多象征性意义确保了无偿家务劳动，在某些基本方面与有偿的家政工作不同。这些差异性质肯定会有些争议。有偿安排可能比无偿安排多少会有些压迫性、爱意或者适当性。然而，由于所有这些描述性形容词是非货币性的，因此它们中无论哪一个都无法以有意义的方式定价。同样，志愿服务或者业余爱好的估算货币价值将永远无法捕捉到，通过将这种劳动放置在三联体右侧部分所创造的人与社会的价值。

5）**为成为人类而付出代价**：传统上，那些被称为赤裸裸的劳动——成长、上学、生病以及变老——都位于三联体的无货币部分的最右侧。它们距离付费有偿经济甚远，以至于经济学家极少视它们为劳动。这种选择基于对经济的一种错误理解。这些劳动显然是普遍且持续不断的人类大交换的一部分。它们是人类送给世界的礼物，为个人以及公共利益作出了足够的贡献，值得被视为消费品与服务的回赠礼物。忽视无偿关怀的劳务剥夺了经济学学科的全部人文维度，因为它忽略一些最重要的劳动类型，并含蓄地贬低了从事这些劳务的人们。没有无偿劳动的经济学就如同没有宗教的社会学、不分社会等级制度的人类学，或者遗漏官僚体制的现代政治学一样。

用更通俗的语言来表述，忽视此类劳动的错误现在扭曲了经济学家对三联体中间部分的理解，因为政府福利事业计划中的儿童、老年、疾病以及残疾福利的发展已经将这些劳动转移到了这个部分，或至少更加接近它。

6）**收缩或者非收缩的右侧部分**：我之前说过，某些经济学家根本忽视了三联体的右侧部分，而几乎所有其他经济学家也低估了它的重要性。这种低估现象已经有所减弱，部分原因是女权主义经济学家已让"女性工作"更接近学术主流，但更重要的是因为三联体中间部分的扩大是以牺牲其右侧部分为代价的。这种转变始于大部分无偿农业劳动力的减少以及有偿农场工作的增加。随之而来的是工业领域有偿就业机会不断地增加，近数十年来，无偿女性工作的减少及其妇女在付费经济中劳动的小时数量和年份数量不断地增加。尤其是在近期，刚刚提及过的政府为人类福利支付的款项，已将为病人与老年人提供在传统上无偿的护理劳务转移到或者至少是更接近于中间部分。

在三联体右侧部分在劳动力方面的萎缩趋势必然与该部分的消费方面的扩张相对应：医疗保健、教育以及其他免费服务。更具推测性的是，发达经济体中日益繁荣允许更多的人无需考虑成本地购买更多物品，可能会被认为已将这种消费转移到三联体中间部分的右侧。尽管货币继续在生产与分配基本食品，以及移动电话服务方面发挥着相同的组织作用，但越来越多的消费者正在变得越来越"价格不敏感"——因为涉及的货币数字太小而不值得担忧。

7）三联体的右侧部分在经济上并不逊色于中间部分：在经济大交换的范式中，有偿劳务与无偿劳动都是同等的劳动。一种类型的劳动与有用的货币工具相关，而另一种则不然。与货币相关并不会创造任何经济优势。事实上，无偿以及几乎免费消费的范围扩大表明，在公众与政治想象中，一些以前曾是货币经济活动在远离货币体系的情况下取得更好效果。

有偿与无偿经济活动在概念上的相等性，在传统经济学家的范式中实际上是难以想象的，因为货币是唯一精确或者有意义的经济活动的标志。在我看来，排除三联体的右侧部分是一个更为严重的智力性错误，甚至比左侧部分与中间部分不分离更为严重。无论其相对严重性如何，这一对孪生错误都会以一种无益的方式影响着公共政策与态度。譬如，经济学家鼓励政治关注于国内生产总值，这似乎是一种货币数字被用作衡量一个国家的整体经济的准确指标。

货币、金融、现实与道德

然而，国内生产总值以及国内生产总值的变化率实际上并不能很好地反映整体经济状况，尤其是在发达经济体。量化的目标以及使量化成为可能所需的定性分析的必要缺乏都鼓励了不加区别地最大化货币供应量作粗暴的努力。

5. 货币与经济现实

现在回到代币货币经济，即三联体的中间部分。我在本节中首先从阐述现实主义开始：货币的使用与大交换相关活动的现实有多少相符合的程度？这个问题很少被提出，因为精确一致性的谬误导致经济学家简单地假设，货币数字在某种程度上是高度现实的。专业人士对这些数字实际上所揭示的确切意义存在着分歧，但是他们都相信有些货币数字确实以某种形式提供了，经济实际情况的清晰指数。正如我所希望已经明确指出的那样，这个预设是错误的。无论货币是多么得有用，它都是一种不断变化着而且原始的东西，其属性在许多方面与人类经济活动的非量化现实截然不同。代币货币体系是否与劳动、生产以及消费的经济现实密切相关，这一点绝不是显而易见的。

我看到了两种思考代币货币系统的现实密切度的基本方式。我在本章前面提及过，货币提供了付费经济的一种地图。代币货币系统就像一张很好的地图，它捕捉了许多地形的基本属性的同时并未扭曲任何重要东西。换而言之，这个系统也许更像一件既不合身且不赏心悦目的衣服，尽管穿着者可以比较实用地保存温暖与体面，但是却不能展现出身体的形态、尊严与美丽。

以地图类比作例子的理由非常充分。从根本上说，正如准确地图上的线条可以代表现实世界中的道路那样，如果不是全部的话，大部分代币货币在三联体中间部分内的流通（也就是说，排除涉及非经济性储蓄货币的交易）代表着劳动力、生产与消费的实际流动。具体的劳务行为会直接地以薪资形式得到货币报酬，而具体的生产阶段以及具体消费行为则会直接地以价格形式来支付。此外，税收、福利、捐赠以及其他代币货币二次流通的转移，间接地改变消费品与服务的最终配置，即通过减少消费分配给那些支付货币到次级经济的人们，同时增加分配给那些从次级经济获取的人们。

有一种重要的方式，将地图类比作货币是相当误导性的。在地理性地图上，不仅是线条以及标记与现实的有形世界的地理特征相对应，而且距离也是相对应的，因为地图是按比例缩放绘制而成的：在纸上或者屏幕上的 1 厘米都相当于，譬如说，道路上或者田野里的 1 公里。这种假定的货币地图不可能像地理地图那样作缩放处理，因为它所描述的现实无法按比例缩放。正如我不断重复地说的那样，不存在对人类有意义并且一致的经济数字。货币地图中的数字在实际大交换中的任何事物最多也只能是非常粗略地相对应而已。它们不可避免地会对大部分实际情况产生歪曲、变形或者混淆。

尽管缺乏有意义的标量对应关系，这种货币地图与现实具有所谓的，可能相当接近的拓扑学的对应关系。在数学中，拓扑空间不需要具有一致性的度量标准。在一个非度量空间中，一个大的正方形不可能与一个小的正方形区分开来，或者也未必能与一个圆形区分出来（取决于所选择拓扑的规则）。一幅无度量的拓扑地图可以捕捉某些物品的形状，而货币数字确实也捕捉到一些经济活动的状况。

尽管代币货币地图不是标量的，但是它就像一幅好地图一样，可以在规模上作缩放处理。我的意思是，货币对于理解与安排最小和最大的经济交易量时同样有用。货币可以用几乎完全相同的方法支付格兰诺拉麦片棒块①以及建造并运营一个商业飞机航队。并且，

---

① 译者注：是一种由美国火星家族拥有的糖果公司的产品，因其初衷提供更健康的糖果棒替代品而畅销。

就像一幅好地图那样，代币货币系统是公正的。它记录价格并且促进所有的付费劳动转化成所有的付费消费，而不偏向该经济部门的具体部分。

最后，货币的两个更不切实际的方面，即它的易分割性和可携带性（本章前面部分已经阐述过），为经济各部分的深度相互依赖提供了有用的表述。譬如，从劳动者或者消费者支付的 500 欧元税款流转到政府，这笔税款已经与原来的一段特定的劳动时间或者一项具体消费项目挂钩，但是它作为货币的表现使它变成了一种通用物——一种粗略指定数量的完全非具体的经济活动或者组合的代币。这一小部分围绕着经济流转不定的潜在性消费与劳动似乎无法反映现实，因为没办法将它取出，譬如说某人的劳动力产出的 1.2% 转移给政府，然后将其分配给整个社会。然而，从概念上说，代币货币通过税收与福利体系的流动很有效地代表了所有经济活动的共享本质。

尽管将货币作为一幅良好的经济地图的理由充分，但是它也只不过像一件丑陋的外衣，充其量保持体面，或者就货币而言，只是作为一种维持经济效率的工具而已。

最明显的问题是货币数值就是数字而已。正如两个世纪以来的专业经济学已经清楚地表明的那样，这些数字本身产生了一种潜在的诱惑力，很容易导致在三联体的中间部分，强加一种不合适而且不切实际的数字均匀性以及声称的可通约性。这些数字的强大功能与精确一致性谬论的诱惑是分不开的。

货币与现实之间的另一个严重的差异体现在货币的典型使用方式中，即一系列离散且具体的交易之中。虽然有一些例外，但是用一定数量的货币金额支付一定数量的劳动力或者消费被认为是正常的。我得到的报酬正是对那些特定的过去或者未来的劳务的直接补偿，以及我为这些特定的消费品或者服务支付直接的补偿。货币流转系统有着同样明确的划分。

这种具体性掩盖所有经济活动及其关系的时间开放性。大交换是连续性以及瞬间性的劳动与生产的交换。正如我们现在劳动与现在消费一样，我们从出生到死亡持续地并且稳定地劳动与消费，始终带着对过去的记忆和怀着对未来的憧憬做着这两种经济活动。像使用货币一样按时间划分劳动，实际上忽视了任何特定的时刻是如何无缝地从一个人、一个社区乃至一个文明的过去中产生的。按月或者年度设定的定期薪资显示出对这种无缝性的某种认可，但是假如货币按照实际投入劳动的方式执行支付的话，即持续在许多相互关联的一生中稳定地支付，那么它将失去其实用性。类似地，将消费划分为离散的单位实际上是忽视或者至少没有充分理解，在每一个项目背后都有着共同以及持续的努力。汽车是一辆特定的机器，但是生产汽车的工厂以及专业知识是持续不断发展的。再一次以货币数字为例，会计师允许对于工厂设备及其无形资产的折旧，表明对这种连续性的某种认可，但是对于劳动力假如按货币现实投入的方式支付报酬的话，即连续地并且贯穿整个社会，货币将失去其实用性。

当我提及到代币货币系统无法捕捉到劳动与消费中固有的礼物时，我暗示了代币货币系统的一个相关弱点。每笔货币交易的两侧都被强制性人为的数字相等化，描述了一个持久的功利主义经济结构——无论以什么标准作判断与衡量都要"尽可能多"，我总是给予或者应该给予，尽可能精准地与我所得到的一样多。在实际的非货币性大交换中，交换正义的现实是完全不同的。穿行于时间的劳动经纱与跨越在时间的消费纬纱具有同等的价值，当它们交织在一起时编织成了经济生活的结构。交换正义以诸多不同色彩与图案的经济布料已经给人类提供了，尽管偶尔有点粗糙且丑陋，却往往是生机勃勃、美丽与奢华的。如果少一点诗意的话，货币在结构上只能捕捉到实际交换正义的许多标准中的极小部分，即辛劳、天赋和劳动传统与美丽、效率、优雅、愉悦、地位、适宜性、智慧的平衡，以及谁知还有其他什么样的一些消费。

代币货币更无法描述微小事物是如何汇聚在一起，创造或者损害单个比它所有部分都大的共同利益。当货币数字试图表述人类在使世界人性化方面取得无数成就、人类对自然界造成了无穷破坏，或者来自人性化世界的许多消费礼物所提供的各种恩赐时，量化就好像将一件精致的舞会礼服放进一只粗糙的麻布袋里。尽管这些事物的货币衡量很少发出完全错误的信号，但是它们正好提供了可想象到的最灰暗且最平淡的经济视角。

因此，代币货币既是一幅好的地图又是一件不合身的衣服。对本节中最初问题的答案，更相似取决于预期的结果。如果货币像它应该被视为一种功能性的但是却有限的工具，那么它更像一幅地图。它很好地完成了它所应该做的事情。货币度量固有的扭曲及其欠缺且不会导致严重的扭曲，以至于产生货币无法履行其经济职责的程度。然而，当货币的精确一致性幻觉受到过多影响时，货币就会看起来像一件不合身的衣服。如果人们想要的是一种通用的经济衡量标准，即一种完整而且清晰的制造与消费的语言，那么货币还相差甚远。它扭曲得太多、遗漏得太多、贬低得太多，以及过多地分散了人们对引导整个付费经济与非货币经济的慷慨分享的想象力。从这个角度来看，代币货币只不过是一种功利主义系统，目的是让人类的处境看起来比实际情况更乏味。

6. 什么赋予货币其价值

本质上，代币货币是一种完全无形的货币，它粗略但非常有用地简化、标准化以及统一了大交换两侧的一些活动。这种功能非常有助于现代工业经济，但是对于在哲学上具有倾向性或者在货币理论史有着丰富知识的读者将感到困惑。组织如此多有形事物的无形性在哲学上是奇特的。在一种经济体中，每个人的能力依赖于既无有形基础又无真正数量意义的数字，这无论在哲学上还是在历史上都同样奇特。这种困惑可以用三个不同的却相互关联的问题来表述。首先，抽象的代币是如何来象征这些具体经济行为的？其次，更具体地说，当前是什么赋予货币其价值的？再次，用更朴素的语言来表述，货币究竟是由什么构成的？

对于最后一个问题的最简单答案是"什么也没有"。货币是经济学家所指的法定货币。这是个拉丁语词汇，其意思只是"让它被创造出来"，但是货币意义有一个特定的含义，取自于《圣经》的开篇。当上帝在什么都没有时，创造了宇宙以及其中所有的一切，而"$fiat$①"在拉丁语主流翻译中被用来表示神圣的命令。就像世界一样，货币也是从虚无中创造出来的。哲学家约翰·赛尔②提供更现代以及更具描述性的术语，称货币"无本之物"。尤其是，它不是以黄金为基础或者依赖黄金、代表黄金的纸币、代表纸币的计算机分类账本数据入账记录、未来的税收、标准化劳动的假设单位或者其他物品等。

赛尔的表述优于传统的"神圣的命令"，因为与神圣创造不同，货币本质上什么都不是。它并没有真正或者本质上成为任何具体的物品。当货币的法定命令被宣布时（我将很快讨论可以称呼它是谁或者什么），一种纯粹的概念性数字物被创建出来作为大交换的媒介。这种数字物品总是具有一些世俗的基础，或者用亚里斯多德学派的哲学思想中使用过的描述来说，某些物质的偶然性，但是这种物质材料——贵金属、纸质金融工具、金融性数据记录或者法律权利主张——只代表着货币。货币是人们所相信的东西。

这种信念为疑问的第二种表述提供了答案。货币的价值来自使

---

① 译者注：该词为拉丁词语 $fieri$ 所对应的中世纪英语翻译形式。
② 译者注：约翰·赛尔（John Searle, 1932—），美国哲学家，以对语言哲学、心灵哲学、社会哲学以及认知科学与人工智能的贡献而闻名并产生了持续的影响。

用者对其价值的共同信念。这个答案是有点循环论证，但是共同信念就是如此。当我们参与一种具体的货币体系时，我们正在表达对该通货的价值已经产生共同信念的认同。我们的参与扩大、加深以及维护信任的圈子，允许货币用来支付劳动、消费、纳税、货币物（我将稍后阐述相关的局限性），以及货币使用者愿意支付与接受它的其他用途。一种具体通货之所以能作为代币，仅是因为并且只要人们继续相信这种特定代币货币，实际上可以兑换任何预期支付的货币，最显著的是劳务、可消费的劳动果实，以及对政府的义务。当人们或者他们的组织失去了这种信任，他们便停止接受那通货作为其代币。对于他们来说，这种类型的货币已经丧失其价值。共同的不信任逆转了货币的法定性，留下的仅是一文不值的金属或纸张，或者是经济上毫无意义的电子记录。

认识到货币是社会信任的一种量化和具体化，有助于回答第一个更具历史性的论述，即基本的本体论的货币问题。货币之所以持有价值，是通过对货币创建者或者背书人的信任并分享这种信念：个人、机构或者权力当局宣称这枚硬币、这张纸币或者这条计算机数据记录实际上是货币。货币的历史可以说是一部信任的传奇，或者说，使用者用数世纪所积累的信心以及有时因灾难而损失的历史。这部历史涉及几种发行机构——宗教寺院、金匠、商业团体、大型公司、个体银行、银行与政府协调机制、政府授权的货币当局以及中央政府。在这些机构的崛起与衰弱的过程中曾有过一些戏剧性的时刻，但在它们发展的整体方向上毫无悬念。在历史的结尾处，货币总都是由一些合法政府创造或者坚定支持的。

受黑格尔影响的历史哲学家可能会将这种对货币当局的最终篡夺，描述为国家不可避免的命运的一部分，即在社会中扮演越来越主导的角色。更务实的观察者会注意到，政治当局是在当代社会中能够在无限的时间和空间里强化以及赢得货币信任的唯一社会机构。用最具体的话来说，只有政府才能可靠地惩罚制造假币者、限制任何授权的货币创造机构过度行使该项权力、强制以首选的通货纳税，以及迫使个人与机构向货币管理体系披露其所需的信息。执法依赖于威慑，但是信任最终是一种积极的品质。尽管他们的政府做错了所有事，但是从某种根本上来说，该政府及其整体政策，特别是那些涉及货币的有关政策，旨在促进一个良好、繁荣以及公正的社会，这是值得的。总而言之，现代政府得到并且应该得到充分的货币信任。

当然，政府经常行使它们的货币权威残酷地、微妙地、愚蠢地造福于某些精英或者施加不公正的惩罚，就像它们有时已经行使其军事、司法以及法律权威残酷地、微妙地、愚蠢地造福于某些精英们或者施加不公正的惩罚。然而，无论政府如何失败，在现代世界中几乎没有真实的货币替代品。即使在政府支持的货币失灵之后，人们几乎总是更愿意再给予主权政治当局另一次机会，而不是去相信任何其他实力较弱或者包容性较差的机构来运行这个货币体系。

当今的民选政府实际上并不直接创造大部分的货币供应。它们依赖两种中介机构或者"前台"① 银行。首先，很大程度上出于政治原因，它们通常声称在执行征税的政治性政府与负责管理货币供应的中央货币当局（被误导性地称为中央银行）存在着明显的分离。这些货币当局几乎总是被描绘成技术性并且最终是非政治性的机构，这是一个神话。对于新创造的货币如何分配以及分配给谁拥有重大权力的机构必须作出政治决策。其次，很大程度上由于历史原因，直到最近中央货币当局直接创造非常少量的新货币。大部分货币的创造都是由银行完成的，它们的运作类似于政治货币当局的分包商。该系统的运作细节相当复杂，但其基本模式却又是简单

---

① 译者注："前台"一词在金融界通常多指投资银行中扮演具有创收角色的专业领域。

　　　　　　　　　　　　货币、金融、现实与道德

的。政府当局，通常是一个相当混乱的集合，为银行制定货币创造规则，银行通常会遵守但是有时也会滥用那些规则，以及当灾难发生时政府才来接管。此类灾难的频繁发生是在第一章里所阐述的造成灾难性金融异常的主要原因之一。

我可能应该指出，货币供应管理的周围存在着许多神秘性。我所认为主要出于意识形态的原因，许多经济学家不愿接受信任、监管、中央权威以及最终政治权力在创造与维护货币价值中的重要性。所谓的宪章主义①（基于国家的）货币分析如今在实践中几乎普遍存在，但是在理论上却依然经常被拒绝，很大程度上是因为经济学家希望将货币理解为个人主义和契约性的，而不是社会性和权威性的。这种愿望导致他们转向对货币价值来源的其他解释：通常要么是基于商品替代易货贸易的某种不准确的历史叙述（已在本章前面阐述过），要么是基于私人借贷安排的更准确的历史叙述（将在本章后面阐述）。

回到现实，无本之物性使得货币天生的脆弱。如果政府过度地利用其货币权力，它们可能会破坏维护价值的信任。为避免可能削弱信心，货币当局有时会假装（或者诚实但错误地声称）确实存在一些有形或者有价值的货币的支撑。金本位制和由白银支持的美元早已一去不复返，更别提法国大革命所谓的由土地担保的纸质货币②。如今，各国更有可能宣称其货币背后有发行政府的"充分信任与信用"。后现代的一个极端的例子可能是英国的钞票，它神秘

---

① 译者注：宪章主义（也可译为图表主义）是货币经济学中一种非主流货币理论，由德国经济学家格奥尔格·纳普（Georg Friedrich Knapp, 1842—1926）创立，他将货币定义为政府的创造物，其价值来自作为法定货币的地位，认为货币的价值从根本上是基于发行货币政府的信任与权威，强调国家在创造和控制货币供应中的作用。
② 译者注：指在法国大革命（1789—1796）期间由法国制宪会议授权的票据，后称土地券，是基于被没收的王室和国有化的天主教会的土地房产的货币，持此券币人可以以优先于其他形式的货币购买国有土地或与想买土地的人兑换成其他货币，后因通货膨胀而贬值被宣布无效作废。

地声明英格兰银行①将向持票人支付该纸币票面的价值。这种声明可能会让使用者感到安慰，但是这些全是无稽之谈。货币本质上总是无本之物。

如果认真对待代币货币作为一种字面代币象征的定义，即不是作为某种有形物的代币而仅是作为一种意义的象征，那么货币之所以具有经济意义只是因为使用者同意它有经济意义的观念，也许可能变得不那么奇怪了。这些代币属于符号学的领域——研究在社区与社会中将人们联系在一起的许多标志、符号以及无形的系统。正如基尔茨所说，"人是一种悬挂在他自己编织的重要网络中的动物"。代币货币就是其中一种网络。储蓄货币是另一种。作为一种符号系统，代币货币相当简单——也许比诸如公共厕所以及禁烟区等标准化标志系统复杂一些，但是比任何自然的口语要简单得多。像任何符号学系统那样，货币既是自成一体，又依赖于对意义的共同理解。从这个角度来看，渴望货币由有形或者几乎有形物的"支持"基本上是，一种符号学上不安全感的迹象——即在系统的一致性或者连贯性上缺乏信任。只要有信任，符号系统会在没有任何东西支撑的情况下完美地运行。不恰当地借用格特鲁德·斯泰因②的评论，货币中根本不必有任何"实质性"。

符号学的不安全性解释了为什么传统上硬币完全或者部分由黄金制成。贵金属被用来支持货币的价值与意义，因为相对于软弱与不可靠的政府或者不透明的银行家而言，一种有形的忠诚的象征有助于增强货币使用者的信心。金银的社会符号学当然值得文化研究，但是从货币经济学的角度来看，本质上是概念性货币依赖物质

① 译者注：英格兰银行（Bank of England）是英国的中央银行也是世界上最古老的央行之一，1694年以私营方式成立，自1931年起服从于英国财政部的政策，并于1946年被收归国有，1997年成为一个独立的公共部门。尽管由政府全资所有，但是它自己履行其独立的货币政策职责，并且对英国议会负责。
② 译者注：格特鲁德·斯泰因（Gertrude Stein，1874—1946），美国作家与诗人，是现代主义文学和艺术领域的领军人物。

持撑，只是一种对货币创造者不可信的浪费现象。

随着发行货币的政府变得更加值得信任与强大，它们放弃了对黄金的依赖，首先在现实中，最终甚至连假象都抛弃了。这种抛弃意味着纯粹的经济收益；因为它释放了提取与精炼金属、铸造、储存以及运输硬币所需的大量资源。这还去除了那些黄金矿主或者其政府积累的一些不应拥有的财富。真正无本之物的货币的经济优势需要，并且反映了历史上最重要的政治转变之一，即中央政府的权威及其能力扩展到所有公民与国民的日常生活中。政府现在可以在无需依赖黄金的情况下创造或者支持货币，完全就像它们可以无需派遣手持枪械的士兵或者民兵到每个角落去维持国内的秩序一样。

7. 变化中的中央货币比率

有两类货币平衡——薪资及其价格以及三联体中间部分的货币数字。第一类基本上尽管没有完全纳入货币体系中，因为支付给劳动者作为薪资和由消费者支付价格的这两项货币的总量，指的是完全相同的人们和相同的货币。但是，在代币货币与支付经济之间的平衡则要复杂得多。

中央货币比率

第二类平衡可以视作一个比率或者分数：货币对物品之比。我称之为中央货币比率，可以定义为流通的代币货币与使用三联体中间部分的货币规模之间的数量关系。从概念上说，这个中央货币比率描述了价格与薪资的整体水平。经济学家通常称之为价格水平，这是准确但不充分的，因为没有理论上支持物价优于收入的理由。大交换的两侧在概念上是相同的以及在实践中数量几乎相等。

无论中央货币比率的计算从哪一侧开始，它充其量像每个与货币有关的几乎任何物品，是一种有用却武断且不切实际的构造。由于主要的实际原因，该分数的货币分子只能是近似值。由于定义的原因，实体经济的分母数字也只能被假设。我将进一步解释。

　　分子（货币供应量）：活跃的代币货币供应量由包含在大交换中已被支付的那些当前正在被花费或者流通的货币总量组成。这种货币供应量以前被正式称作"货币数量"，无法精确计算，因为当前的支出发生在只是一段被粗略地定义为现在长短的期间。薪资和其他收入永远不可能立刻转化成消费支出。个人消费的物价也许可能滞留数天后才成为服务的薪资。对于复杂的制造品，某些当前的零部件可能会存放几年。即使适当的货币数据可能被全部收集与整理，分类也具有一些随意性。在三联体中间部分的当前正在流通的代币货币，与在其左侧部分惰性的储蓄货币，它们之间的货币边界是模糊的。消费者通常拥有一大笔时刻变化着的却在本质上不确定其流通量的货币。除了在支票账户或者活期存款账户中的可变规模的"缓冲"资金之外，还有备用于大金额或者意外购买所需的可变现的储蓄，以及已收到的贷款或者可以被"提取"的尚未动用的贷款。这笔横跨三联体两个部分边界的货币数量大到足以排除货币供应的精确测量，货币供应量正是在薪资与价格循环中积极流动的，或者通过流通系统绕道而行的代币货币。

　　货币经济学家非常清楚这种模糊性，他们用不同的"货币流通速度"描述它。我所称的储蓄货币被包括在货币供应数量越多，它的货币流通速度的测量值越小。在我提出的模型中，在大交换中唯一关键的货币，是在**定义上**参与三联体中间部分即时买卖的实际代币货币；它没有一个"流通速度"变量。

　　这种模糊性以及其他几个因素已经导致统计学家在估算当前的中央货币比率时忽略了货币供应量。相反，他们创建了一个付费经济的小样本，即三联体中间部分的小圆圈。这个圆圈被称作一只篮子，是一组所谓的典型消费品与服务的选择。在该篮子中所有项目的价格之和是计算中央货币比率的分子。由于薪资等于价格，统计学家也可以选择并且使用这个工作篮子，但是事实证明，保持一份几乎相同的工作篮子比起几乎相同的消费品与服务的篮子要困难得多。消费一致性已是难以琢磨的了。即使是对价格指数构成的一项随意性研究显示，统计学家努力寻找到一个典型、一致以及合理的综合性篮子，已经带来了高度令人不安或大致上的任意性以及政治选择与调整。另一项更加详细的研究表明了一种对精确一致性谬误的不恰当的依赖。

分母（总付费消费或劳动力）：中央货币比率的分子显然是一个数字，无论在概念上是怎样的明确，但是在实践上，还是无法计算出所有当前价格或者薪资的总和，或者是更易计算的一揽子的价格或者薪资的总额。分母，也就是货币在这经济中所购买的事物的集合，显然不能用一个数字来表示。否则会陷入难以摆脱的精确一致性谬误中的精确主义方面的困境里而难以自拔。

如果实际分母保持不变，这种不可通约性并不会给计算中央货币比率的变化带来任何困难。在一个经济体中通常以相同的节奏生产一种物品，譬如说每天生产一吨钢，中央货币比率应该恰好是那一吨钢材的价格；那将是价格水平。如果代币货币的供应翻倍，那么根据定义的价格水平（因为代币货币被定义为即时的花费），即那吨钢材的价格也将翻倍。

这种超简化模型极具误导性，因为货币的一个巨大的实际优势是其有能力支付不断变化的商品与服务以及劳动力的集合。计算中央货币比率的分母的变化需要对相应的变化作数字调整。在这里，计算掉入精确一致性谬误的一致性方面的陷阱。在一段时间中可用于比较不同的商品与服务的唯一一致性的数字是它们的价格，但是跟踪中央货币比率的目标正是为了计算典型商品的价格已经上涨（或者下跌）了多少。为了达到这个比率，我们需要创建一个非价格数字系统，为在三联体中间部分的商品与服务的集合变化赋予一个数字。中央货币比率的计算必然依赖于经济学家已经巧妙地称之为"真实的"完全人为数字（本章前面论述过）。由于在当代动态经济中，消费的混合结构、质量以及模式发生了相当显著和迅速的变化，因此为保持中央货币比率分母恒定所需的调整几乎是十分夸张或者荒谬的。

总之，中央货币比率是一个未知的数字与一大堆非量化的事物作比较。如果说香肠与法规的数字比较也适用于价格指数的话：最好还是别看到它们真的这么做了。然而，对精确一致性谬误的盲目信任已经充斥在计算出的比率中，一般被称为价格指数，并且通常表述一个完全虚构、不值得尊重的精确度（千分之一单位）。

然而，即使是粗略的数字也能显示出一些规律。我将提及其中三个关于中央货币比率的规律。

首先，这个比率总是在变化之中的。就像所有与货币有关的事物一样，代币货币与付费活动的最终平衡因过于粗糙，以至于无法出现任何稳定的平衡。撇开真正一致性的不可能性不谈——一个必然假设的"数字与事物的比率"保持不变到底意味着什么？——中央货币比率的分子与分母都必然不稳定，而其变化也必然是不协调的。分子，即总价格与薪资，随着其组成部分的货币数字履行其经济任务，响应并且引导经济活动的变化而发生变化。分母，即购买的事物或者支付的劳务，也会随着劳动力、生产以及消费的模式变化而发生变化。缺乏精确的协调源于货币与经济活动的唯一间接相关的灵活性。

其次，中央货币比率通常变化得足够缓慢、轻微且平稳，以至于这些变化对于个人或者生产组织的经济决策几乎没有影响。经济学家将完全冷漠称为货币中性。此概念指的是中央货币比率的变化，而不是其分母部分的变化。譬如，经济决策确实可能受到可支付商品与服务组合减少的影响。当经济行为发生相同变化时，譬如比率下降是经历了诸如薪资降低与价格稳定、薪资稳定与价格上涨，或者薪资上涨与价格上涨得更加高的情况，那么货币中性就存在。

如同许多广义经济观点，严格的货币中性是不可能的，因为每一种情况都不尽相同。在某些情况下，中央货币比率上升较快所产生的经济效应，与比较稳定的中央货币比率所产生的经济效应不同。（我将很快阐述其中一种，即恶性通货膨胀。）然而，关键点是中央货币比率通常不会发生较大变化。在现代经济中这一结果不应令人惊讶。该比率的分母波动性在大型群体劳动和消费的节奏与规模上受到自然规律、心理以及社会的制约。分子在人类的控制下，而控制者——银行、政府控制的货币机构及其政治治理当局——通常都有促进整体繁荣的愿望，然而在代币货币的供应量突然发生不经济的变化时，他们认识到这些趋势会使得这一目标更难实现。经过几代人的探索，这些控制者已经发展出货币控制的技术，尽管远非理想，但是通常足够强大而准确，以防止中央货币比率发生的变化太快太离谱。

中央货币比率的第三个观察到的特征正好与其第二个特征相反。有的时候中央货币比率变化得如此显著且迅速以至于整个支付经济受到干扰。我曾在第一章介绍过偶尔发生的严峻的货币（以及金融）失灵的事实。我那时仅仅指出需要解释这些失灵的持续性，因为同样幅度的失灵以及相似持久的后果，在现代经济的其他领域是少之又少。正如我在那里所建议的那样，这种例外之所以令人不悦，因为即使是最谨慎的货币当局，实际上也是相对容易保持中央货币比率的相对稳定，而且这些当局也是有动力这么做。

为什么对经济造成破坏的中央货币比率急剧偏差一再发生？一个原因是贪婪以及脱离现实的金融的有害影响，这是本著作会用大部分篇幅来阐述的一个主题。在本节中，我将仅探讨严重的货币问题中的最常见的四组直接原因。

局部问题

在付费经济中某些大型且关键部分的价格结构遭受重大干扰，可能会使整个货币体系失去平衡。这些干扰很少发生，因为在正常情况下，各个组织与行业的价格与薪资大致相等，就像它们整体处于三联体中间部分一样。局部性失衡以及渐进性变化相当普遍，但是无序的规模一般不大，因为一个组织的薪资很少与其同类组织的薪资相差太多，而且价格也很少与相关的薪资及其税金等转移支付相差太远。

当价格与生产相关的转移调整后的薪资没有紧密联系时，迅速且对经济有破坏性的价格变化就更加难以避免。在经济理论中，这种脱节是所谓市场的一种理想属性。在现实中，不以薪资锚定的情况下制定的价格经常会引发破坏性的波动。尤其是，"交易的大宗商品"价格的剧烈波动往往会使大部分的付费经济遭受其祸患。在一个极端情况下，小麦或者石油的价格可能下跌得太低导致种植者与开采商面临贫困的威胁。在另一个极端情况下，价格可能上涨得很高以至于种植者与开采商拥有太多的无法轻松花掉的金钱。

我将从过低价格入手，这可能引发我所提的拖拉机问题。考虑一下严重干旱对拖拉机生产的影响。

降雨不足对拖拉机生产的可能性没有影响。无论农作物是在歉收年份还是丰收的年份，它们可能以相同的节奏生产制造。干旱对旧拖拉机的磨损也影响不大，因此对新拖拉机的需求保持不变。然而，干旱确实会对潜在拖拉机购买者的收入产生显著的负面影响。小麦每吨的市场价格可能会上涨，但是不足以弥补普通农民减少的产量的损失。其结果是，许多本愿意购买新拖拉机的农民却没有足够的资金支付得起一台新拖拉机。作为对这种资金短缺的回应，拖拉机的生产量减少了。由于拖拉机工厂及其供应商的总薪资以及总收入是密切相关的，农场收入的降低将导致在冗长的拖拉机生产链上每个劳动者的薪资降低。当这些劳动者被迫削减其支付消费时，他们会在经济中传播衰退的浪潮——缺少货币、减少生产以及精简就业。总而言之，货币体系倾向于将本应该且可能就是个较小领域的小麦作物产量减少的问题，传导并且放大成全面性的经济衰退。

在现代经济的早期，这种类似拖拉机的各种形式的问题导致了许多广泛的经济衰退。罪魁祸首几乎总是农业，原因有几个。在经济上无益的市场定价是该领域很典型现象，因为产出量大而且其变化波动也不可预测。此外，农业的作用在 19 世纪经济中保持着足够重要的地位，因为从农场收入损失的货币波动可能足够强劲造成全面的经济损害。此外，设计不当的货币性与金融性安排往往会放大最初的货币性损失。最后，政府规模太小并缺乏想象力而无法提供太多帮助。

近几十年来，所有那些因素的逆转减轻了农业不幸的影响。该农业部门在三联体中间部分的货币流量中所占份额已经减少。农作物日益全球化的分布已经减少在当地市场中价格波动的幅度。金融体系以及政府都更加有能力与积极。类似的趋势也已经使大多数其他大宗商品不会引发普遍性的货币问题。

然而，1973 年石油的名义价格上涨 10 倍，引发了一波对全球经济与货币系统的破坏，即与传统农业相反方向的诱导性衰退。石油对于工业经济至关重要，其价格上涨幅度大且速度快，然而货币反应不力。直接结果是导致在许多国家的中央货币比率上的分子相当急剧增加，因为它们创造了更多货币来支付石油费用，从而使分母骤降，因此较高的石油价格扰乱了世界各地的工业格局。此外，尽管许多石油生产国过度地额外消费，但是许多因石油赚到的额外代币货币都转化为储蓄货币（一种被经济学家误导性地称为"回收"的过程），其结果却令人悲哀。随后石油价格的波动似乎没给经济以及货币与经济的平衡造成太大的干扰，尽管对这一提法的真实性以及其所声称的改善的原因都存在着争议。

单一通货的边界问题

金融相残的全面讨论必须在第三章中对融资进行更广泛的阐述。在这里，我可以指出，石油收入引起跨越三联体的中间与左侧部分的边界麻烦并不罕见。两个部分之间关系的突然变化是导致经济破坏性货币失衡的一个共同根源。在20世纪中，这些代币储蓄的冲击力已经比大宗商品市场物价的冲击力更具破坏性。

跨越边界通常不算问题，即经济学家所称的储蓄（货币从三联体的中间部分流入左侧部分）和提款（从左侧部分流回到中间部分），因为代币货币流入与流出的数量通常非常相似，对中央货币比率的分子几乎没有影响。譬如，如果杜邦先生从大交换中取出100欧元，并用它在欧元区内从施密特夫人那里购买一件货币物，只要施密特夫人将她新获得的100欧元储蓄货币转换成代币货币，那么欧元区的货币经济不会发生任何变化。整个经济中众多杜邦先生与施密特夫人类似的交易通常接近于相互平衡。

然而，有时这种流动会演变成为破坏性失衡。自20世纪30年代以来，经济学家最关注一种过度行为，即节约悖论①。该问题通常始于当前某一事件，或许是偶尔的干旱或者更频繁地出现，成为三联体的左侧部分的问题，导致许多有偿劳动者以及商业组织分别担心他们的一些收入与营收即将受到损失。企业担心那些正在作出

---

① 译者注：节约悖论是由凯恩斯（人物简介参见本书140页脚注①）在其1936年发表的《就业、利息和货币通论》中提出的，书中讲述了一个二百多年前的寓言，说是一窝蜜蜂整天狂吃滥饮，这时一位哲人劝导它们不应该挥霍浪费而应该厉行节约，蜜蜂听从了这位哲人的教导，结果是整个蜂群从此一蹶不振。凯恩斯由此发展出他的国民收入决定理论，即消费的变动引起国民收入作同方向变动，储蓄的变动引起国民收入作反方向变动；换言之，增加储蓄会减少国民收入导致经济衰退，而减少储蓄会增加国民收入促进经济繁荣。

大量个人决定的消费者，减少花费代币货币而是将它们转换成为储蓄货币。每一位储蓄者都期望将贮藏的货币，等到更需要或者更有价值时再带回三联体的中间部分。削减开支的企业不仅回应了而且还放大了消费者的谨慎态度。他们的共同目的都是出于良性的审慎，但矛盾的是，其共同结果却造成了货币的轻率。中间部分的代币货币净提款降低了中央货币比率，通货紧缩效应问题将在下一节阐述——价格、生产以及有偿就业的下降。

经济学家称这种代币货币突然减少现象为"需求休克"。这是相当准确的，尽管该问题至少是货币性的，同样也是实际或者心理性的。正如我将在本章后面会解释的那样，认为不花的货币会储存价值的观念是令人困惑的。通过更准确地理解代币货币与储蓄货币之间的区别，将更容易阻止以及限制无益跨越储蓄与代币的货币性边界，从而防止从一侧窜到另一侧的愚蠢以及破坏性的流动。

实际上，该边界问题几乎总是源于过度储蓄，或者更准确地说，源于不必要地约束消费支出。但从理论上说，过剩的资金流可以向另一个方向流动，从储蓄货币流向交易货币。如果一些反对巨额财富的活动人士按照自己的方式行事，他们就能证明这个问题。考虑一下这个频频被提出的主张，只要全世界所有的亿万富翁放弃他们的财富就能喂饱全球的饥民。这种思维是混乱的。饥饿只能通过实际的大交换才能改变——劳动、生产与分配的安排。从三联体的左侧部分流转到中间部分的任何货币金额都无法对食品生产产生任何直接的影响。然而，大规模并且管理不善的资金流动则有可能会对分配产生不良影响。用于支付食物的代币货币数量突然增加可能会增加大交换的这部分中央货币比率。换而言之，食品价格有可能会上涨。如果没有补偿性货币的调整，那么上涨的价格将不成比例地伤害到目前已经勉强度日的人们。如果受其影响的话，大规模的入不敷出将造成一些最需要廉价食物的人们更加负担不起。这将是一种反节俭的悖论。

多种通货跨境问题

货币始终是一个公共项目，必须与某种权威性的公共结构挂钩。在现代世界中，最终的货币当局总是政治当局。因此，货币绝大多数严格意义上是本国货币。目前唯一例外的是多国的欧元以及一些已将其货币体系"美元化"的国家。但是它们都运转得很好。控制欧元的欧洲中央银行与负有最终货币责任的欧元国家的政治家之间存在着持续的紧张关系，同样美元化在政治上也举步维艰。这些例外情况基本上支持这条规则：国家性的货币边界通常需要在三联体的中间部分。

然而，货币边界在经济上效率低下。它们削弱了货币的两种相关且重要的优势，即货币数字之间的完全可通约性，以及使用相同货币支付许多不同事物的能力。事实上，代币货币的经济逻辑明确地指向单一世界通货。那将大概需要一个统一的世界性政府组织来保护其货币体系的完整性并且控制全球中央货币比率。

在过去至少三个世纪中，国内政治和国家经济这两种货币逻辑之间固有的紧张关系经常导致国内问题，有时甚至是全球性政治、经济以及货币的问题。尤其是，跨境货币的考虑因素已经常常导致或者威胁到国民经济中的代币货币，或多或少地影响到维持国内付费经济平稳运行所需的货币量。人们已经尝试了许多避免或者缓解跨通货间的紧张局势的技术，包括固定和浮动通货兑换率、通货之间有限和无限的流通，以及各种形式的关税与贸易限制。它们中没有一种能始终如一地发挥作用，大概是因为通货稳定需要更积极地融入经济与社会之中，而涉及许多司法管辖区时则总不可能实现。

即使 X 国家的通货不能在 Y 国家使用，跨通货资金流动也可以是非常简单。如果贸易在货币上是平衡的，那么就不存在货币问题，即 Y 国的居民使用他们向 X 国的居民出售劳务力、商品或者服

货币、金融、现实与道德

务时获得支付的**所有** X 通货，来支付他们从 X 国家所取得的劳务、商品或者服务。然而，当**某些** X-通货，可以说，被困在两个政治当局和通货区域之间的"无人区"时，复杂性很快增加。这种情况往往会发生在当 Y 国的居民实际上没有花掉所有他们收到的 X-通货。这些尚未花掉的货币就成为储蓄货币，以 X-通货的价值存放在 Y 国家。如果非常严格的国家法规允许货币轻松地从一个国家或者一种通货，转移到另一个国家或者通货而没有反向的商品与服务流动，那么这种复杂而且不受政治束缚的多种通货体系就可能大规模地扩张。

具体细节可以是极为复杂，但是三个最重要的货币经济失衡来源是相对容易识别的。首先，如果 X 国的公司或者银行必须以 X-通货赚取收入才能以 Y-通货付款，那么 X-Y 通货的兑换率变化可能极大地增加了找到所需资金的困难程度。建立这种跨通货义务已经被称为国际融资的原罪。其次，如果 X 国的经济已经变得依赖于 Y 国的商品与服务的卖家持有大量 X-通货的意愿时，那么那种意愿的下降可能会破坏 X 国的货币平衡及其经济组织。再次，如果 X 国的企业和政府已经变得依赖于 Y 国财务投资者的资金，那么这些投资者的撤资可能会破坏 X 国的货币体系及其经济的稳定。

在经济变得高度工业化之前，跨境贸易在货币使用中占据相当大的比重，因此通货关系的错位可能很容易造成货币性失衡。这种失衡的主要表现形式是黄金与白银的净出口。这可能在三联体的右侧部分会有问题，但是前现代货币失衡很少对整体经济产生太大影响，因为整体经济由经济活动主导，主要是农业生产以及家庭劳务。

在大多数现代经济中这种情况正好相反。失衡的货币在通货间流动的量很少占据超出在流通中代币货币的适度部分，因此跨境资金流动的行为或者价值观突然变化所引起的潜在损害通常也是有限的。然而，只要一个国家的银行、金融投机者或者居民愿意持有外币为储蓄货币，该国家就可能与其他国家保持长期不平衡的货币关系。这种不平衡是由于这种意愿可能会渐渐地蒸发或者瞬间消失。从一种通货关系转向另一种通货关系几乎肯定会导致通货的兑换率发生变化。它还可能改变至少一个国家的中央货币比率，甚至扰乱整个经济体，因为这些经济体不再拥有右侧部分的大量非货币来稳定它们。大多数最容易受到通货冲击影响的都是相对较小而贫穷的国家，但是有些经济学家认为，美国的跨国通货货币性失衡导致了2008 年的金融危机及其随后的经济衰退。

货币创造的问题

在现代经济体中，代币货币不断被创造与销毁，很大程度上是因为货币在代币与积蓄的边界上作双向流动。除了这种双向流动之外，还有货币创造的单向流动（近一个世纪以来从未见过任何规模的货币销毁）。这就是额外无本之物的货币法定创造。它具有两种形式。

首先也是最直接的方式是政府创造代币货币。传统上，它们通过铸造新的硬币来创造货币。后来，它们也印制了纸币（有时令人困惑地被称为钞票）。在理论上，它们现在可以简单地增加个人或者机构的银行账户里的余额。然而，那种创造模式已很少被使用了，主要是因为从根本上来说，意识形态上不愿意承认政府在现代货币体系中的主导作用。为了假装政府直接创造货币（有时令人困惑地被称为外部货币）与银行创造的货币（有时令人困惑地被称为内部货币）之间存在一个重要的概念性差异，政府将银行拖入其大部分货币创造的工作中。政府通过从银行借入新创造的储蓄货币而银行则向政府提供贷款这种做法实现。政府通过发放福利以及支付实际和凝结了的薪资的手段，将货币分散到三联体的中间部分。

政府通过银行贷款来创造出的货币部分，得益于对第二种占主导地位并且相当间接的现代货币创造方法。大多数代币货币是在人们或者机构向银行借用资金时创造的。这些财务安排将在第三章中详细阐述，但是货币的道理是很简单的。由于贷到的资金通常会增加借款人的支出，而且如果有人支出什么费用的话其影响也微乎其微①，故在流通中的货币总量中所增加的大致上是借用的货币数量。相反，当这些债务的数量减少时，这部分被创造的货币就会被随之销毁。

在以下两项条件下，依赖银行贷款创造货币将有助于保持中央货币比率大致上恒定不变：首先，政府不会同时在没有相应经济活动的情况下直接创造货币；其次，所有银行贷款的收益都被用作代币货币以支付在三联体中间部分的活动费用。在现实中，这两项条件中只有第一项常常得到满足。政府通常是相当负责任的货币行为者。他们的代币货币创造量通常相当有限，以至于大量额外代币货币的供应，足够被政府或者政府福利的受益者花费在额外经济活动中。按照标准术语，通过财政赤字增加政府额外的支出并不导致通货膨胀。银行的可靠性要差得多。他们在贷款中创造的货币可以用作代币货币或者储蓄货币，因此贷款可能会加剧本节前面已阐述过的那些单一通货的边界问题。

无论由银行还是政府创造的额外货币，都容易用于支付与生产的质量或者数量并没有对应关系的更高的薪资和价格。在这种情况下，新创造的货币只会提高中央货币比率。换而言之，这就是通货膨胀。通货膨胀性货币创造可能已是前工业化与工业经济体中货币经济失衡的主要根源。

政府通常对最极端的通货膨胀事件负有直接责任。当他们还缺乏明确增加税收所需政治权威时，他们通常诉诸于用刚贬值的硬币

---

① 译者注：根据作者进一步的解释，传统银行理论是建立在个体银行基础之上，故其贷款数量主要基于存款数量；而现代银行理论则是建立在整体银行体系的基础之上，并且视贷款数量为货币供应及存款数量的主要来源。因此在现代银行体系下，由贷款生成的存款数量举足轻重，而额外单纯储蓄存款在总流量中的比重可忽略不计。

来支付其账单，从而以相同数量的黄金铸造出更多的货币，或者在最近几个世纪中使用新创造的代币货币支付账单。然而，在较为平静的现代经济体中，直接负责大部分货币创造的银行也承担了大部分通货膨胀的责任。当然，政府仍然负有间接责任，因为它们具有完全监管控制那些货币创造分包商的责任。

现在人们已经很好地解了如何创造货币用于"支付"通货膨胀的代币货币的过程，但是普遍的物价和薪资上涨的根本动力仍然存在着争议。各种经济学家都明白所列举的一个或者多个项目的主要原因，其中包括政府、中央银行、常规银行、非银行金融机构、心理、利率、人口统计、工会、失业、竞争性市场因素以及资本主义的动态。许多理论都具有独创性且有说服力，但是观察了四十年来世界各地的中央货币比率的稳定性，几乎完全出人意料地得到了提高，即通货膨胀率稳步地下降，我不认为对该比率的影响的相互作用得到了充分地理解。事实上，即使是最基本的因果关系问题——物价上涨的主要因素无论是源于货币供应量还是更多出于心理因素——仍然没有答案。

分母问题

在现代经济体中，人们投入了大量精力致力于诊断与纠正付费经济中的问题，即中央货币比率的分母。广泛的批评会容易让人产生这样的印象，这些经济体患了有偿劳动与生产不足的痼疾。对经济缺陷的持续关注也促使人们将这些分母问题，视为导致在中央货币比率中频繁出现的分子问题的原因。人们争辩或者简单假设，相对于充分就业和充分消费所需要的货币供应量而言，经济活动的缺乏会导致货币供应量的短缺。对经济性痼疾和频繁的经济引起货币问题的这两种判断，与其说他们正确还不如说都是错误。

首先，如我在第一章中已指出的，现代经济的付费部分很少会

　　　　　　　　货币、金融、现实与道德

病入膏肓。正相反，它们几乎总是非常健康与稳定。无论是在处于正常时期、自然灾害之后还是高速经济变革之中，全世界各地的经济体已显示其保持现状的强大能力。这种受到如此关注的不足缺陷几乎总是被更好地理解为，像一个职业运动员的表现中出现轻微的失误，而非出现严重或者慢性疾病的症状。这些问题值得持续而冷静的关注，但是不需要采取戏剧性的经济与货币对策。

其次，在过去两个世纪中，中央货币比率中鲜见有严重问题是由分母的变化所引起的。相反地，这些失调已几乎总是最初的主要源于分子问题：货币融资体系内的冲击。此外，当比率问题中存在因果关系方向时，它往往是从分子到分母的可能性要大得多，而不是反其道而行之。分子问题是一系列货币融资功能失调的核心，即19世纪末滚动的经济萧条、20世纪30年代大萧条、1973年"石油金融危机"之后许多发展中经济体的危机、1997年亚洲危机时的国家急剧衰退，以及2008年金融危机之后的大衰退。然而，应该指出的是，尽管中央货币比率的分子比分母更容易发生严重的，可以说是传染性的不稳定，但是货币融资体系中的纯粹货币部分对经济的破坏性，相对来说比对金融体系的破坏要小得多。

中央货币比率中分子优先的问题模式存在着例外。最明显的是在20世纪的第一次与第二次世界大战之前、期间以及之后的经济转变是分母问题，导致中央货币比率发生了一些大规模的在经济与政治上的颠覆性变化。小规模的战争和更局部性的政治经济危机，也同样导致货币混乱，譬如津巴布韦在灾难性经济政策后发生的恶性通货膨胀，以及制裁伊朗导致的高通货膨胀。然而，这种由分母引起的货币性混乱已并不常见，而且在近几十年来越来越少。世界各国及全球性的货币权威当局在应对经济挑战方面已经变得不再无能了。

尽管如此，中央货币比率的分母问题仍未消除。最近的一个例子是对2020年新冠疫情的经济反应。在许多国家，几乎瞬间约有

1/4 的有偿劳动力被迫失业，这使货币政策制定者面临就业与消费的变化，其程度可以说比进入以及退出战时经济所产生的变化更加庞大与更加突然。政策制定者对"封闭"挑战做出回应，通过创造并且分发足够的新货币来维持三联体中间部分尽可能活跃以及合法。在发达经济体中，这些货币洪流起到了预期的作用；在严峻的经济限制期间和之后的几个月中，消费与就业都表现出坚韧性。然而，当分母肯定会减小的情况下，潜在地加大中央货币比率分子的政策会导致该比率不必要的上涨的邀请。

首先，这个邀请被拒绝了。消费者与企业将大部分新发放的货币视为储蓄货币，因此中央（代币）货币的比率相当稳定。然而，新创造的储蓄货币并没有消失。它被储存到银行里并且以货币物的形式被持有，准备添加到中央货币比率的分子中。在大部分经济限制结束大约一年之后，从储蓄货币到代币货币的潜在重大转换开始成为现实。这种资金推动是对一些相对较小的分母问题的回应：供应链堵塞以及零部件间歇性短缺。这些问题导致中央货币比率的分母减小的幅度远不及抗击新冠、限制措施所造成的下降，但这一次分子开始增加。其结果是我在本节前面论述过的"单一通货边界问题"的集合。截至 2022 年度中期我撰写本著作时，这些问题仍然存在。大多数货币的通货膨胀率的增长速度比过去四十年中任何时期都要快。

这个模式太典型。原来的分母问题，即抗击新冠的停工，尽管严重，却很快消失了。各经济体以一贯的敏捷性与灵活性回应了额外的要求，然后对限制减少做出了反应。后来供应链一度出现过堵塞，但是很快就出现了畅通。第一批零部件短缺也只是暂时性的。俄乌冲突和中国重新实施抗击新冠的限制措施在 2022 年引发了新的分母问题，但没有理由怀疑全球经济将相当迅速且相当好地应对最新的挑战。

货币与融资体系则不同。尽管它们在停工期间运作良好，但自那时起它们既不灵活也无韧性。在第一次经济限制实施两年之后，中央货币当局仍然在努力解决可能严重的分子问题，这是因它们最初对分母问题的反应所造成的。正如我撰写本著作时，存在着很大的风险，即对过去经济问题的不良或者不完整的货币反应，最终将严重干扰中央货币比率的分母及其分子。

8. 管理货币供应

中央货币比率不断变化。该比率的一些巨大或者突然的变化会对实际大交换产生显著的负面影响。这些观察结果提出了三个明显的问题。何时主动控制货币供应量才有用？如何控制货币供应量？货币调控幅度应该有多大？我将在本节中尝试回答每一个问题。

何时主动控制货币供应才有用？

从理论上说，劳动者、生产商、政府以及所有其他组织可以应对中央货币比率的任何程度的变化。同样从理论上说，人们与组织可以利用过去的货币信息以及对未来的货币预期来调整当前中央货币比率的变化。简而言之，它们可以跟上物价、收入和转移支付的变化。然而，在实践中，跟上变化需要大量的工作与猜测。这种努力不仅减少了其他类型劳动力的时间与精力，而且不准确的猜测可能会产生新的问题，并通常伴随而来的是新的政策，然后是新的错误和不确定性。代币货币与储蓄货币的复杂相互作用放大了潜在问题的规模，以及找到公正有效的解决方案的难度。用信息论的语言来说，中央货币比率的大幅度变化可能产生足够的货币性噪音，从而给理解货币性信号造成重重困难。正如历史记载所表明的那样，其结果可能是货币导致的经济组织效率低下。

问题可能来自任何一个方向的比率变化。

中央货币比率急剧下降，被称为价格通货紧缩，可能会导致生产商与消费者之间的代币货币短缺。从理论上说，这种短缺是不必要的，但是在实践中，货币数量的某些调整往往比其他的调整进行得更快。典型的模式是有些收入——无论是薪资、公司收入还是税收——下降得比相应的支出要快。经济行为参与者用减少支出应对这种失衡：减少采购、裁员或者削减福利项目。削减支出进一步减少了代币货币供应，从而造成新一轮的失衡以及新的支出削减。当某些货币数量被认为已足够低于吸引新的储蓄货币量跨越单一通货的边界时，这种恶性螺旋形变化趋势最终会停止，然后逆转。然而，在低廉价格成为不可抗拒之前，削减支出会给大交换造成严重损害。失衡的通货紧缩事件在 19 世纪司空见惯。在当时，经济学家冷酷地将它们描述为生产过剩，仿佛消费者对于消费得比过去少还感到较为满意。凯恩斯①改变了这种论述，解释说通货紧缩是由于代币货币的供应量不足所引起的。凯恩斯的解决方案具有几乎普遍适用性，政府可用增加代币货币供应量，有效地消除了中央货币比率的破坏性下降。

在另一个极端，中央货币比率急剧上升可能会导致恶性通货膨胀，即极高的通货膨胀率。薪资与物价失控地螺旋式上涨——在一个月、一周甚至一天之内测量到的上涨为 10％或者更高——的情况很罕见，因为它们需要自我毁灭性的政治顽固和无限的货币权威的两者非凡结合。一般而言，当一个政治上缺乏安全感的政府会创造新的货币，以努力兑现向其支持者或者债权人分配经济上不切实际

---

① 译者注：约翰·梅纳德·凯恩斯（John Maynard Keynes，1883—1946），英国经济学家，凯恩斯主义创始人，现代西方宏观经济学奠基人，在理解经济衰退、萧条以及政府在管理经济中的作用作出了重大贡献，用货币数量的变化解释经济现象的变动，主张实行管理通货以稳定资本主义经济，著有《货币改革论》《就业、利息和货币通论》等，他在创建国际货币基金组织和世界银行等国际经济机构发挥了重要的作用。

却在政治上颇受欢迎的承诺时，就会出现这种情况。但是这种努力是徒劳的，因为额外的货币很快就会渗透到整个付费经济中，从而推高所有的物价与薪资。该政治承诺在很大程度上仍未兑现。作为回应，政府只能创造更多仍然不够的货币，此过程一直持续到政府或者继任者找到一种新的、经济上现实的政治解决方案，即一种消除尝试货币魔法的需要的解决方案。

在恶性通货膨胀中，代币货币丧失其中立性，因为货币数字改变其经济意义的速度如此之快，以至于消费生活和生产组织都在很大程度上减少了旨在尽快地花费这些刚得到的代币货币。然而，纯粹的货币分析实际上并不能解释恶性通货膨胀的货币非中立性的走向。只有当经济、社会或者政治体系——通常是这三种因素——功能严重失调时，货币体系才会崩溃成失控的通货膨胀。

这种中央货币比率的巨大变化显然对经济非常不利。这是否意味着中央货币比率中的较小变化也不佳，但不是那么严重而已，而当中央货币比率稳定时，货币系统才会运作最佳？经济学家的看似合理的传统智慧是，通货膨胀的影响程度并不是以这种方式衡量的。相反，中央货币比率的微小变化几乎不伤大雅，因为人们可以对其作充分而相对容易的调整。不太合理争辩的观点是，人们经常认为稳定而且较低的通货膨胀率，实际上对消费者或者生产商具有一种经济上有益的心理效应。当前的传统智慧替代了一种截然不同的假设：任何通货膨胀都明显地威胁到经济健康，而且它就像一味诱导性毒品，常常最终导致货币患上恶性通货膨胀之瘾。

这种不断变化的信条提醒着人们，经济学家对中央货币比率的动态变化的理解并不完善。诚然，历史证据尚不清晰。一方面经济似乎运转良好，报告的年通货膨胀率高达 10％甚至 20％。另一方面且不谈好多少，人们无法知道如果所报告的较低通货膨胀率较低，受影响的经济体是否会表现得更好，也不清楚不同模式和通货膨胀水平对经济反应是否有大致上不同的影响。其他悬而未决的问题包括物价与薪资相对统一，以及相当不同的上涨的不同影响，讨论通货膨胀在三联体的左侧部分（"资产价格通货膨胀"）中的重要性甚至概念的正确性，以及通货兑换率与中央货币比率的相关性等。

在这种知识的模糊性中，我支持不确定性：尚不清楚任何或者有一点的通货膨胀或通货紧缩，是否或者在什么条件下是有益或是有害的。我只能得出一个不太令人印象深刻的结论。考虑到中央货币比率的大幅变化所造成的经济损失，当该比率的分子变化相当适度时，货币通常可能会最有效地履行其经济使命。

如何控制货币供应量？

在当前的现实中，法律与习俗通常限制了货币当局认为最佳时机和最好方式创造与销毁货币的能力。在本小节中，我将忽略这些实际限制，以便我可用阐述"如果法律和习俗符合货币的实际性质，那么货币当局应如何运作"。

管理中央货币比率分子的最严峻挑战并非技术性的。货币当局可以轻松地铸造与分发更多的硬币、印制以及分发更多的纸币，或者通过发送一些电子信号创造额外的银行票据。对于减少创造新货币，这种物理过程可以逆向操作，并且电子信号可以改变符号。当今强大的、侵入性的且消息灵通的政府，在如今很大程度上"非物质化"的货币体系中工作，具备了有能力设计有效且价廉的货币供应管理系统。政府直接创造银行票据大概会受到广泛的欢迎，因为人们愿意看到他们银行余额的增加。然而，直接减少银行余额则也许需要更加谨慎行事，但是实际上流通的代币货币的数量可能会受到更多心理上可容忍的法规的制约。譬如，以提高最低余额可有效地将往来账户中一些代币货币转换成惰性储蓄货币。

货币供应管理面临的最严峻的挑战是智力性的。我看到其中的

货币、金融、现实与道德

三个。

第一个是**对现实的解释**。譬如，登记为失业者的人数有所增加相当清楚地表明，有偿就业出现了不合时宜的短缺。然而，短缺的原因很难搞得清楚。它可能是一种迹象表明，代币货币的供应量不足以支付所有的本应当就业的工人。在那种情况下，最好的解决方案就是直接创造更多的代币货币。但是这种额外有偿就业的主要障碍很可能并非货币性的，也许是因为设计不完善的劳动法、技术的进步或品味的转变，或者是教育系统的不足等因素所致。如果这问题被误诊为货币性的，那么本来为了解决货币短缺而增加货币供应量，可能会阴差阳错地实际导致了不良的货币过剩。更普遍地说，由于中央货币比率可能最多也只能作个非常粗略的估计，因此无法确定，更别说用此简单的手段确定当前的货币与经济关系是否正在发生变化中，或者将会发生多大的变化。政策制定者必须解释实际薪资与物价的调查所反映出的结果并预测其未来，进而对任何相关因素的数字尽其可能作最佳的调整。在如此多的不确定性的情况下，维持一种相对稳定的中央货币比率需要货币当局具备智慧、灵活以及谦恭。

货币供应管理的第二个挑战是**解决政治冲突**。货币当局以及政府的其他部门必须决定哪些银行的往来账户余额应该增加或者减少。任何选择对不同的银行账户的资金转进或者转出多少资金都具有社会、经济以及伦理方面的意义。这种货币选择的非中立性保障了货币供应的安排与政治密不可分。这种所涉及的挑战太大、太复杂，也太偶然，以至于无法采用简单、绝对或者非政治的货币分配规则。像效率和正义等目标可以在辩论中发挥有益的作用，但是它们不能被视为实际决策的不言而喻的指南。

譬如，考虑一条普遍的极端规则，按当前收入或者当前银行账户余额的比例分配额外资金。这种选择只是在保持一致性的意义上是公正的，但是它扩大了富人与穷人之间货币的两极分化，因为一个较大数字的 x‰ 的值大于一个较小数字的相同 x‰ 的值。由于本已富裕的人往往已经花费了他们想要花的所有金钱，因此一种按比例分配也可能会增加转化为储蓄货币的代币金额。在考虑另一条普遍极端规则的情况下，可以将相同的名义数额的新资金（是 y 欧元而不是 x‰）添加到每个人的账户中。这种选择也是一致性的，但是可能被视为不公平地偏袒穷人，或者甚至被视为奖励无能者。再考虑一条非普遍的极端规则，政府可以通过分配新的资金直接用于支付商品与服务，以及用来支付福利。这种选择将与相关的政策一样公正。

自从 2008 年至 2009 年金融危机以来，政府已经投放大量新创造的储蓄货币进入三联体的左侧部分。这种"量化宽松"的目标之一是增加由银行创造的代币货币，但是此方法倾向于那些已经拥有货币物的富人，而对于他们较贫困的同胞则有失偏颇。在 2020 年至 2021 年期间，根据需求和过去的活动向个人以及企业分配新创造的货币，以弥补因抗击新冠政策而遭受的营收与收入的损失。从宗教考验到世袭特权，从工业发展到环境保护，可以想象出许多其他新货币分配的准则，每一种分配准则如同任何混合准则一样都会携带着自己在实际和道德上的优势与短板。

货币供应管理的第三个挑战是在货币的数量与价值发生变化时**保持公众信任**。只要货币笼罩着金色的光环，这种挑战就不会太困难，因为黄金赋予了硬币货币一种令人欣慰的价值传统，同时也赋予了货币无可否认的稀缺性与诱惑力。然而，如今需要更多实质性的支撑。无本之物的货币既不稀缺也不诱人，它们的价值传统是短暂的，而且也不总是快乐的。成功可能是保护成功的最好的典型方式。幸运的是，正如刚提及过的，摧毁信任的极端通货紧缩如今几乎听不到了，而破坏信任的恶性通货膨胀也已经非常罕见了。然而，令人不安的高通货膨胀率以及在货币融资系统中的严重麻烦已经令人烦恼得司空见惯。这种丧失信任的威胁并未消失。

货币调控幅度应该要多大？

代币货币供应的灵活性在理论上应该是无限的，但是只有在货币经济关系出现严重混乱时才需要作大幅度的调整。当通货膨胀率实在太高时，付费经济活动突然因受到限制而减少（譬如抗击新冠的限制），这种情况可能发生，或者在另一个方向上，当太多人使用诸如以物易货安排，或者以非正式许诺稍后支付等替代品来补充代币货币时，所有这些极端情况都是相当罕见的。

实体经济中持续但适度波动的正常经济状况，只需要对货币供应量作相对适度的"微调"。多少算是适度？在大多数国家的典型年份中，"实际"国内生产总值（GDP），作为中央货币比率的分母的通用替代值，每年的增长不到百分之五。在正常时期，货币供应率应该大致相当。在发展中国家，这种代币货币扩张速率可能会更快，因为生产的速度更快，以及显著的经济活动也从三联体的右侧转移到中间部分。无论哪一种情况下，这种扩展速率还是算缓慢的，以至于微调不必非常精致。政府适度创造代币货币——无论是通过财政赤字（支出超过税收收入），还是向银行账户定期发放代币货币的"红利"——都足以防止货币供应扰乱经济。

9. 货币并非真正的价值储存手段

在描述了货币是什么以及它与经济的关系之后，我现在可以回到货币，即被理解为在三联体中间部分流动的代币货币，基本上不是：一种"价值储存"的手段。在本章第一节中，我说过那种认为货币可以贮备价值的说法既不完全正确也不完全错误。我现在解释为什么它的错误多于正确。

显然，那种对货币的描述有一些正确之处。在日常使用中，货币确实做了一些可以合理地描述为储存价值的事情。我可以把一张20欧元的钞票塞进钱包里，或者将300欧元存入银行账户中。在我等待花费的整个过程中，无论是数小时还是数周甚至数月，这些金钱都闲置着。从某种意义上说，这些欧元的价值正在被储存着。我还可以在没有具体想法何时花费一万欧元时，将它们存入某种银行的储蓄账户里，或者塞进床垫中。我可以期望在数月或数年后，随时提取这笔资金并且使用它。在此过渡期间，这笔资金在某种意义上被储存着，因而我正在贮存这笔货币的价值。

　　历史记录也支持货币是一种价值储存手段的观点。储蓄的货币以及贮藏的货币物，譬如黄金以铸锭或者制成饰品形式的潜在性货币，已经存在了与代币货币一样长的时间。事实上，在前现代经济时期中，这些宝藏货币似乎比实际的代币货币具有更多的象征意义，而这些象征意义在当时被认为构成了"货币性"。囤积的黄金比其购买力更能激发贪婪，显示神圣的恩惠，增强政治权力，象征心理控制，以及在逆境中提供切实的安全。在物理上与象征意义上来说，前现代货币更适合贮藏而非交易。硬币的制作成本昂贵、运输笨重、保护困难、易于贬值、难以评估，但是它们却几乎散发着一种纸币或者账簿上所登记的财产永远不可能有的价值味。此外，前朝的贵金属硬币很容易转化成可爱的且有价值的物品，如果需要的话，还可以将其熔化并且重新铸造成代币货币。

　　储存相比交易更重要，这也符合这些前现代经济体中通常适用于组织大交换的技术。生产链大多数是短的、本地的，并且局限于彼此认识的人们。它们将非经济关系与义务交织在一起。在这种情况下，人们对于在本章前面阐述过代币货币的优势的需求或者欲望相对较少。事实上，正如现代经济的批评者长期以来所指出的那样，货币交易的匿名性倾向于瓦解基本上非货币性社会秩序的经济基础与表现形式。

我否认货币作为价值储存手段，不仅反对日常实践与历史记录，我还反对经济学家几乎所有一致的判断。"价值储备"存在于货币基本属性的每一个清单上，储蓄账户中持有的储存资金，与往来账户里持有的支出资金之间的紧张关系，是任何货币政策的经济模型的基础。

我自信凡仔细研究了那种紧张关系之后，会接受我将解释与辩护的结论。储蓄账户中的货币确实储存了可以称之为价值的东西，但是它就不能**同时**具有货币的另一种属性：充当交换媒介。然而，我不会遵循所需的智力探索之旅，来证明这种分离的现实如何削弱了双重功能的出现。我将从什么是经济，即大交换开始。

这个基本论点很简单。在大交换中，劳动与消费的相互馈赠以及世界的积极人性化，与价值或者储存价值无关，因此，在大交换中运作的代币货币可以与储存价值无关，无论储存还是价值意味着什么。储存价值的货币不能是代币货币，这是由其在劳动与消费的即时协调中使用来定义的。被定义为储存了价值的货币必须是其他东西：储蓄货币（或者宝藏货币）。

我将通过提出三项主张使这个论点变得更加复杂。首先，当被称为货币的东西被储存时，在大交换中使用的代币货币并非就是那被储存的。其次，存储并非真正的货币所实际上发生的事情。再次，在非真正货币的非真正贮藏中，要么没有保存价值，要么保存的东西没有价值。我将逐一阐述这些主张。

货币并非被储存的物品。我已将货币定义为大交换中的代币，并指出该大交换两侧，即劳动与消费，本质上始终是当前的活动。货币有时所代表的劳动力是无法以任何有意义的方式被储存的。最多，一个劳动者也许可以休息一天为次日储备能量。同样，货币有时所代表的消费服务也无法在任何意义上被储存。一堂钢琴课、一小时的律师时间或者母亲的拥抱，倘若今天没享用就此失去，无法储存。货币所代表的消费商品有时可能被储存，但是该储存被认为是为了节省费用。总而言之，货币所代表的东西实际上都不适合存储。

因此，如果说代表着这些事物的代币货币是存储的东西，这是一种误导性说法。无论实际上被存储在钱包里、床垫中，还是公积金账户上的东西，用来平衡和分配当前有偿劳务，以及当前付费消费的都不是相同的代币货币。当货币从三联体的中间部分离开时，它的功能与性质就发生了变化。

哲学家可能会说，问题在于"货币"一词的多重含义。它被模糊地使用表述了不同的事物。我在本章第一节中讨论了所谓的符号货币。在第二节与第三节分别介绍了被我称为代币货币的经济性货币，第四节还增加了储蓄货币的介绍。这些含义都非常接近，以至于它们都可以指代相同的物理或者准物理事物，无论是硬币、纸币还是账本记录条目。然而，代币货币与储蓄货币在本质上是不同的，因为它们分别为两种完全不同的经济目的服务。更确切地说，代币货币有几种经济目的（分配、组织以及信息），而储蓄货币实际上根本不属于经济，也不属于人类劳动与消费的互换。它仍然是一种象征，但是它是我将很快描述的一种社会关系的象征。

当代币货币用于储蓄时（反之亦然，当储蓄货币转换为代币货币），代币货币系统需要重新校准，这清楚地表明了这两种被称作货币的物品之间的根本区别。为了提供一个戏剧性的例子，想象在一个经济体中的所有的消费者，以及生产者一起决定在同一天晚上囤积他们一半的当前代币货币供应量。如果实体经济和货币经济没有发生任何其他变化，那么次日的所有东西的物价都将会翻倍，因为中央货币比率已经减半。显然，从经济角度来看，刚转换成储蓄货币就不再是曾经的在三联体中间部分的代币货币。这"货币"已经变成了另一种物品，储蓄货币，并且它归属于一个新的地方，三联体的左侧部分。

储蓄货币在某些潜意识里被视为好像是实际的代币货币。持有者通常相信他们应该能够随时兑换任意数量的储蓄货币也不会造成价值损失。然而，由于这两种货币实际上并不相同，因此对保值和轻松兑换的毫无疑问的期望必然会使货币经济关系变得紧张。将两种不同物品在语言上作重叠处理成仿佛它们真的具有同一个概念上的身份会招致麻烦。如同日历上的日期是不可食用的，藏在床垫里的金钱也不会自动花费，当然更不能保证它将支付哪笔费用。

存储并非真实的货币所发生的事。在物理世界中，存储物总是会随着时间的推移发生变化。当一蒲式耳小麦或者一件漂亮的新衬衫被存储后，该物品取出仓储时会出现变化。这种改变通常是一种衰变。如果在贮存了一段时间后，小麦将可能遭受虫害，而衬衫将可能不再那么时尚。偶尔，对于优质葡萄酒以及威士来说，可能随着时间推移提升其质量，但是**某些**变化几乎是不可避免的。现实世界的存储还伴随着可能的损坏或者毁坏以及维护仓储场所的成本。

人们对于储蓄货币的预期则完全不同。他们认为贮存根本不应该有变化，它的贮存应该是无风险而且几乎是无成本的。尤其是，储蓄货币被期望当它转化回代币货币时，能够在大交换中保持其价值。这种期望基本上从未实现，我将很快解释原因。然而，时间不仅可能在三联体左侧部分中被超越的观念，而且绝对应该被超越，这一想法表明，这种超越活动属于一种不同于贮存的社会类别。储蓄货币最好是被理解为**一种持久性社会权利主张的标志**。

在任何正常运转的社会中如此主张权利是司空见惯的。每当一个公民走进政府办公室时，他会期望获得相关官员的尊重待遇。如果我发一封邮件给同事，我可能期望被理解并且得到回复。老人可能期望儿童在公交车上让座。储蓄货币也体现着一种相似的社会权利主张。拥有这笔金额的贮存或者储蓄的资金，实际上是一种社会公认的期望，即在未来的某个时间其他人或者机构将向贮存资金的持有者出售相应数量的劳务、商品或者服务。

如此一种社会代币，不像在大交换中的任何劳动或者消费，可以存在于时间之外。事实上，储蓄货币的社会代币就其性质而言，预计将不受经济环境的潮起潮落的影响。然而，这种社会代币的价值必须依赖于验证与确定其所承载期望的社会规则。储蓄货币的价值将取决于其转化为代币货币所在的社会，在转换那个片刻所决定的价值。在前现代饥荒年代，只有当金币实际提供时才知道该贮藏的金币可以买到的小麦数量。同样，现代储蓄账户的货币持有者无法知道其未来权利主张值多少价值。如果该权利被宣布一文不值，人们甚至不应该感到太惊讶。储蓄货币的权利主张是人们与社会内部相互之间的关系，这种关系可能会发生巨大而迅速的变化。

价值并非都能被保护，即使被保存的也未必都有价值。 唯一可以确定的是关于储蓄货币的未来价值将不会与现在的相同。不断流动与变化的劳动力和消费确保今日的经济总是与昨日的不同。苏格拉底哲学家赫拉克利特①曾说过一个人不可能两次踩进同一条河。同样，储蓄者不可能将其资金放回到原来的经济体系中去——因为那个经济体系已经不复存在了。当一张一百欧元的代币货币，从大交换中将已转化为一百欧元的储蓄货币取出后本可以买到的商品与服务，必然会与将来再将储蓄货币转换成一张不同的一百元欧元的代币货币时所得到的商品与服务不同。

当然，在正常情况下，储蓄的资金将会被保存着。除非围绕着类似代币的社会规则出现了巨大变革，这张储藏的一百欧元纸币可以从床垫中取出并且花销，以及储存在银行账户里的一千欧元也可以被提取。更新版的欧元将能够买到届时的欧元数量单位所能买到的任何物品。这种连续性虽然经常被用作将货币描述为价值储存手

---

① 译者注：赫拉克利特（Heraclitus，约前540—前475），古希腊哲学家和艾菲斯学派创始人，以变革概念为中心的思想而闻名，强调万物不断变化与无常，认为物质性的"火"是万物的本源，他将火视为不断变化的象征，在欧洲哲学史上首次提出了对立面的统一与斗争的学说。

段的合理性理由，但是实际上是微不足道的。仅因为我当时曾有一百欧元，并且我现在还是有着一百欧元，所以我已贮存了一百欧元的价值，这只不过是一种货币在逻辑上的同义重复。其实被储存的或者保存的仅是一片纸张，仅是对获得一片纸张的权利主张，或者对银行账簿记录的索取权利。这张纸币或者权利的价值并没有被得到保存。

这三项观察结果足以严肃地证明我最初的主张的合理性，即将货币描述为价值储存工具，与其说是正确的还不如说是错误的。如果需要用温和一点的语言来说的话，这种描述对于理解不同货币种类在经济与社会中的作用，具有更多误导性而非有助性。经济学家应该加强概念上的清晰度，将储蓄货币从代币货币中区分出来，消除日常语言中的含糊不清。

尽管这两种货币之间的区别是清晰的，但它们之间的实际边界却可能会很模糊。譬如，钱包里以便近日使用的金钱与银行账户中的余额从一个发薪日到另一个发薪日降至零，可能会被认为是不稳定的混合体。它们大多都是瞬时代币，有的可能在大交换中存续得略长些的瞬间。然而，有些未开销的余额可能有着不同的经济目的。它可能是为了积攒几个月或者数年后支付一项大额采购，譬如，一次度假或者一辆汽车，在这种情况下，它是在特别长的瞬间里被捕获的代币货币。或者，它可以被保留随时备用于意外需要或者愿望，在这种情况下，这笔资金就不再是暂停使用的代币货币，而是实际上的储蓄货币。还有一些价格包含了储蓄货币和代币货币，最显著的是房产、实物大宗商品以及其他在某种程度上被认为是货币物的消费品成本。

这些模糊性并不奇怪。正如我在第一章中所阐述的，货币是一种粗糙的工具。这种不精确性不仅限于价值，而且还延伸到与不同类型货币之间的关系中。

长期以来人们认为，几乎任何从三联体中间部分流向左侧部分的货币都是良性的。把东西存起来以备不时之需，为退休而积蓄，以及节俭度日通常被视为明显是对待金钱的好方法。无论节俭的心理还是伦理的属性如何，作为一种实际经济主张，这都是无稽之谈。储蓄货币从三联体中间部分流进或流出，不会对劳动与消费的实际经济产生任何影响。在最糟糕的情况下，它们可能在中央货币比率上带来些麻烦。然而，当储蓄货币被理解为一种社会标志时，道德判断有可能是合理的。这种愿意接受某次少于全部份额分配的消费品与服务可能是一种自我克制的表现，这在大多数精神传统中被视为是一种美德。还有一种跨期交换正义，即在某一时刻消费少于当前代币货币流量所允许的数量，而在另一时刻则多于当前的代币货币流量所允许的数量。

赞成储蓄的传统民间判断值得尊重，但是节俭本身无需赞扬。即使撇开节俭悖论所引发的实际困难，储蓄应该受到褒贬不一的道德评判。对支出作良性的自我控制是好的，但在另一种民间道德传统中，至少与赞同节俭的叙述一样合理，不友善的吝啬被认为是不可取的。在象征货币的语境中，一种过度渴望把货币保存在三联体的左侧部分，表明这是一种永远不可取的贪婪（我将在第五章中对此进一步阐述），或者是对社区的善意的某种怀疑，即一种通常表达或者鼓励对邻居与政府的不公正敌意的心理状态。

在本节重新思考储蓄货币对于理解与评估金融具有重要意义。如果货币实际上是一种价值储存手段，那么跨期财务安排的权利主张（这些将在第三章中阐述）将基本上就隐含于货币的本质之中。我已经解释了为什么存储的实际上并非在大交换中使用的代币货币的价值，而是一种社会学的"信用"或者权利主张。出于相同原因，随着时间的推移对货币的财务权利主张本质上是社会性并非经济性的。作为与大交换相距甚远的社会建构，它们必须符合与任何其他社会安排一样的有效性以及正义标准。

10. 货币不是跨期信贷

在本节中，我将阐述货币可以贮存价值这一主张的最极端形式。正如我已经辩论过的，这种在货币易手时所交换的权利主张并不是最终的劳动与消费，而是可以被描述为一揽子未来跨期的义务价值，或者是一种对某些未来经济性物品集合的权利主张。支持这种对货币理解的经济学家通常用"货币是信贷"总结这种理解。

跨期货币的承诺无疑是存在的。事实上，财务安排正是双向的跨期货币性承诺——一个贷款人或者投资者向一位借款人或者投资对象在某一时刻提供被称为货币的东西，而借款人或者投资对象向贷款人或者投资者分不同的时间段偿还某种形式的货币。如此的金融安排是本书其余大部分内容所要涉及的主题。这里的问题是，货币本身是否基本上或者本质上是这些跨期安排之一。当在我第三章阐述融资时，我只是假设代币货币实际上就其性质或者本质而言是一种即时代币。根据那个假设，信贷关系，即承诺将来提供经济价值必然与货币有着本质上的区别。在本节中，我会讨论一种常见的反向假设，即货币实际上就其性质或者本质而言是一种跨期信贷的形式，即使它有时似乎是一种当期代币。这种讨论是值得的，因为反向假设并没有明显错误。我对货币和融资的定义很可能有瑕疵或者不充分。

无论比较广泛地认为货币是一种价值储存手段或者基于某些大宗商品的观点，还是比较狭隘地认为货币是由以物易货发展而来的，以及货币始终完全是由国家创造的观点，货币是一种信贷形式的观点具有悠久的历史。作为一种补充并最终替代含金硬币而被创造的大部分货币确实是信贷货币。当有形硬币不够支付某物时，卖方通常愿意接受一种书面承诺，于稍后的某个时间提供被认为是真实货币的硬币。卖方给予跨期信贷：以当前商品换取日后的货币。

最初，这些承诺书通常具有同期放贷人和借款人所熟悉的条款，含有这样的字样"甲承诺于 Y 日向乙提供 X 数量的金币"。与如今的贷款一样，假设甲现在还有金币的话，这个 X 金额数通常将会超过乙所愿意接受的金额。我将在第三章中重点关注被称为利息支付的超额部分的话题。先暂且将此搁置一边，当乙可以将由甲向乙的承诺，使用它作为向丙作出一种承诺书的基础时，该承诺看来像货币了："乙方承诺于 Z 日向丙方支付于 Y 日从甲方收到的 X 数量的黄金"。如此具体的"背书"是较复杂，但是在现代贸易以及工业经济的早期却因实用而相当普遍。然而，这些承诺书很快就变得不那么复杂了，完全非个人化，而是更加有助于支付："甲承诺在持票人选择的日期向其支付本票面 X 数量的黄金。"记录着这些承诺的"票据"或者"汇票"被视作为货币。

在第一章中我解释过这些所谓的以黄金作后盾的票据的工作原理，我把未来黄金的承诺视作只不过是一种对心理上有益的虚构。我说过这些票据的货币性仅在于纸上，而不是承诺。对于货币即信贷论的拥护者来说，这是信贷，即对未来黄金交割的权利主张，提供实际的价值。对他们而言，以黄金为后盾的货币本质上是一种黄金价值的贷款。

当政府不以黄金为后盾的情况下创造货币时，这些经济学家仍然视其为信贷。他们通常争辩政府的纸币实际上是对未来税收收入的权利主张。他们说货币使用者实际上向政府提供一种贷款，无论政府期望在未来用黄金、账目棍①、纸币还是添加银行账户余额偿

---

① 译者注：账目棍也称符木，是古代一种用来刻痕记录数字、数量或者信息的工具，通常为木制或者骨质，也有石质的，分成两半，双方当事人各保存一半为证。在 1100 年前后英格兰亨利一世引进账目棍系统，至今在英国国家档案馆大门前还树立着一对源于中世纪账目棍灵感的立体艺术钢构，意大利探险家马可·波罗（Marco Polo，1254—1324）曾提到过中国使用这种符木，《拿破仑法典》（1840）也提到使用账目棍，迄今为止发现最早的符木是于 1937 年在捷克出土的幼狼胫骨，据考证为 3 万年前的物品。

还其义务。在我看来，这种权利主张扩大了信用度。也许政府创造的货币最初具有类似贷款的特性，即使以黄金为后盾在很大程度上是假设性的。当政府创造的货币是唯一可接受的通货时，那种特性就不复存在了。

如今大多数代币货币并非由政府直接创造，而是由银行通过贷款制造。从信贷货币的角度来看，这些交易的核心事实是，倘若没有相应的未来偿还义务的情况下，银行制造的新货币就不可能形成。在这种范式中，货币仅仅是一种经济性实质安排的便捷即期承诺书的缩写，即随着时间的推移偿还贷款的承诺。这种对偿还将会发生的信任（"信任"源于拉丁语词信仰）赋予了货币其价值。

在信贷观点中，货币的基本信贷性质只是被同期政府担保全部或者许多银行账户余额价值的倾向所掩盖。该理论的许多拥护者争辩，货币的真正本质在于最初创造这些余额的债务，而不是政府在没偿还原始相应债务的情况下保护银行余额价值的承诺。其他支持者认为担保可能会潜在地改变信贷，从而将资金从私人贷款转变为政府债务。对于政府创造的货币、纸币，以及中央货币当局的会计细节的信贷等相关含义还存在着相互抵触的解释。

所有这些版本的理论都容易从表面上被质疑。尽管如今大多数货币确实是由贷款支持或者通过贷款创造的，但是完全可能通过对创造者的诚信与能力的信任来创造货币，或者由其创造货币。数个相当杰出的经济学家已经提出，大多数或者所有货币都应该由简单而明确的无本之物创造，无需涉及任何贷款因素。如果可能在无需信贷的条件下就创造货币，那么货币就可以是无本之物，即货币不**必是**信贷。如果货币不必是信贷，那么从逻辑上来说，货币只能是经验性或者偶然性的信用，而非本质上的信贷。

这种对信贷观点的质疑只是肤浅的。在社会科学中，一种规则并不因为明显违反行为而被证伪，即使当如此违规似乎比所遵循规则的例子还多的时候。在这种情况下，实际或者潜在的缺失看似基于信贷的货币，并不能否定货币本质上是信贷的说法。我会轻率地提出这一说法，因为这将表明在历史上看起来无本货币的实证并不存在，否定了我自己的观点，即货币本质上始终是一种同期法定代币。历史和现实的经验可以提供证据，但是它们无法决定货币性质存在之处。那个决定最终是概念上的。

这似乎仅是在哲学上的吹毛求疵而已。毕竟，跨期信贷和当期代币这两种被提出的货币概念是直接对立的，但是这些差异在日常交易中却很少显现。用于劳动力或者消费交易的具体货币单位将以相同方式发挥作用，无论它们实际上是简化了的信贷还是实际上的当期代币。然而，这两种视角导致了关于创造、销毁、监控以及监管货币供应的建议截然不同。对于将在第三章中论述的财务关系的性质的解释而言，这些含义甚至更加明显不同。信贷货币的信徒通常将货币视为融资的稍微非自然的延伸与简化。对他们而言，财务关系是自然而且基本上良性的。然而，在我的范式中，跨期的融资通常会给本质上当期代币货币系统带来非自然的、潜在有害的及不公正的扭曲。

在我为货币的理解辩护之前，我将总结一下这场概念上的辩论。我说货币允许我以当前有偿劳务交换某些**当前**可用的付费商品与服务。我的钱包里或者当前活期账户中的货币**本质上**是一种临时代币，它们可以在大交换的扩展中到处流动。信贷货币的信徒说，我的薪资**本质上**是一种承诺，提供我从**未来**的生产中选择一系列的商品与服务。他们认为货币本质上是一座暂时的桥梁，嫁接我过去所从事的劳务或者我所领取的政府福利到我将来会购买的消费事物。

在我看来，我的代币货币收入的价值是毋庸置疑的。它的价值正好等于它现在可以买到的物品的价值，即我当前总有偿生产的比例（$y*/Y$）。在那些信徒看来，我的信贷货币的价值将取决于变幻莫测的命运。我当前的收入（当前为 x）与未来的生产（未来为 Y）没有必然的关系。当我的信贷货币被"兑现"时，它可能买到的比在收到时所预期可换得的或多或少的物品。

这两种货币的用途也截然不同。我的代币货币主要是当前组织劳动力与消费分配的一种技术性工具；它深深地根植于社会之中。这种代币货币体系是一种社会建构，必须由一种社会合法权威来运营，并且始终服从于社会判断其是否分配正义（即对每个人的公平交易），以及其是否服务于共同利益。相比之下，他们的信贷货币基本上是一种个人主义工具，用来绑定过去的个人努力与未来的个人回报。即使当货币来回流动于被称为公司的人造法人之间时，这种个人主义依然存在。这种观点认为，基本事实是货币是通过私人合同创造的。这些合同应该增进交换正义（即双方的公平交易），但是没有责任保护或者促进共同利益。

当期和跨期的两种货币的取向方式，导致了货币在社会中扮演不同的角色。在一个代币货币的世界中，货币是一种鼓励合作的务实工具。只要代币货币与付费经济之间的关系是相当一致，货币进来后就及时花掉，它无法改变经济。在一个信贷货币的世界里情况就完全不相同。不确定性、延迟以及冲突是内在固有的，因为在所有赚钱与花钱之间不可避免的跨时间差距，造成了对当前持有货币的未来价值的希望与恐惧。这些情绪会鼓励冲突。当前货币持有者很可能对于付费经济中公正的货币价值的理解，截然不同于货币的未来接受者的理解。

使用代币货币时，在收入与支出之间没有结构性延迟。如同大交换的两侧（劳动与消费）那样，货币交换的双方均被认为同时发生的。总而言之，经济现在消耗的正是它当前所生产的物品。在信贷货币的世界观中，货币的创造恰好克服了当今的劳动与收获其最终果实之间的延迟。最初收到信贷货币方获得了，在其完全生产出与所购买的物品等价物之前的购买能力，而与此同时货币的提供方则暂时放弃了一些购买物品的能力。

在信贷货币系统中，这些提前以及延迟的支出能力表明，如果没有调整的话，支出者将倾向于获得比公正更多的购买力，而非支出者则失去这种购买力。正义需要进行补偿性调整，即债务人收到非真实收入时，所获得的信贷价值的补偿。（谨记，在代币货币方式中不存在失衡。）按照信用货币信徒的说法，缺乏与日常资金相关的补偿仅仅是一个便利性问题。正如被提及过、将在第三章中论述的，正常货币性安排仅仅是财务安排中的特殊情况。货币是一种贷款，只是一种无息并且永恒的贷款。在一个信贷货币的世界中，没有三联体的左侧部分，因为货币物实际上是在付费经济的正中央。

哪种观点正确？是代币货币还是信贷货币？显然，我已经在这场辩论中占据一席之地，但是社会科学的哲学告诉我，那两种观点都无法被证明或者驳回。"事实"无法在这些关于货币现实的深层结构的相互矛盾的主张之间作出决定，因为任何货币实践的集合始终都包括任何一种模式的明显例外，每一个偏差在用于解释所选模型的逻辑中大致有点合理的解释。逻辑演绎也不能提供一个无懈可击的结论，因为对逻辑链进行仔细分析，旨在证明一种或者另一种相反的货币观的真理，始终将显示其结论隐藏在假设中的某个地方。最后，任何出色的实验都不能完全地否定任何一方的主张，因为不受欢迎的结果总是可以被解释掉的。

正如我在第一章中阐述过的那样，在社会科学中真正扼杀旧范式并且孕育新范式的是更加模糊的东西，是一种无定形的、逐渐聚集的看似合理并且最终令人信服的新概念、事实、论点以及历史实验的集合。本著作的目的之一是阐述这种仍然相当新颖的货币范式，即基于大交换与无本之物的代币货币单位的模型。我宣传的一部分是针对合法反对派的，在这种情况下是指信贷货币范式。以下是反对该信贷货币范式的三项概念性论点。

第一项论点隐含在我之前对经济的描述中，经济是一种持续的、亲密的以及社会上包罗万象的礼物大交换，人类贡献劳动以换取接受这种劳动的果实。如果货币像看上去是似是而非的那样，是一种既受经济影响又被用于帮助指导经济的工具，那么货币必须尽可能地接近经济，而经济就是这种**持续不断**的交换。代币货币非常接近经济。它直接将劳动与消费联系在一起；比较间接地通过税收、福利以及其他支出将个人活动与整个社区的共同经济生活联系到一起。相比之下，信贷货币与大交换仅仅有着一种间接的关系，其对于在劳动与消费之间的延迟性的关注，忽略了经济周期两侧的连续性以及综合性关系。

第二项论点是，信贷货币的方法是建立在经济活动周期中必要的延误性的基础上。由于信贷货币的核心是预先支付漫长而且大部分是物理生产过程，因此它自然地与矿山、机器和工厂的漫长寿命以及从原材料到成品的较短旅程联系在一起。从这个角度来看，实际上人们当前的劳动与消费持续不断地来来往往成为次要因素。相比之下，代币货币是一种粗略的定量代币，最初主要附属于人类的基本劳动与消费活动。它表达了一种以人为本地理解它们的实际关系。应用代币货币，建设持久的实物资产所涉及的劳动——挖掘矿山、建设厂房和积累库存——并没有什么特殊的。这种劳动在概念上与当前实际生产的劳动、个人服务乃至生存的劳动没有什么区别。在我看来，这种代币货币的视野比信贷货币的替代方法更现实。这当然更加人性化，因为它将人类活动视为核心，而把创造与积累物质看作次要因素。

的确，代币货币几乎自动地弥补了在漫长的生产链中的延误，而这种延误在信贷货币范式中解释了信贷的中心性。使用代币货币，很自然的是那些尽管处于生产链开端的工人，一旦他们付出了劳动中的贡献就可以边工作边消费。他们只是在当前消费品与服务的总产量占有一部分份额。他们的劳动力的直接成果对于经济消费端的最终预期贡献，可能与当前应该分配给他们多少的决定有关，但是这种在劳动力与收获其成果之间的延误基本上是无关紧要的。

第三项论点是，代币货币具有社会统一性，而信贷货币是个性的和割裂的。货币代币本质上是一个公共事业。中央货币当局始终是整个货币使用者群体的产物。它始终应该在公共利益的基础上控制货币供应量。相比之下，信贷货币总是为促进具体借贷人与放贷人的个人商品而创建的。一些放贷人可能出于一些更加公共的目的，但是对于技术上运行良好的信贷货币系统来说，崇高的动机肯定不是必要的条件。无论如何，信贷货币本质上是不完全社会化的。就其纯粹形式而言，如果没有政府银行的支持，它甚至可能是反社会的。问题在于当银行倒闭时，信贷货币可能被摧毁。这种损失对无辜的储蓄者施加了不公正的惩罚。他们为放贷人的过失或者其他经济上的失败而承受痛苦。进一步从历史上看，信贷经常加剧扩大社会贫富分化，因为许多贷款会导致我将在第三章中所描述的从穷人向富人的货币转移。货币是一种信贷形式的观念似乎使不公正的权力关系神圣化。

正如刚提及的，两种货币的理解直接提供截然相反的融资解释，即融资是随时间发生的货币交换的安排。如果信贷观点是正确的话，则金融系统是一种任何货币经济的自然组成部分。这与本著作所阐述的代币货币方法截然不同。在下一章中我将解释那种方法的含义——财务安排从来都不是自然的，通常是低效的，而且常常是不公正的。

我的三项论点是否具有说服力？我当然是这么认为的，但是我数十年来一直以这种方式思考着货币。受到诱惑但是又持怀疑态度的读者自然会想尝试这两种方法。融资提供了最好的测试案例。在第三章中，我会呈现何时将代币货币视为即期融资。如果该描述似乎是合理或者贴切的，那么读者也许会更深刻地质疑货币的信贷观。

　　　　　　　　　　货币、金融、现实与道德

金融导论　第三章 03

虽然已经提到了本书的主要议题——金融，现在是更正式介绍的时候了。正如我对货币的阐述那样，我将从其文化序言开始，提及但是不试图分析，伴随这些跨期货币承诺而来的，一些深刻而且常常不一致的心理、社会学以及伦理内涵。本章的几乎所有其余部分都是试图将融资置于其经济地位。正如货币可以解决各种经济问题那样，融资也是解决一种货币问题的一个方法。我会在第二节中解释这个观点。在第三节中，我会展示融资也是一种前现代时期的社会经济关系在现代的体现。接下来有五节，将融资及其组成部分置于现实的社会与道德框架中，最后用两节来澄清一些常见的混淆问题。

　　在进入主题之前，对最终目的地有一个比较清晰的了解可能会有所帮助。本章以及接下来的两章的重点是将金融放置到适当的位置——在经济中、在社会间，以及在个人心理上。这种意图是相关的，因为金融目前处于某些不恰当的位置。事实上，尽管代币货币经常被误解，有时甚至被滥用，正如我希望在前两章中已经清晰地阐明的那样，但是金融的滥用以及扭曲更加盛行。正如我将在本章以及接下来的两章中解释的那样，根本问题是概念性的。金融之所以经常被错误地应用，因为它几乎总是被严重地误解。在最好的情况下，我认为金融可以是，有时实际上就是，一种非常有用且潜在公正的社会工具。在最坏的情况下，它又是一种社会不公平、经济无效率、国际不和谐以及个人道德堕落的帮凶。在当代经济中，它的消极作用往往占据主导地位。太繁杂的融资形式以及不可胜数的财务安排，对于参与者来说都是不公平的，对经济无益的，甚至对社会结构是有害的。

1. 金融作为一种象征符号

读者暂时怀疑的任何关于金融的先前存在或潜在的观念，都有可能或多或少地与在本节中所罗列出来的观念密切相关。与在第二章第一节中关于货币的观念一样，这里提供的概念构成了一个"厚重描述"的轮廓。每一种观念既不是完全正确也不是彻底错误。更确切地说，它们都有正确方面也有错误方面，既相互支持又互相矛盾，既浅显又深奥。货币与金融的这两个概念体系当然是相关的，因为金融是由货币达成的。然而，这两者又不尽相同。货币的文化内涵曾经是现在依然是，比金融的文化内涵要厚重得多。数字上的差异就能表明——24 种有关货币的观念，而只有 10 种有关金融的观念。这个差距不应该令人惊讶。货币的观念古老且普遍；它以某种形式存在至今已逾千年，而且目前已在所有相当复杂的社会中根深蒂固。金融虽然也略有点古老，但是它在经济与社会组织的主轴线上的时间不过两个世纪。

金融近些年来在文化上已经变得尤其是重要。至少在某些政治场合中，"金融化"一词已经成为经济组织的一个特定愿景的代名词。该词基本用于批评，但是有时也用于赞扬。我会在本章的第七节中进行阐述。

同样，与平行讨论货币的文化内涵一样，以下对融资内涵的描述也太粗浅，仅充当抛砖引玉而已。我遗憾缺乏足够的空间与所需的专业知识提供更深刻的剖析。然而，如此的思考与本书的主题相去甚远，本书的关键不在于人们如何思考融资，而在于融资如何在实际经济中起作用，以及它在某种程度上在社会中发挥作用。然而，我将列举的概念与实际操作相关，因为当人们考虑是否使用融资手段解决一项经济问题时，或者建立一个社会关系以及使用怎样的财务安排时，这些概念不可避免地在人们的思维中涌动。如果不考虑允许来自更具象征性，也许更具心理共鸣的宇宙的介入，就不可能充分理解融资是如何运作以及应该如何运作的。读者也不可能永久地丢弃，并且不应该完全忽视这些观念。尽管融资的现实世界基本上是，按照我在书中自大交换以来（除本节外），所有描述的方式建立起来的，现实世界还表达了一些来自原始意象、神话和概念的厚重而有意义的宇宙的向下预测。

金融是：

1. 越来越多的融资。"复利通常被称为世界第八大奇迹，因为它似乎拥有神奇的力量，就像能将 1 美分变成 500 万美元。"一家主流投资者网站如是说，描述了任何财务安排中所固有的价值呈指数级地增长。如果贮存的货币每年可以增长 10％的话，那么最初的一分钱仅需 211 年就能涨到 500 万元。马克思将这种复合的信念描述为："相信货币具有创造价值与产生利息的属性，就像梨树具有结出梨子的属性一样。"共产主义的创始人将这种所谓的货币金融属性，理解为不彻底的唯物主义社会观察家，可能称为资本主义神话想象的核心部分。这种认为货币既无需其持有人的努力，又不可能损失的情况下可以倍增的梦想，将米达斯的故事无论是积极地还是消极地推向了另一个维度。复利是将适度的货币审慎转化为无限财富的神奇力量。复利还是保持与扩大资产阶级或者经济精英，对劳动大众的权力的神奇力量。

财务复利还具有另一种神奇力量。它推翻了热力学第二定律。在其他一切事物中，无序是不可避免的。情感、记忆以及体力，且不谈建筑与机器——所有这些都会随着时间的推移自然而然地减弱。通过复利，货币总是永远不断地增加、扩大并且加强。复利货币正在自动朝着无尽的远方之旅，尤其是走向在第一章所提及过的货币不良的无垠。（复利的较为适度的经济现实将在本章末尾阐述。）

2. 不劳而获的财富之诱惑。在三联体的中间部分，繁荣总是需要稳定的人类劳动，并且几乎总是涉及对现实世界的艰苦而且充满活力的改造。如果劳动者停止努力或者世界资源的相关部分被耗尽，繁荣必定会丧失。金融向每个人和任何人承诺更有吸引力的东西，即不费吹灰之力而且永不停息的收益。房东、债券持有者或者财务投资人期望，只需一次将其资金的种子撒入友好而肥沃的金融大地，就可收获劳动的果实；无需耕耘、施肥或者收割。更有甚者是，这种财务性丰收的受益者很少感到他们永久的、不劳而获对任何社会或者个人有什么不公正。相反，他们通常视这些为自然法则；复利是世界运转的方式。货币不仅能像磁铁具有磁性那样肯定保持其价值；而且它以磁铁吸引铁屑那样的物理确定性积累更多的货币。

在受人尊敬的社会中，年轻人受鼓励追求这些合法而美妙的财务收益，而尽可能多地获取这些财务收益的劳动，即构成了投资阶层体面的业余爱好，也构成了任何国家精英成员受人尊敬的职业。金融业务的薪酬所体现的社会判断是显而易见的——白手起家发财是甜蜜的，将小额财富变成大笔财富是更甜蜜的，让非常富有变得更加富裕是最甜蜜的。

3. **债务的内疚感。**在德语中，同一个词语 Schuld 既有尚未偿还的道德上的义务，又有尚未偿还的资金上的义务。在希腊语的主祷文①中，基督徒请求上帝宽恕他们的债务。尽管耶稣可能在使用该词时，犹如触犯神圣法律的象征（正如传统英语译文中所表达的），或者犹如负罪感的象征（正如类似的圣经文本所表达的），但是财务义务的道德内涵是显而易见的。即使在非自动表达这种联系的文化与语言中，欠钱的耻辱感是很常见的。长期以来，靠借钱弥补入不敷出的家庭以及政府都被认为是不负责的。公共态度近来有

---

① 译者注：基督教最常用的一篇经文，根据《圣经·福音书》记载，说是耶稣教导门徒祷告时所口授的祈祷词。

所缓和——这是社会金融化的一种关键迹象——但是人们仍然普遍认为最好不要陷入债务。事实上，选择借贷，或者甚至被迫借贷，仍然通常被认为是一种经济特征薄弱的标志，债务人对其债权人的不良依赖会自动受到惩罚。在大众的想象中，如果债务契约被违反，这种弱点就会变成恶习。为了使由债务负罪义务所造成的道德上的失衡得以恢复，唯一办法是支付所有约定的付款。

4. **债务的奴役。** 在《圣经》的某些部分和许多前现代的社会中，人们认为只能同意给前债权人做某种形式的奴役，才可解除无法偿还的债务。时代已经发生变化了；债务违约不再剥夺一个人的所有社会自由。然而，巨额债务，无论还清或者未还清，仍然造成某种金融性奴役。债权人有效地控制着债务深重的债务人可以在哪里生活与工作，而利息余款的担忧和资金流失导致了一种拉近主人与奴隶的关系，即使金主更有可能是一个根据法警命令行使权利的匿名机构，而不是一个派遣挥舞鞭子的工头的奴隶主。这种在人身对待上的软化不能抹去其道德上的污点。债务奴役的持久性有一些令人厌恶的不公正。某些古老的资金借据所施加的枷锁，可以在原始借贷所产生的回报已耗尽几年，甚至几十年之后依然存在，这似乎很残酷。然而，在金融的所谓原则的逻辑中，没有任何情况足以值得解除金融债务的枷锁。与传统的动产奴隶制一样，在债务奴役中财产与金融的不变法则，比起任何关爱的戒律或者对世界实际状况的任何调整，都更强大以及更绝对。

5. **高利贷的罪恶。** 用社会关系的一种象征性语言来说，财务安排不公正地偏袒于资金提供者而非接受者，至少迄今为止没有相左的证明。资金接受者最终会变得更贫困，因为必须偿还的金额比所收到的多，而且可以肯定地说，提供方最终会变得更加富裕。这种资金由需求者向那些已经拥有而被称为"高利贷"者进行转移（这至少是一个备受争议的术语的合理概念性总结）。有了这种认识，金融关系必然是高利贷的，并且总是充满着不公正、贪婪以及残忍的铜臭味。显然，当放贷人嗅到这种高利贷时，他们的嗅觉能力立刻灵敏起来，就像马上欣赏到他们获利的花香。道德教师并没有那么心烦意乱过。在大部分的历史长河中，凡是有融资，他们坚决地谴责高利贷。他们经常对高利贷的邪恶何时真实存在意见不一致，但是他们通常在从放款获利的观点上，尤其是在放款给穷人获利的观点上是一致的。尽管知识分子和道德家接受某些利息支付为合法做法，但是他们以及较为朴实的公众时常将资金放贷与资金放贷人视为不纯洁，好像触碰融资的货币收益就像触摸尸体一样恶心。

对于强烈拒绝所阐述的理由可以多种多样。在亚里斯多德的传统中，货币是一种无果计数之物，即不可能结出果实，因此期望它在无任何明显努力的情况下加倍增长是具有欺骗性的。在社会主义的社会学中，高利贷是富人与权势者对弱者和穷人的虐待。在平等主义的经济思想中，高利贷等同于对提供资金这相对次要的经济服务予以不公正的慷慨回报，当有其他替代方式向货币提供者予以较低或者无报酬时，这种不公正就会被放大。在文学作品与大众的想象中，高利贷者是小气残忍的化身——逼迫绝望者接受苛刻条款、面对灾难时表现出冷酷无情与吝啬性情。

6. 信贷的社区。 用社会关系的另一种象征性语言来说，金融会加强社区并帮助他们促进共同利益。所有成员都在力所能及的情况下为财务投资贡献资金。这些投资除了对社区中的每个人都有帮助外，还为所有投资者产生稳定的货币收益。通过融资，一切物品都是共享的。许多银行贷款的收益以及任何损失都在很多储蓄者中分摊共享。对于个人而言，自愿承诺和商定的贷款条款创造了一个自由、机会与正义的世界。放贷人可以自由决定支持哪些人或者企业，借贷人可以自由选择利用新获得的资金，购买有用的或者令人愉悦的物品，而且这种双方的协议确保了维护交换正义。所有这些

　　　　　　　　　　货币、金融、现实与道德

都是建立在信任的基础之上——即信任财务安排的另一方的善意、经济发展的益处，以及如果其他类型的信任被证明错误时，法律体系颁布恢复正义的能力。信用的词源——源自拉丁语的"相信"——很恰当。

融资还为几代人架起了桥梁。年轻人首先向中年人借款建筑房屋或者购买房产，或者创办企业。随着新一代人的年龄增长，他们所支付的利息支持老一代人的退休生活，直至最终借款人成为放贷人，支持下一代人同时也得到他们的反馈支持。所有人都生活在健康的相互依赖中。这种共同承诺以及公平分配牺牲的权利主张可能听起来过于理想化，但是它们都足够吸引人，也许足够真实，足以鼓励 20 世纪初叶的大多数工业化国家，创建并且维持着许多成功的社区与用户控制的银行。随后的趋势削弱了这种象征性共同意义的感染力，但是金融的维护者以及潜在的道德投资者仍然认为，如果金融组织得当的话，它要么自觉地支持公共利益，要么被引导着这么做。

7. 金融财富的安全性。 金融不仅承诺无法估量的财富，而且还能承诺已估量的财富。宁静的退休者安享她养老金的生活、自由自在的继承人以他的信托基金为生、受尊敬的寡妇靠她亡夫投资组合的收入节衣缩食勉强度日（小心谨慎地储蓄本金以便传承给子女）、手工业者省吃俭用买下几套公寓，如今可以通过租金收入享受着较舒适的退休生活——这些都是谨慎的中产阶级体面的财政资助模式。在这类融资中，小数字很重要——"收益率从 2％ 上升到 2.1％——今年就可以带孙儿女们去玩迪斯尼世界"——以及伴随着财务思维的狭隘性已经成为一种文化刻板印象，既被抨击为小气，又被赞扬为谨慎。一个人凭借自己的收入看似自力更生，产生了 19 世纪放利为生者的自我满足的信心。这种类型具有足够的社会意义，不仅激发了散文学家以及小说家的嘲讽描绘，而且还促使了政府系统的发展，即模仿放利为生者的财务安全性，提供税收资助的收入创造系统。

8. **宽恕（债务）的平安。** 债务意味着要偿还，但也意味着被宽恕。勾销重大罪债是基督教创立救赎财务形象，完善了在《旧约圣经》[①] 中可能的象征性债务赦免的禧年安排。革命政府通常免除许多债务、解除许多私人财务义务以及废除许多私人租赁合约。在现代商务中，银行时常会免除或者注销债务，尽管它们不会公布这些商务决策。社会正义活动家经常会争取更愉快地摆脱债务，复兴旧约的年度债务赦免，但是如今，即使慈善机构也更有可能依靠投资收入来做好善事，而不会为了免除他人的债务便放弃这些收入款项。金融这一社会象征的衰落——因为提供了宽恕的潜力——可能在文化上具有重要意义，尤其是由于它与金融化的增长同时发生，这可以说是增加了宽恕的需要与美德。

9. **邪恶的金融领主：** 住在豪华宅邸里的邪恶金融家是一批操纵国王与民选领导人的傀儡大师。银行家没有爱国主义，因为他们及其资金在不知不觉中跨越了边境。他们只追求自己的利益，侍奉自己心中的玛门神。许多这些纵容宇宙的主宰本质上是某些国际性和明显邪恶阴谋组织的成员。他们经常与小额放贷人合作，这些人冷酷无情地迫使邻居陷入赤贫，并且为了蝇头小利不惜压榨穷人。他们的残忍行为只是大型金融机构不人道的一个小翻版，仅仅为了多赚取额外的几块美金，也会出卖一个民族充当奴隶或者出售武器给敌人。这种金融傀儡的操纵弦并不总是显而易见的。公司似乎按照它们自己经理和董事会的决定行事；然而，即使是他们中看似最有权威的人，如果没有金融大师的批准他们也寸步难行。金融家可能冒充相关公民；他们甚至可能支持慈善事业，但是那些捐赠礼物仅是一种伎俩，旨在分散人们对他们贪婪与权力的视线。

---

① 译者注：基督教经典，包括《旧约全书》和《新约全书》。

诸如此类，邪恶金融的神话已经推动了基督教反对犹太主义、社会主义反对资本主义以及民粹主义反对银行主义。令人厌恶的夏洛克①与他的一磅肉造就了罗斯柴尔德家族②，接着是如今的高盛以及摩根士坦利。对于阴谋论思想家来说，在达沃斯世界经济论坛上政治、企业、文化以及金融精英的聚会，确凿地证明了金融是隐形的统治阶级。正如复利的魔法一样，真相远非故事那么耸人听闻。我将在本章后期呈现一个更为现实的故事。

10. 货币经济的准精神本质。 在狭隘的学院派经济学家的思维中，金融扮演着一种他们认为现实且经济的角色，但是在外部观察者看来，这种角色更像是虚构的和象征性的。经济学家分析的核心将在本章第九节中被呈现并且被否定（我是那些外部观察者之一）。

基本上，在这个故事中，金融是当代经济的神经系统，其管理是经济管理的一项或者关键的技术专家的任务。在面临对现实的一种神秘或者数字化的理解时，一个单一的数字——利率——被认为是控制整个经济机制的总开关。当指定被称为中央银行行长的最高祭司，来确定这个总开关的设置时，这种方法便从神秘转变为近乎宗教般的理解。像其他祭司权威那样，他们声称拥有类似神圣权威的东西，尽管他们的神谕并非来自梦中或者飞翔的鸟，而是从一些数据和精心设计，且几乎完全虚构"模型"的神秘轮廓曲线中找到预测。像更传统的神职同行一样，中央银行行长怨恨并抵制一切政治干预，通常声称他们的神明，即金融体系，只会因选民及其代表的糟糕关切与片面视野而受到伤害。

正如我在本节开头之初时所说的，融资的更深层含义是相互矛

---

① 译者注：夏洛克（Shylock）是莎士比亚戏剧《威尼斯商人》中一个虚构的无情威尼斯犹太放债人。
② 译者注：罗斯柴尔德家族（the Rothschilds）是欧洲银行业王朝中最著名的一家，该家族始于18世纪末的德国法兰克福，此外还在伦敦、巴黎、维也纳和那不勒斯建立银行业务促进了国际金融交易，成为19世纪欧洲金融的主要参与者，其影响力在20世纪逐渐减弱，对欧洲的经济和政治历史产生过巨大影响。

盾的，但是显然倾向于负面作用。在大众文化的想象中，那些搞放贷的残忍守财奴、苦苦挣扎中的借款人，以及偿还借款的不公正，远远超过了融资在社区建设合作与个人保护方面的正面作用。文化想象力当然没有吸收经济学家的准宗教意识；也许假如吸收了的话，整体判断可能就会有所改变，虽然我对此持怀疑态度。负面印象当然可能是不应得的、不平衡的、过时的或者不全面的。至少，这种丑陋的形象提出了一个严肃的问题——是什么使融资在文化传说中如此腐败？我希望本章的其余部分会提供一个答案。它应该变得清晰，不像货币，即一种伦理上中立的社会制度，可以在很大程度上实现其纯粹的极高效率的经济目标，而财务安排通常不是实现其可以服务的，一个经济目标的最佳社会制度。更糟糕的是，如果没有坚强的道德框架的情况下，如同在前面所列举的社会意义表明的那样，金融体系将容易从共同利益滑向不公正甚至成为压榨的手段。

2. 经济性融资

什么才是融资？也许有点令人惊讶，这个疑问不容易回答。一个问题是这个词汇可以用来表述几种不同的东西，我将在后面阐述。然而，这个难题仍然存在，即便将融资的范围缩小到我称之为在纯融资的范畴之内：一种达成的、跨期的、双向的货币性流动。在一些术语的解释之后，这个定义就足够清晰了，但它还是没有捕捉到在任何本体论①意义上的纯融资的本质。这种有限的货币性安排

---

① 译者注：本体论是哲学的一个分支，研究世界本原或者本性问题的理论，源于古希腊哲学家探索组成万物的最基本元素，18 世纪由德国哲学家克里斯蒂安·沃尔夫（Christian Wolff, 1679—1754）系统化地提出本体论，作为"哲学的理论科学"，即把演绎推理方法和形式逻辑的矛盾作为普遍的哲学方法，用定义、公理、定理 （转下页）

　　　　　　　　　　　　货币、金融、现实与道德

的定义是什么，它对应于货币作为用于组织本质上非数量性经济活动的数量工具的定义。

我对这本体论的问题的答复可能令人困惑。纯融资有两个明显的、虽然有时会重叠的基本功能。它具有经济目的，即成为对于我所称之为目前资金短缺问题的解决方案；它还具有社会学目的，即将代币货币从相对贫困的人转移到相对富裕的人。我会在本节阐述经济功能，以及在下一节论述社会学功能。

我在第二章中介绍过经济性融资的背景知识，在那里我提及过在三联体中间部分会出现货币失衡现象。尽管简单的货币流通系统在支付劳动、消费以及税金转移方面非常有效，但是有时人们与机构发现自己没有足够的代币货币支付那些合理的、有益的、必要的或者仅仅是期望的劳动、消费或者税金转移支付。他们面临目前资金短缺问题。这里的"目前"至关重要。融资是解决这个问题的一种可能的方案，它依赖于对稍后会有钱的预期。

按照整体经济规模来看，目前资金短缺问题相当罕见。总的说来，货币流通的组成部分与大交换的组成部分是非常协调并作相应校准。然而，由于种种原因，既有广泛的社会方面又有狭隘的经济方面的因素，这种和谐有时也被打破。

最常见的目前资金短缺问题会发生在家庭内部。父母一方工作赚钱，另一方则在家照料孩子，小孩努力成长。通常情况下，"居家"的家长与小孩都不会从薪资经济中获得任何货币来换取他们的辛劳。在现代经济中，三联体中间部分是如此之大，这种无薪酬的影响可能是恐惧的。如果不能解决目前资金短缺问题，照料者和孩子都无法成长，或许甚至无法生存。最传统的解决方案是共享，或

（接上页）的形式把哲学范畴组织成一个抽象思辨体系，在哲学知识体系中居于最高地位。本体论讨论关于存在哪些实体、如何对它们分类以及它们之间的关系等基本问题。简言之，本体论试图理解存在或者现实的结构，以及不同元素如何相互关联和相互作用。

者被我称之为分担。当家庭没有薪资收入的成员共享有薪酬成员的薪资时，有薪酬者与无薪酬者结合成了一个消费团队。更现代的解决方案是，政府支付代币货币福利，或者向家庭收取少许的代币货币作为税收，以确保这些无薪酬成员获得，由社会决定的他们在一个政体总消费中适当的份额。这与融资即将讨论有关的是，民间性分享与分担以及政府性福利与税收，这些方法都是同时发生的。照料者和孩子的消费所需的资金是从自其他人的当前薪资中提取的，无论作为家庭内自愿性社群努力的一部分，还是作为由政府获得授权从国家更广大社区征收和提取的税收的一部分。

免费学校是另一个目前资金短缺问题的例子。学校缺乏收入，但是教师必须得到代币货币的薪酬。政府通过提高税收能力解决学校的目前资金短缺问题，有效地迫使整个社区贡献其当前全部劳动果实中的一部分，给予教育社区青年公共利益。无偿教育还有助于解决刚才讨论过的个别家庭的目前资金短缺问题——孩子不必直接支付自己的学费。

传统上与融资密切相关的一类目前资金短缺问题，发生在现代经济体漫长的生产链中。建造工厂、种植树木以及设计新产品等的劳动通常不能产生当前可销售的成果。事实上，可能需要数年才能将这些劳动转化成有偿经济中的消费品与服务。即使时间间隔非常短暂，譬如成品面料制成有偿的服装需要数月，那些从事缝纫、运输和销售衣服的劳动者可能，在等待购买者支付其劳动最终成果过程中饿死。融资，就是向这些劳动者提供货币贷款，或者更常见的是，向他们的雇主提供目前资金短缺问题的一种解决方案。

我在第二章第七节中所提及过的拖拉机问题，是另一个传统的例子，即当人们想要、需要，或者对社会与其经济有利时却无法获得资金。如果能找到某些技术手段在农民歉收年份为他们支付拖拉机，这对大家都有帮助。经济学家将为这种经济上明智的购买提供代币货币的技术手段描述为"跨期润滑器"。贷款是一种润滑技术，如同政府拨款以及社会性干旱保险等。

在某些目前资金短缺问题的初步例子中，融资已经似乎作为一种可能的解决方案。可以想象它能在所有这些问题上应用。银行可以向正在成长中的儿童及其照顾者提供贷款，采用延迟到下一代成为有偿劳动力时再偿还的方法。一小部分大学生当前通过贷款解决其目前资金短缺的问题，但是也可能想象，全部支付给教师**所有的**货币，都可能来自提供给当前正在上学的未来赚钱者的贷款。正如与假定的家庭照顾贷款那样，小学贷款可能在多年以后才能被偿还。相反，这些例子表明，跨期双向融资契约不是目前资金短缺问题的唯一解决方案。我会将这些可能的解决方案分解成六大类。

分担

一个目前不生产任何可售物的人，被分配到一些由其他人、团体或者机构收到的资金。将拥有资金的个人或者组织与短缺资金的劳动者联系在一起的分担，可以是在心理上的、广义上组织性或者狭义上法律性的纽带。在现代经济中，这些货币性分担的期限程度，从亲密而无确定期限到契约性确定期限不等。

我已经提及过最亲密的分担形式，即连接各位家庭成员。随着经济与社会的演变，这种传统上的分担应用已经逐渐减少了。但是，有薪酬的劳动者与无酬金的家庭成员分享其薪资的实践远未销声匿迹。许多时薪阶层期望用其一部分的货币收入支持年幼的与年迈的"依靠者"，他们有时还相距遥远的两地。在社会上，家庭分享金钱有时会导致不和，但是更常见的是它作为一种加强团结的象征。对于具有多种收入的家庭来说，金钱团结的渴望通常是足够强烈的，把所有成员的薪资合并入一个单一的共同资金池。

现代分担的最松散的形式建立在商业组织中。从事某些经济活动的公司与其他组织，将销售商品与服务的雇员所收到的大部分金钱，分配给所有雇员，包括直接负责生产的，以及与付费商品和服务间接甚至几乎无直接关系的人员。只要顾客愿意，或者可能被迫为不可销售的劳动力付费，公司的薪资系统会包括一些与当前收入的贡献不清晰甚至无关的人员。这些得到酬金分担的劳动者可以是研究人员、新工厂的建设者、社区联络官、诗人、占卜者等。对于所有这些人，公司收入来源的分担解决了目前资金短缺问题，因为他们的薪资将作为"经营成本"计入所售产品的价格之中。

要了解金融，得注意一个重点，公司通常会将分担扩展到，去支付那些预期在未来某时会产生收入的劳务。当客户买鞋子、电话、计算机等产品时，价格通常是足够高地支付设计新的产品线、发明及其应用新的科技以及建设新的工厂等成本。换而言之，关注未来生产的劳动者被分担给了那些负责当前产出的劳动者。在成熟的公司中，这种将客户付款分担到面向未来的劳动力，是迄今为止支付大型新项目所需的代币货币最常见来源。会计将这种实践描述为"用运营现金流支付"投资费用。

不幸的是，大多数经济学家似乎误解了这种实践的本质。他们利用一种隐性"股权成本"的奇特组合，将公司收入中面向未来的部分分析为一种隐性融资类型。这种错综复杂的处理对于支持他们对公司的纯粹财务观点是必要的，但是如果融资被考虑只是解决目前资金短缺问题的几个方案之一，那么这就是多余的而且也是荒谬的。将当前销售收入分担到需要长期才会产生成果的费用中，不是一种纯粹的融资方式。相反，这种分担是一种独特而且往往优于任何财务安排的替代手段。

捐赠

如果一个人没有金钱，那么其他人可以自愿地提供一些给他。捐赠可以以金钱的形式作为礼物给予原本未作分担的家庭成员与朋友，或者为做善事给予货币性的贡献。在社区群内，尤其是紧密联系的社群，捐赠通常是用于支持被认为有特殊需要的家庭或者个人，以及为参与公共用途项目和建筑的那些劳动者提供薪资。捐赠可以通过跨越三联体的中间与右侧部分之间的边界来实现，即"非货币性实物"劳务或消费品形式的捐赠。捐献的动机通常包括慷慨、责任以及非货币性收益的期望等的某种组合。譬如，当教会的人士把金钱放进募捐盘中时，他们普遍感觉自己愿意这么做，他们应该捐献，而且牧师的祷告、言辞以及工作将给他们带来一些精神上的益处。

礼物，尤其是完全或者明显无偿的礼物，与大多数经济学家最初的人类学假设很不相符，即计算自身利益是人类决策的唯一或者主导动机。在现实中（这种条件通常与经济学家的分析相去甚远），在第二章的第二节中描述过，礼物经济隐含在大交换中，即使许多是明显精心计算过的个人决定，因此，捐赠对于某些目前资金短缺问题，不失为是一种较有吸引力的解决方案。事实上，从人类学更现实地来"凝视"，在许多明显的货币解决方案中，发现类似礼物心态处理目前资金短缺问题，尤其是发生在关系亲密的小群体中的小问题。譬如，在酒吧买酒喝或者在饭店为朋友或者业务伙伴轮流支付餐费，通常被理解为送礼行为。接受者预期在适当时候会"偿还"，尽管未必使用货币经济的形式。类似地，父母给经济拮据的成年子女转寄金钱，通常是没有或者相当开放的互惠预期的礼物。

集资

集资是对于目前资金短缺问题的一种组织性公共解决方案。在集资安排下，相当大的群体中的每个成员，稳定地向一个共同基金缴纳相对少量的代币货币。这个过程，就像集无数滴水形成一个大水池那样，确保在某些情况下有足够的资金，帮助该团体中的少数成员支付相对较大的金额。保险系统本质上也是这样的共享与分配集资安排。代币货币被称为"保险金"并且同时支付"索赔"或者"保险赔偿费"。后者是以精心定义的事件作为正当理由获取保险赔偿费，通常是事故会造成一个目前资金短缺问题。保险人帮助支付疾病、死亡、有偿劳动者的退休、病痛，以及财产或者业务损失的费用。拥有足够多样化的资金池，集资可以帮助解决类似拖拉机案例的问题，通过整合众多未受干旱影响的每个农民的一小部分的收入，转移给较少数量的遭受旱灾影响的每位农民那里。在富裕经济体的大多数社区中，集资，尤其是通过保险，比慷慨解囊帮助人们应对挫折，扮演着更加重要的角色。

保险人通常将财务安排与集资结合缠绕在一起。然而，这两个部分对于目前资金短缺的解决方案在概念上与实践上完全不同。金融，如同任何与储蓄货币有关事物一样，依赖着对经济资源跨期的权利主张。而集资代表着一种直接共享当前资源：许多人各自消费得少一点，以便让获得批准的少数人可以消费得多一些。

集资不仅局限于保险计划，该方法有时还用于解决其他影响较轻的目前资金短缺的问题。譬如，在一些社区中，一群家庭可以设立共同的婚姻或者教育基金，当不同年龄段的子女抵达这些里程碑时，该基金发放款项支付相应费用。高速公路小额通行费有时集资，并且支付大额维修或者建设道路费用。彩券以及大多数博彩安排也是采用集资模式运作，但是它们并不明显地解决目前资金短缺的问题。恰恰相反，这种带有随机受益者的集资往往会，在那些不由自主的赌徒中造成目前资金短缺的问题。

在社交方面，集资有许多益处。它们创建或者强化了社区的兴趣，它们随着时间逐渐地推移建立起共同的义务，以及它们还会支持消费公正的分配。

税收（政府性拨款）

政府通过税收征缴税金，并且以各种形式发放出去。在养老金或者福利的名义下，资金被分配给那些可能会遭遇目前资金短缺的人们：弱势群体、患病者以及老年人。当然，有时它们解决的问题被更准确地描述为，"目前缺些钱"而非目前无资金，因为许多受益者还是有些其他收入来源的。像保险金池一样，政府的养老金计划通常被描述为，把集资与财务安排的组合，作为三联体中间部分组织的一部分，这种资金流通与经济现实都得到了更好的理解。向国家系统缴付的是当前的税金，会减少纳税人的消费；而分发出去的货币是当前的福利金，会增加受益人的消费。这里可能有些假象是由过去的捐款提供资金的福利，但是在本质上瞬时的大交换中，只要当前支付为同步进与出才是重要的，并且它们总是被确定为当前政治解决方案的一部分。

除了帮助这些"目前缺些钱"的挑战，政府福利国家解决了许多两方面的无资金问题。一方面，政府利用其控制经济资源的权力，支付那些劳动者的薪资，否则他们可能因目前资金短缺而成为无偿劳动力或无工劳力，因为他们正在提供的商品与服务是社会共识认为，应该以低廉或者零成本提供给消费者。我已经提及过学校，但是政府还直接负责提供警察、法院、监狱、道路、行业监管以及相当一部分的医疗保健。另一方面，免费向用户提供的服务解决了较贫困人们潜在的目前资金短缺问题，从他们的角度来看，这些免费服务活动的大部分或者全部放在三联体的右侧部分。

此类政府资金可以被视为是一种庞大的分担融资形式，分担资助的接受者不与具体公司绑定，而是与整个政治体挂钩。然而，政府被广泛地认为本质上不同于其他组织，并非仅仅在规模上的区别，因此，最好将税务与福利的资金流动视作与分担的收入与支付的资金流动不同的类别。同样，不像分担融资，而像在第二章中阐述过的交易商品那样，如果政府依赖过度的货币创造来支付福利，将福利与税金收入分离，可能会导致中央货币比率意外地增加。

改变

有时最直接的方法处理一个目前资金短缺问题，并非找到代币货币解决它，而是要找到改变经济组织的手段来阻止其发生。这种方法的最明显例子甚至催生了一个新词语，预分配。这个新词汇被用作与福利国家的再分配相对应。譬如，与其利用高收入人群的税收收入，来支付解决某些贫困人群的当前无资金或缺些资金的问题，为什么不通过降低富人的税前收入和提高穷人的福利前薪资，来重复与简化税后解决方案？改变时薪结构，譬如提高最低时薪，还可以是一种替代捐赠和融资作为一些目前资金短缺问题的解决方案。

通过收入预分配来增加开支能力并不是，预防目前资金短缺问题的唯一改变方式。降低消费欲望可以有相似的效果。考虑一个中产阶级的家庭面临目前资金短缺的问题，没有足够的代币货币支付一次昂贵的度假旅游。在此情况下，他们也许会想动用融资（借钱）手段解决问题。另一种选择方法也可以通过改变愿望来避免这个问题。他们可以决定放弃该度假。

当纳税人不愿意支付他们更期望应由政府为其提供的商品、服务以及货币性分配时，政府也可能会面临一种被描述为目前资金短缺的问题。解决此问题的一种方式是通过改变政治解决方案，从不切实际的大众期望转变为现实的公众对政府能够承担多少开支的理解。

个人购房者是另一类普遍存在目前资金短缺问题的群体，因为归根结底，**拥有**住房消费品的价格中，既含有消费性代币货币的成本，又含有货币物储蓄货币的成本，而土地是与消费品无法分离的。尽管当前的薪资可以支付当前的住房消费，但是某种形式的融资将通常需要将长期获得的薪资，转化为一笔对货币物的付款。此类住房贷款以复杂并且有时无益的方式，缠绕着三联体的左侧和中间部分。改变很少被认为是一种房产的目前资金短缺问题的替代解决方案，但是这也许可能是一项选择。通过建立一种拥有不同所有权的系统，将现有的住房与集资安排支付的新建筑组合起来，也许既能保留许多房产作为私人财产，又能确保建造足够的住房来满足社区的需求或者愿望。

融资

财务安排是解决目前资金短缺问题的第六种也是最终的方案。与其他五种解决方案一样，经济性融资涉及代币货币在分配上的变化。与大多数类型的改变不同，融资就像分担、捐赠、税收以及集资一样，涉及将资金从一群人或者机构转移到另一群人或者机构。融资在资金流向的时间与方向上不同于上述提及的后四种解决方案。那四种解决方案都具有一次性而且作单向的流动。在财务安排中，资金的流动始终是随着时间的推移而作双向流通的。

所有财务安排都涉及两方，一方是有储蓄货币的财务投资者，另一方是面临目前资金短缺问题的投资对象。所有财务安排的第一阶段是将储蓄货币从投资者立即转移到投资对象（其中一些也被称为借款人）。在经济融资中，借款人通常将投资人的财务投资的积蓄货币转换成代币货币，然后在大交换中花费。这就解决了目前资金短缺的问题。在财务安排的第二阶段，资金流向相反的方向。随着时间的推移，借款人通常用代币货币以不同的数量向投资者偿还资金。投资者可以在收到资金后立即花掉，或者将其转化为储蓄货币。这些"偿还"付款的时间与数量（或者确定数量的规则）都是，在这些财务安排之初就达成了协议。我将在本章后面阐述财务安排的主要类型。

投资者可以是单个人也可以是一个募集了许多人的或者机构的储蓄货币的组织。其中一些募集组织将他们聚集的储蓄货币作许多不同的财务投资。我称所有这些大规模的募集者为银行，因为投资是银行的主要任务之一。但是，我稍后将阐述货币与财务机构的替代名称。

借款人也可以是个人或者组织。由于融资的双向资金流动，借款人必须具备某种持久性，无论是持续的法人资格，预期持续足够长的实际期限以履行其具体安排的义务，还是在公司倒闭或者自然人死亡时会以某种方式转嫁财务义务。为了使经济融资发挥良好作用，借款人还应该意愿并且能够在将来支付约定的款项。在典型的经济融资安排中，借款人是一个需要资金来建设或者维持某些会产生收入的业务。

3. 后贵族式融资

后贵族式融资描述了双向跨期资金流动，其主要具有社会目的或者结果：将代币货币从社会相对贫穷的成员转移到相对富裕的财务投资者。与经济性融资所不同的，后贵族式融资的根本目标不是解决目前资金短缺的问题，虽然后贵族式安排可能会偶尔解决这些问题。与经济性融资还不同的是，后贵族资金流的第一部分，即从投资人流向投资对象，基本上不是一种代币货币的来源，其支出方式本应该能够产生，从投资对象到投资人的回报资金流。其主要导向只是创造一种由穷人向富人的长久货币性义务。

这种后贵族式融资的社会学取向，可以用马克思主义的阶级术语来描述：这些融资安排帮助富人及其有权势的阶级，保留而且增加其财富与权利，同时保持并且加剧了贫穷及无权阶级在经济与政治上的劣势。我不谈论阶级，但是我是马克思主义者，足以坚信，如果没有某种经济社会学，三联体左侧部分的功能就无法解释。社会学对于理解为什么以及何时，经济性融资优于较简单的替代方案是非常有帮助的。而且，社会学对于理解后贵族式融资也是至关紧要的。

传统地租

这种基本的社会学是什么？为什么我称这种融资为"后贵族式"？我将用一些非常简单的社会学和经济史来回答这些问题。

社会学只不过是一种非常基本的观察，即在几乎每个社会中，无论何时与何地，极少数人拥有或者控制着大部分赋予社会地位的事物。直到 19 世纪后半叶，这种巨大的社会不平等，被几乎所有哲学家、宗教领袖以及统治者，作为公正、自然或者难以避免的某种组合而接受。在最近两个世纪中，同样的这种社会不平等已经越来越被视为不公正、不自然和可以避免的。相反，平等社会的善良越来越多地被哲学领袖所推崇，被认定为宗教真理，并且成为政治共识。当前主流平等主义理念已经极大地影响着社会与经济。在一些富裕国家中，全民服务的普及、贫困近乎消除以及中产阶级的崛起，已经至少从某种程度上显著地夷平了经济等级结构。然而，从任何角度来看，完全平等的社会与经济仍然只是一种愿景，而不是一种描述。

底层和中层群体与精英的社会学关系有许多组成部分，其中大多数与经济学或者金融关系都不大。然而，精英与其余人在消费方面的划分，直接承担着许多财务安排和融资的社会角色，因为融资可以帮助精英成员提供，比社会底层群体成员更多的消费品与服务。

财务贡献于经济层次结构，如同利用融资解决目前资金短缺的问题一样，是可选项。消费层次可以，而且已经在无任何融资资源的情况下得以维持。前现代农民和工匠向他们的精英领主与主人提供劳务及其劳动果实的某种组合。在当代经济体中，薪资的巨大差异导致了极其不平等的分配。然而，融资创造尤其在强化与延续社会经济不平等方面，是一种有效的工具。自融资诞生以来，它已经被用于这种目的，或者至少产生了这种结果。事实上，早在经济融资变得重要之前，这种社会融资就已经广泛存在了。

社会融资的程式化历史始于社会认识，在以农业为主的前现代经济体中，大部分土地由贵族与其他地主所有。尽管许多哲学家提出了这样的主张，无论是关于土地可以完全由个人拥有的基本理解，还是关于拥有这种财产所有权所带来的社会权益，与责任的任何权利主张，都没有明显的真实性。然而，在实践中，人们认为所有权人通常可以正当地要求，土地使用者向其作出补偿。这些租户的义务，可以被称为租金，是由穷人向富人作一种被描述为贵族式原始融资的转移。这种安排之所以仅是"原始"而不是实际的财务融资，因为贵族投资者提供的是土地并非金钱给使用者投资对象，而使用者不一定必须提供货币回报。然而，确实存在一些与融资风格相近的双向跨期流动的东西。一方面是一种社会假定并且认定的经济资源的流动，从富有的所有者流向贫穷的使用者；另一方面，相当实质性的劳务以及消费品与服务的流动，从相对贫困的用户流向贵族。

随着货币变得更加普遍，越来越多的由较低向较高的回报义务，开始以货币形式而非"实物"形式表达。此外，出租的土地成为贵族或者乡村绅士，可以购买的作为财务投资的货币物。新的业主将向原先业主提供储蓄货币，以换取租户未来的代币货币的租金流。在世界大部分地区，尽管进行了土地改革，以及遭到社会主义者和某些资本主义经济学家的抱怨，这种贵族式的对于农田租金正义的理解仍然得到广泛接受。

　　　　　　　　　　　　　　货币、金融、现实与道德

如今的农业地租是后贵族继承者，直接沿用了封建贵族原始融资的应付款模式。然而，后贵族式财务安排远远超出了现代经济中的地租，现代经济比其在前现代时期的经济要更加复杂得多。我将简单阐述四种最重要的由穷人向富人作财务转移的类型。

现代地租

　　首先是传统贵族地租的做法向城市与郊区的延伸。新的安排在社会上与老的做法在几个方面有所不同。相对于直接从地面上产出的东西而言，建筑物中所能产生出的增加的经济上重要性，却降低了其与拥有土地相关的社会、政治以及经济的权力。也许作为其结果，土地失去了某些特殊的社会与经济地位。即使被某些人称之为家园的土地也越来越被当作一种货币物，在概念上可以与任何其他贮藏的储蓄货币互换。

　　此外，保持土地经济用途所需的劳动力已经大大地增加，因为没有昂贵的建筑以及众多公共设施，现代人已无法生活与劳动。这一变化已经显著增加了，土地使用者向土地所有者支付的比例，这种支付更适合描述为代币货币薪资和凝固薪资，而不是经济学家所称的租金的纯粹对所有权的贡品。这种在凝固薪资与财务贡品之间的界限是模糊的，因为"正在改善中"土地的劳务通常间接而缓慢地得到补偿（并且无任何明确的财务性安排），而且房地产价格中最能描述为经济租金的部分，也只能作为不精确支付的剩余部分来计算。然而，粗略地说，这些租金，即超出参与建造和维护建筑物及其改进的劳务报酬的支付，仍然可能占据发达经济体所有与土地相关的代币货币流量的一半以上。

　　在土地处理方面，发现了从前现代到现代的另一个不连贯性，这是对原始财务安排与实际财务安排的持续时间上的预期。前现代用户向贵族转移租金是基于土地永久使用权的预期之上，而如今的经济租金，尤其是住宅物业的租金，通常是通过抵押贷款的分期支付，有效地控制租赁资金流动从一个所有者转移到下一个所有者。在大多数国家中，恒定的名义抵押贷款支付包含着稳步减少支付额直至最终停止经济租金。

尽管这些不连贯性是显著的，但是却存在着更巨大的连续性。土地上的经济租金仍然主要是由较贫穷的人支付给较富裕的人。穷人与无土地的租户向地主的贡赋的形式已经现代化了，但是并没有从根本上改变，变成由用户向业主或者贷款人支付租金和抵押贷款付款。文字意义上的拥有土地的贵族已经失去了其大部分经济上的重要性，但是贵族式经济模式依然存在。这就是后贵族式的土地金融。

我将简化这种情况。现代租金并不总是后贵族式的支付方式。有些当代的租客比他们的房东具有更多的收入与更高的社会地位。有些抵押贷款的借款人非常富裕，许多住宅抵押贷款的租赁部分的付款通常是，在相似经济与社会地位的人们之间转移支付。尽管如此，在现代住宅、商业以及工业地产的租金中，贫困向富裕的资金流动仍然占据主导地位，就像在过去一样用农民佃户的贡赋支持他们领主的奢侈生活方式以及军事冒险。通常，当代资金流向代表或者表达着一种类似贵族式的劳动配置。如今的勤奋工作的租客所支付的房地产租金使得现代房东的奢华生活以及社交投机成为可能。

政府债务

政府债务是现代后贵族式融资的第二种重要类型，但是政府借款安排的历史显示出，它的社会连续性远不如地租的历史。当然，在形式上明显存在着连续性。现代政府债务的财务义务形式几乎采用，与前现代晚期的欧洲政治精英一样的商定义务的方式，解决目前资金不足的问题。然后，当国王想要资金支付其军事冒险，而贵族的生活风格或者建筑期望超出了他们的资金能力时，他们找到的财务解决方案却通常不是贵族式的。相反，野心勃勃的国王和追求地位的贵族，往往成为那些已通过某种商业积累了雄厚储蓄货币的平民的投资对象。尽管最终为这些早期银行家提供回报的是较贫穷的臣民，其直接关系是反贵族式的：贷款将经济资源的控制权，从国王与豪门家族转移到拼命赚钱的商人手中。

现代情形就完全不同了。由于税收制度的大幅度扩展，以及民主或者官僚控制的开支扩权，现代政府，至少在发达经济体中，很少面临严重的目前资金短缺的问题。然而，当政治当局决定其开支比选择征收的税收更加多的代币货币时，也就是发生财政赤字时，他们通常会通过融资获得所需资金，即"赤字开支"（资金不由税收提供）。政治当局成为投资对象（借贷人），而投资者（放贷人）是一群个人、银行和其他机构。这些财务义务被称作政府债务。在发达经济体中，绝大部分政府债务出售给了纳税人。

大多数经济学家现在都会同意，这些纳税人用来购买政府债务的大部分或者几乎全部货币，是由银行专门为贷款给政府创造的。从经济货币角度来看，让银行作这种货币创造的选择是令人费解的。控制无本货币的政府可以，自己创造所有它们想要的额外代币货币，无需任何银行的帮助，也无需创造任何财务义务。我将暂且搁置这个谜团。我只想指出，无论政府借入额外资金，还是直接创造这些额外资金，从政治经济的角度来看，它们的赤字支出是税收。政府支出的新货币增加了中央货币比率分子中，受政府控制下的部分（相对于没有新创造的货币份额而言），就像税收收入增加的一样。这两种方式之间唯一区别在于，货币创造既增加了比率的分子总量，又增加了政府在该比率上的占比，而附加税收仅增加政府的份额。（"铸币税"是经济学家的术语，指的是利用货币创造来增加由政府控制下的付费经济资源的比例。）

撇开政治经济学，政府债务并非经济性融资。它既不能解决具体的目前资金短缺的问题——譬如支付战争或者新宫殿——也不能清晰地产生所需的收入以提供投资者的回报。从社会学角度上说，政府财政主要是后贵族式的。大部分回报偿付流向了那些，位居国家社会经济的金字塔上较高位置的人们，而这些支付的大部分款项最终来自大多数位居底层的纳税人。与现代地租一样，政府债务的资金流动在社会学上并不一致。许多相对贫穷的人拥有某些政府债务，而提供回报的很大一部分税收收入则来自富人。然而，也与现代地租一样，后贵族模式占主导地位。

与任何其他后贵族式融资一样，政府财政由穷人到富人的资金流动，并不支持现代社会为努力提高经济平等的普遍主张。对于当代政府具有特别讽刺意味，因为它们的征税与支出政策，不仅明显地设计向相对富裕的人多征税收后给相对贫困的人，而且它们还为那些主张提供了真实性证据。政府债务的反面例子可以用各种不同方式解释，包括作为历史的偶然事件或者作为平等主义虚伪的标志。我还看到了在平等主义愿望与政治社会考虑之间的一种社会妥协。那些依赖于政治体系的稳定性与货币的偿付能力的债务所有者，很可能会特别支持庞大的而且干涉性的现代政府。

过度商业收入

过度的商业收入提供了现代租金收入的第三种新形式。"过度"一词对于理解这一类别至关重要，因为大多数商业收入并非后贵族式的。任何公司的大部分营业收入（或者所得）都直接或者间接地用于支付在大交换中的劳动力。较小部分提供——但不是过度的——而是公平地回报给了财务投资者。关于这种公平或者公正回报的含义、数量，以及是否确实存在，我将会在后面详细地阐述。目前，我只想说的是，财务投资者的回报可能而且经常可能不公平或者不公正得高。按照定义，这些超额回报不应是经济融资的一部

货币、金融、现实与道德

分，因为它们不是解决目前资金短缺问题的必要或者适当的补偿。从社会学角度来看，这些过度的回报主要是后贵族式的。它们来自商业客户所支付的价格，这些客户总体上比接受这些资金的商业财务投资者更贫困，社会特权也更少。

消费借贷

消费者借贷产生了后贵族财务的第四种融资回报。这项业务是在近乎自给自足的农业经济体中，沿袭着常见的贵族原始融资形式：收获季前向贫困佃户与小农场主提供种子、食物以及后期资金的贷款。当收成大到足以偿还贷款并向放贷人提供公平回报时，这种贷款就是经济性融资。然而，由于收成往往太小或者要求的回报过高，因此随着时间的推移此类贷款造成了永久性的债务。这些财务义务有助于加强并且扩大贵族社会及其经济结构，有时甚至是将投资对象变成农奴或者奴隶的转折点。

债务奴隶在世界大部分地区已不再合法，尽管融资仍然在一些贫穷国家广泛地用于压迫农民。无论在较贫困还是在较富裕的国家，当消费者因薪资、福利以及储蓄货币不足之时，融资被用于满足他们的愿望与需求。尽管这些财务安排可以解决目前资金不足的问题，但是它们实际上并非经济性融资，因为投资对象新获得的资金，将不会被用于可以为投资者产生回报的商品与服务。相反，这些消费者贷款主要还是后贵族式融资。总而言之，这种借贷导致穷人更穷，富人更富的结果。

融资本身

经济性融资的传播与后贵族式财务安排的倍增，已经帮助了使融资业成为后贵族式企业。社会精英成员通常在纯金融，以及我将在本章后面称之为普通融资的更广泛的储蓄货币活动中，担任高级与中层管理职位。财务专业人士对于其特权社会地位的正义性充满信心，这令人惊人地联想起前金融贵族自以为是的社会主张。在没有贵族头衔的社会中，这些反贵族政府财政提供者的职业继承人，已经成为自封的社会贵族。

资金流动的社会学模式是典型的现代形式。有一些富人向富人的资金流动是从富裕的投资人流向富裕的专业人士，但是后贵族式资金流动的数量更大些——即从相对贫穷的投资人与投资对象流向相对富裕的中介机构。

4. 六项有关融资的一般观察

融资远比代币货币复杂得多。代币货币是一种可以想象的简单工具；它在社会与道德上都是中立的。货币数字是可以处理的。每一种经济事物（劳动、消费以及介于这两者之间的一切）在任何时间与地点都有一个单一的货币数字。一旦认识到精确一致性谬误，这些数字通过简单的算术相连接，它们的数学关系是清晰而直接的，它们的实用含义也是没有问题的。融资和融资数字有着天壤之别；这些活动充满着社会与道德意义。数字总是成群结队地出现；融资数字的关系及其含义在数学上是复杂的，而且在经验上是含糊的。精确一致性的谬误总是潜伏在财务安排中，这些安排始终依赖于准确数字，而这些数字应该随着时间的推移保留其经济意义。

本章其余部分致力于阐明某些，尽管肯定不是所有复杂的模糊之处。我从六项一般性观察开始。

首先，融资**不容易适应现代经济**。第四章将广泛地提供阐述融资在经济上不切实际的方面及其表现形式。在这里，我只想提出一个简单的观点，现代经济本质上是一个公共或者社会性项目。它要求全球数十亿人的合作与互信，既要身体力行于当下又要展望于无限的未来。在国家或者公司的规模上，经济成功是建立在更加密切合作与更大信任之上的，尽管合作与信任只是来自一批为数不多的人群。此外，经济在时间与地理上是连续的，没有明确的起点、终点或者边界。

代币货币作为一种连续性且即时运作的社会制度，其特征相当适合这种复杂的公共同经济。融资的特征则不然。财务安排总是要求双方与经济的其余部分任意分离。履行这些安排条款的愿望，即这种愿望对于财务体系的成功是至关重要的，很容易鼓励破坏经济活动合作本质的努力。财务安排始终有固定的起点，而且总是声称有着固定的终点，从而造成了不经济的时间上的划分。

第二，融资必然会**努力履行其道德责任**。普通金融道德是本章第八节的主题，而当前财务体系的正义性是第五章的主题。在这里，我只想指出，财务安排的历史与结构都没有表明，融资很好地面向当代社会正义准则。从历史上看，如今大部分金融源于贵族原始金融，其设计通常以最极端的方式专门用于支持社会特权。在这些原始金融关系中的不平等往往非常严重，以至于导致了名副其实的债务奴役，而如今几乎没人愿意捍卫这种结果。几乎没人做出任何努力，来净化这种明显的前现代遗产的财务安排及期望。这一遗产塑造了后贵族式的融资，并为经济融资奠定了一个不良的道德基调。此外作为一系列独立的双边契约，融资在促进分配或者社会正义方面安排得不佳，而分配或社会正义被广泛认为是现代社会中的一项重要福利。它所能提供的最好的结果是交换正义，然而即使这一点也受到了不平等权力关系的挑战，这些挑战几乎都是固有的目前资金短缺的问题，而且后贵族式融资很可能得以再次兴起。

第三，**财务安排除了并非一定公正外，也并非有效**。经济效率的构成和与优劣都是有争议性的事项，但融资具有几个特征，使其按照大多数标准来看效率低下。最值得注意的是，经济融资的安排是有效的承诺，然而承诺总是容易作出却难以兑现。由于经济与社会的变革，信守的财务承诺在履行时往往具有，与其在作出时的预期不同的经济、社会甚至政治意义。这种可疑的承诺本质上脆弱的，容易引起纷争与混乱。请查阅我下面第五项观察。这些问题会导致经济与社会的效率低下。同样效率低下的是，还有相当大量的法律与行政的工作来监督财务承诺的履行，以及对违反承诺的反应。后贵族式的融资甚至不是为了提高经济效率而设计的。恰恰正相反，它旨在为特权阶层的特权买单并且保护其特权，在一个对社会与经济利益有任何形式的平等主义理解的社会中，这一种目标通常被认为在经济上效率低下。

考虑到所有这些劣势，尤其在效率被重视的现代经济中，人们常常放弃融资转而寻求分担、集资以及税收也就不足为奇了。本章第七节所要论述的金融化的相反趋势更令人惊讶。

第四，财务安排总是以我所称的**时间与本体非对称**为特征。用更朴素的语言来说，融资涉及一种以确定的当前资金流（给投资对象）换取一种不确定的未来资金流（给投资者）。用最直白的话来说，投资对象现在收到的是实际支付的货币，而投资者一开始只是获得一个未来支付的承诺及潜力。这种非对称性以两种方式扩展了大交换要素固有的不可通约性。首先，正如没有明确的方法将一辆汽车的价值与一首诗歌的价值联系起来的一样，人们没有明确的方法将当前的**货币价值**与未来的货币价值相联系，尤其是对于不确定的未来货币金额联系起来。货币非对称的价值部分是时间本质固有的特性。其次，未来的支付是不确定的，造成了预期与现实之间的非对称性。这种非对称性是在人类对世界的体验所固有的。由于未来事态的发展是未知的，因此无法保证任何承诺，即使是最具体的财务承诺。

第五，时间与本体的非对称性是不可避免的，但是由于其频率不可预测，有时会导致财务安排的一方或者双方都感到失望。这有两种基本可能的**财务判断错误类型**：智力错误和心理错误。在前一种情况下，对未来事件发展最合理的预期被证明是错误的；而后一种情况是双方的综合期望总是与那些看似合理的预期不同。这两种错误类型之间的区别还是有些武断——一个人的理性判断可能是另一人的非理性希望或者无端恐惧。然而，这种区别是有帮助的，因为情绪与受情绪影响的行动对三联体的左侧部分具有重要的影响，远大于对其中间部分的影响。我将在第四章对这种模式给出心理方面的解释，并在第五章给出道德方面的解释。

最后，**融资与大多数经济学家所讨论的市场存在着复杂的关系**。我指的是在第二章第四节中描述过的所谓的市场机制。一方面，融资有着许多这样的市场。事实上，市场的概念相对于三联体的中间部分而言，它更适用于其左侧部分。在三联体的中间部分，竞争市场的抽象、冷酷无情以及波动的机制与经济活动的现实相距甚远；而经济活动的中心是完全人性化的和相当具体的大交换，并且由一系列复杂而相当稳定的机构与人类组织来支持。市场的现实距离确保以市场为导向的分析，为该部分的中央货币活动，即分配及其平衡劳动与消费的代币货币的流动，提供了一种扭曲的框架。相比之下，在三联体的左侧，市场可以蓬勃发展，因为其货币是储蓄货币。尽管储蓄货币也是无本之物的代币货币，但与代币货币不同的是，它几乎没有或者根本没有立足于人类劳动与消费、社会地位、工厂、可信的贸易关系、共享的专业知识等，那些在现实中艰难而且难以改变的现实。在没有这些限制的情况下，市场机制可以像经济学家所说的那样，即设定价格。买卖特定金融证券的"金融市场"可以蓬勃发展。

然而，另一方面，市场范式忽略了实际融资的若干核心特征。正如在上一节解释过的那样，后贵族式的财务安排主要是社会学的，为后贵族式的从穷人向富人作货币转移提供了一种机制。以市场为导向的分析将会忽略融资体系的这一核心特征。同样地，基于市场的分析也没有术语来论述许多融资对经济现实的距离，而这正是第四章的主题。此外，正如第五章将要解释的那样，许多融资受到贪婪的玷污，这是基于市场的分析中不易被识别的另一种类别。这三个非市场性特征——社会学、现实距离以及贪婪性——对于融资来说是非常核心的，以至于纯粹基于市场的财务安排性分析将总是远远不够的。要充分理解什么是融资的本质，需要用我的对于目前资金短缺的问题、经济权力关系，以及道德社会学的模型试图提供超财务解释。

5. 两种财务安排

在经济的或者后贵族式的财务安排中，没有明显的经济或者社会的原因，倾向于哪一种特定的资金流动模式。事实上，双向资金流动的时间、数量及其确定性可能会采取多种不同的形式，它们在各种情况下都是公平而且经济上有益的。然而，在实践中，几乎所有财务安排的条款都遵循着这两种模式之一。自古苏美尔①以来**债务**几乎没有变化，尽管围绕债务的数学计算在最近几十年里变得非常复杂。**股东权益**更是一项新生事物，但它们只是用今日之瓶装 19世纪中叶之酒，并未发生太多的变化。我将在稍后解释为什么债务非常不适合现代经济，以及如何重新安排股东权益。当下，我仅描述与分析这两类货币物。

----

① 译者注：苏美尔是目前发现于美索不达米亚文明中最早的文明体系，也是全球最早产生的文明之一。苏美尔文明主要位于美索不达米亚的南部（今伊拉克境内），放射性碳 14 的断代测试表明其文明的开端可以追溯至公元前 4500 年。苏美尔人被认为取得了许多重大成就包括发明了世界上最早的书写系统楔形文字，他们还在数学、天文学和农业的领域取得了进步。苏美尔城邦拥有复杂的社会结构、中央集权政府以及寺庙。苏美尔人以其宗教信仰而闻名，拥有众神和女神的万神殿和金字塔。

债务

首先，就债务相关词汇作简要说明，投资者被称为贷款人，有时也被称为债权人。最初的财务投资（资金从投资方流向投资对象）经常被称为贷款，而被贷出的资金有时被称作贷款本金或者投资对象的债务。投资对象被称为借贷人或者债务人。借出和借入的术语显然表示了一种临时的安排——被贷到或者借到的东西应该被归还。正如我在本节稍后将解释的那样，这种临时转移的模式在经济上是误导的，但是我有时还会使用这些熟悉的词汇。

在债务中，归还的资金流向是事先商定的，几乎总是以精确的资金数量，即通过精确特定的公式计算的。事先规定解释了为什么债务有时被称为"**固定收益**"。投资对象给投资方议定的支付额几乎总是分为两个部分。第一部分是我所称之为投资者的**收益**，即一系列相对较小的定期代币货币资金流，称为利息支付。利息支付在收到贷款后不久就启动，并且一直持续到投资对象与投资方的资金流的第二部分的到来，即我将称之为大额支付。从粗略的定量角度来看，这是在考虑精确一致性谬误之前，这笔代币货币或者储蓄货币的总金额，如果不是完全相同也是非常接近于投资者最初提供的金额。

大额付款通常在一个固定日期支付，称为债务到期日。然而有时，譬如在大多数房地产抵押贷款和学生贷款中，没有大额付款，只有一些约定次数的较小金额的支付。为了使这个描述尽可能简单并且与经济相关，我将很大程度上忽略这些以及债务结构上许多其他细小的差异。

这两种支付方式的数量在数学上是相关的。它们的基本联系也是非常清晰的，尽管有一些细微的差异与变化。每一笔利息支付的金额大小基本上是一个称为利率与贷款规模的乘积数。大额支付通常与最初贷款资金的金额相同。

投资对象并非总是遵守债务货币物的约定条款。对于此类违约的回应各不相同。有时，投资者根本就收不到付款。放贷人通过向借贷人收取更高利率来弥补这些偶然的违约。有时原始契约包含对违约不付的具体处罚条款，因此投资人最终收到的金额会超出最初所承诺的金额。有时货币物的条款会被重新协商谈判，以便投资人收到一些东西，但是比最初所约定的要少一些。

在贷款的大额付款的到期日来临之前，所借到的资金通常为投资对象产生了足够的利润。借款人通常会预计"再融资"贷款，并且通过由新贷款所提供的资金来支付到期贷款的大额付款。投资对象通常对其债务再融资充满信心，因此他们经常选择非常短的到期日，譬如几个月甚至几天的期限。这些即将到来的到期日基本上是虚构的，因为再融资不仅只是件预期的事情，而且也是为了避免违约所必须会做的事情。然而，这种信心有时证明是不合理的，因为也会无法获得再融资。那么，投资对象与投资者都出现问题。我将在第四章中更略微详细地阐述这种再融资的问题。

我刚刚已经介绍了债务的数学，没有涉及任何跨期社会学的虚构。标准处理方法有着很大的不同。大额付款称为原始投资的"偿还"。这个词汇的选择来自传统的债务故事，其中投资对象为暂时性使用投资者的资金而支付一笔公正或者公平的费用。最终，当这笔资金退还时，那笔费用也就停止了。对于已经贷出款的一方或者贷到款的另一方来说，这幅图画看起来可能很合理。然而，这种叙述存在着三个相当严重的问题。

首先，与解决目前资金短缺问题的其他模式的比较表明，这些安排并非不言而喻的公正或者公平。考虑一下分担模式，它目前比融资更常用来解决，或者更典型地防止公司的目前资金短缺问题。在分担中，买鞋者所支付的费用超出了当前购买中凝固的劳动力必要的费用。鞋子的价格高于必要的价格，是为鞋匠提供了建造新鞋厂所需的资金。该公司无需借调资金，因为客户正在借出被以财务为导向的分析员可能称为准贷款的资金。然而，这些当前的客户并非期望其分担的贡献资金在未来收到利息支付，也不期望其准贷款得到任何形式的偿还。他们更不期望在未来购鞋时降低鞋价以弥补当前的额外付款。如果说这种安排有什么不公正之处，那也几乎从未被注意到过。然而，如果这种非财务解决方案，对于实际或者潜在的目前资金短缺问题，没有明显不公平的话，那么，对同一问题的财务解决方案就不可能是明显公平的。

税收与分担相似。纳税人并不期望从其纳税中获得任何货币回报，或者期望从政府对任何消费的直接补偿，即将这些消费税收通过政府有效地转移给其他人。然而，如果同样的纳税人以贷款的形式向政府提供相同的资金，他们一定会期望收到回报。这种回报可能是合理的或者正当的，但是这并非明显的公正或者公平。

传统债务叙述的第二个问题是，将大额付款描述为返还或者偿还贷款本金。这个形象直接源于错误观念，即货币贮存价值并且不会变质。投资者认为一种货币物，转换成为储蓄货币后借给投资者对象，只是给投资对象临时使用而已。当债务得到"偿还"时，它可以被放回到在床垫里，或转换成投资者可能选择的任何其他货币物。但实际上，在经济融资中投资者对象将贷款本金，通常花费在实际或者凝结的劳动力上。储蓄货币的本金便已经消失在了货币代币经济之中，这无法被归还。所谓本金返还实际上是在大交换中的新时刻，支付的是一些不同的货币，代表着不同的权利主张。在数值上原始投资的货币价值的金额与大额偿付的金额可能相同，但如此的逻辑同义重复不具有经济意义，如果将经济理解为人类的活动大交换的话。

传统叙述的第三个问题涉及将投资对象与投资方的资金流动分为两个完全不同的类别。以本书的视角来看，利息支付与本金偿还是难以辨别的。这两种支付与大交换没有任何直接的联系。大额偿付完成后停止支付利息的习俗也与大交换的运作没有关系。

股权

股东权益，又称股份和股票（如"股票和债券"，并非"库存①"），是开放式的财务安排。介绍它们的最简单方式是将它们与债务进行比较。尽管借款人应该偿还其债务，而由投资者对象"发行的"股票并不承诺未来的大额偿付。尽管债务的投资对象会支付经精心计算的利息，但是股东权益的投资对象（公司）应向股权投资者（股东）支付，该公司利润的未确定部分作为股息。与通过大额支付而消除的债务不同，股东权益通常会无限期地继续支付股息。任何经济行为者都可以承担债务——不仅包括营利性公司，还包括非营利性企业、发行货币的政府，以及需要资金的个人。相比之下，股息对利润的依赖性限制了以追求利润的公司的股东权益。

股东权益人经常寻找"交易"或者其他安排，以便轻松地买卖股票。原因很简单。由于股东权益投资者无需等待大额偿付，因此他们可以将股票的价值，一种货币物，从储蓄货币转化成代币货币的唯一方法是，将股票兑换代币货币。相对开放的证券交易所传统上是最常见的机构类型，组织各种货币兑换股票的交易，既可以发行新股又可供股东间相互买卖股票。在这些金融市场中，价格通常是公开披露的。更为秘密的股票发行以及股权交易的安排，包括家族企业内部转手业务和所谓的"私募股权"交易，也相当普遍。

股权投资比债务投资需要更多的信任。债务投资者和股权投资者都必须，信任政府或者某些私营执法机构，会迫使投资对象遵守约定的条款，但是股权投资者还必须依赖投资对象的商誉，以及其

---

① 译者注：作者在原文中的英语单词 stock 是个多义词，既有股票又有库存之意，因此他特此注明以示区别。

货币、金融、现实与道德

致力于公平设置的股息。文化基础、法律或者公共强化以及谨慎判断，对于成功的股权融资是至关重要的。在前工业化形式的股权中，这些文化基础、公共强化以及谨慎判断，是通过将支付股息义务与其他社会义务交织在一起提供的。诚实和公平地与股权投资者分享捕鱼或者贸易企业的运营是值得的，因为公平的报酬会给氏族带来荣誉，而不诚实与非公平会遭到氏族不满的合伙成员的排斥或者谋杀的惩罚。这种严格的社会经济公司制度仍然存在，譬如钻石交易的部分地区，但是在现代经济体中，持有股权通常是匿名的。在这些公司中，信任依赖于更加客观的社会体系。

这种社会制度最重要的是法律。所有国家有关发行公司股票的法律都强烈支持股权投资者的朴素自身利益。它们通常认为是为"所有者的"法律而不单单是某个特定的财务投资。整个"股东所有的公司"被定义为他们的财产。从经济和社会的角度来看，将股东描述为所有者显然有点夸张。股东对公司的控制程度，远不及个人对自己的衣柜、汽车或者房屋的控制程度。然而，股权与产权的联系不仅仅是言语上的。在公司治理中，股东的利益无论是长期还是短期，一般都优先于其他一切。股份公司的法律和组织结构建立在支持股权的国家法律和监管系统之中，这得益于统治阶层对支持股权的共识。反之，股权融资的财务信任是，在当代经济中所需的巨大信任的要素之一，当代经济需要对几百万甚至数十亿生产，以及分配的未知劳动贡献者的诚信具有基本的信心。

股权融资中资金流动的传统叙述可能比债务叙述更加可疑。股权投资者对公司的原始财务投资，应该创造了对其所投资的公司一项永久性的权利主张。投资对象通常不能像债务那样，以大额偿付取消股权投资。只要投资对象继续存在，股息就需要继续发放。在实践中，这种结构对于股权投资者来说回报非常可观。

我将以最后的伦理语言观察来结束本介绍。在本章第一节，我指出金融语言常常带有道德色彩。我提及某些负面的关联：《新约全书》和德语中的罪债①，既指"罪孽"又指债务。在英语里，也有"向社会偿还债务"的罪犯。与此形成鲜明对比的是，在英语里"股东权益"意味着公平，"股份"含有合作参与之意。不同的语言联想基本上是历史的偶然性。法语中股份也是"行动"②，源于不同的历史路径，没有令人愉悦的伦理联想。然而，正如我将在第四章中解释的那样，英语中的偶然事件反映了现实。股份基本上比债务更具伦理上的吸引力。

6. 十种融资的经济用途

财务安排及其作为整个财务体系要求作三方面不同的评估——经济、社会和道德。本节提供一些经济方面的判断，接下来两节分别讨论社会以及道德的问题。这三个方面的分析都旨在更具启发性而非确定性。尽管在第四章和第五章中会对融资业最大的实际以及伦理的问题作逐一探讨，但是这些分析仍然是互补性的，肯定还不够全面。

在本节中，我将识别融资的十种实际经济用途，其中三种基本支持公共利益，四种效果存疑，另三种基本甚至是完全有害。这些类别在任何方面都不相称，因此无法对它们的重要性进行排序。它们也不能被量化或组合成融资整体经济价值为单一数字表述，无论是个正数或是负数。然而，我愿意做一个粗略的总体判断——融资的优势是有价值的，尤其是这种受到良好控制和精心设计的财务体系的潜在优势，但融资的固有弱点也是非常显著的。财务安排和金

---

① 译者注：作者原文中的德语词汇 Schuld 是个多义词，既可以表示债务或者财务义务，又可以在法律或者哲学语境下表示有司法责任或者罪责、道德责任；故译者翻译成"罪债"之意。

② 译者注：作者原文中的法语词汇 actions 是个多义词，既可以表示行动、活动、动作等，又可以在金融语境下表示股份、股票。

融思维既不能受到彻底谴责，也不能毫无疑问地全盘接受。

1) 有助于财务选择

经济融资有助于充分利用经济资源。财务安排通常帮助新兴的和有社会价值的经济运营，以及帮助成熟公司成为更大、更好的企业。这种良好的融资效应在相对贫穷国家中尤为显著，而在那里分担，即基本上给那些已经成功的公司提供资金的做法，通常并非一种现实的选项。然而，即使在富裕国家中，如果没有财务投资者的纪律性与想象力，经济活力也难以维持繁荣。

财务系统的选择机制具有四个在经济上有益的特征。首先，融资专业人士之间的竞争，包括实际投资者和其经纪人，可以磨练他们的技能以及鼓励他们找到并培育优选的投资对象。其次，个体融资专业人士可以拥有许多不同的专业兴趣与专业知识，从而实现对社会有益的投资多样性。再次，财务投资者投入了自己的资金，出于自身利益的考虑，必然驱使他们帮助陷入困境的投资对象渡过困难时期。最后，投资者与投资对象之间有时存在的个人联系可以促进一种对整个社会的共同与持久的承诺。

尤其值得称赞的是，它可能被称为融资的最佳点——创建一些相对较小的企业却具有相当高的概率，在其后期也可能产生足够的资金自力更生。融资往往是最佳解决目前资金不足问题的方案。相比较于捐赠者，财务投资者具有更强烈的动力鼓励成功。相对于分担安排而言，财务投资者倾向于投入更多的专业知识、控制力以及改变或者挑战公认做法的意愿。同样的灵活性使融资比通常集中、冷漠、过度监管的政府具有一种优势。相对于集资安排而言，融资通常可以吸引一个更庞大的货币供应者群体，并且可以用较不受限制的方式支配资金。

然而，对财务选择的称赞绝非无条件的。首先，任何通过财政拨款为公共利益提供的服务几乎都具有偶然性。财务投资者与其经纪人正在为自己寻求高的、良好的或者公平的货币回报，而不是某种"社会回报"。如果他们的投资判断较差，融资会让社会以及投资者自身都遭受损失。如果太多的投资是有利可图的，但对社会却无益的话，投资者确实会获得丰厚的金钱回报，社会却尝苦果。贷款损失证明了前一个问题，而财务投资在色情与赌博获得的金钱上的成功则证明了后一个问题。

此外，即使在融资是配置资源的一种好方法时，分担与税收有时可能是更好的方法。后两种技术都是在类似强制的情况下收缴资金，而融资则需要说服投资者其投资将获得良好的回报。同样，这两种替代方法通常比融资需要更少的劳动力，并且都避免融资跨期不对称性不可避免地带来的不确定性和复杂性。税收方法还有一个额外的好处，即可以向那些对社会有益的或者有经济前景的企业，提供几乎任何数量的资金，而没有任何在某个固定时间内产生利润的压力。这些优势有助于解释为什么经常使用分担而不是融资来扩张成熟的企业，而税收方法则用于许多最大和最复杂的经济事业的发展。

2) 有助于财务整合

在大多数对财务体统的描述中，刚论述过的选择优良投资的经济优势，与通过筹集一大批人的资金投资于整个经济而团结起来的优势相结合。通过融资实现社会统一的最显著例子是银行体系，或者至少是银行体系某些部分的理想化描述。

所谓的理想银行体系从众多投资者（储蓄人）那里收集存款，有时多达百万之众。他们还发放贷款给一些规模通常较小，数量却很多的投资对象（借贷人）。（这里需要一个技术说明。根据英格兰现代银行业务理论，贷款据说是由积蓄以及其他存款创造的，但在理想银行的传统实践和理论中，更准确的说法是存款为贷款提供

"资金来源"。无论如何，这两者在每家银行的货币结构中都是紧密相连的。）在理想化的银行业中，共同参与具有一种基本的正义性。投资者放弃了一些当前消费，为了允许投资对象进行经济上有益的当前支出。投资者与投资者对象都分享着整体经济的跌宕起伏。一种类似却又不太极端的共同性，也存在于债务和股权的金融市场中。投资者经常通过养老基金或者共同基金进行投资，每个基金都汇集了成千上万的个体投资者的资金。这些共同基金通常在任何时间做着几十个或者上百个不同的投资，足以确保投资者广泛地接触到整体经济。即使个别公司通常拥有成百上千位的股东，他们都因一个共同的利益而聚集在一起。

理想银行业的两种广泛传播，即为每个投资对象找到投资者，以及为每位投资者发现投资机会，与贵族式的前原始融资以及资产阶级的原始融资相距甚远。在最好的情况下，理想银行业务的双向聚集，以及相互依赖可以通过创造一个共同的目标，并在必要时共同分担痛苦（正如在本章第一节中所阐述过的那样）支持社会团结。这种理想银行的田园诗般的景象，及其众多小储蓄户与许多共享投资项目，并非仅仅是幻想。在 19 世纪与 20 世纪初叶，许多"大众化"银行事实上确实汇集了贫穷人们的零碎钱，有助于创造一个社会稳定的工人阶级。在最好的情况下，这些机构的投资（每个国家都有其自己的系统和命名的名称）也促进当地的企业，一种公共经济的方法，以及最终形成了一个担负社会责任的中产阶级。

然而，如今大多数为财务安排聚集资金的制度，与这一理想相距甚远。尽管这样的共同方面还没有完全消失，但任何赞美之词都必须受到认真的限定，因为相对而言，很少有个体投资者是像普通大众中的成员。更确切地说，大多数投资者都相对富裕，而且他们积累与花费储蓄货币，无需做出任何刻意的某些消费牺牲。相比较而言，这些投资者获得的财务回报，即利息和股息支付，最终主要来自相对贫困人群，无论消费借贷人、纳税人还是投资对象公司的客户。（从认为银行贷款是由存款创造的到创造存款的理论转变，可以被解释为银行的主导社会角色从整合经济融资转向更为后贵族模式的标志。）

3）有助于财务平滑

融资可以减少由暂时性货币失衡造成的生产效率低下。譬如，向农民提供贷款可以打破偶尔的歉收与拖拉机销售之间不必要的联系。可以说，融资的作用不仅可以稳定受影响的农民以及其他人的购买力。尽管支付利息的义务可能会鼓励理性的投资者对象克制，然而损失的可能性会鼓励明智的投资者克制。

然而在现实中，负债累累的农民经常发出强烈的抱怨，这表明借贷人的绝望和放贷人的机会主义往往越过了任何明智克制的倾向。财务跨期平滑带来的不良的社会影响普遍存在，这有助于解释为什么其他解决方案通常更受青睐。政府支持农业的项目中的税收政策，以及农民所拥有的合作社内的集资，都是很常见的解决方案。

政府借款"融资"财政赤字通常被视为一种有益的平滑方式，为了整体经济而非具体部门。撇开这种"财政稳定器"的优点不谈，这个问题已超出本书范围，选择使用融资而非直接创造货币来寻找相关的代币货币是值得质疑的。只有财政赤字的经济理由具有说服力，并且直接的支付赤字的方式由于法律或者文化原因而无法实现时（正如许多司法管辖区的情况），政府债务才能被描述为对经济有益的融资。然而，另一种解决方案，即直接创造货币，无疑是更简单而且可以说更有效。

4）公司组织的存疑财务原则

股权股东通常被视为营利性公司的合法所有者。这种"所有权"所产生的法律制度与文化期望无疑保护了，股东对公正回报的权利主张。然而，类似的保护或许可以不将这些复杂的社会组织归类为财产。更重要的是，当这些组织面临的主要挑战是货币时，它们的货币框架通常服务于公共利益——基本上可以产生出大量而稳定的收入流以维持业务。然而，一旦公司实现了持久的货币自给自足后，这种以股东为导向的安排就很难再持续下去了。

这种安排的正义性的各个不同方面将在第五章中阐述。目前，我只想指出有些东西是有道理的。追求利润的公司远非现代社会中，唯一产生大量持续代币货币流动的组织。

政府机关、医院、学校、大学、非营利性企业、教堂以及体育运动俱乐部也都有可观的预算。然而，从法律与文化视角来看，只有营利性公司才被定义为完全建立在财务基础之上的。

至少有三个理由怀疑这始终是一种明智的选择。首先，这实际上是不正确的。外部股东只能拥有间接控制权，即使董事会的代表也未必总能偏袒其股东的利益。其次，董事忠诚度参差不齐的原因，是公司有着许多与股东关系不大或者无关的巨大责任。公司经理必须或者至少应该考虑员工、客户以及全社会的利益。那些处于公司身居要职的高管，他们通常还拥有小部分股权，也应该发展、维护以及净化一种或者多种"企业文化"。最后，财务投资者通常缺乏承担这些复合型责任所需的愿景、知识与动力。

5) 存疑的财务跨期转移

在一些富裕的国家中——最显著的要数美国——融资在解决那些被认为因年纪太老而无法劳动，因而无法获得报酬的人们没钱的问题方面发挥着一个重要作用。相关的财务流程通常呈现为随时间的推移转移资金，年轻时储蓄（"投资养老金"），年老时取蓄（"领取养老金"）。我在第二章中解释过，这种跨期养老金模式是一种经济虚构。大交换总是发生在当下，因此，代币货币与用这种货币支付的资源之间，分配安排也总是当前的安排。养老金偿付也不例外。它们始终是通过财务体系作代币货币的当前流转。一方面，养老金领取者使用其由财务安排获得的资金——出售一些金融证券并收取其他一些金融证券的股息与利息的偿付——作为代币货币。另一方面，非养老金领取人士使用其代币货币，从养老金领取者那里收购金融证券，并且支付投资对象公司与政府，为养老金领取者提供回报所需的更高价格及其税收。实际上，代币货币和经济资源从非养老金领取人士转移到养老金领取者。

这种基于融资的养老金的跨期虚构有时可能既公正又具有社会价值。然而，过去的资金贡献与现在的养老金之间的联系从来都不是显而易见的，也不是明显公正的。如果目标是给老年人提供公共支持，那么强制性且明显同期性税收与福利制度，比基于投资的养老金安排更简单和更有效。

金融还在继承中发挥着作用，即财产从亡故者转移到其指定的受益人。这些转移通常是直接代际间的，从父母到子女，但受益人也可以是非亲属或者慈善组织。在金融货币物问世之前，遗产的货币部分主要局限于土地租金。然而，如今金融货币物的遗产就很普遍了。即将去世的捐献者与通常较年轻的受益人往往对这样运用金融手段感到颇为满意。然而，在声称致力于机会平等的社会中，金融特权的现成遗产看上去像后贵族式金融。

6) 存疑的财务收入来源

我已经提及过相对富裕的收租者从穷人向富人的资金转移中受益。当前关于经济不平等的争论的一条主线是，讨论这种收租者群体的规模应该有多大，以及代币货币总额中以租赁贡赋的形式流向他们的比例应该是多少。由诸如教堂、大学以及慈善机构提出的附加问题是，这些机构广泛地依赖于从它们所"捐赠"的房地产上收取到的租金（主要是财务货币物的投资组合）。另一个复杂问题来自当将财务资金分配给受益人的养老基金时，这些受益人便成为临时以及代理性的收租人。

我将在第五章中参与这场辩论，届时我将阐述个人贪婪恶习以及社会正义的问题。在这里我只想说，尽管很可能有一个相当直接的论据来证明，任何特定财务回报的正义性，但是对于那些不坚定地支持贵族式世界观的人来说，任何大额租金收租人的社会正义性都远非显而易见。

7）存疑的承诺

人们经常声称当前金融体系的优势之一，是它能够管理一些根本性的欲望不对称。首先，投资对象要求长时间，也许永久，无需"偿还"代币货币，而投资者则要求能够在其需要时撤回"他们的"资金。其次，投资对象要求其回报支付具有灵活性，可以随着经济状况的变化而改变，而投资者则要求回报支付具有明确或者粗略可预测的资金流。银行尝试通过集资然后划分进出的资金，满足投资者和投资对象的愿望。稍微简化一下，许多存款被合并后分割成许多份贷款，这些贷款提供利息收入，然后这些利息的收入经合并后，转化成为给许多存款者的付款。贷款的分配及其还款的数量和分配的选择是为了尽可能充分地满足相互冲突的各自愿望，即基于投资者和投资对象将继续像过去那样粗犷的预期行事。

集资与分离的技术几乎在任何时候都运作得非常良好。投资者既可轻松地提取储蓄货币，又能获得相当可预测的代币货币流，而投资者对象也能得到用于支出所需的代币货币，以及某些关于其利息支付的灵活性，至于银行则因满足双方需求而获得利润奖励。然而，事情有时会出现问题，偶尔还很严重，要么是因为未来与过去的差异超出了合理的预期，要么是因为贪婪的银行家设定了不合理的狭窄的安全边际。监管机构制定各种规定与标准，努力最大限度地减少错误及其造成的损害。随着时间的推移，这种历史、预言、贪婪以及谨慎的交集往往会形成一种周期性模式：银行的不良绩效引发恐慌并加强监管；银行的谨慎管理产生良好的结果，从而导致自满情绪与放松监管；然后银行再次出现糟糕的结果以及新一轮的循环。

对于赞扬金融体系的经济学家来说，这种双面性安排是其独创性的一个很好的例子。多么聪明的一个体系！它能够同时支持几乎对立的欲望！类似地，对于捍卫其体系规模与复杂性的金融家来说，更别说在危机中向政府请求货币援助的同一批金融家，"借入短期且安全的资金，借出长期并预期某些损失"的价值是显而易见的。它足够伟大值得在正常情况下得到良好的奖励，并且当事遇不测之时得到保护。

这些主张具有足够的有效性，可以将双重转型的承诺归类为值得怀疑而非糟糕的承诺。然而，从本书的角度来看，向投资者及其投资者对象提供经济上虚构的承诺的首要结果是"现实距离"。换而言之，它们导致财务安排的条款与在大交换中实际的潮起潮落，以及真正的原因和影响相当遥远。现实距离在融资领域如此普遍，以至于我将在第四章致力于阐述该议题。

8）不良的金融社会权力

如果在一个社会中每个人都掌控大致相同数量的储蓄货币，那么金融就不会放大社会的贫富差异。然而，如今的金融体系通常还延续着其几乎纯粹贵族血统的社会分化以及货币流动方式。货币物的分配通常比收入更加不平等，而与私人住宅无关的货币物带来的不平等程度还要大得多。代币货币从非持有者向金融货币物持有者的转移，会扩大金融投资者与非投资者之间在支出与社会地位上的差距。

这种趋势将在本书多处作阐述。目前，我只想指出，从贫困到富裕的财务实践的观察可能有助于解释犹太教、基督教和穆斯林对于高利贷由来已久的谴责，以及《圣经》对宽恕财务债务的赞美。在与这些宗教教义相关的社会和道德价值观依然被广泛分享的情况下，对于解决目前资金不足的问题的财务解决方案，以及表达社会与经济的权力的财务安排，总是在伦理上受到质疑。

9) 公司的不良金融活动

公司经常从事银行家有时所说的企业活动——通过分割、合并、取消和发行各种金融货币物来改变其财务关系和法律边界。在过去的半个世纪中，融资逻辑越来越被用来为经济上毫无意义的企业活动作辩护，而那些融资工具也促进了这种趋势。公司活动偶尔服务于公共利益，但更为常见的是，它呈现了一些令人厌恶的金融化的例子，我将在下一节阐述这个概念。那些本来管理有序而且基本运作良好的组织，往往因为某些财务投资者希望，这些策略能为其提供更高的股息和利息的偿付，而剥离或者合并。这种纯粹财务方法对于人际关系和成熟的运营系统造成的干扰是明显的，而且社会收益甚少。

10) 不良的金融投机

我之前指出过，货币物的价格与三联体左侧部分的货币数量以及买卖这些货币物的人们的心理联系，比与在实体经济中任何坚实的锚定物联系要紧密得多。储蓄货币和人们情绪的波动都是强烈的，然而能够抵抗它们的经济现实力量却是微弱的。结果是包括财务工具在内的所有货币物的价格毫无意义地波动。金融价格的波动吸引了，那些看到无需付出太多劳动即可迅速增加储蓄货币供应的人们，并且通常会被这些人放大。在他们"投机"的"低买"与"高卖"热情中，他们都几乎忽视了实体经济。对金融投机的欲望如饥似渴，以至于这些"交易者"经常避开真正的财务投资，而更热衷于交易那些价格波动更大的衍生证券。

我将在第四章和第五章阐述金融投机，不过可以在这里总结结论。投机浪费了人才与社会资源，同时放大了金融的许多固有弱点；其日益普及与受人尊重属于金融化令人遗憾的迹象和影响之列。

7. 金融与社会的议题

尽管代币货币是一种功能狭义的经济工具，但储蓄货币，尤其是金融具有广泛的社会意义与伦理影响。三联体左侧部分的货币物体现、界定以及象征着社会地位与关系的各个经济方面。在金融领域，代币货币回报偿付与储蓄货币的货币物相连接，因此财务安排既是社会性的也是经济性的，横跨三联体的两个部分。一部关于经济学的著作不适合作全面的社会性金融学的分析。尽管如此，我仍将提出三项社会性经济的观察。

敏锐判断，平淡现实

第一项观察是围绕金融的价值判断。在历史的大部分时间里，金融一直不受许多前卫思想家和大多数民众的欢迎。在本章第一节中，我提及过最极端的批评，即有关于邪恶的金融巨头的文化叙述。不太阴谋论的批评家还提出了另外三个论点，我将对它们进行解释。首先，后贵族式金融破坏了当代社会的平等主义规范。其次，职业金融从业者为自己服务比为公共利益服务更忠诚。尤其是银行经常未能支持有益的企业，并且常常支持那些毫无经济意义且具有社会腐蚀性的财务投机活动。其三，金融市场经常煽动大众过度的希望与恐惧的心理，从而对经济造成不必要的破坏性改变。

在近几十年里，正如我将要在下一节中阐述的那样，对金融的批判已经减弱，同时对它的热情却有所增长。尽管有些出席世界经济论坛会议的一些银行家，可能会心满意足地认为自己是仁慈的宇宙主宰，但是没有广泛传播的积极叙述与金融巨头的极端相匹配。更谦虚地说，一些经济学家将金融描述成功的现代经济的支柱，主要因为经济融资有助于许多有价值的商品与服务的生产和分配。金融爱好者还赞扬了，强制回报支付所提供的有益约束力，以及由信誉良好金融从业人士传播的信息与专业知识。支持金融的历史学家指出，持续的经济发展总是伴随着日益有效的金融体系的同样持续的扩张。此外，金融市场据说是提供了有效地遏制各种政府及其私人的过度行为。支持金融的宏观经济学家有时会争辩，银行借贷确实或者至少能在经济不景气和大众恐惧时期保持经济发展。

在我看来，用于支持这些关于金融的积极和消极的社会经济主张的具体分析，大多介于似是而非与有说服力之间，而许多批评者和狂热者的情绪强度是不值得的。金融从业者与金融的角色比任何一方都愿意承认得更加单调与复杂。我将提供一些需要避免过于简化和夸张的例子。

金融从业者：金融界的领袖都可能确实在当地、国家乃至全球精英发挥着不恰当的重要作用。然而，金融王者的故事却完全是无稽之谈。金融领袖与其说是邪恶，倒不如说他们无能、傲慢且思想过于保守。金融从业者的实际权力也易被夸大。他们的决策确实会创造和摧毁一些有偿就业工作，同时也帮助和阻碍一些行业投资。然而，他们总是受到监管、政治、商业以及其他社会权威的制约与否决。反制衡力量①当然本可以采取更多的措施加以控制金融从业者，但是如果银行家谦卑的话，社会、政府以及经济体的面貌可能看来或者感觉到与现在并没太大的区别。

后贵族式倾向：许多金融在结构上是后贵族式的。然而，现代金融体系集中收入与财富的潜在力量，远小于薪资差异催化经济与社会不平等的力量，以及现代税收制度抵消或者放大货币集中的力量。

跨期平滑：融资值得一些赞扬，因为它解决了我所称之为拖拉机的问题，通过利用贷款的起伏抗击收入的起伏。然而，在当今以工业经济为主导的经济中，这种拖拉机的问题相当少。当它们确实出现时，它们大多数是由金融过度所造成的。赞扬金融体系解决了很大程度上由其造成的问题是很奇怪的。此外，税收、集资以及囤积货币储蓄通常至少与融资一样可以有效地解决拖拉机的问题。

繁荣与萧条：融资的最明显的弱点是刚提及的过度倾向。金融对付费经济及其社会关系的干扰无疑是太大而且太频繁——这正是本著作的核心论点之一。然而，金融崩溃造成的损失似乎呈下降趋势。2008 年国际金融危机后的经济损失是非必要的，而且它比起 20 世纪 30 年代的金融引发的大萧条所造成的损失要小得多，也比 20 世纪一些持续的金融引发的危机所带来的悲痛要轻得多。现在判断针对抗击新冠时期限制措施的货币和金融反应，将造成多大的经济与社会损害还为时过早，但是在我看来，适度乐观是适当的。在过去几十年里，金融变得少许灵活了一点，理智的政府已经从无助的银行那里控制了更多的货币供应，并且对金融挑战与失败的监管反

---

① 译者注：制衡力量，又译抗衡力量，是一种政治理论中的概念，类似于制衡主义，指在不同权力主体之间存在的相互监督和制约关系。在经济学方面，美国经济学家约翰·加尔布雷斯（人物简介参见本书第 257 页脚注）在其 1952 年出版的《美国资本主义》一书中提出了抗衡力量的概念，指的是市场的政治调节，根据加尔布雷斯的说法，大型公司拥有巨大的权力影响经济中的市场进程，因此以工会、公民组织和其他形式的抗衡力量对于抵消企业的过度优势起着至关重要的作用。

应已变得不再那么笨拙。

帮助发展：通过银行的受控放贷、由外国人经全球银行系统提供货币代币量，以及政府利用国内金融系统来支持或者指导经济选择，金融确实有助于经济发展。然而，一个强大的金融体系不是促进繁荣的主要推动力之一，而一个弱小的金融体系也不是主要障碍之一。金融的重要性远低于劳动者的教育程度与态度、政府的能力与其优先事项、国家制度与法律的质量，以及自然资源的可用性。即使在货币金融体系内，良好的货币供应管理也比强大金融体系对于发展的贡献要大得多，因为有效及其高效率的融资替代方案总是唾手可得。此外，尽管跨境财务投资有时也有助于某些经济体的发展，但是纯粹的财务货币流动往往造成的经济伤害比其产生的利益更多。在总体上它究竟起着积极还是消极的作用，尚不清楚。

总的说来，关于金融的一个乏味的真相是，它在现实经济或者社会中很少发挥关键作用。相比较于货币，更别提科学技术、官僚政治、阶级关系以及现代企业精神，金融在当前经济和社会舞台上仅仅扮演着一个次要角色。它既受到敌人的过分责备，又受到其支持者的过度赞扬。在我看来，这些夸张的原因是他们混淆了因果关系。无益融资的兴起通常更多的是更深层次社会问题的征兆而非其问题的根源，而融资的有益用途更多的是经济上成功的社会安排的表现而非是其原因。

金融化

尽管金融的社会与经济重要性，无论是好或是坏，都容易被夸大其词，但是这种重要性几十年来一直在增加——在我的看来，尤其在发达经济体中负面的作用被夸大得比正面的多。这种趋势就是众所周知的金融化。这可以被技术性地描述为，在一个经济体中其财务安排的总价值，与该经济体中央货币比率的分子之比的增加。

较通俗地讲，金融化就是指相对于三联体的中间部分而言扩大了其左侧部分。

这种趋势对实体经济的直接影响不大，因为大多数额外金融活动都与薪资、价格和生产相距甚远。金融化的最大贡献者是纯粹金融债务，即用于购买货币物的储蓄货币的贷款。这些债务据称可以增加经济的"财务杠杆"，但实际上没有任何经济目的。

额外的政府债务是金融化的另一个重要贡献者。这些贷款只要是由借款国自己的实际或潜在的纳税人提供的，它们就不会产生直接的经济影响。通过由纳税人贷款获得的代币货币，与通过直接税收获得的同样的货币具有相同的经济效果，或者与政府通过代币货币创造的间接税收获得的，经适当地调整过的货币数量具有相同的经济效应。国内持有的政府债务可能会有政治或者社会的影响，但这前提是政府不使用税收制度，来弥补额外的货币物有关的储蓄货币和代币货币的流动。

消费贷款的增长，尽管它占的比率较小但是仍然对于金融化往往是一种重要贡献力量，确实会增加对融资的经济依赖。不过这种增长可能会被正在面临着目前资金不足问题的企业，从融资转向分担而造成的重大经济去金融化所抵消。

金融化对经济的影响更多地体现为一种思维方式，而不是一种支付方式。这一趋势最好理解为日益增长地依赖于金融标准，来制定与社会相关经济决策。这种文化金融化的征兆包括，对财务债务增长的热烈欢迎、对金融市场价格的高涨的关注度、社会对在这些市场投机活动的容忍度的提高，以及政治与新闻界对受过银行的培训，及其影响的经济学家专业知识的不断依赖。在这些与日俱增的金融化经济体中，金融措施已经成为商务决策更为突出的指南。相对于关心工人、客户以及社区的福祉，财务投资者的利益和思维模式变得更具有影响力。

金融化有时呈消极形式——拒绝或者修改不必要甚至有害的融

资。最值得注意的是，如果经济效率是决定如何创造，解决政府赤字所需的货币的指导标准，那么人们普遍认同政府始终对货币的创造与销毁负有最终的责任，这种指导标准本应该导致融资与货币创造的分离。类似地，2008 年金融危机的失败也本应该导致管理代币货币交易的机构，与调解经济和后贵族式融资的机构分离。然而，这样的分离几乎没有得到支持，也没有任何实践，无论是财政赤字与债务的分离，还是银行业务与融资的分离。这些经济非理性的不必要的延续是金融化的一个负面的实际迹象。

最后，反金融社会情绪的衰退意味着一种意识形态上的消极金融化。在政治上，尽管对金融仇视仍然在边缘盛行，但是即使被描述为民粹主义的领袖大多数，已经摈弃了传统上对银行家的诋毁。无论是老工人党①还是新的中间力量都急切地争取金融界的支持。在精英层面，金融从业者已经洗涤了几乎所有曾经甚嚣尘上的道德与社会的污点，曾一度被认为是社会寄生虫的职业金融投机者，如今有时被视为社会的栋梁。在较低的社会阶层，社区或者互助银行对于我将在第五章中描述的贪婪融资的抵制已经消失，几乎所有那些曾经欣欣向荣的机构也随之消失得无影无踪。

这种驱使日益增长的金融化的背后原因是什么？这种变化当然没有经济上的合理性。正恰恰相反，政府、各种企业，以及监管机构在经济中发挥着更大的作用，似乎更适合去金融化而非更多地依赖金融思维。由于对金融化的最佳解释不是经济性的，所以这必须是社会或者文化性的。换言之，社会似乎对金融思维有着某种兴趣。我认为对这种渴望的原因做任何实质性的分析，需要一些深刻的文化理论；而这种文化理论的探索已经远超出本著作研究的范围。

---

① 译者注：作者所在的英国目前主要有两个工人党：工人革命党和不列颠工人党，其中前者成立于 1959 年，原名社会主义劳工联盟，分裂自托洛斯基主义派组织，1973 年社会主义劳工联盟更改为现在的工人革命党，该党持极左翼的政治立场。

精确一致性谬误的含义

现代人对数字精确度和一致性的追求是一种文化现象，虽然与融资仅有一丁点关系，却可能已经促成了金融化趋势。在第一章中，我曾试图展示关于代币货币的，两种常见并且密切相关的信念的错误性——即它提供任何事物的精确度量，以及它可以在时间或者空间上以任何有意义的方式保持相同的价值。融资比货币更容易受这种精确一致性谬误的影响，因为它充满着许多非常精确的具体数字，而且它依赖于跨越时间与空间的大量数值的关系。

在金融领域有过多的数字是无可争议的。尽管用代币货币表述的价格或者薪资始终是一个确切的数字，但即使是最简单和最直接的债务货币物也伴随着三个精确的数字——资金数量、利率百分比以及债务到期日。如果这种货币物被买卖时，那么它就会附加更多的数字——当前价格、票面价值的折扣或者溢价、有效期限、当前收益率以及到期收益率。（由于公众对融资的青睐，这些术语的含义的解释很容易在因特网上查阅到。）尽管股息可变，股票的精确数字比债务的数字要少。当股票不容易买卖时，它只有唯一数字，即当前的股息。然而，当股票可以交易时，买方与卖方经常会在参考了大量的数字与计算后讨论出另一个数字，即当前的股票价格。这些始于官方认证但是很大程度上还是任意的值，譬如股东的股益、股东的年度或者季度的利润以及现金流。此外，专家还设计了一系列深奥的分析计算——譬如精心调整的比率、百分比变化，以及与大致上真正可对比的一些另类财务投资作无休止的比较。复合证券和衍生证券，譬如，贷款集合和购买股票的权利或者以特定价格收购股票的集合，总会附带着一连串几乎是数不胜数的数字。

融资中的大量数字并不产生高质量。恰恰相反，融资中的任何精确数字，甚至是最基本的数字，都不具有清晰或者一致的经济意义。这个问题是无法避免的，因为财务数字总是部分基于未来的价值，而未来价值又基于本质上不可知未来。数字中的任何精确度仅存在于三联体左侧部分内。中间部分的经济意义也只能被粗略地了解。譬如，投资对象以年利率5％借到1000欧元，期限为五年，预计每年偿付给投资者50欧元，五年后归还投资者1000欧元，这些都是确切的事实。然而，人们不可能知道这些货币性义务在大交换中的价值。

对于许多金融从业者来说，这种不可能性是无可接受的，他们认为了解储蓄货币将会发生什么几乎是一种权利。金融从业者无法创造知识，但是他们可以说出精确的数字的伪知识的预测神谕；其中有些预测很可能是准确的，但是就没有办法提前识别那些正确的预测。部分准确性与其有益不如说更具诱惑性而已。

提高声称的精确度只会加剧对现实的否认。可以说，认为某特定的货币物的价格在两年后上涨的可能性，比下跌的可能性要大得多。然而，像金融专业从业者经常会做的那样，预测价格将上涨28％，诸如此类的预测则是荒谬的。

金融的精确主义比愚蠢更荒诞。它具有反社会的倾向。为了看懂此问题，请考虑一下灵活性是如何帮助经济的非金融部分应对意外的挑战。生存，更不用说茁壮成长了，通常依赖于根据实际情况改变计划并且重新安排经济关系的反应能力。代币货币还具有有益的灵活性；每当价格与薪资不再适应劳动与消费的安排时，它们往往作出轻松的调整。相比较而言，呆板的财务数字可能成为有益变革的障碍。支付利息的法定要求与公司董事会偿付股息的承诺，可能会转移代币货币，尤其是代币货币所代表的劳动力和其他经济资源，使其远离对社会更有益的用途。更从心理上来说，对精确支付的承诺会分散投资人与投资对象，对大交换所固有的流动性和统一性的关注。

随着到期日的延展、条款变得更加严格或不切实际，以及投资者与投资对象在文化或在地域上的差距越大时，债务的反社会倾向变得更加强烈。由一位社区银行富有同情心的信贷员所监督的灵活授信额度，可能具有更亲善社会而非反社会倾向。（信用额度是一种承诺根据需要提供尽可能多的款项，最高限额为协商定的最高金额。）这种反社会的极端例子可能表现为三十年到期的债务证券，该债券已被分成许多次级证券，每种次级证券都有其预期损失范围，并且这些次级证券被出售给许多国家的众多投资者。

具有可变股息的股票在结构上比债务更接近社会现实（我将在第四章中再回顾这一优势）。很不幸的是，在当代金融实践中，投资者倾向于将债务和股权视作为基本上可互换的替代品，从而往往会削弱股权的优势。金融理论鼓励了这种趋势，金融理论是一种主要基于可疑或者完全错误的前提的知识建构。这一理论给股票本应令人羡慕的非精确性注入了大量的精确主义的毒素（我会在附录中阐述金融理论）。

8. 金融道德性议题

经济学家普遍认为他们的学科在道德价值观上是中立的。这种主张在经验上是荒谬的，在智力上也是不负责的。从经验上看，经济分析总是充满着道德判断，从假设失业与犯罪基本上都是坏事，到评判某些产出的定量指标的快速或者稳定增长基本上都是好事。从智力上看，全部有目的的人类行为，无论是个人的还是社会的，都具有一个道德维度——正如托马斯·阿奎那所说的，人类的愿望总被认为是好的事情——因此对人类状况任何部分的具体表现的全面分析，都需要进行相当全面的道德研究。这一要求当然适用于大交换中的所有事物，所有与货币性安排有关的事物，以及所有与金融有关的事物。本节会介绍金融领域中的一些重要的道德问题。在第五章中我还将从不同的角度探讨金融道德问题，介绍将贪婪视为困扰金融的罪孽。

非贵族式金融的固有公正性

我已经提过关于金融之善的一个哲学论点，即后果主义[1]者主张金融有利于整体经济。我的判断是复杂的。经济性金融显然有些益处（接受一种相当传统的观念，即充足和广泛的繁荣是有益的），但是其他解决目前资金短缺问题的方案可能更为优越。后贵族式金融几乎没有任何经济益处，并且直接反对现代社会所声称的平等主义社会和经济理念。在本小节中，我将探讨另外两个不那么后果主义的金融益处的主张：个人财务协议以交换正义为指导，以及利用融资解决目前资金短缺问题促进分配正义。

在交换正义的**个人**层面上，捍卫者将财务安排，即相互商定的随时间推移的双向资金流动，描述为等价值物品的公平和公正交换。正义的主张有时是主观的，即在**感觉上认为**这两者资金流的价值是相等的，以及有时也是客观的，即它们的**实际**价值是相等的。

此主观论点似乎很简单。该协议需要当事方相互同意，同意意味着赞成，而共同赞成则标志着公平。然而，实际上在融资领域同意往往并不那么简单。尽管法律与法规禁止某些欺骗行为，投资对

---

[1] 译者注：后果主义，也称后果论，是现代西方主张根据行为后果或结果评估行为的道德性伦理理论。在后果主义伦理学中，一个行为的正确或错误是由其所具有的整体积极或消极影响决定的，中心思想是最大化整体效用、幸福感或其他一些理想的结果，继承了效果论和功利主义的基本精神，有三种不同形态：行为后果论主张行为的后果决定行为的道德性质，准则后果论主张行为的道德性取决于是否符合一定带来好的后果的准则，动机后果论主张动机的善取决于其总后果的程度。该术语于1958年首次在西方道德哲学界出现。

象的同意也通常受到胁迫或者混淆。即便双方当事人在真正自由并且知情地同意时，主观一致也可能基于真实共享，但是仍然严重地错误估算未来价值。如果我们同意，我将支付你100欧元购买一瓶我俩都相信是优质的香槟酒，但如果事实证明该瓶子里只是含有未发酵的葡萄汁，这种安排就不公正了。这样的失望在当前货币交易中相当罕见，而且相对容易避免。在处理必然不知的未来安排中，它们更常见也更难避免。如果那瓶香槟酒在付了钱五年之后还没有送到，且钱花在了失败的发酵过程上，那么这种安排的交换正义性充其量是值得怀疑的。

交换金融正义的客观论证最好用类比来表达。正如当前通货之间的汇率被认为是公平的一样，当前的货币与未来的货币之间的兑换率也可以是公平的。货币的精确一致性谬论使人们对这个类比产生了严重的质疑。首先，这个类比没有说服力。通货的汇率实际上往往似乎并不公平，因为两种不同通货的所谓等值量，可以购买如此多样化的劳动力与消费品的集合。当不确定的未来结果是假定等价的一部分时，那种反对意见会成倍地增长。即使按照货币的粗略标准，那种声称现在的这笔金额的货币等同于以后那笔金额的货币是相当气粗胆壮的。

总而言之，无论是具体的还是一般的，无论在主观上还是在客观上，很难判断财务安排是否符合交换正义。无论如何，在现代经济体相互深度交织的经济与货币关系中，如果不考虑构成特定金融关系所处的复杂的经济网络与社会纽带的情况下，就不可能对个人财务安排的正义性与公平性发表意见。个人交换正义的问题应该与分配正义的**社会**问题结合起来。

金融促进公平配置的最有说服力的论点，始于一个关于财务投资实际作用的概要性主张。在这幅图解中，融资使投资对象可能以某种方式改善世界，譬如，让公司增加生产或者改善分销网络，让个人比其他一般人接受到更高教育或者提前享受度假生活。尽管收益主要归投资对象享有，但是其积极的影响会波及整个经济体。一辆污染较少的汽车会降低平均污染水平，一幢新房子可以提高居民的平均生活质量。

正义的论点是为社区作贡献的财务投资者，可以正当地要求获得整体经济收益中的一部分；而他们的回报就是提供了这样正当的奖励。融资的捍卫者明白，使用融资可以更多地增加财务投资者在大交换中收到的代币货币总体份额，但是这些捍卫者认为，这种相对增加来自于对广泛共享的社会收益的公平分配参与。简而言之，投资者之所以收益得多，是因为他们帮助整个社会获得了更多的收益。

这个金融分配正义的主张并非完全无效，但是在实践中它附带着四个相当严重的局限性。首先，财务投资的实际回报可能不够适度而不足以公正。财务投资者的回报通常占据社会总投资收益的相对高的比重。其次，财务投资者往往相对富裕，因此他们变得更加富裕而不符合任何分配正义的平等主义的标准。再次，后贵族式金融安排并不为三联体中间部分的任何活动提供重要的支持，因此，如果经济不平等的加剧被认为是公正的，那么它们给财务投资者带来的回报只能支持分配正义。

最后，即使从扩张与创新的公共收益中获得的金融"收益"是公正的，那么支付这些收益的其他手段可能更加公正。譬如，谷歌这个近乎垄断的搜索引擎公司的股东，分享该公司提供的广泛经济福利可能是公正的，但是其他安排可能已经或者更加公正。在公司发展的早期阶段，当它面临目前资金短缺问题时，税收，或者更准确地说政府的代币货币，可能是一种比融资更为合适的解决方案。搜索引擎可能被认为政府通常支持的那种普遍服务。如今，当搜索引擎产生巨额利润时，假设谷歌可能作为非营利性公用事业公司运营，而不再向股东提供更多回报，那么公共利益可能会得到更好的服务。

金融权力的集中

我已经说过，后贵族式金融总是增强富人的权力，经济金融也具有相同的倾向。这种描述表明了，金融的社会经济作用应该是一个道德辩论的主题，即社会应该如何分配以及使用权力与影响力。对现有的社会等级制度所声称的金融强化的任何道德判断，都取决于对实践哲学①的四个广泛问题的答案。

首先，金融是否像我所说的那样明显是后贵族式的？即使财务安排作为一个整体产生了由穷人向富人的资金流动，还是明显存在着无数的个人与机构的例外情况。它们可能值得比我已经给予了的更多的重视。此外，我可能过于轻易地忽视了建立非贵族式的财务关系的可用性或者潜力的社会价值。当然，在当代经济中一个相对贫穷者更希望成为一名财务投资者，这显然比在任何实际的贵族社会的情况都要现实得多。这些现实的希望可能会使该系统，不像金融货币物的实际贫富分配的衡量标准那样具有后贵族色彩。

其次，我将现代经济与社会描述为等级制度是否正确？在所有现代社会内（以及在不同社会之间）的收入存在着明显的巨大差距，而在货币物的所有权方面存在着更大的差距。然而，在考虑经济平等与不平等时，此类货币措施可能无法体现伦理上最重要的因素。就所有必需品和一些现成舒适品的实际消费而言，大多数国家（以及整个世界）在过去一个世纪以来已经变得更加平等。生产的增加、大规模生产的理念以及综合性政府确保了基本经济物品——

---

① 译者注：实践哲学是哲学的一个分支，侧重于人类生活和决策的实践方面，涉及与伦理、道德、行动和实践推理有关的问题；与处理抽象和概念问题的理论哲学不同，实践哲学旨在为个人应该如何生活、作出道德选择和从事道德行为提供指导。不同哲学家对实践的理解不同，有理解为人类性的生产实践，也有理解为个体性的操劳、操持，还有理解为对于历史流传物或传统的理解与解释等。

有理想及尊严的劳动力、电力、教育、医疗保健、因特网服务、交通运输——比过去任何时候都更加普及和平等地可得。在经济必需品不平等不断减少的背景下，金融体系对富人经济权力集中的强化在伦理上可能被认为微不足道。

再次，是否几乎所有的现代政治哲学家都正确地，假设或者声称更加平等的社会总是比不那么平等的社会更好？如果普遍结论是正确的，那么金融的反平等主义倾向看起来是一个需要认真关注的问题。然而，有些细微差别可能会导致对该问题不那么坚定的判断。如果社会应该是平等的，那么人们应该追求什么样的平等？人们是否应该平等自由地参与任何金融协议或者能够借款与贷款？在这种情况下，后贵族式金融本质上促进不平等将不会引起道德问题。然而，如果人们同样不能免受货币与融资的胁迫，那么经济融资通常也会受到质疑。

最后，社会与经济上的等级制度是否如大多数前现代政治哲学家所争辩的那样好？这个问题不仅仅是对上一个问题的逆转。如果社会等级制度确实是还行且不一定坏的话，那么分配经济正义看起来就会非常不同了。如果这样的社会与经济上等级制度支持公共利益，那么那张穷人对富人的财务义务的厚厚的网可能是，确保社会关系理想的确定性和持久性的公正而有效的方式。

一些道德问题

在本小节中，我将提出一些与金融相关的重要道德问题。为了简洁起见，我既不会尝试提出所有重要的道德问题，也不会尝试回答其中任何一个问题。

财务**投资者**的核心道德问题是如何确保他们的财务活动促进公共利益。这个单一的一般性挑战可以分解出许多更加具体的问题。这里举一个例子。哪些财务投资能够以支持公共利益的方式解决无资金问题？投资者对其回报的利用是否支持这种公共利益？"投资阶层"成员的行为举止像游手好闲的贵族一样可耻，还是像熟练的专业人士一样勤奋，或者像品行正直的悠闲人士一样高尚？这个最后的概念在现代可能不太熟悉或者不合适。然而，与他们贵族祖先一样，如今的"投资阶层"可能也有责任将一些他们的时间与精力贡献给无偿或者低报酬的精神、政治、知识、文化或军事劳务。

对于**投资对象**而言，最重要的道德问题是，他们是否真正自由地参与公正的财务安排。再次强调，这个核心问题具有许多具体的表达方式。财务义务是否要求清醒的努力确保按照商定的付款，从而支持对公共利益的公正承诺？或者，它是否对投资对象的消费施加了不公正的压力，并且不公正地迫使其对自己的劳动作出不愿意和经济上不必要的决定？抵押贷款是否为社区的未来创造更多的自由与公正的承诺，还是为放贷人创造一个不公正的半奴役制，或者对投机收益的不公正的欲望？企业投资对象是否公正地与有益的投资者联系在一起，还是不公正地受制于不负责和剥削性的投资者？在对当前及其未来可能的收入，支出与可能的愿望进行理性判断后，消费贷款是否是自由而公正地发放获取？还是他们受到了不公正的货币收入初始分配，以及对借款人心理的不公正压力的鼓励？借款国政府是否自由地与富裕的放贷人进行公平的谈判，还是它们受到投资精英不公正的压力而被迫发行债务，而仅仅创造货币或者收缴税金就可以达到相同货币与经济效果？

那些被排斥在自愿性财务关系之外的人们，所面临的道德挑战很容易被忽视，而它们都是真实存在的。根本的道德问题是这种排斥是否会造成不公正。许多人由于太贫穷而无法做财务投资，以及他们选择不借款（成为投资对象）却仍然被迫参与到金融体系里。他们必须表现得像投资对象那样，因为他们必须支付更高的价格才能为股权投资者提供财务收入。这种强制与排斥的组合是否公正？更通俗地说，无法成为投资对象，或者更罕见地，无法作为投资者参与金融体系，是否会剥夺那些在金融上被排斥在经济和社会之外的人的公正参与权？他们的排斥是否是对自己的不负责任、不可靠性或者异国性的一种公正回应，还是对他们的种族、宗教、国籍或者社会阶层的一种不公正回应（假设这种排斥不仅是非法的，就像它们在大多数司法管辖区一样，而且还是不公正的）？这种排斥是否可能导致他们陷入不必要与不公正的不稳定状态之中？强制性租赁住宅（与借款购房相比较）是否为一种合理和公正的拥有住房的形式，还是对房主社区的一种不公正地边缘化，他们通常既是抵押贷款者又是房屋货币物投资者？政府的福利计划是否在道义上公正地替代无法获得的财务安排，还是缺乏有尊严的替代方案会增加财务排斥的不公正性？

融资中**个人**正义的核心问题与社会正义的问题相似。对于每一种具体的财务安排，对其正义性的分析必须考虑到实际以及潜在的投资者和投资对象的情况。正如之前阐述过的一样，双方所表明的就商定条款的意愿绝不是正义的充分标准。后续善意表达对商定条款的满意也不算充分标准。无知是另一个问题。这些协议中至少有一方通常不理解实际商定的协议的含义。道义上混乱和事实上误解有时同时存在。譬如，一位贷款者也许非常了解一笔有效年利率为百分之十的发薪日贷款的条款。然而，他迷茫的意识和良心也许让他相信这个贷款条款是公正的："这就是我赚取体面回报所必需的利率。"借款者可能也认为这种贷款条款是公正的："我每周只需支付非常实惠的五十美元。"然而，借款者只是无知；他不懂利率。尽管双方相互主观上都认可，但是超高利率很可能无法通过更客观的公正的检验。

除了金融体系内外社会群体与个人的问题之外，每种类型的**财务安排**都有其自身的社会影响，每一种影响都会引发其自己的道德问题。譬如，创造一大笔政府债务的社会决定，是否会支持负债累累的中产阶层成为一个公正社会的基石，还是延续一批负债累累的租赁阶层成为不公正的精英？由抵押贷款造成的土地价格上涨是否公正地鼓励具有社会责任感的房屋主核心，还是不公正地导致以牺牲公共利益为代价来保护房价稳定的执着承诺？向消费者和学生提供的贷款是否会更公正地在社会中更平等地分配消费，还是仅仅将财务投资人变成一批具有人性贪婪和社会不公正的剥削者？

如果没有彻底的社会学和道德分析，所有这些问题都无法得到答复。必须了解具体财务安排及其替代方案的实际影响，特别是社会经济状况，然后将这些影响与某些假设、已证明或者已商定的善行标准作比较。这是一项艰苦的工作，但却是建设一个美好社会所必需劳动的一部分。

区分收益与痛苦，并且信守承诺

金融的本体论与时间的不对称性会确定，未来并不总是按照财务安排的条款商定时所预期的那样。做出时看似公平的承诺可能会对投资者或者投资对象而言是不公平的。这些变化带来了道德问题，即如何最公正地应对意外事态发展。债务投资对象有法律义务提供一定金额的代币货币，而股权投资对象也会有不太明确的隐含契约，即给予股权投资者公平份额的可用资金。在什么情况下才应该减轻或者放弃这些义务？

即使投资对象的财务承诺并非具有法律约束力，也存在着隐含的承诺，而且正如连任何小孩都知道的那样，违背承诺是不公平和不公正的。当然，正如任何契约律师都知道的那样，有些承诺是无法合理兑现的。使无效契约的原因中包括：譬如实施非法行为时，这种本不应该做出的承诺；譬如当自然灾害或者战争爆发后，那些已经成为无法履行的承诺；譬如当发现履行劳动契约可能会导致雇员死亡时，如果兑现承诺的话只会造成严重的伤害。这些条件都可能与财务义务相关。

考虑向贫困消费者或者贫穷国家的政府提供贷款，其条款相对于借款者的前景而言非常不切实际，以至于投资者实际上并不期望这些条款得到完全履行。相反，放贷者在计算从一群此类的投资对象那里所要求的付款，完全预计到他们中的许多甚至所有人只会支付其承诺的一小部分。实际上，投资者的目标仅仅是，从尽可能多的投资对象那里收回尽可能多的资金。然而，典型的借款者并不完全意识到这种普遍不还款的预期。相反，借款者或者不断地被告知必须个人支付所承诺的一切。

那些勒索性贷款是贷款定价标准技术的一个极端例子。利率始终包含了相当于保险付款金额，以保证放贷者免受没还款的损失。（我将稍后详述这一点）。实际上，一大批借款者同意补偿放贷者，以弥补借款群体中最终支付的金额远低于最初承诺的成员所带来的损失。这种分担并非明显或者不可避免的不公正。然而，这种资金池引发了伦理问题。很难确定哪些投资对象应该被捆绑在一起。

即使假设最初的债务条款是公正的，当借款者发现他们很难兑现已承诺的还款时，一个新的道德问题出现了。仅仅期望他们为履行所有的条款付出多少努力才是公正的？可以公正地要求他们牺牲什么物品呢？消费债务人是否应该卖身为奴（一个前现代时期的广受认可的解决方案）？企业债务者是否应该在无法支付利息之前削减薪资、停止投资或者暂缓纳税？政府是否应该减少支出？背负沉重学生贷款的大学毕业生是否应该放弃梦想，加入赚钱的职业？或者有时债务人干脆违背承诺是否公正？如果有时这种违约是公正的，那么是在什么样的情况下？

宽恕的价值

神学家有时说上帝的慈悲是他正义的一部分。旧约全书以色列人的法律要求定期免除债务，以及基督教徒也被教导神圣的正义要求他们宽恕（道德上的）债务人。然而，在当代融资中，宽恕几乎从未被视为正义的一部分。有时会发生债务被宽恕的情况，但是这种宽恕不可避免地被视为不受欢迎的最后手段，而且总是伴随着放贷人的深深的遗憾。

我认为传统上将财务正义与财务仁慈分开，是基于对融资本质的普遍误解。一旦融资的双向资金流动被理解为我所阐述的，作为无资金问题的六种可能的解决方案之一，那么其回流将被认为远不如当初需解决问题的资金供应重要了。投资者的资金很可能通过税收、集资或者捐赠方式到达投资对象那里，而投资对象也可以通过一些其他非财务方式解决其目前资金短缺的问题。有这么多看似合理的替代方案，资金回报应该被视为一种特权而非一种权利。财务投资者应该认识到，当命运发生变化时，他们原有的财务特权可能被撤销，转而成为捐赠。

从更宽阔的社会视角来看，免除财务义务可以被理解为对环境变化的一种有时适当的反应。金融关系总是在一个社群内部建立的，即该社群有一些成员可以提供储蓄货币，而其他成员可以受益于将储蓄货币转化代币货币，然后进入大交换。这些给予与接受成员之间的适当的关系将不可避免地会有所变化。随着时间的推移，曾经服务于公共利益的财务关系可能会变得对社会有害。在这种情况下，向非金融转移的过渡可能会更有效地促进共同利益。如果投资者以慷慨的精神赞同这种过渡，自愿提供免除那些在经济上不再合理的债务，正义将得到伸张以及社群也将变得更加强大。

9. 六个令人困惑的词汇

像任何专业领域一样，金融拥有大量的技术词汇。从业者快速将任何新的技术发展或者概念见解，转化为尽可能多的仔细定义的术语，以确保清晰度。经过许多次发展与洞察，金融领域的成果令人印象深刻。一家专注于投资的英语互联网站①提供了包含 14 000 个词条的词汇表。在拥有如此丰富语言背景下，令人惊讶且意义重大的是，一些最基本的金融术语的使用含混不清，即同一个词具有承载着截然不同的含义。我已经介绍了"货币"这一定义上的模糊性。使用这同一个词却有着令人困惑的描述：具有众多的社会与文化含义的符号货币，用于调节大交换的代币货币，以及一种贮藏着公认的经济价值与社会政治权力的储蓄货币。

尽管这三种货币的混淆令人沮丧，但这是也可以理解的。它们通常很容易相互转换，并且它们往往采用相同的物理形态。此外，这些货币类型之间的界限非常模糊，以至于适当的标签可能并不总是清晰可见。然而，这些不为"货币"的不同含义提供其单独词语的借口，不适用于本节的六个重要金融术语中的任何一个词语。对于所有这些术语，拒绝或者无法形成清晰的词汇，反映了一些不必要的智力混乱与不一定有意识的意识形态偏见的混合。

1）融资

我的第一个模棱两可的金融词汇是"融资"。在本章的第二节中，我曾对这一项业务作了相当狭义的定义，即涉及在时间维度上做双向跨期货币支付的契约安排，包括解决经济上目前资金短缺的问题，以及体现后贵族式安排，这些安排具有社会学意义但是缺乏明确的经济目的。在需要精确性以避免混淆时，我将这种相当直观使用"融资"的称为"纯融资"；因为它描述了大多数人认为的银行业务中财务方面的很大一部分的内容。

---

① 译者注：作者的原注脚列举的是一个名为 Investopedia 的金融多媒体网站，成立于 1999 年，其总部设在纽约，提供证券账户等与金融产品投资相关的词典、建议、评论、评级和比较综合信息。

我所称的一般融资是指任何种类的资金来源，尤其是用于特定支出项目的资金来源。"……融资目的是什么？"省略号处几乎可以填写任何需要支付的事物——如建造工厂、本月的薪资、出国旅行、新的高速公路、那些鞋子，或者这些股票。一般融资包括各种形式的纯融资，但是也包括许多不具有任何跨期契约条件的资金来源：企业的收入、消费者的薪资、囤积的储蓄货币、税收收入、新创造的代币货币、福利开支以及自愿捐款。换言之，"筹措资金"就是为其找到支付的资金，而"筹资"就是货币本身。一般融资是指公司的"财务报表"和"财务分析"中的"财务"。纯财务当然是一般融资的一部分，但是其双向资金流动和固有的跨期与本体论的不确定性使其与其他所有部分都截然不同。事实上，唯一共同的特征是使用某种货币。

"融资"还有另一种常见的用途，或者更常见的是"资金实力"，即可以称为潜在的财源。人们会发现这样的句子，"他的资金实力雄厚"或者"财源不是问题"。在这里的"资金实力"不仅指普通财务中提供的实际资金，还指在需要之时可以使用的代币货币或者储蓄货币。换而言之，这种潜在的财源既指实际的资金，也指可能解决潜在的目前资金短缺问题的资金。"融资"的这一更广泛的含义集中在纯融资的一个特征上，即它对未来财源的展望。

最后，"融资"或者更常见的是"理财"通常用来描述三联体左侧部分的所有内容。这种广义融资包括与纯融资相关的一切，但是也包括非财务货币物，包括床垫中囤积的金钱、银行储蓄账户里的资金余额、土地、用作货币物的大宗商品、非经济性货币兑换货币交易的通货、衍生证券，以及融资市场中的所有活动。

就像"货币"的模棱两可地使用一样，"融资"同时用于经济融资、后贵族式的融资、一般融资、潜在融资以及广义融资，可以被视作仅仅是一种历史的偶然。在代币货币曾还与黄金和其他有形物挂钩时，纯融资往往与诸如创造信用证以作为稀缺代币货币的不

　　　　　　　　　　　货币、金融、现实与道德

完美替代品等，本质上的货币运营的操作没有明显的区别。此外，在从贵族社会与经济，向工业社会与经济的漫长且在某些方面仍尚未完成的转型过程中，人们对目前资金短缺问题的经济解决方案，与后贵族式租金的社会学转移之间的差异，不但过去只是有限的认识，如今在某些方面依然存在着这种情况。

对于那些相信货币实际上就是信用的人来说（在第二章最后一节中阐述过的错误信念），语言上的这种历史的偶然性还是一件幸事，因为"货币"与"融资"几乎可以互换使用，并且明确地支持着这一认同。然而，如果在本著作中所提供的描述是正确的话，那么持续在语言上的混淆引入了一种不必要的分析模糊性。这种模糊性还给纯融资带来一种不应有的实用性与重要性的氛围。解决资金短缺问题充其量只是几种方案中的一种，在语言上与该代币货币系统的所有最成功方面都融为一体。与"融资"相关的成功内涵有助于掩盖，那些在伦理上可能被认为令人反感的由贫困向富裕转移财富，以及"金融体系"的某些缺陷。这种不值得的语言提炼往往会破坏评估经济融资、后贵族式融资以及广义融资所有部分的努力，因为融资作为一切货币备用系统的虚构，掩盖了一个不那么吸引人的现实。

我遗憾地承认，本著作可能会加剧围绕着融资及其与货币和社会相关的概念混淆。毕竟，我已经将货币与融资的研究整合成单一本专著，两者似乎是天然一体。在下一章我将把广义融资货币物作为一个整体加以阐述，而并不总是将在三联体的左侧部分中的纯融资，与其他事物及其行为明确地区分开来。

我对所有这些概念上无益混合的理由是务实的。为了解释什么是纯融资，我必须解释它不是却通常被认为是什么——与代币货币相近。为了澄清这种区别，我必须首先解释，什么是代币货币，这就需要解释什么不是代币货币，而是储蓄货币和货币物。只有这样我才能解释所融资的是特殊货币物。当理解了这些区别之后也就清楚了，银行创造与运营的货币与融资体系，将所有不同种类的融资与货币混合在一起，其做法不但在概念上越界而且在实际上也是很危险的。

然而，现实世界中广泛存在着概念越界不会因理智上的清晰而被希望消失。银行及其类似的机构，在从事货币系统和普通财务的工作中，通常包括但是很少局限于纯融资。事实上，纯融资几乎从未与其他类型的融资区分开来。在这些混淆与令人困惑的情况下，我才决定最有益的方法是将货币与融资放在单一的著作中，用一个章节清晰地描述纯融资，然后在其余的章节中阐述一般金融。

2）储蓄

当货币从大交换中移出时，它变成了不同的物品。它不再是连续循环周转的代币货币，即用于支付物价的薪资和用于支付薪资的价格（以及税收福利、保险金理赔等）。相反，这些货币变为我所称的储蓄货币，仅存在于三联体的左侧部分。储蓄货币的含义是明确的：当前在经济上是惰性的潜在代币货币。然而，在经济学家的日常和标准的用语中，"储蓄"具有几种含义。

解决这种困惑一种好的方法是，考虑当一个人选择不将所有薪资花在消费品与服务上时会发生什么。他会"储蓄金钱"，无论他将未花费的金钱藏进床垫里、存入银行储蓄账户中，还是可能买进股票或基金。对他来说，储蓄与减少消费几乎都是在逻辑上同义反复。然而，他的储蓄的货币效果是模糊的。如果他将储蓄货币投资于新发行的股票或者将其借给一家公司，该公司将利用这些资金来帮助支付新工厂的费用，那么消费几乎瞬间从他向某些投资对象转移。他失去的代币货币与其他人或者组织得到的代币货币相匹配。中央货币比率的分子，即三联体中间部分的代币货币供应量，没有变化。然而，如果他往床垫里塞进同样数量的金钱，货币的效果就完全不同了。这种从大交换转移出一些代币货币会减少中央货币比率的分子。如果分母不改变，那么比率本身，即价格与薪资的总体水平会下降。

当一位薪酬丰厚的高管将他所有未花的金钱都储蓄起来时，就会出现一种结构上类似的模糊性。与贫穷的储蓄者一样，如果富裕的储蓄者将他的积蓄最终塞进一个很大的床垫里，中央货币比率也会下降。在这两种情况下，如果这笔金钱被其他人花掉了，无论是否涉及捐赠还是融资，中央货币比率都将保持不变。然而，舍弃的模式完全不同。那位高管消费他所想要的一切，无论他是否用储蓄的金钱随心所欲，那个贫穷储蓄者只会不可避免地消费少于其能够并且可能愿意消费的程度。

总之，"储蓄"可以指储蓄者消费的减少、向投资对象转移代币货币以及代币货币的流通供应量的减少。这三者是截然不同的。如同"融资"一样，"储蓄"的每一种应用都有其历史原因，而且这种模糊性对于早期经济学家来说，并不总是显而易见的。然而，无论是在理论上还是在实践中都很容易，将货币代币在三联体的中间部分内部的转移，与由三联体的中间部分向其左侧部分的转移区分开来，并且大多数经济学家可能很容易地理解，这两种转移具有明显不同的货币和消费效应。与"融资"一样，言语歧义的持续存在表明思想上的混乱持续存在。

再一次，最有可能的罪魁祸首是银行系统。人们通常认为他们的银行账户余额，是他们在需要时可以转换成代币货币的储蓄货币。然而，对于银行而言，这些存款是与资产，即贷款，相匹配的债务。对于从银行借款的借贷者而言，这些贷款通常是代币货币。（我暂时忽略从一家金融机构向另一家金融机构的贷款，这会歪曲概念示意图景，很少是出于良好的经济、社会或者货币的原因。）事实上，银行正处于一种认知失调的境遇——对于同一笔资金既是储蓄者在大交换外的货币，又同时是借贷者在大交换内的货币。

如果在经济上贫乏的货币物中储藏的资金，与将资金从投资者转移到在三联体中间部分内的投资对象，在这两者之间存在着一种清晰的言语区别，那么这种认知失调将更加明显，因而较容易管理。当这两种货币用途都被描述为储蓄时，银行只需确保该矛盾不会变得太明显即可。只要个体存款人可以在特定的时间将尽可能多的储蓄货币转换成所想要的代币货币，这种模糊就可以被视为柏拉图①所说的一种高尚谎言的银行业例子。这种掩饰有助于付费经济平稳运转。然而，即使是善意的谎言，一旦被揭穿也可能引起麻烦。

在最坏的情况下，储蓄谎言可能导致银行挤兑与金融危机。即使在最好的时候，储蓄混乱也常常导致令人不安的货币性混乱。在第二章中，我曾提及过一个想法，即亿万富翁可以通过变现其积蓄，并将金钱分送给穷人来立刻消除贫困。正如我在那时所解释过的那样，增加的代币货币并不能创造额外的商品与服务。我将在第四章和第五章中解释，为什么那种积蓄确实或者应该赚得无风险代币货币的收入的说法同样令人不安。更通俗地说，为投资者提供给投资对象资金流的权利主张的财务安排，确实确保了投资者的收入，但是总是取决于融资不可避免的在时间与本体论上不对称的不确定性。相比之下，贮藏在床垫里的储蓄货币无法赚到收入。当这样表述时，这种区别是显而易见的，但是在许多有关储蓄、投资和经济政策的讨论中无法识别该区别，因而那些对话变得混乱不清了。

在代币货币与储蓄货币之间仔细的言语区别，不仅暴露银行业务模式的模糊性，这几乎肯定会导致每一个经济体中，与货币和融资相关的四个操作系统的分离：（i）管理大交换内部代币货币转账的操作系统；（ii）创造与分配新代币货币的系统；（iii）通过纯融资在大交换内部分配代币货币的系统；（iv）在大交换之外以不同形式

---

① 译者注：柏拉图（Plato，前 427—前 347），古希腊哲学家，柏拉图学派的创始人，苏格拉底的学生，亚里士多德的老师；公元前 387 年在雅典创办学院，建立欧洲哲学史上首个系统的以理性为基础的客观唯心主义体系。

贮藏储蓄货币的系统。不过，即使在任何组织变革之前，储蓄的词汇都可以改进。

3）银行

我使用了一个平凡的单词，银行，来描述从事许多事情的机构：在三联体的中间部分处理代币货币流动；在左侧部分持有贮藏着的储蓄货币；通过放贷创造新的代币货币与储蓄货币；使用现有的储蓄货币进行财务投资；为投资者、投资对象，或者两者组织财务安排；交易以及组织非金融性货币物交易；代表客户持有非金融性货币物；将各种金融业务与集资（保险）业务相结合；创建准金融衍生证券；以及交易并且组织这些衍生品的交易。

几个世纪以来，法律和法规已定义了发达经济体中大多数银行的业务以及业务实践。未受监管和规避监管的银行在不同的时间与地点相继涌现，最近一次是为了支持"加密货币"。新的机构有时声称他们不受规则约束的自由将为某些客户群体提供巨大好处，但是历史记录表明情况并非如此。这些叛逆性银行总是要么很快倒闭，要么很快被纳入受监管的银行体系。这些银行体系的法规在不同国家与不同时间之间有所不同，但是很少有银行被允许经营我所罗列的全部业务。通常，货币与金融活动分为各种类型的机构，其中只有一些实际上被称为"银行"。这些分工与名称随时间和司法管辖范围的不同而有所不同。这些名称通常相当令人困惑。譬如，曾几何在美国，商业银行与储蓄银行有着很大的不同，而储蓄银行又与储蓄机构和贷款机构不同。有的时候，名称并不反映其机构的功能，譬如，中欧的雷菲森①是以货币活动家弗里德里希·威廉·

---

① 译者注：弗里德里希·威廉·雷菲森（Friedrich Wilhelm Raiffeisen，1818—1888），德国社会改革家和农业信用合作社的先驱，一些信用社系统和合作银行以其名字命名，例如雷菲森国际银行至今已有130多年的悠久历史。

雷菲森的姓命名的（银行）。当指出功能时，其名称却往往更具误导性而非说明性，譬如，英国的"建筑协会"① 实际上并不建造任何建筑，而美国的"信托机构"②，却与该词的正常用途几乎没有关系。

一系列大量无用的名称，给任何试图撰写有关处理货币机构的文献的人士构成了一个困境。我用一个单词来描述整个业务组合，可能会让人误解我对三联体的中间与左侧部分的制度设计重要性的理解。我认为针对不同类型的货币与金融业务设立不同类型的机构、适用不同的监管法规以及行使不同的机构风格，是极有价值的。然而，对于现有名称的任何分类都会相比说明更令人困惑，因此我选择了最通用的单词，银行。

金融中介是一个看似合理的选择，并且听起来更有学术的优势，但是许多我所称之为银行的机构更多是货币性而非金融性，而且许多机构实际上并不从事中介业务。金融机构是比较好的，但是它实际上只适用于本质上是融资的机构，对代币货币、非财务货币物或者集资安排不承担责任。然后还有中央银行，它们值得特别提及，因为它们的名称实在不合适。它们在货币体系中的角色完全不同于与银行相关的众多活动，因此它们显然迫切需要一个新的名称：我的选择是中央货币当局。

与本节中描述的其他言语困惑所不同，为不同类型的货币和金融机构找到相一致的名称的难度是众所周知的。根本问题——决定如何划分各种货币、金融以及货币物的责任——已经争论了近两个

---

① 译者注：建筑协会（Building Society）是一种始于 18 世纪末英国伯明翰的会员制互助资金池式的金融性机构，主要业务包括储蓄、住房信贷及个人贷款等，目前存在于英国、澳大利亚和新西兰等国。最初建立这种机构的目的是旨在利用所集资的资金资助会员建造房屋，这反过来又作为抵押品，为社会吸引资金让进一步的房地产建设成为可能。在它们全盛时期全英国有数百个类似的建筑协会，当所有成员都有房子后，它们或解散，或经股份制化与被收购合并成为银行。

② 译者注：在美国有许多商业和投资银行以信托机构（Trusts）名义出现，例如：摩根大通美国投资信托有限公司（JP Morgan American Investment Trust Plc）等。

世纪。然而，围绕着三联体的中间和左侧部分及其两者之间的关系，许多困惑仍然极大地阻碍了实际分析。目前汇集的英语和其他语言的机构名称，可能由于不必要的草率和歧义性而难以有所作为；需要一个新的、在经济和社会学上更准确的术语。当人们仍在等待之际，这个单一的综合词，中央货币当局，是解决本问题的勉强方案。

4）投资

我已用"财务投资"来描述在货币分配中的一种非常具体的变化，即当投资对象收到代币货币，并且将其用于支付劳动力、商品与服务。典型的例子包括公司使用通过金融性货币物所提供的代币货币，支付建设新的工厂、增加现有工厂的产量、采购库存备品备件或者开展昂贵的研发项目。在所有这些情况下，生产投资对象从财务投资者那里获得代币货币。投资对象期望用代币货币购买的物品能够产生足够的代币货币收入，以向财务投资者，即相关货币物的所有者支付所承诺的财务回报。

财务投资的这一定义以投资对象为中心，无论投资对象是物（或是人），总是将所提供的资金用于三联体中间部分的里面。然而，从投资者和整个货币系统的视角来看，这些财务投资包括两种截然不同的安排。在理想的银行业中，今日的投资对象就是明日的投资者，而储蓄通常需要牺牲消费，因此资金的转移很大程度上反映出，或者表达了在大交换内消费的明显变化：从投资者到投资对象。作出牺牲的投资者的消费量比没有投资时的消费量要少，而正在支出的投资对象所消费的同样资金的价值却更高。相比之下，在典型的精英金融界中，用于财务投资的资金转移通常是，将三联体左侧部分的储蓄货币，转换成三联体中间部分的代币货币。财务投资并不迫使富裕的投资者减少消费。相反，额外的代币货币在不知不觉中增加了中央货币比率，因此价格上涨得略高于已付了费的物品的集合（"高于"在概念上与数字上都得到了理解）。价格调整会减少除投资对象以外的所有人的总消费，刚好足以补偿投资对象增加的消费。这些微小的损益被广泛分摊，以至于难以觉察，或者可以通过其他经济转化来弥补。

财务投资有直接转移消费与没有直接转移消费，这两种含义只要不忘记区别，就不会太混淆。然而，"投资"有三个经济含义。

首先，当某人从一位现有所有者那里人购买股票、债务或者任何其他金融证券时，买方被称为"进行投资"。然而，由于此类购买不会给投资对象带来新的货币资源，因此它与财务投资没有任何共同之处。有时通过使用"初级"投资来指代真正的财务投资，以及使用"次级"投资指代将货币物从一个投资者转移到另一个投资者，来认识这些区别。不幸的是，这种关键性区别的应用杂乱无章。

其次，对新设施的"投资"可以用代币货币支付，该代币由当前销售分担到未来的费用中。这种投资没有任何财务意义。最多，如果投资企业是逐利的，那么即使股东没有提供建设所需的任何资金，也可能期望新的设施产生的部分收入将作为股息发送给股东。然而，非营利企业也做此类投资，它们没有任何计划或者义务发送资金给投资人作财务支付。

最后，购买新的通用政府债务通常被描述为一种投资。这种用法对于买方来说是有意义的，他们期望从政府债券中获得与真正的财务投资相同的资金回报。然而，政府正在做一些事情，与任何真正的经济融资投资对象截然不同的事情。政府不会像对财务投资的预期那样，花费资金建设新的东西或者用于任何特定目的。借来的资金仅仅与税收和可能来自中央货币当局新创造的货币混合在一起。所有这些不同类型的货币将不加区别地用于政府需要资金的任何用途。这种混合与不加区别地支出的结果是，政府债务的回报不能来自债务所帮助支付的项目的成果。因此，回报偿付将只能简单地从政府的货币来源组合中支付——借款、税收以及新创造的货币。

简而言之，"投资"一词用来描述哪些交易是纯金融的，哪些不是；哪些是与大交换相关的，哪些不是；哪些是专门旨在提供某种回报的，哪些不是；以及哪些是专注于特定目的的，哪些不是。很难想象还有哪个词汇比它更有用了。

既然这种歧义并未隐藏，那么一个自然的疑问是，为什么经济学家没有做出任何认真的努力来澄清它们？如果说有什么不同的话，那就是他们通过讨论"储蓄"与"投资"之间差距的模型，以经济上含糊不清的方式使用这两个术语，从而延续并且深化了它们。解决这个难题的唯一有说服力的答案是，经济学家的操作范式没有清楚地区分三个不同的事物——实际经济（大交换）、货币体系中与实体经济相重叠的部分（三联体的中间部分）以及货币体系中不与实体经济重叠的部分（左侧部分）。

忽视这些确实存在的显著差异而造成的损害，往往会因创建实际上并非存在的明显区别而加剧。面向未来的支出与满足当前需求和享乐的支出是截然不同的。正如我即将解释的那样，这种划分过于简化了工业繁荣所需的复杂社会结构。

5）资本

非常粗略地说，"资本"是由投资积累起来的东西。这个定义必须是概括性的，因为"资本"像投资一样具有许多的含义——在金融领域有两个，而在实体经济中至少有三个。所有的含义都旨在捕捉同一件东西，即在大交换中依赖或者利用的耐用资产。

在本著作中，我刻意避免使用"资本"一词，避免使用"耐用资产"的概念，避免使用"资本主义"的经济描述，以及避免使用"资本家"的社会经济范畴。我认为所有这些术语与其帮助人们理解还不如说会更令人困惑，因为如果不使用短期经济和长期经济之间进行不切实际和武断的区别，就无法定义这些术语所基于的资本或者耐用资产。正如我在第二章介绍大交换时所指出过的，人类劳动和人类消费都不是资本或资产。劳动总是在当下做出的，而消费也总是在当下享用的。时间上的划分区别——这是长期的，那是短期的——扭曲了这种本质上是瞬间性的经济现实。当然，有些劳动比其他劳动更快或者更直接地获得其消费果实，但是人类劳动的种类更多的是连续性而非分工。不仅所有劳动总是参与世界人性化的同一个过程，而且通常被认为是创造资本的建设性劳动，与被认为是产生消费的经营性劳动之间，永远不可能有明确的界限。用于即时消费的生产劳动可以建立持久的技能、社群以及伴随着有形产品和消费服务的信任。另一方面，科研或者工厂建设的劳动力必然与维持当前生产的劳动力混合在一起。

在这种对经济的正确、全面的理解中，没有任何"资本"物可以与其他经济物清晰地识别和明确区别出来。相反，经济的生产基础与整个社会和经济社区如此深度地融合在一起，任何对其进行定义和描述的尝试，都将不可避免地更具误导性，而不是富有洞察力。正如我将要展示的那样，在过去几十年里，经济学家对"资本"的研究方法一直朝着我的全面方法的方向发展着。然而，这个过程进展缓慢，因此也就值得更详细地讨论这种持续在言语上的混淆问题。

我将从资本的两个金融含义开始，分别是回顾性与前瞻性。两者都应该代表具体企业的盈利资产的以货币表示的价值。两者的测量精度都是虚假的。金融货币物的买家及卖家都对这两者作了强制性的研究，尽管这种回顾性的研究在过去几十年里已经不再那么流行了。

尽管回顾性衡量标准如今已不再流行，但是它仍然是企业理财账户的核心。会计资本概念背后的直觉是相当简单的。该资本是财务投资者，即相关货币物的所有者，对企业所拥有的债权的货币价值。这是他们所付出的代价。原则上，资本账户从财务投资者提供的原始资金开始，然后加上会计利润并减去会计损失。详细的计算相当复杂，如同试图对不同的实物、无形与货币资产的集合赋予单一价值所预期的那样，这些资产历经多年的积累和多地的磨耗后难以估值。为了使这些数字在不同时期和企业之间具有可比性，官方监管机构颁布了统一的会计规则，用于计算这些历史资本。然而，过去采购的与当前运营的之间关系过于复杂，任何一套规则都无法提供非常有启发性的数字。

前瞻性金融资本或者市场价值资本有一系列不同的问题。它是企业现在与未来创造利润的能力的价值。这个现值的计算有两个阶段。首先，运用财务分析估算未来预期的利润。然后，按金融理论将所有未来利润合并成一个单一的"现值"。致力于将数字与市场价值资本的概念联系起来的智慧和精力往往是非凡的。然而，实际结果本质上是愚蠢的，因为无论分析还是理论都无法克服现实：未来总是在很大程度上很难把握的，而现在与将来的代币货币的关系本质上也是无法计算的，因为代币货币是一种瞬时并非跨时的度量。

转向经济含义，一种是政治经济资本：由资本家控制的资本。对于19世纪下半叶的马克思主义者和其他政治激进分子来说，情况是相当清楚的。当代历史是两股非人格化力量之间的斗争：劳动和资本。第一股力量不是本书中所描述的劳动，即人类改造世界使其变得更人性化的劳动。相反，人类被非人类化为一群人机。第二股是政治经济力量，它既是机器、矿山以及一切付出辛勤劳动的事物，又控制这所有的一切赖以劳动的力量。这种非人格化的资本力量也是控制着大量储存在生产边缘的储蓄货币，以及生产所需的所有库存（被混淆地称为周转资本或者流动资本）。资本包括商业网络。它拥有从银行获得新资金的特权，如果不是排他性的话，并且它行使着相当大的政治影响力。资本是客观的，却由资本家所代表。它们的经济作用是压迫劳动者，而它们的社会政治的作用是主宰整个经济，这对于马克思主义者来说，意味着统治整个政治系统以及每一个重要的社会信仰体系。

尽管马克思主义者未能看到其中的讽刺，但是他们的资本主义及其核心的资本本身就是重要社会信仰体系的一部分。在马克思主义思想意识形态中，假设由资本家通过控制资本从而控制经济。对这种所谓的资本主义制度的道德判断与象征性描述各不相同。马克思主义者与其他文化批评家将资本主义，尤其是所谓的后期资本主义，视作一种经济非人性化、大规模生产无灵魂文化、无情及毁灭尊严的逐利，以及其他各种邪恶势力与鬼魂的根源、表现和象征。有点奇怪的是，几乎所有马克思主义的宿敌都接受其对手有关资本、资本主义以及资本家的知识框架。然而，他们却颠倒了道德判断。这些资本主义的卫道士将资本视为主宰自然、将劳动力从辛劳中解放出来，并改善社会的富有成效的力量。对他们来说，资本家是资本当之无愧的仆人或者管家，而资本主义才是让资本蓬勃发展的制度。

我所称的生产性资本，即第二种经济类型的资本，比政治经济资本更具体、更物质。生产性资本是机器、工厂、铁道、公路、机场、矿山、卡车，以及用于生产人们消费的商品与服务的任何其他物质的集合。对于生产性资本来说，所有权并不是一个问题。苏联拥有过大量生产性资本，几乎没有任何资本家。即使是在最资本主义的经济体中，道路和生产性资本存量的其他重要部分，通常也由政府或者某些准政府机构所控制。所谓的生产性资本就是指，在第二次世界大战中被摧毁的德国和日本的大部分资本的意思。

战后那些被炸毁的工厂的迅速重建暗示着，生产性资本这个概念过于狭隘，无法描述构建工业繁荣的持久基础。积累性资本，即第三种经济类型的资本，指的是必然更广泛的基础。它为第二个定义添加了所谓文化的所有经济上有用的方面，其中包括已积累的共同技术、劳动力技能、物流系统、法律安排、文化价值观，以及谁知道还有什么其他方面。"积累性的"是我的形容词。通常地,经济学家一次只关注其中的一个方面。技能与教育通常被称为智力资本或者人力资本。有益于社会的安排有时被称为社会资本。可利用或者可持续性自然资源被称为环境资本。共同的伦理标准有时被大胆地描述为道德资本。正如我在这个描述开头所建议的,当经济学家探索所有这些次级资本的全部范围时,它们越来越接近于将积累性资本与一个广范而模糊的社会概念融合起来,这个概念可能被称为社会繁荣能力。

资本的某些不同含义已经被描述性形容词标记和分隔开来,但是"资本"这一单词仍然被无差异性地用于许多事物——一种随着时间推移对货币总量很粗略的衡量、一种对货币物的当前价值的精确却无意义的衡量、一个政治经济和意识形态的标签、一项对实物资产的描述,以及对某种持久的社会经济实力的一般指标。与以前一样,这种言语上的模糊性源自大多数经济学家的错误范式。他们无法识别到任意货币数字与经济事物,在人类和物质复杂性方面的根本区别。他们同样忽视了基于在大交换内支付的价格所建立的往后看的货币数字,与货币物有关的假设和面向未来的数字之间的本质差异。由于这些概念上的模糊,"资本"含义上明显的巨大差异并未引起重视,认为不足以在言语上作厘清差异性的创新,譬如,20世纪最富有洞察力的非马克思主义经济学家之一的凯恩斯,在他最有思想性的著作中,对投资与资本作了混乱的讨论。

在等待新的范式成型的同时应该做些什么?嗯,资本这个词,其含义从会计到金融,然后从金融到经济学,再由经济学到社会学与政治学之间,轻松但令人困惑地变化着。在每一个领域中,都有几种含义可能是重叠的、互斥的,甚至是矛盾的。我认识到这个困境背后有一个共同的观念,但是我认为摈弃这个词比试图定义它要容易得多。

6）政府债务

我已经简要地阐述了政府债务与税收以及直接创造货币之间的模糊关系。在本小节中，我将转向一个内部的模糊问题，也是我在本章前面提及过的。如同被称为货币的物品实际上是两种不同的东西，即代币货币与储蓄货币，这个被称为政府债务的物品也是两种本质上不同的东西，即国内债务和国外债务。

大多数政府债务是国内的债务，即政府向其本国的公民、银行以及企业借款。国内债务的所有者是货币经济的全面参与者，政府几乎所有的税收收入都来自货币经济，并将几乎所有的资金再投入该货币经济之中，其中包括新创造的货币和通过开征税收或者筹集债务的资金。从三联体左侧部分的视角来看，国内政府债券持有人是财务投资者。从政治、经济、社会的视角来看，他们是纳税人和居民，因此与他们持有的政府债务相关的资金流动，只是他们与政府多方面关系的一部分。作为纳税人，不应将流向政府的自愿性储蓄货币和来自政府的契约性代币货币的回报，与税收的强制性资金流动分开考虑。作为居民，以政府的所有者身份从政府代币货币支付中受益，并以受治理的纳税人身份直接和间接地，从政府所提供的商品与服务中获得福利。

在统一与政府相关的资金流动时，我违反大多数经济学家、纳税人，以及购买政府债券者认为的几乎神圣的区别，即契约和政府财务利息。契约和政府财务利息的偿付被认为，与经济和政治上的政府税收和福利具有在本质上的不同。我对这种冒犯行为的解释很简单。这种在税收与福利之间的区别，就像税收与政府债务之间的区别一样，在社会学、法律或者某些经济心理模型中可能具有重要意义，但是在货币或者经济上没有意义。从政府获取资金来源的角度来看，债务收购只是向被治理者筹集资金的一种方式。从政府分配代币货币的角度来看，利息偿付只是福利计划或者税收抵扣的

　　　　　　　　货币、金融、现实与道德

一种类型。对于国内债务的所有者来说，利息收入只是他们从政府获得的一揽子货币、商品和服务中的一部分，就像用于购买政府债券的薪资或者储蓄货币向政府转移的代币货币和储蓄货币的一部分一样。

相比之下，国外债务，即由非纳税人所拥有的政府债务，几乎与借款国政府的政治经济体系完全隔绝。国内债务本质上是政治和社会性的债务，只是偶然或者意外地涉及金融性，而国外债务本质上是金融性的债务，只是隐约或者偶然地牵连到政治和社会性。政府债券的外国买家可能具有一些政治经济动机。譬如，他们可能想持有另一种通货的资产，向借款国政府施加压力，或者影响外汇市场。然而，跨境资金流动完全与任何非金融议程分开。

这种本质区别有四个含义。

首先，与国内债券买家相比，国外债券买家通常更关心这些货币物的回报偿付。对于国内所有者来说，投资回报应该放在更大的政治背景中考量。如果他们想随着时间的推移实现收入最大化，他们可能想知道现在较高的利率是否会增加将来更高税率的风险。如果他们想在国家危机期间支持共同利益，他们可能愿意放弃尽可能高的回报。如果他们希望生活在政治和平的环境中，他们可能更喜欢通常伴随着较低利率的政治稳定性。对于国外的债券持有者来说，这些非金融性关切都不具有边际相关性。外国债务是众多货币物中的一种。各国政府的债务应该被作为彼此之间的纯粹金融替代品，以及股票、其他类型债务的替代方案进行评估。

其次，国内债务不会直接地影响国内付费经济的总体规模。它仅是政府创造货币与分配货币活动的一部分。相比之下，国外债务，无论是否以借款国的通货计价，通常都会产生真正的跨境资源转移，首先向内转移到借款国，然后向外转移到放贷国。当第一次跨越政治边境购买他国政府债务所使用的资金，就像通常一样用于劳动力和消费品与服务时，就会发生第一次转移。对于借款国政府来说，这种购买更多商品的能力通常很有吸引力，至少在初期是这样的。政府和公民似乎没花什么钱就得到了一些物品——真正的商品与服务，而这些商品与服务并非由当前国内劳动力的薪资支付的。在理想的情况下，这些新的事物不仅仅带来这种暂时的快乐。国外债务可以用作经济融资之类的东西，提供用于帮助创建国家繁荣所需的代币货币，从而使第二次转移变得毫不费力，即向国外债务的投资所有者偿付回报。无论发生什么，显然，国内和国外的政府借款对借款国的实体经济会产生截然不同的影响。

其三，对于借款国政府而言，国外债务可能很容易变得比国内债务沉重得多。在税收与合理合作的政治体制下，政府可以完全抵消国内债务的回报偿付对经济与分配的影响。这对于政府的国外债务来说就不可能实现。国内纳税人必须提供纳税申报，而由此产生的税收负担很可能在政治上不受欢迎。所涉及的政治问题往往很复杂，但是我观点很简单。外国拥有的政府债务偿还的经济和政治动态，与国内拥有的政府债务偿还的经济和政治动态截然不同。

最后，更加技术性地说，在大交换中，国外债务的经济价值可能，会以与最初具有相同货币价值的国内债务价值不同的方式发生变化。原因是通货兑换率，在国内债务中不存在汇率，但是在国外债务中通常存在汇率。每当汇率发生变化时，投资回报偿付的价值就会发生变化。如果债务以借款国的通货计价，那么放贷国的价值会发生变化。当债务是以放贷国的通货计价时，那么借款国不是受到收益就是受到损失。当债务既不以借款国也不以放贷国的通货计价时，譬如，如果坦桑尼亚向欧洲银行借入美元，那么就可能出现许多不同的情境。

关于政府债务在言语上的混淆，相比与在本节中所描述的其他词汇的混淆，情况要简单得多，但是它提出了同样的疑问——为什么混淆持续存在？将国内持有的政府债务和国外持有的政府债务，作为单独事物来谈论和写作，并非需要花费大量精力。我刚刚这么做了，但是我相信我是先行者。公平地说，以外国通货计价的国外债务有时被单独列为"外部"债务。然而，国内和国外的财务安排之间的核心区别几乎从未被提及过甚至未被注意过。

这种智力上懒惰的原因并不实际，尽管衡量这两个新类别可能有点棘手，因为相关金融证券的最终所有者往往是隐藏的。原因又是概念性或者范例性的。对于本质上具有社会和政治性质的金融关系，进行完全非社会和非政治性思考会导致概念上的混乱。由于货币经济体系被视为一个独立的整体，而不是作为一个社会接纳式的安排集合，因此由不同类型的投资者所造成的尖锐的政治和社会差异，自然也就不会成为焦点。

10. 四个概念性混淆

同样的范式弱点造成了言语上的歧义，也导致了一些关于金融的普遍概念上的混乱。我将在本节中阐述其中的四个。

1）复利回报

我要兑现在本章第一节中所作的承诺，讲述财富复利的真实的故事。回想一下对这一现象的巨大主张。正如马克思所说，货币不仅能像梨树结出梨子一样创造货币，而且这种额外货币的创造是呈指数级增长的。财务投资者的财富每年自然增长 5%—10%。以 5% 的复合回报率为例，投资的初始价值将在 14 年内翻倍，而无需投资者付出任何努力。5% 的数字听起来可能有点高，但在 1990 年至

2017 年期间，标准普尔 500 指数[①]，该投资组合包括所有在美国上市的最大公司的股票，其股价涨幅和"再投资"股息的"复合年增长率"为 7％。这些统计数据并不完全错误，但是具有很大的欺骗性；因为在数学模式与经济现实之间存在着显著的差异。

复利或者指数增长很简单。在任何大于 1 的数字上加个"幂"或者指数，然后观察它增长，速度非常快。就货币而言，它只是一个数字，它便可以呈指数级增长。在三联体左侧部分的所有储蓄货币的数字，符合呈指数级增长的数字的资格。所有货币物对三联体中间部分的束缚，由于其缺陷和有限的人性以及严酷的物质世界，太松散至少许多年都无法打破这种模式。金融体系及其所有者可能会演变成一个不断增长、吞噬经济的怪物。类似地，复利的魔力也可以适用于在三联体中间部分的中央货币比率的分子。价格、薪资、税收，以及所有其他支付都可以无限地增长。

即使这些神奇的货币树也无法长到天上。最终，政治、社会或者经济因素会造成障碍。各种问题会显现。有时，相对于三联体中间部分的代币货币数字，货币物数字可能变得如此之大，以至于这种差异会导致一种通货的边界问题。另一方面，货币物的拥有者以及非拥有者之间日益增加的不平等所导致的政治紧张局势，可能会打破与社会冲突的严酷现实相结合的复利的数学纯粹性。政治通常迟早也会阻碍物价和薪资的快速上涨，但并非总是在复利使过去的代币货币数字看起来小得难以理解之前。[②]

复利的魔力可能永远无法使中央货币比率的分母变得太离谱。

---

① 译者注：标准普尔 500 指数（the Standard and Poor's 500）是美国一种广泛应用于 1957 年成立在纽约证券交易所中交易的股票市场指数，它由标准普尔全球评级服务公司维护，该指数的目的是跟踪记录着美国股市中 500 只普通股交易的市场变化，这 500 只股票代表了各个行业中包括科技、金融、医疗、能源等领域的大型公司，占总市值约 80％的覆盖率，被视为评估美国股市走势与经济健康的重要指标之一。

② 译者注：作者为此解释道，政府会利用货币创造手段较好地控制使其支出不会远高于其收入。

尽管没有一致的或者客观正确的方法，量化构成付费经济中所支付的商品与服务的混乱，但是无论分配多少数字，其增长速度都不能超过大交换固有限制所允许的变化速度。这些限制已经证明并没有像前现代人们所意识到的那么具有约束力。人口与消费的最终极限似乎还看不到。然而，与复利相关是现实的——无论是在现代经济还是在前现代经济中都是如此——即人类改良世界的速度是有限的。

　　甚至在摇钱树倒下之前，计算出的高复利财务回报所暗示的融资怪物就有些神秘。对于财务投资者的回报实际上以具有社会破坏性速度的复利而言的，任何回报、股息以及利息收入都不能用作代币货币。相反，所有货币必须先转换成储蓄货币，而后"再投资"，也被称为"放回市场"。这两种措辞都表明，将这些回报偿付用于投资并非自然行为。这个建议在理论与实践上都是正确的。在理论上，保持代币货币的回报在大交换中流通是与经济一致的。在实践上，投资者确实花费了相当一部分他们的回报，而不是将其转化成储蓄货币。因此，大多数实际投资者所拥有的货币物价值的实际增长率，远低于粗略复利计算所建议的假定增长率。

　　历史统计数据并没有错。任何单个投资者都可以享受奇妙的复利回报率。可能有些人确实享受到了这奇妙的复利回报率。然而，有三个理由不相信这些数字。首先，所有代币货币回报自动转换为储蓄货币的货币物，使得财务投资者无法利用任何这些回报来支付消费。这种吝啬的行为既不讨人喜欢也很少见。其次，历史上的复利率可能高于未来的复利率。在过去的几十年里，货币物总价值的增长远比中央货币比率的分子的增长快得多。这种模式可能会继续下去，但是也有可能不会。最后，如果太多的投资者决定遵循同样的策略，将他们所有回报转换成储蓄货币，那么在一个国家内部就很难避免出现某种严重的边界问题。储蓄得越多，融资怪物激增的可能性就越大。

　　总之，高复利财务回报率是一种非常特殊的情况，而不是一个普遍规律。

2) 养老金与政府债务

我已经阐述过养老金储蓄的幻觉。总而言之，养老金储蓄或者缴款以及养老金支付都是各自单独的同期分配安排的一部分：在三联体的左侧与中间部分之间的货币，在三联体的中间部分内的代币货币，以及实体经济体的商品与服务。然而，过去的养老金缴款与未来的消费没有直接关系。未来给那些以前已储存过较多资金的人们分配更多金钱的决定纯粹是一种社会与政治的判断。

在所谓的固定的缴款私人养老金中，判断几乎是机械地作出的。养老金偿付的金额是由缴纳的金额多少与时间长短，以及缴纳与偿付之间的年份中后续可衡量事件的一系列因素所决定的：利息和股息支付的货币相互作用、货币物价格的变化、养老金资产投资组合的管理，以及养老金缴款人的实际和预期死亡率。对于国家系统中的固定福利与养老金，缴纳和支出通常被描述为通过与类似的相互作用链相关，但是养老金发放多少的实际决定几乎完全是政治性的。

然而，从经济角度来看，缴纳与支出的两组数字之间的联系总是如此微弱，以至于几乎不易察觉。两组付款都可能稍微改变中央货币比率，并且两者都经常改变实际分配，相对于没有付款以及没有其他变化时的情况。然而，过去的缴纳付款几乎对未来可用于生成支付的资源没有影响。

在增加养老金储蓄的运动中经常假设存在着极其细微的因果关系。它陈述了一个虔诚的虚构事实，即大多数缴纳金都用于支付实体"投资"，从而增加在三联体中间部分的产量。实际上，在现代经济体中，大多数购买货币物品对"投资"的金额影响很小或者根本没有影响，"投资"的金额主要由分担和税收支付，并且出于同样原因，投资的金额与用来购买货币物的金额也根本没有影响。毫不奇怪，没有证据表明创建养老基金，而不是由政府收入支付养老金福利或者期望由子女照顾父母，这样的政治性选择会产生任何经济影响。

长期政府债务造成了另一个流行的跨期财务混乱。人们经常会说，当政府承担长期债务时，今天的公民就会给下一代带来负担。这在很大程度上是种经济虚构。

在上一节中关于政府债务的讨论与此相关。向国外的人借款不同于向国内人借贷。对于国内债务，资金只是在纳税人之间易手。一开始，政府从纳税人那获得资金，而该纳税人恰好也是财务投资者。无论投资者是以代币货币还是储蓄货币支付，额外的货币都使政府能够比其他方式控制更多可用经济资源的份额。财务回报的代币货币偿付从政府流向同一纳税人群体中的一部分。政府向这些与政府相关的货币物的所有者偿付利息和大额款项，最好理解为在特定时间为特定人群提供政府福利计划的资金。它们本质上与养老金或者失业福利计划相同，为选定的一部分纳税人群体提供负征税福利。

这些福利计划之间的差异是政治性或者社会性的。在后贵族式圈子里，政府给放利为生者支付的款项，即大部分购买债券而非纳税的富人，通常被描述为良好的投资回报，而在经济上向病人或者失业者提供同等的款项，则通常被认为是类似于给那些需要照顾的人们的慈善救助。相反，在更加平等的圈子里，政府对放利为生者的不公正致富，与政府为最需要帮助的人提供公正的慈善金，形成了不利的对比。政治辩论超出了本著作的范围，但是基本事实是在意识形态上是中立的。在国内政府的借贷中，无论期限多长，从来不存在任何形式的代际转移。现在贷出的货币现在花费，而以后收到的利息付款则来自于后来居住的纳税人。货币流动只会造成当前分配的变化，就像在三联体中间部分的任何其他代币货币流动一样。

国外债务则就完全不同了。它确实可以成为下一代的负担。向外国支付的小额与大额回报款项，将货币和可能的经济资源从国内转移到国外，就像购买债务的原始款项将货币和可能的经济资源从国外转移到国内一样。如果回报偿付持续的时间足够长，那么债务就会形成双向的代际流动，首先，流入父辈那一代的账户，而在其后代继承人的账户流出。

在这种跨期交换中不必存在任何不公正。如果原始资金不用于建立经济资源，使其产生的资金远多于支付财政收入所需的资金，那么国外借贷对当今政府而言只会给未来的纳税人带来沉重的经济负担。另一种情况是，尽管融资可能会造成负担，但是下一代人愿意承担这种负担，因为这笔资金被用于服务人们普遍认为有价值的国家事业，譬如支付维护政治独立的武器。然而，历史表明，未来的纳税人通常会认为他们对国外放贷人的义务在跨期上是不公正的。他们常常有充分的理由相信，上一代人把资金挥霍在了自己的享乐上，而留给这一代人的只有偿还的痛苦。这种不满往往会导致政治怨恨，以及不遵守原始财务契约的条款。

这样的代际浪费与愤怒可能是金融世界的一个重大问题，但是应该正确对待它们的经济重要性。政府对外国人的债务不具有在大交换中使用和滥用代际转移的最终性。提供教育、修筑道路或者工厂，以及减少有毒废物排放所涉及的劳动力都是当前的经济行为，这些行动可能在未来，也许在很遥远的未来产生重大的积极影响。父母的这些劳动将为子孙们带来成果——更多的知识、更好的基础设施以及更清洁的空气。这些果实不会像货币债务那样被贬值或者消除。相反，如果一代人不受教育，或者道路维护不善、放任河道污染，这种不幸的遗产就会泛滥，有时甚至遗患无穷。与金融义务不同，这些实际经济义务不能被推卸或者减少，也不能被宽恕。

3）两种类型的价格

货币物的价格似乎与在大交换内的价格没有什么区别。毕竟，我可以选择花费同样的 1000 欧元购买现有的股票或者一张新沙发。然而，我希望现在大家都很清楚了，假设我的银行余额减少了相同的金额，这两种交易在经济和货币上却截然不同。从经济上讲，一种在大交换的外面，另一种则在大交换的里面。货币的差异直接源于经济。股票是用储蓄货币支付的，而沙发则是用代币货币支付的。

实际上，我正在模棱两可地使用着"价格"一词，因为大交换内部的价格与在其外部的价格有着实质性的不同。这种在三联体左侧和中间部分的货币数字之间的实质性差异，导致了这些数字的形成和变化方式，以及它们的经济和社会的意义的显著差异。

首先，大交换内部的货币数具有根本性的相互性，这种相互性是货币物价格所完全缺乏的。

我在第二章中概述了这种基本差异性。与真实事物直接相关的货币数字一般不会发生太多或者太快的变化，因为它们大致上与相当稳定的真实事物紧密相连：人性化世界中的人类劳动、物品以及服务。相比之下，货币物的价格在现实中几乎或者根本没有锚定物。它们几乎完全受到两股非经济力量的控制：人类的情感以及无本之物的货币供应量。这两者都可能会快速而剧烈地波动。结果是货币物的价格也可能会在几乎没有，或者无任何经济原因的情况下剧烈地波动。在这里我将探讨这种基本差异的三个方面。

首先，在大交换里面的货币数字具有根本的相互性，而货币物价格完全缺乏这种相互性。

我在第二章中简要地提及过价格与薪资的相互依存关系。消费品与服务的转移后价格通常与创造这些商品与服务的劳动者的转移后薪资总额相关。相反，支付给劳动者的转移后的薪资通常与其劳动果实的转移后价格相关。这种双向流动确保了大交换的一侧货币数量变化，而这种变化既反映又影响着另一侧的货币数量。货币数字与整个复杂、统一和交织在一起的劳动与消费体系的紧密联系，并不能完全驾驭价格波动，也不能总是将价格与劳动密切地联系在一起（发达经济体中大多数教育与医疗保健的微不足道的价格是明显的例外案例），但是它们确实限制了非理性的程度。

相比之下，与货币物有关的货币数字几乎完全不受现实的约束，因此在很大程度上也是不受约束的。土地或者收藏品的价格在理论上没有限制，在实践中是否有任何限制尚不清楚。商品物价没有上限。对于金融证券来说，利息和股息偿付的水平似乎会限制价格的上涨幅度，但是近期的历史表明，财务投资者愿意长期接受非常低的当前回报（实际上他们会接受"负利率"）。金融理论声称将证券价格与投资对象的预期的未来支付联系起来，但该理论纯属是数字上的胡言乱语。

其次，大交换内部的货币数量的变化通常会解决经济问题，而货币物价格的变化则常常引发这些经济问题。代币货币价格与薪资的大多数变化都是对大交换发展的有益反应。较高的价格是对更高成本、更好质量或者更有兴趣的买家的反应。较低的价格是对相反方向变化的反应。反过来，更高的价格至少有时会减少购买者并且刺激竞争的生产商，而更高的薪资通常会吸引更多的劳动力者，以此类推。正如我在第二章中所说，这种无休止而微妙的货币与实体经济调整之舞，并非总是完美地发挥作用的。某些价格的变化显然是无益的，譬如公司在增加对特定产品供应的支配地位时，施加了不合理的价格上涨。总体而言，交易价格的灵活性对经济效率作出了重大贡献。

经济学家有时会说，货币物价格的变化，特别是金融证券价格的变化，提供了有益的经济信号。他们极大地夸大了事实。下一小节将阐述一些关于债务价格中，包含的经济信息的雄心勃勃的主张以及更为温和的现实。关于股票价格重要性的主张有些并不那么雄心勃勃，但也几乎没有更明智或者更现实。货币物价格确实有可能扰乱实体经济。难以避免的巨大变化可能会产生重大的心理影响。价格上涨可能会灌输愚蠢的信心，而价格下跌可能会带来不必要的黑暗恐惧。这些价格波动也可能通过一种通货的边界问题，对三联体中间部分的代币货币供应与平衡产生直接且不利的影响。中央货币当局的良好货币决策，通常可以防止货币物系统出现灾难性的过度量，但是金融危机的历史表明，此类决策往往是必要的但却很少做出。

最后，代币货币的价格通常具有社会统一性，而货币物的价格倾向于具有分歧性。这种统一性来自于大交换固有的平衡。每个人的收入被分配给许多商品，每个制造商的收入被分配给许多劳动者，而每次薪资或者价格的调整都会影响到整个社区的薪资和价格。薪资和交易价格的灵活性使得问题和福利能够在整个经济中广泛传播。货币物价格的狂野波动则截然不同。没有公共平衡机制为超越邻居和竞争对手而进行无休止的斗争留下了空间。付出很少努力就能获得巨大收益的前景，往往会引发一种想先实现这一目标的贪婪愿望，因为一位所有者的收益往往是以牺牲其他所有者的利益为代价的。即使几乎所有货币物价格都同时上涨，正如它们经常发生的那样，要"跑赢"平均水平也常常经历艰苦的斗争。货币物的普遍价格上涨通常受到货币物所有者的欢迎，甚至还受到相对失败者的欢迎，但是他们的收益却存在着社会分歧，因为它们总是以牺牲非所有者的利益为代价。从道德上来讲，货币物价格的波动性、非现实性以及有限的内部联系几乎是对贪婪的邀请，我将在第五章中阐述这一点。

4）利率的奥秘

许多经济学家认为利率有巨大的经济控制能力。他们假设承诺的债务回报，既确立了三联体整个中间部分的总体行动节奏，又指导了其中消费与投资之间的明确划分的分界线。这些巨大的权力应该集中在中央货币当局的手中。该组织设定单一的主利率或者"政策性"利率，我将其称为"中央利率"。（该汇率在不同的通货中有不同的名称。）就像传说中的南美洲的一只蝴蝶①拍动其翅膀最终在大洋彼岸掀起一场龙卷风那样，中央利率的小幅波动据说也可以改变整个经济的方向与构成。然而，与不知情的昆虫释放出的混乱力量不同，中央货币当局谨慎而有意识地行使其权力。在理论上，他们对所有经济参与者的计算和平均思维过程产生精确校准的影响。

我希望中央利率这个单一数字，能够对现代经济的众多而复杂的人类互动产生如此巨大的影响，这听起来像是一种神奇的想法。这大部分确实也是如此。

我需要公平地说。由于金融体系具有经济作用，金融体系内部的变化将会对经济产生影响，而经济任何其他部分的变化也会对经济产生影响。更详细地说，任何利率的变化都会改变三联体中间部分的一些预期资金流，这些变化会影响其他预期的货币数量，而货币前景的变化也会影响经济的决策。在中央利率影响其他利率的程度上，该利率的变化可以被定义为在一段时间内对经济的某些部分产生一些影响。

中央利率特定变化的实际经济影响无法确定，因为经济因果关系链环环相扣并且相互影响，所以过于复杂而难以准确剖析厘清。当人们承认甚至难以预测中央利率变化对经济影响的方向时，利率理论的许多高级表述几乎都承认了这无知的迷雾。然而直到最近，将利率变化原因与具体经济影响联系起来的困难通常被掩盖了。较

---

① 译者注：本书作者引用的"蝴蝶效应"源于混沌理论中的一个概念，这是由美国气象学家爱德华·洛伦茨（Edward Lorenz）于 1963 年的一次演讲中提出，该原话是"一只在南美洲拍动翅膀的蝴蝶，可能会在得克萨斯引起一场龙卷风"。他用这个比喻来描述混沌系统中微小变化可能导致巨大影响的概念。

低的利率被简单地假设为鼓励所有主要靠借款支付的经济活动：最引人注目的是扩大生产以及建造和购买房屋与汽车等。在漫长数十年的通货膨胀率下降的趋势中，尤其是在 2008 年至 2009 年金融危机后中央利率超低甚至负数的岁月里，人们对这种魔力的信心减弱了。令人好奇的是，报告披露的通货膨胀率几乎完全出乎意料地回归，这让人们恢复对中央利率的重要性和潜在功效的信心。

人们对中央利率权力理论的信心轻易恢复，表明相当详细的批判性分析是合理的。我会借鉴一些杰出的经济学家与批评家的观点，譬如，我将加尔布雷斯[①]的理论所主张的七个因果关系链放入本著作的货币与经济模型中。

第一项主张：当银行通过贷款创造或者分配货币时，贷出的资金总是用于支付创造就业与消费的"投资"性经济活动，或者用于支付额外消费。换而言之，贷到的资金总是用于支持在三联体中间部分的活动。如果这项主张不成立，那么利率对于付费经济的影响肯定会被削弱，并且可能会被在三联体左侧部分创造储蓄货币的贷款所抵消。

批判：所有贷款都会增加代币货币供应量的主张肯定是不正确的。事实上，这完全是错误的。在大多数现代经济体中，较低的利率不太可能鼓励创造新的代币货币，而更可能鼓励保留在三联体左侧的储蓄货币。这种不受欢迎的结果是合乎逻辑的。货币是创造货币物所需的唯一原材料，因此较便宜的储蓄货币显然会鼓励这种建设，而货币只是影响三联体中间部分的活动众多因素之一，于是较便宜的货币代币的影响可能更加微弱。

---

① 译者注：约翰·加尔布雷斯（John Kenneth Galbraith，1908—2006），出生于加拿大的苏格兰裔美国经济学家，曾任富兰克林·罗斯福总统的顾问，并在肯尼迪政府期间任美国驻印度大使。他撰写了关于现代资本主义本质和政府在制定经济政策中的作用等四部经济类畅销书，例如在《富裕的社会》中他批评流行的消费主义观念，并主张更多关心公共事业与服务。还在《新工业国家》中他分析了大公司内部的权力结构，挑战了传统经济智慧并倡导制定政策解决收入不平等、环境退化等问题。

第二项主张：贷到的代币货币用于支付付费经济中的所有"投资"。这与第一项主张相悖。这实际上是一种表述，即生产链中的目前资金短缺问题实际上或者潜在地限制了有益的经济活动。如果这项主张不成立，那么贷款与"投资"之间就不存在必然或者简单的关系。

批判：这项主张的确不成立。在三联体中间部分花费的绝大多数资金早已经在那儿了。当资金在大货币交换中流动时，收到资金的个人与机构都按其意愿花费。它可以通过不涉及融资的所有方式，来解决目前资金短缺的问题。最常见的是，分担允许提高现有产品的销售价格，以支付整个生产链中新的或者改进了的设备与更新了的知识。政府还通过向不太可能将额外收入转化为储蓄货币的个人或者组织，提供新的代币来解决目前资金短缺的问题。即使在金融体系内，新的股权发行通常也是贷款之外的一种合理选择。尽管金融理论认为股权是一种准债务，但是这种主张部分有点混乱而且几乎完全错误（这将在本书附录中进行解释）。

贷款的可用性和成本可能有时会在一定程度上限制某些类型代币货币支出，尤其是在当前的货币安排中，大多数新创造的货币都是通过向生产商、消费者、政府以及各种支出机构发放贷款而实现的。缺乏此类贷款可能会以不良方式降低经济活动。然而，对任何不必要的限制的货币贡献往往不如许多其他因素重要，包括（按字母顺序排列）技术发展、金融监管、劳资关系、气候、企业盈利能力、全球化、群体心理、人口变化以及政府政策。

第三项主张：利率决定或者至少强烈地影响借贷的资金数量。利率越低，借贷的资金就越多，因此利率与借贷数量之间的关系比较有规律。

批判：与贷款相关的利息支出只是放贷与借款决策中涉及的众多因素之一。对金融机构的监管、放贷人和借款人对违约可能性的判断、放贷人对赚取利息收入的渴望程度、借款人对获得资金的渴望程度、借款人对借贷到的资金是否具备有吸引力的用途的判断，以及潜在借款人无需借款即可获得所需资金的能力等因素，都可能与实际支付的利率具有同样的重要性，决定着一个贷款是否可达成交易。

第四项主张：存在一个"正确的"中央利率，在该利率下所创造的货币的数量会最大限度地减少不必要的失业（即缺乏有偿劳动力），在"消费"和"投资"之间实现最佳平衡，并且无需实质性地改变中央货币比率。在实践中，货币体系与经济总会存在足够的失衡，以至于正确的中央利率总是在变化中，但在大多数理论版本中，每一种通货都存在或者应该始终存在理想的、"自然的""中性的"或"（长期）均衡的"中央利率。这是如果货币与经济处于完美平衡状态时，金融体系将会达到的利率。在这幸福的均衡状态下，自然利率与中央利率将是相同的。货币当局就更像马克思主义理论中的先锋革命党那样，将中央利率设定在自然利率的上下，以努力推动历史朝着货币与经济平衡的目标前进。一些宏观经济学家声称不相信自然利率的存在，但需要自然利率或者类似的东西才能将他们理论的其余部分结合在一起。

批判：总有一个正确的中央利率的主张是一个智力灾区。首先，它是无法验证的，因为所谓的自然利率是未知的，并且假设会随着时间的推移而变化。由于中央利率总是与这种难以琢磨的自然利率以某种方式并列设置，因此任何中央利率的正确性都无法得到检验。其次，该主张基于对货币大交换中不平衡的错误理解。不同的变量彼此之间没有固定的联系，并且每个变量大致上都是平衡的。可以通过"正确的"中央利率来解决明显的错误是罕见的。其三，因果关系模型过于简单化，因为利率只是影响支出、"投资"和积蓄的众多因素之一。其四，可能影响货币决策的实际利率往往与中央利率相差甚远。要从中央利率转向实际利率，需要进行调整，以及考虑到筹集和贷款的成本、可能的贷款损失和潜在借贷人的绝望程度等因素。这些调整的变化往往足以压倒中央利率的变化。其五，整个方法是无望得不完整的，因为它完全忽略了三联体左侧部分在货币系统中的作用。其六，相反，这种方法在结构上也是多余的，因为可以在不参考利率的情况下分析货币与付费经济的关系。

第五项主张：在没有中央货币当局的一些指导的情况下，借贷人与放贷人的协议设定的利率往往是"错误的"。他们最终可能创造太多或者太少的货币，有时会导致不受欢迎的价格变化，有时还会导致经济机会没被充分利用。

批判：代币货币的供应可能经常是"错误的"，至少在利率理论所建议的某些方面是这样的。然而，尽管在理论链中该环节的效应部分是合理的，因果部分却非常值得怀疑。利率，无论是商定的还是强加的，对代币货币的实际供应都是间接的、一般不明确的、而且几乎总是影响最小的。它们对劳动力和"资本"的配置产生更间接、更不明确而且更小的影响。

第六项主张：中央货币当局的"货币政策"有可能纠正由商定的利率所造成的错误。数十年来，这种货币政策的具体组成部分和广泛的知识框架已经发生了变化，但是中央利率自始至终都被认为至关紧要。

批判：由于传导机制效率极低，中央利率变化对实际利率的影响充其量是有限的。由于实际利率的经济重要性也并不高，因此中央利率的潜在经济重要性则同样不高。由于这么多的放贷完全发生在三联体的左侧部分，对实际的大交换的影响不确定，因此中央利率变化对三联体的中间部分的影响也不确定。故再三适度是必要的。至多，中央利率的变化大概会对三联体的中间部分的放贷，以及跨境货币活动产生某些影响，无论是在相关经济体内部，还是在受不同中央利率影响的通货之间。

第七项主张：中央货币当局实际上可以收集足够的关于经济形

势的信息，从而能够将中央利率设置为接近正确的水平。这很可能存在着错误，但是这些错误可以被迅速识别，并且相当容易地予以纠正。

批判：这项最后的主张存在两个问题。首先，从经验上来说，这很可能是错误的；因为根本无法收集必要的信息量，由于不可知的未来事件对确定最正确的当前中央利率具有重大影响。譬如，如果明年可能会发生金融危机，那么现在可能采用一种中央利率也许是合适的；如果监管机构能够防止此类危机，那么现在采用另一种中央利率或许会更合适。这种不确定性是融资固有的时间与本体论不对称的表现，它造成了一个无法解决的问题。其次，这种主张对获得"正确"中央利率的重要性产生了误导。这个遥不可及的目标可能是值得的，但是货币和经济当局有着几种比中央利率更强大的工具，可以将货币供应量保持在经济上适当的水平。这些工具中包括政府支出的"正确"规模与方向，并且对三联体中间部分的代币货币系统、左侧部分的储蓄货币系统，以及这两个部分之间的货币边界作适当的调整。

总而言之，利率在宏观经济理论中被赋予如此神秘的色彩，实际上根本不起作用也不应该起作用，更不可能发挥货币与经济的平衡作用。利率整体上做不到的事，中央利率则更加无法实现了。

金融非现实性 第四章 04

我在第二章的第五节阐述了代币货币与实体经济的关系。我的结论是好坏参半。从消极的方面来看，实际的货币数字本质上不切实际，仅仅是因为经济活动实际上无法量化，因此不适合任何形式的可比性。从积极的方面来看，在大交换中的实际人类活动与代币货币交易之间，无论是在劳动与消费的基础层面上，还是在漫长的生产链中，都存在着很强的非定量相关性。即使在关系不太直接的情况下，譬如与政府的交易和少量代币货币的转移中，货币数字通常也具有相当明确的经济含义。

在该讨论中确实有些微妙之处，但总体而言相对简单。只要它摆脱了精确一致性谬误的所有色彩及其所有与经济无关的象征意义，代币货币并非很复杂。金融与现实的关系要复杂得多，以至于有关金融现实的问题不仅需要一个小节来论述，而且应该用一个完整的章节来阐述，虽然可以是简短一点的。

一个问题是，现实距离对融资的意义不如对代币货币那么明确。代币货币接近还是不接近现实很容易描述——在大交换中的有偿劳动与消费。代币货币系统可以或多或少真实地表达交换双方实际发生的事情，以及各种类型的劳动与消费的社会价值观。融资是否接近经济现实则更为复杂。在某种程度上，至少在假设上，财务安排与经济的关系或多或少地被评估为现实的——或多或少地符合实际的经济条件——但是正确的规模仍有争议。尽管每种财务安排都在有限的时间内与总体经济的特定狭小部分匹配，但在更广泛的空间与时间上往往可能更相关。譬如，向农民提供一年期的贷款条款帮助其解决拖拉机问题，可能在现实中与其借款和还款的收支相符，但是与整个农业社区在许多年里的资金流相比较时，这看起来就不太现实。在接下来的讨论中，我将尝试从狭义以及广义的视角看待这现实距离的问题。

对财务安排的现实接近度的争论，在涉及社会现实而不仅仅是经济现实时，将不可避免地更加激烈。主要问题是，与代币货币不同，代币货币只能或多或少准确或者现实地表现社会规定的价值观，财务安排既是根本的社会价值观判断的独立表达，也是建立这些判断的相当重要的因素。尤其是，后贵族式融资是社会权力关系的现实表达，正如我将在本章第一节阐述的那样，但是它也强化并在某种程度上创造了这些关系。只有当融资在可能接近现实的关键部分时，很难说它是接近现实的。在本章中，我对这种模棱两可的回应是回避这个问题。我试图避免讨论融资与社会现实的密切度所需的价值判断。

本章共有五节。第一节作概念性阐述。它会描述当代融资方法中的三种思维习惯，这些习惯似乎更倾向于疏远现实而非接近现实。我会提供一些例子，但是只做一般性讨论。而后，当我转向具体的财务安排时，相关内容会较技术性。幸运的是，为了分析的目的，这些合约的种类并不多，也没有无限的不同特征。相反，正如在第三章中阐述过的那样，在实践中金融证券只有两种类型，股权和债务。我将在本章的第二节和第三节中分别就两者的现实密切与现实疏远作阐述。然后我转入更技术性一点，指出导致各种类型的普通融资偏离现实的十二个特征、实践和预期。最后一节更广泛地阐述为什么脱离现实的融资在经济上和社会上都是危险的。

1. 三种非现实性来源

财务资金牢固地待在三联体的左侧部分。代币货币的收益流与三联体的中间部分具有一些纽带关系，但财务安排很容易向左侧漂移，远离实际经济。这个基本问题其实很简单：它们的价格以储蓄货币计价，与其他代币货币的收入流动没有必然的关系。本节阐述的因素会放大这个问题。

1）时间与本体论之间的矛盾

因为融资是建立在承诺之上的，而承诺不仅总是比兑现更容易，而且会随着时间的推移渐渐地改变其经济意义，所有任何货币物最初达成的条款很容易变得与现实疏远。尤其是，当约定的利息付款代表了，在货币物构建时投资对象所预期资金流的现实要求，可能变得不切实际得高或低时，或者是因为价格与薪资上涨得或高或低地超出预期时，或者是因为借款人或放贷人后来的经济状况，可能会显著改变特定条款中最初商定的经济"含义"。譬如，在20世纪60年代至70年代，许多国家的通货膨胀率上升，导致长期债务货币物的持有者的"开支能力"，远低于最初债务合同达成时任何投资者实际上愿意接受的水平。同样，约定的大额偿付可能在贷款确立时被预期与现实接近，但当大额偿付到期时实际上却与现实相去甚远，因为在这关键时刻，投资对象的储蓄货币可能比预期的少，或者新贷款可能无法获得。

正如我将在稍后阐述的，金融证券可以而且有时确实被设计为与现实接近。最值得注意的是，当最初协议仅涵盖投资对象向投资者偿付的时间与金额的**标准**，而非未来支付的确切货币**数量**时，现实距离是比较近的。股票正是这种情况。然而值得注意的是，股票的投资者和投资对象往往都抵制充分利用这些货币物的现实接近性。他们坚持定期派息，尤其抵制削减股息。这种不愿降低时间不确定性在融资领域相当典型，譬如人们普遍偏爱固定收益安排而非股东权益。在债务领域内，这也表现在与通胀联动的债券的成功非常有限，这些债券的未来支付基于官方公布的价格指数确定的。类似地，将投资回报偿付与国内生产总值趋势挂钩的实际提案几乎完全被忽视。

为什么融资用户如此强烈地偏好数字恒定性，或者一致性而非经济现实？一个常见的答案类似于说，"人们只想确定他们将支付或者收取多少钱"。这种"金钱错觉"建立在精确主义一致性谬论的一致性方面。更深刻地说，它必须依赖于某种符号货币，因为即使对代币货币和储蓄货币的运作进行最简单的思考，都会明显地表明恒定的货币数量并不意味着恒定的经济价值。正如我已在第二章解释过的，远离现实的符号可能比现实世界中的任何东西都强大。

2) 本质上不切实际的金融数字

在第二章中，我还提及了货币数字与大交换之间的真实但必然不精确的联系。在第三章中，我指出了货币物的整体价格更多地受到储蓄货币波动强度和人们情绪变化风向的影响，而非受到真实经济的任何直接联系的影响。换言之，这些金融数字与经济现实没有任何明确的关系。

经济学家经常对这一结论提出异议。正如我在第三章中提及过的，他们有时认为任何货币物的当前价格始终是，对从投资对象到投资者的预期未来代币货币总流量的当前储蓄货币价值的最佳估计。要将这"有效市场假说"从逻辑推理转化为经济现实（当前市场价格根据定义，是相关金融或准金融市场的实际参与者可以提出的最佳当前市场价格），需要几个不太合理的假设。考虑到该理论的智力空洞，它的广泛容忍看起来似乎是，为克服对货币物价格与现实之间存在不容否认距离的一种勉强的努力。

货币物价格与经济活动现实乃至代币货币资金流的现实联系起来的固有困难，可能鼓励金融家及其监管机构，对开发不符合在第三章第六节所列举有益经济目的的工具持谨慎态度。毕竟，没有充分的理由去构建一种默认与现实相距甚远又无良好目的货币物。如果没有好的理由，就一定有不良理由，因为事实上开发货币物一直是一个稳定的趋势，试图满足财务投资者在任何和所有实际经济条件下，获得储蓄货币或代币货币的稳定收入的遥远现实的愿望——实际上是敌视现实的愿望，以及为投机者提供新的赌博方式的货币物。

许多后一类远离现实的证券都比传统的债务和股权更令人兴奋，也更有潜在利润。老式财务投资者的股息和利息收入一般是，在三联体中间部分内的代币货币转移，但在三联体左侧部分的最左边潜在的财务收益与损失要大得多，其中代币货币因与现实之间距离遥远，只是模糊可见。在纯粹的储蓄货币领域，货币物的价格微小变化很容易积累与倍增。投机者可以愉快地彼此玩弄投机游戏，有时还利用财务杠杆来获取丰厚的收益。投机者有时会遭受巨大损失，但巧妙的产品设计可以将收益聚集到投机者之间，而将损失广泛地分散到信息不灵通的投资者中间，那些投资者往往会无意中为投机者提供储蓄货币参与投机游戏。

群体思维还可以增加财务数据的现实距离。与代币货币数字的比较是典型的。相互强化情绪有时会对三联体中间部分的一些货币数字产生重大影响，譬如，一款热门玩具在黑市上比标准零售物价高数倍的价格出售。然而，现实的限制以及许多劳动者和消费者复杂的相互依赖极大地限制了群氓效应情绪。在三联体左侧部分不存在这些限制，因此对于一批顺从的、过度亢奋和不稳定的群氓来说，他们很容易陷入过度的恐惧或者希望之中。当这种情况发生时，一种、多种或一大类货币物的价格可能会大幅度上涨或者下跌，而这与实体经济几乎没有或者没有直接原因。

3）隐藏的权力关系

在第三章中，我声称现代金融体系总体上增强了已经享有特权的人的经济、社会以及政治的权力。无论这种趋势被判断为好的、伦理中立的、必要的恶，还是纯粹可耻的，它通常会助长财务安排中的双重非现实性：不承认融资在经济上的非现实性而导致的心理上的非现实性。换言之，那些从融资中获利的人，既强大到足以引导该系统朝着更有利于他们，而不反映大交换的实际经济的安排发展，又盲目到不足以认识自己所做的事情。外部观察者看到了，财务安排中一种在经济上不切实际的特权强化模式，但是特权人士自己却真诚地相信该系统是公平和现实的。以下是三个例子。

我已经提及过第一个，即某些货币物可以而且应该在所有经济条件下产生稳定的"无风险"代币货币的收益。提出这一主张的经济学家有一个理论依据，该理论依据是对代币货币与储蓄货币的关系、储蓄货币与财务安排的关系，以及财务安排与实际经济活动的关系等一些不切实际的理解。这些误解的累积效应是，认为富人应该在所有经济环境下，毫不费力非消费地获得源源不断的代币货币的收益。在最好的情况下，接受该主张会增加在经济不景气时期的财务性"贡品"的负担。在最坏的情况下，它会创造出一些对那些货币支付人提出惩罚性不切实际的经济要求。提倡这些无风险收益的经济学家似乎既从来没有注意到其论点的弱点，也没有注意到他们所说服的正义安排的社会学影响。

其次，反对政府直接创造新货币的主要论点之一是，政府需要为其债务货币物寻找到买家，从而债务货币物赋予财务投资者一种经济上有益的权力。他们可以通过简单地拒绝购买政府的债务或者要求惩罚性的高收益，从而促使政府修正其不负责任的做法。这一论点是基于从外部看起来是故意拒绝注意到，财务投资者总是太弱而无法改变政府坚定的方针。事实上，所有政府都有权迫使银行创造货币向其放贷，因此贷款所给予的约束并不会比所谓独立的中央货币当局更多。对私人投资者作为政府"债券警戒员"提供经济价值的辩护，也表现出一种相似的、看似故意拒绝关注，几乎没有实施纪律的例子。然而，这种好奇的盲目性使得拥有政府债务的财务

　　　　　　　　　　　　　　货币、金融、现实与道德

投资者，能够从纳税人那里获得稳定的收入资金流。正如作家厄普顿·辛克莱①所写，"当一个人的薪水不取决于他理解某事时，要他理解某事是困难的"。对于当前赤字金融体系的受益者来说，经济现实很容易被误解。

其三，放贷人通常不愿意免除那些实际上不应该的贷款，譬如，给予贫穷及管理不善的国家的贷款。在实践中，通常是在投资对象的经济现实与全额支付已经不相容很长一段时间，并且只有在经历了长期的争执与谈判之后，而且借贷人本已脆弱的经济状况变得更加恶化不堪时，此类贷款才往往最终被"减记"。放贷人可以援引债务是应该履行的契约的道德原则。然而，他们可能也应该认识到，不负责任的放贷应该受到惩罚，而陷入困境的借贷人需要的帮助远超过其需要的惩罚。这种迟钝可能归咎于放贷人错误的经济分析，但是社会学家可能会建议，较富裕的投资者只是利用现实距离作为盾牌，以掩盖他们对较贫穷的投资对象不公正地使用其社会和经济权力。

2. 部分现实融资：股票

在第三章中，我从政治经济学的角度，曾对将公司的股权所有者（"股东"）视为整个公司的所有者是否明智表示怀疑。公司有很多含义：劳动力的社群、知识与技能的储存库及运用者、客户与社会的仆人及向导，并且原则上，始终致力于共同利益。股票的所有权，或者实际上主要还是货币性安排，对于管理这些多方面的、社会性嵌入性实体来说，则是一个在社会学上不现实的基础。这种

---

① 译者注：厄普顿·辛克莱（Upton Sinclair Jr.，1878—1968），美国著名作家，创作 90 多部作品，并获普利策奖，代表作有《屠场》等。

社会现实距离值得仔细关注，但是与本章主题无关。相关的是，股票仅作为货币物与公司相关的代币资金流的现实接近程度。在这方面，就双向货币流动而言，股票在经济上是相当现实的，至少发行股票的新公司是如此。

我对这种主张的论证首先是提醒人们这些股票是什么。从概念上说，它们是解决具体目前资金短缺问题的一种可能的解决方案，即那些需要代币货币参与经济活动的人们所面临的问题。盈利能力至关重要，因为利润是股权投资者回报的源泉。从更加技术上说，目前资金短缺可以说公司于法律上被隔离在结构之内。这就是财务安排的投资对象。解决目前资金短缺问题的投资者就是股东。投资对象向投资者发行股权或者股票。一般来说，股东用资金换取股票，但股票有时会发行给提供其他价值的个人或者组织：专利、未获全薪报酬的劳动或者某种政治或文化的支持。实际上，在大多数司法管辖区，股东并不需要任何出资。拥有公司合法控制权的董事可以因任何原因以任何价格发行股票。法律参考很重要。公司不遵循任何经济或者金融的自然法则。它们的规则，包括股东的权利与义务，是通过公司所在的司法管辖区的法律及法规制定的。在所有司法管辖区，股票对于合法注册会计师所确认的股东来说，是可获得的利润具有某种法律主张。股东的这种法律主张通常是通过支付股息得到满足。未来获得代币货币股息的前景，是股票的储蓄货币价值的主要来源。

当一家公司新成立时，股东对公司的贡献与这些股东收到的股息之间通常存在着相当密切的因果关系。换言之，从股东投入公司的资金和其他物品，对产生股息的运营所作出的实质性和直接的贡献，而公司以股息的形式派送**给**了股东。这种投资与股息的交换可以被合理地描述为现实密切。此外，任何一年的股息通常与当前或者近期实际赚取的利润有着相当密切的关系。换言之，股息的时间与水平也是现实密切的。

　　　　　　　　　　　货币、金融、现实与道德

这两种现实密切性具有许多例外情况。有时，股东的资金与才能在利润的产生中所发挥的作用相对较小。譬如，在一个主要通过"包装"雇用仅挣薪水的技术劳动力而赚得高利润的企业，股息与股东出资的关系从一开始就与现实相距甚远，尽管可以通过向这些生成利润的雇员发行大部分股权来缩短距离。在第五章中，我将论证在成功的公司老化过程中，对股东利润贡献的现实货币的评估，与股东通常获得股息之间的距离会系统性地扩大。

至于股息派发的时间及数量的现实密切性，与现实遥远的股息实际上相当常见。相对于企业长期繁荣所需资金，公司有时会支付不切实际的高股息。相对于他们可以明智地支出未作为股息给股东的利润（留存利润）的能力，他们有时派发不切实际的低股息。

股息的现实密切性的确定，取决于财务账目以合理现实的方式衡量股东利润的能力等。总体而言，会计准则体系通常足够坚实，可以让"报告的利润"成为计算适当股息的合理现实的起点。然而，任何利润数字都只能是股东真正持久可用的代币货币的数量的粗略近似值。先决条件是很重要的。精确一致性谬误限制了任何数字可能的精确性，因为在不同的时间与地点计算的货币数字的不可比性使精确性成为不可能，要确保公司之间随着时间的推移，即使是粗略的一致性也将是巨大的挑战。将许多财务货币数字（利息支出与收入、投机性收益与损失、租赁支付的财务要素）纳入财务货币数字"股东利润"的计算中，进一步增加了经济上的不精确性。此外，制定与应用规则的会计师还受到股东和经理追逐高额报告利润愿望的影响。

3）不切实际的融资：债务

第一个股份公司诞生于 17 世纪，而现代企业经济始于不到两个世纪前。相比之下，几乎所有现代形式的债务货币物却都可以追溯到数千年前。我已经零星地提及过这些固定收益义务的远离现实的特征。本节内容更为全面：它列举了债务在经济上不切实际的九种方式，以及对这些存在着严重缺陷的货币物，所持久地受欢迎的原因作一些推测。

1）任意利率

在金融理论中，利率或者至少可能是与现实密切相关的。任何实际利率都可以分解为各个组成部分，每个组成部分都可以估计，并且每个组成部分都对应着经济或者货币现实的某些部分。该理论从自然利率开始，这个自然利率在某些理论的版本中，等于实际GDP增长率的预期值，这是根据融资的低标准得出的接近现实的客观数字。然后调整该自然利率以补偿各种成本和潜在损失，包括那些由当前劳动力以及未来货币变化所造成的损失。然而，在现实中，这些只是对重叠的、大多数是隐藏的和相互影响的假设因素所可能产生影响的任意估计出大杂烩的调整，这些因素仅可以提供实际利率的**事后**合理性。该理论总体上令人难以置信，在细节上也是不可能的，而且至今为止还无法验证，以至于出现的数字实际上与现实相去甚远（附录中有更多详细信息）。

事实上，实际利率与经济现实没有具体关系。它们与投资资金所提供的任何经济收益，甚至与总经济的状况没有任何明确的关系。尽管如此，就像三联体的中间部分的货币数字一样，这些财务数字并不是随机的；各种因素可能在起作用。某些程度的共识是确定的——利率是由放贷人与借贷人双方商定的结果。货币当局的政策通常会产生一些影响，放贷人对借贷人是否在达成的条款上违约的判断也会产生一定的影响。对于某些贷款，利率是由政府设定或者修改的，而政府与其关心财务收益，其实更关心某些经济或者组织的议程。这是一种特定类型的权力关系：政府的议程高于其他担忧和经济计算。在其他情况下，这种权力关系略微不那么平衡，但贫困的借贷人经常被迫支付其认为无法接受的高利率，而绝望的储蓄货币持有者有时被迫接受不可取的低回报。特定利率的复杂真实因果关系很有趣，但是我的兴趣范围比较狭窄。债务所完全缺乏的是股权的股息与投资对象的实际业绩之间的相当紧密的联系。

2）未识别通货膨胀

我在上一节中提及过，人们对"与通货膨胀挂钩"的债务货币物的兴趣是有限的。考虑到普遍的价格变化一直是 20 世纪三联体中间部分的最一致特征之一，不愿意开发使用这种货币物，等同于有意识地投票反对将它们与现实联系起来。

即使考虑到任何衡量中央货币比率变化（以通货膨胀率表示的总体价格水平的变化）的粗糙性，这种不与现实相关的经济影响可能相当显著。当这个比率稳步增长时，就像大部分的 20 世纪 60 年代与 70 年代那样，放贷人收到的在三联体中间部分的代币货币所购买的经济资源，始终比他们在达成契约条款时所预期的要少得多。在随后的数十年里，失望的则是放贷人。

3）泡沫

尽管几乎所有的股权都与大交换的活动相当密切（银行股票是主要的部分例外），但是许多债务是财务性的，几乎完全位于三联体的左侧部分。利用借来的资金购置土地或者一些其他货币物是容易且常见的。在这种"杠杆化"安排中，一种"目前资金短缺"的问题得到了解决：没有足够的储蓄货币来购买以储蓄货币定价的东西。然而，这种逻辑基本上是疯狂的。货币物的目的是持有储蓄货币，而在现代经济体中，持有货币物总是至少意欲，最终将储蓄货币转化成代币货币。使用属于他人的额外储蓄货币购买货币物，只会混淆该货币物与三联体中间部分的经济现实的任何部分之间已经脆弱的联系。

随着越来越多的储蓄货币被用来支付具体的货币物，这些货币物的价格几乎自动地上涨。随着价格的上涨，潜在的所有者自信地借贷储蓄货币购置这些货币物，既希望又鼓励价格进一步上涨。银行乐意创造新的储蓄货币来支持这一趋势，因为它们相信货币物的价格上涨将保护其贷款的价值。随着价格进一步上涨，借贷人和放贷人都更加相信储蓄货币的收益将持续流动。从根本上说，他们感到高兴，因为他们的思维远离现实；他们故意地忽视自己的货币唯我论①。这种自我强化的价格上涨有时被称为泡沫，以庆祝其快速扩张和缺乏持久的现实。类似现实的东西最终会戳破这样的泡沫。当某种挫折导致这些货币物以较低的价格出售时，储蓄货币就会被摧毁，而价格上升螺旋可能会逆转为"崩盘"。储蓄货币的提取和摧毁引发相关货币物的价格下跌，从而导致进一步的提取、更多的储蓄货币被摧毁，以及持续的价格下跌。

这种有毒的模式的核心是财务融资的支持，即完全脱离经济现实的贷款。这种财务融资并不总是明显有害的，但是它总是与现实相距甚远。由于它如此根植于债务实践与想法中，以至于它的存在往往不被注意到。然而，转移代币货币、创造代币货币或者将储蓄货币转化成代币货币的与现实接近的贷款，在经济上与整个在三联

---

① 译者注：唯我论作为一个哲学概念，起源于古希腊哲学，认为现实是主观的，心灵在决定什么是真实的方面起着关键作用，譬如柏拉图的形式理论认为真正的现实存在于物质世界之外并被心灵所理解；在文艺复兴时期，勒内·笛卡尔进一步探索了心灵在理解现实中的作用，笛卡尔的名言"我思故我在"，强调了自我为思维存在的确定性，唯我论作为术语词汇是到了 19 世纪才由弗里德里希·海因里希·雅各比（Friedrich Heinrich Jacobi）创造确立的，而路德维希·维特根斯坦和伯特兰·罗素等努力解决语言、感知和知识的问题为唯我论思想奠定了基础。

体左侧部分所创造或者转移的储蓄货币的远离现实的贷款完全不同。

4）固定利息支付

尽管股息支付随着股东利润的变化而变化，但是固定收益工具的支付，顾名思义，是从一开始就被设定的。我已经阐述过这种安排相对于一般价格变化的影响在经济上的不现实。然而，即使价格保持相对恒定，固定支付的做法会忽略所有财务安排固有的时间与本体论的不对称。简而言之，现实世界肯定会发生变化，因此任何关于财务稳定的承诺本质上都是与现实相距甚远的。贷款人的货币资源与放贷人的实际货币预期会在贷款期间发生变化，因此开始时的偿付现实，随着时间的推移很容易变得不切实际了。利息支付的经济不现实性有时可以通过"浮动"利率或者"重置"来缓解。在这些安排中，利率定期或者不定期地调整，以反映某些变化，无论是因为当前盛行的利率，还是由于放贷人的意愿及其突发奇想。如此实践的存在但有限应用，只会加强财务体系中对现实距离的普遍热情。

5）短期限贷款到期日

短期限贷款到期日是许多债务货币物的另一种远离现实的特征。公平地说，仅持续"隔夜"、几天或者数月的贷款的实际利率，在偿还之前可能会保持相当现实，因此此类货币物避免了随着相关环境变化未反映在利率中出现的现实距离。然而，这种利率的真实性往往被这些货币物虚构到期日的不真实性所弥补。在经济融资中，投资对象需要时间赚取可观的收益，因此就短期限到期贷款而言是经济性融资，它们总是需要"展期"或者"再融资"，即换成另一笔贷款，而非通过一笔大额偿付抵消贷款。后贵族式财务贷款的投资对象几乎同样可能需要再融资。对于虚拟到期日的特定依据背后的推理技术性太强，而且经济重要性又太小，所以我不在这里赘述。可以说，尽管展期系统通常没有问题，但是也有例外情况。这些往往发生在经济压力大、最需要强大的财务体系的时候。相反，由于远离现实无法展期的债务而造成的财务压力可能会恶化经济形势。

6）到期全额"偿还"贷款

展期是必要的，因为债务货币物的大额偿还（名义本金价值的偿还）本质上与现实相距甚远。接近现实的支付方式应该是"实物偿还"——譬如借款所买到的工厂。然而，债务位于三联体的左侧部分，因此放贷人想要储蓄货币。如果投资资金所产生的部分利润被稳定地储存起来（一种曾流行的系统，称为"偿债基金"），就可以提供这种可能。更典型的情况是，债务被展期或者兑换成其他融资货币物。

正如像债务货币物中的典型情况一样，不那么不切实际的安排是容易实现的。无需任何大额偿付的"永续债"非常罕见，但是"摊销"抵押贷款在许多房产"市场"中却常见。这些货币物保留了固定支付的现实距离，但消除了大额偿付的现实距离。考虑到人们对现实距离的普遍偏好，或许令人惊讶的是这些分期摊销的贷款如此常见，但是并不令人惊讶的是它们并没有更广泛的传播，或者它们的现实性日益受到"股权贷款""再抵押"以及"仅利息"抵押贷款的削弱，所有这些都使抵押贷款的最终大额偿付的要求成为可能。

7）银行的崇高谎言

我已经阐述了大多数银行的基本经济现实距离，包括那种让储蓄者认为**其**储蓄货币的资金，和借款人认为**其**代币货币的资金是相同货币的崇高谎言。这种错觉有时会达到扩大代币货币供应量，以保持中央货币比率相当稳定的良好目的。然而，像许多谎言一样，银行业的崇高谎言导致进一步的不实，在这种情况下与现实的距离更大。监管机构有时允许、有时要求货币在银行之间或者银行与中央货币当局之间进行流转。有时，目标是确保发放足够量却又不过多的贷款；有时，目标则是衡量贷款数量，与银行履行兑现给储蓄者承诺的能力之间的某些平衡，以防哪个崇高的谎言因借贷人付款不足而被揭穿。其中一些货币的流动对应于某些经济资源的实际转移，但它们往往与现实没有明确或者直接的关系。即使这些货币流动降低了银行系统核心的货币双重计数所固有的风险，他们还是通常鼓励银行经理将其时间和精力，集中在这个与现实脱节的系统将带来严重问题的风险上。整个金融体系对缩小现实距离缺乏兴趣，以至于从未严肃考虑过创建一个比当前的银行体系更接近现实的银行体系的可能性。

8）棘手的违约

借贷人无法履行或者有时不愿履行约定的回报支付时，现实会中断债务工具的计划模式。然而，在现实与非现实的冲突中，非现实通常会持续存在。与其调整财务安排以适应现实，放贷人通常会施加新的远离现实的协议条款。非现实的方向各不相同。有时借贷人能够毫无义务地"退出"，有时即使他们的经济状况足以支付一些款项。也许更常见的情况是，重置贷款的商定条件与借贷人可能的未来经济和货币资源相比仍然很繁重。

公平地说，违约往往是一个真相的时刻，而现实确实也经常影响到随后的财务安排。当完全宽恕是适当的时候，有时会被给予。债务货币物有时会转换成股权货币物，或者根据灵活且现实的条件进行重组。然而，即使取得令人满意的结果，通常也会经历一段时间紧张的谈判。对于参与其中的管理者来说，财务安排常常变得比日常业务运营"更加真实"，像是人为构建的非现实战胜了在大交换中制造、支付和销售的经济现实。企业经常需要资金来度过等待期，这是通过"债务人占有"融资提供的。额外的资金暂时增加了财务安排的非现实性，但是通常会被整合到或多或少现实的债务"重组"中。

9）不确定分配的违约

最后，可以被视为是对违约的一种保险费的利率部分，存在着结构性不切实际。我在本节前面提及过，这种保险费实际上是无法计算的，因为它不能与其他对中央利率的调整分开。然而，这种保险费无疑是存在的——银行高风险贷款的利率高于低风险贷款的利率。我还提到过这种做法不可避免地循环——额外利息支出增加了违约的机会。这种非现实性与许多分担安排共享，也许更加微妙。它来自对个人强加的概率计算。现实是二元的——每个借款人要么会按照商定的贷款条款支付，要么不支付。它也是可变的，因为与商定的条款不同，未支付的数量不是固定的。对于具体借款人来说，在考虑到该贷款的实际未支付的情况下，每笔贷款的实际利率为放贷人提供适当的回报。由于将来是未知的，因此无法作精确的分配。最好的管理方法是一种概率性的分担，其中不违约的借贷人支付不切实际的高利率，而未来违约的借贷人则支付不切实际的低利率。

这种现实距离本质上并非不公正。对已分担的风险差异化处理是应对财富作部分可预测性或者概率性的一种合理方式。譬如，尽管大多数 75 岁的人都能活过 76 岁生日，但让 75 岁的人比健康的 30 岁的人支付更高的年度人寿保险费，这似乎是公平的。然而，即使是公正的做法也可能与现实相距甚远，而此做法就是如此。在融资领域，它可能会给企业带来沉重负担，而企业本可以用较轻的负担更好地服务与提供公共利益。

很容易解释为什么脱离现实的债务融资，在前现代和早期现代经济体中很常见。贷款比经济上较合理的货币物更易于管理。如果没有公司法律结构、全面的会计记录，以及值得信赖的法律权威机构，广泛拥有股东权益根本无法运作。针对总体价格变化的调整需要大量的测量和复杂的统计技术，这在 20 世纪之前难以想象的。（历史学家已经重建了早期时代的各种数字货币与经济指数，但它们远不如今天的统计数据那么全面，并且还有更多缺陷。）历史故事也有类似的叙述，对于其他可能与现实相关的财务纽带，譬如，按借贷人的薪资或者收入的比例计算货币物的收益。这种安排需要一定程度的社会组织、社会信任、数学高深性以及信息易于可得性，而这些直到现代社会才得以具备。

然而，正如我曾在第一章指出过的那样，过时技术的顽强性是现代经济中融资的一个特殊性。当发明了更快、更精确的机器之后，社会放弃了手工纺纱。当计算机出现时，人们放弃了手工分类记账。历史无需解释，更别提证明为什么坚持固定利率，以及固定期限的经济不现实的决定了。

我已经提到了持续依赖远离现实的债务安排的三个原因，即使较接近现实的安排也容易获得。首先是制度上的。三联体中间部分的运作依赖于根深蒂固且相互深度交织的银行—货币—债务体系。变革带来的回报似乎不足以证明承担其困难与危险的合理性。

变革的第二个障碍是心理上的，精确一致性谬误的诱惑。人们宁愿不承认许多依赖于未来的融资数字实际上与现实有多么遥远——无论是在精确性上还是在可能的经济意义上。假装的舒适感可能是剧烈的，因此支持融资现实距离的论点往往更有说服力，因为它们不仅存在而且在经验上是荒谬的。

最后一个原因是政治上的。精确的、商定的数字使这些安排显得清晰而公正，否则这些安排可能会被谴责为不公正的后贵族式融资。换而言之，债务工具的核心存在着一种社会政治的神秘性，很像是对"产权"有点神秘的价值作虔诚赞美那样，掩盖了租金从穷人向富人转移。

很可能还有其他因素有助于保护不切实际的债务在金融体系中的主导地位。无论如何，这些原因都不足以证明这种做法的合理性。

4. 不切实际的融资："非经济化"

历史学家和社会心理学家经常指出，人们极少质疑他们周围最基本事实的必要性与正义性。我刚才提到了这样一种盲目接受，即债务在财务安排中的主导地位。类似但更深刻的是，整个金融体系普遍被盲目接受。它被简单地视为既定的、经济与社会的一部分。当然，每当金融体系的某些部分严重失灵时，有一些改革者就会呐喊。然而，关于可能改进辩论的相当明确的条款，却不包括接近现实与远离现实的安排之间区别的讨论。在金融界，很少有人争论保持财务安排接近现实通常更好，或者任何远离现实安排可取性应该自动受到质疑，因此几乎从来没人问过经济现实融资应该包括哪些方面。

这种缺乏兴趣的结果是一种融资领域向现实距离的默认方向演变，因为远离现实安排通常符合金融社区的便利与愿望，至少在短期内是如此。在本节中，我将通过列举十二项在本质上与现实疏远的金融实践与态度，以展示这种趋势。在下一节中，我将解释为什么这种趋势会鼓励失灵，从而使金融体系成为现代经济体中的一个问题。

在进入不可避免的一系列技术细节之前，尤其是对于那些与金融界接触有限的读者，简单的概述可能有所帮助。我认为"一页纸"——这曾在金融市场上常见的短语——提供了有用的解释答案。当金融协议与大交换具有明确的纽带时，它们就不仅仅是几页纸片了（如今实际上是数据输入条目）。相反，这些货币物概括了真正经济资源的跨期转移——现在可以购买大约**这么**多劳动力和消费品及服务的代币货币交换以后将购买到大约**那么**多经济事物的代币货币支付。这里所谓的"这么"和"那么"肯定是不精确的，因为货币是处理本质上非定量化经济活动的一种不精确工具，但是经济资源控制权的跨期转移却是非常真实的。然而，随着融资在三联体中向左侧移动，远离现实，货币物变得越来越扭曲的经济活动哈哈镜。在经常发生的极端情况下，它们完全脱离了现实。它们变成了数字承诺、准代币，与劳动及消费只有最遥远、最微弱的联系：只不过是一片纸。以下列举这些远离现实的属性，而这些属性只停留在纸上的吸引力。

1）流动性

如果货币物可以轻易取得其中所持有的储蓄货币，就被认为是流动的。譬如，公开上市的股票通常被认为具有流动性，因为大量的股票通常可以很快出售。相反，需要提前三个月通知才可以提款的储蓄账户的流动性就不是很高。房产以及名贵绘画作品的流动性极差——往往需要几个月的时间才能售出，如果价格有争议时则要更长时间。

在金融界，流动性被认为是显而易见的好处。货币物所有者渴望销售的自由，因为没有这种自由，那么的购买的自由就毫无意义。人们付出了巨大的能力来满足这个愿望。银行很少对储蓄账户提款施加严格的限制。各种中介机构"提供"流动性——他们承诺购买金融证券。其他机构会创造金融债务，将各种货币物可出售的大部分资金借给所有者。

当然，在实际经济中，几乎不存在金融流动性。工厂的股份可以出售，但是工厂无法拆除或者分割。股东可以决定不再承担公司错误决定的后果，但是受该决定影响的人们却没有这种自由。换而言之，流动性本质上是远离现实疏远的。这种距离并非必然是坏事。有时，人们可能有很好的社会或者经济理由来容忍这种不切实际。譬如，当已退休的人士可以轻松地将金融投资出售给正在为退休储蓄的人士时，或者当生病患者可以轻松地出售以弥补意外收入损失时，社会可能会受益。（按理说，分担或者税收可能仍然是比出售金融货币物更好解决目前资金短缺问题的方案。）然而，与所有类型的金融现实距离一样，任何对流动性的赞扬应该与不切实际的融资所带来的危险相对应。

2）期限转换

债务通常会以大额偿付结束。股东权益几乎总是永续的，没有任何终结或者"到期日"。然而，如果股票可以在流动的股票市场立即出售，那么它可能被视为具有最短可能的期限。这种财务安排的寿命从无限到极短的转变，是所谓"期限转换"的一个极端例子。

如上一节所述，不那么引人注目的缩短是传统银行的崇高谎言的核心。银行将期限较短的储蓄存款，通常不超过几小时，很少超过几年，转化为在理论上数年后到期的贷款，以及考虑展期的实际需要时转换为无限延续的贷款。这种"期限错配"通常是银行的一种利润来源，因为它们收到的长期利率通常高于其支付的短期利率。在过去的几十年开发的许多复杂的银行产品背后——譬如，掉期、利率期权和大额融资，隐藏着分享、保护和管理由改变期限所带来的利润的相互冲突的愿望。

像流动性一样，转换期限的能力在金融体系内部收到广泛的赞扬。然而，它又与流动性一样，与现实相距甚远，不仅流动性远离实体经济，而且期限转换也大多数远离货币与金融体系的现实。当事情进展顺利时，这些转换只能改变利息付款的分配期限；当事情发展不利时，这些转换就会导致损失。

3）套利

尽管大多数货币物的价格几乎是任意的，不同货币物的价格之间的关系却并非如此。从逻辑上说，相同的货币物在任何时候都应该具有相同的价格，而相似的货币物也应该具有相似的价格。在流动性强的市场中，交易员可以通过买进相对较低估的货币物，这往往会推高价格，并售出相对高估的货币物，这往往会推低价格；以达到限制任何相适当以及相似物品的价格，因交易导致那些价格被推高或压低的偏移情况。这些交易持续进行，直到实际价格与适当价格之间的差距太小，以至于交易员无法从进一步交易中获利为止。这种纠正明显或者感知的定价错误的整个过程被称为"套利"。

最简单的套利涉及在一个市场（譬如纽约股票交易所）买入一些货币物，然后在另一个市场（譬如伦敦股票交易所）以略高的价格售出。最复杂的套利涉及对买卖之间短期内价格趋势的预期，以及对相似货币物的适当价格差异的估计，譬如同一社区的房产或者不同期限的相同债券。专业人士的交易决策通常基于套利原理的变化，试图利用一种或者多种货币物的实际价格，与基于类似复杂性的金融理论的计算得出的公平价格之间的差异。

在金融市场的逻辑中，所有类型的套利都被认为几乎都是健康的，因为它们清理了定价中的"低效率"。然而，从外部来看，此类活动似乎是内部人员试图利用那些对金融和其他货币物市场中经验不足的参与者的行为。无论如何，所有这些套利收益和损失与现实相距甚远。对它们的寻找反映了人们对金融市场的兴趣，充其量与实体经济相触及而已。

4）金融赌博

人类对于赌博的冲动是强烈的，赌徒的信心及其对提高胜算和限制可能的损失的兴趣也很强烈。从一开始，尤其是在过去半个世纪以来，金融行业就不仅乐于满足并且鼓励这种冲动。银行家已经开发了许多新型的准金融票据，利用赌徒信仰其超凡能力的倾向，找到让金融赌徒相信其有更优越的胜算方法，为赌徒客户提供大致想要的刺激程度。货币物对于技术性赌博来说是非常好的工具。就像赛马中的表现一样，准金融票据的未来价格，落在可预测和明显随机之间令赌徒满意的范围内。然而，与赛马不同的是，货币物价格与三联体的中间部分之间存在着联系。当然，金融赌博与任何潜在的经济现实的纽带确实很遥远。

衍生证券（通常简称衍生品）为金融赌徒提供了远离现实的游戏。每一种衍生货币物是另一种货币物、该产品的特定价格以及具体时间或者时间范围的组合。衍生货币物要么迫使或者允许一个赌徒在特定的时间以特定的价格买入要么售出另一种基础货币物。衍生品的价格是根据其他"基础"货币物的当前价格，与预期未来价格之间的差距得出的。由于这些准金融票据的价格会随着任何变量的变化而改变，因此它们的价格往往非常波动。

频繁的变化使它们对金融赌徒特别具有吸引力，他们被礼貌地称为"投机者"甚至"投资者"。这些货币物让他们能够推测货币物的投机结果。这就像押注赛马场上的不同投注者在某一天会赢多少或者输多少一样。大交换的现实只是地平线上的一颗遥远的微粒。金融业通过充当安排衍生品业务博弈的"交易所"而获得巨大利润，它已经找到并且经常资助这些交易的在经济上的合理理由。它们据称可以稳定市场并且分散风险。正如对一个主要吸引赌徒且与现实关系最薄弱的行业所预期的那样，衍生品更倾向于产生相反的效果：破坏价格稳定和集中风险。

大宗商品期货比占主导地位的金融衍生品更接近现实。真正的农民和其他实际生产者同意在实际生产或者交付前数月将他们的农作物和其他产品（从小麦和猪羊到木料和矿石）出售给赌徒投机者。然后，赌徒投机者用这个交付物品的承诺到市场上作交易。期货的价格往往因相关商品供需新信息的涌现而涨跌剧烈。尽管生产是相当真实的，但是未来的价格波动与劳动和消费的大交换中生产的经济现实相距甚远，并且通常与三联体的中间部分的最终价格的现实非常遥远。如果需要进一步的现实距离和由此产生的赌博刺激，银行将乐意（为他们）构建期货衍生品并从中获利。

5）人造货币物

在第三章中，我阐述过集资作为解决目前资金短缺问题的方案。在金融界，另外有两种类型的集资也很常见。在这两种情况下，人们都购买了对货币物的利益。一种类型是接近现实的，而另一种则远离现实。

理想银行业务基于与现实密切相关的分担。贷款与存款之间的机构纽带给每个存款人微薄的利息，以及从成千上万到数百万笔不同贷款中获取的收入，而每笔贷款也为投资对象提供了代币货币。同样，当股权所有者创建种类繁多的不同公司的投资组合时，这种安排与大部分的付费经济相当接近。对于那些在投资中无特定经济专业知识的金融投资者来说，这种集资投资是相当合理的安排。

在 2008 年的金融危机之前，基于另一种远离现实的集资类型的货币物开始流行起来。在我撰写本著作时，它们的流行程度正在反弹。在这些集资资金池中，首先收集大量货币物，然后将它们重新划分为新的货币物，这些货币物预计对财务投资者或者投机者更具吸引力。新的货币物具有不同的财务特性。最常见的安排涉及创建一连串风险递减的债务货币物。贷款损失首先减少风险最高的"份额"的价值。当该份额的证券丧失其所有价值时，后续损失会落在下一个风险最高的份额上，以此类推。还有许多其他排列组合，包括债务与股权衍生品的组合。

这些货币物展示了常见的财务模式，即巧妙地设计与大交换具有模糊且明显的相距甚远的关系。金融危机之前创建的一些集资的货币物，在危机期间遭受了不切实际的高额损失。与同样货币物有关的其他物品损失却低得不切实际。对于损失的划分及其程度，货币物的设计往往被证明比真实经济的发展更为重要，几乎与货币物的价格的发展同样重要。该模式的几乎所有方面都与现实相去甚远。

出售此类集资投资的成功可以追溯到创建它们的银行的导向上。它们的首要任务既不是让融资接近现实，也不是为了服务于共同的经济利益。它们的使命是为自己服务，即通过从它们的财务投资客户那里获取收益实现该目标。创建简单、贴近现实的工具很少会实现这种目的；而是通过开发复杂的产品来实现目的，这些产品拉开了投资者与现实之间的距离。

6）外汇乱象

在第二章中阐述跨通货边界问题时，我提及了银行有时拥有以国外通货计价的货币物。在那章中我论述了支持贸易失衡所带来的收益，但是跨境通货一般金融还提供了其他诱惑：从不同国家利率的差异和变化中获利，以及从通货的汇率变化中创造利润并从中获利。此外，通货之间监管相对宽松的"无人区"是大规模投机活动的理想家园，以至于外汇市场（也被称为通货市场）已成为非现实的虚拟宫殿。实际上，金融赌徒已经学会了如何将一种通货视为一种特殊类型的货币物，即另一种通货的容器。由于汇率随时都在变化，很大程度上是因为投机者始终在买卖，所以这种投机对于寻找刺激的赌徒尤为诱人。

所有这些都没有必要远离现实。伴随着实际经济变化的通货兑换本质上是贴近现实的。想象两名游客访问纽约，一个来自圣路易斯，一位来自斯图加特。当他们用美元支付酒店、餐饮和游览自由女神像时，他们与大交换的现实同样地接近。德国游客将欧元兑换成美元的需求并没有增加这种距离。

德国人用欧元兑换的实际美元数量是否接近现实则是另一回事。即使没有任何投机，汇率及其变化也将受到由几个不确定预期的相关因素，而必然未知的相互作用的影响：相对价格水平、相对通货膨胀率、相对经济前景，以及两国之间的买卖的货币平衡。根据当今通货市场的投机情况，其中资金流动大约是与大交换相关的跨境代币货币流动的 15 倍，当前的汇率肯定是接近于投机者，然而很可能与现实相距甚远。事实上，通货市场的投机与经济现实之间的失衡如此之大，以至于投机性驱动的汇率变化对经济现实的影响，至少与现实对该汇率的影响一样大。然而，在大多数情况下，这些交换价值甚至还没有达到那种稍微反常的接近现实的程度。汇率趋势只是娱乐赌徒并且使中介机构致富。

7）金融债务

在第三章关于金融化的阐述中，我介绍了金融债务，即借贷储蓄货币来帮助支付货币物。这些财务安排是完全与现实脱节的，因为它们与三联体的中间部分没有任何联系。正相反，通过提高货币物的储蓄货币价格，个人金融债务使这些物品进一步远离付费经济。金融债务总量的增加，这一类别可以说包括了大多数政府债务，而增加了三联体整个左侧部分的现实距离，同时也增加了单一通货边界问题（储蓄货币与代币货币之间）的可能性。

金融债务缺乏经济锚点，使得它们像国外通货一样成为脱离现实的操作的理想材料。譬如，公司有时会选择使用借到的货币向股东支付股息（这是所谓的杠杆收购和许多所谓的股票回购中基础交易中的常见做法）。这种金融选择可以增加股东的收益，尤其是在短期内，但是它与对劳动、生产、消费或者公共利益现实的任何关注都相去甚远。同样，当房地产投机者承担大额抵押贷款并意图快速出售以获得巨额收益时，他们的炒作与住房消费的经济现实相去甚远。事实上，他们渴望提高房产价格，而且对任何居住者的利益漠不关心，表明了一种近乎敌意的距离。

8) 企业杠杆

自从有了企业，公司一直在借贷资金。事实上，早在有企业之前，商人和工匠就经常借款支付他们的库存与原材料。这种类型的借贷通常是贴近现实的。借助借来的款项用于采购或者加工的物品的销售，提供了利息支付和大额偿付所需的收入。大额偿付（"偿还"）通常安排在贷款所支付的物品全部都销售完毕时发生，至少在不需要或者不想补充库存的情况下，这样可以归还不再与所支付的库存挂钩的贷款。即使业务继续运营，可以说新的贷款也将用于支付新的库存，从而继续新一轮的贴近现实的贷款与还款的循环。换言之，对于这些与库存相关的货币物来说，即使大额偿付也可以说是接近现实的。

在大型现代企业中，经济现实截然不同。公司在财务上是由股权定义的社会实体。库存和应收款在概念上与运营的其他部分没有什么不同，因此没有充分的理由将它们与非股权货币物联系起来。当公司遇到目前资金短缺问题时，新的股权是唯一贴近现实的财务解决方案。债务总是给公司的自然货币结构添加一种远离现实的复杂性。

然而，定期使用债务吸引着许多股东，因为它创造了杠杆效应。对于在利率较低时期的相当成功的公司来说，更多地利用债务会产生更高的股东利润，从而提高每股的潜在股息。公司内外的金融专业人士都非常熟悉这些收益的计算方法，因为他们也意识到如果利润太低或者利率太高，这种杠杆可能会对股东不利。近年来，欲望和贪婪比恐惧更强大，因此公司中杠杆的使用不断增加。大多数税法对偏爱债务的金融无知已经助长了这种脱离现实的趋势。

9）要求的短期回报

就像公司通常应该依靠债务与股权来解决其目前资金短缺问题的观念那样，任何种类的货币都应该免受时间的蹂躏，甚至不应受时间的影响的观念深入人心，以至于人们很少注意到它的奇怪。事实上，这种观念更接近符号货币，而非大交换的现实。尽管上帝、美丽或者爱可以是不变的，三联体中间部分的一切都牢固地在世代生长与衰亡变更的世界中。期望储蓄货币的价值在能经受住所有时间和各种情况的考验，是一种脱离现实的想法。更加脱离现实的是，人们通常认为，囤积的储蓄货币的真正价值实际上应该在增加——始终地、自动地，无任何逆转机会。储户不需要干任何事就会获得这种"无风险回报"。赚钱是管理囤积资金的实体的责任。

金融理论有一个复杂的论点，解释为什么正的无风险回报是金融世界的一个自然组成部分。权力政治学还有一个简单的论点：后贵族式融资需要如此。无论是什么样的理由，经济现实是，生活中没有任何东西是或者可以期望是"无风险"的，储蓄货币或者货币物的性质不要求强制回报，以及经济中也没有任何东西需要强制回报。而要求提供这样一种回报的社会选择被描述为金融法则，则是颠倒事实。

10）要求的长期回报

尽管任何强制性的无风险储蓄回报在经济上显然不现实的，但要判断风险较高及投资期更长的回报，究竟达到何种水平才符合经济现实则更加困难。金融理论有一个答案，或者至少有一种声称可以构建该论点的技术。不幸的是，这项技术充满着困惑，无法提供一点洞察力。尽管如此，这个问题值得一问。相对于真实的社会与经济情况和财务投资者对实际经济的贡献，不切实际的高回报预期，可能导致金融或者政治体系不稳定。可以想象，按照相同的标准，融资回报低得不切实际可能导致经济不稳定。

我将在第五章中阐述不公正的高回报。除了公正之外，政治经济现实也会施加限制。财务投资者实际上不可能期望继续收到，比借贷人、客户、纳税人以及其他最终提供资金的人愿意，或者可能被迫支付的更多代币货币。现实限制会随着时间和社会的不同而变化。贵族式的社会安排常常为极少数人提供极度奢侈的生活，而让一大群交租农民陷入绝望的贫困。那种直接榨取经济的贫困水平如今没有任何地方可能接受。当前的实际限制更难辨别，但是根据我的判断，金融体系内的预期的回报水平往往远高于金融体系外大多数人认为社会可接受的水平。换而言之，财务回报预期与政治或者社会现实相距甚远。

11）货币物的价格变化

我曾多次提及过，土地、股票、固定收益工具、衍生品、黄金和任何其他货币物的价格，随着在三联体左侧部分的储蓄货币的供应量，以及财务投资者的情绪与判断的变化而发生上涨或者下跌。在社会分析中，即使剧烈的价格波动也许被认为是现实的，但从经济上角度来看，大多数波动必然是远离现实的，因为这些变化完全脱离了大交换的现实。

12）预期

银行有时确实可以展示并鼓励贴近现实的思考。在某种程度上，像理想银行之类的机构仍然存在，这些机构与大交换之间存在着相当现实的关系。尽管它们通常承诺向储蓄人提供无风险回报，但是它们的贷款与实际经济活动密切相关。一些当代股权"指数基金"的卖家也采取了类似的现实的方法。

然而，在大多数金融市场以及许多非社区性银行中，现实距离对于生存来说是必要的，更遑论成功。大多数客户似乎更喜欢近乎魔幻的巨额收益的承诺，而非比较适度与现实的预期。这种偏好创造了一种非现实的互利共生关系。客户希望获得比任何政治上可接受的金融体系，能够长期实际提供的更高的回报。银行经常尝试设计产品或者寻找特定的货币物，来满足这些不切实际的预期。然而，让财务投资者相信或者试图相信"下次会有所不同"的努力，往往会被证明是徒劳的。银行的超现实的取悦行为，既是对客户超现实的高回报诉求的反应，也是对其的鼓励。随着应该来自金融投机收益的承诺回报比例的增加，与现实的距离也越来越大。

银行雇员往往因推广不切实际的观点而获得丰厚回报。事实上，金融业的高价与高薪最好被理解为类似于一种产自欲望的贿赂。这种思维似乎是这样的，如果银行家得到了丰厚的回报，那么该承诺就更像会实现。财富伴随的社会权力与结构性现实距离的结合听起来具有社会毒性。对于社会领袖来说，雄心壮志可能是好坏参半，而成为幻想家对他们来说永远不是好事，但是远离现实的金融运营成功，几乎总是需要拥抱一些幻想的希望与承诺。

5. 现实距离的危险

到目前为止，人们应该清楚，广义金融的许多部分甚至绝大部分都与现实相距甚远。正如融资对于后贵族式的货币关系存在系统性偏向性那样，它也有着一种对大交换的局限性与贴近现实的系统性偏见。这一事实提出了三个问题：为什么？有什么好的结果？以及什么不良结果？第一个问题没有简单的答案，第二个问题有一个不幸的简单答案，而回答第三个问题则需要列出一份令人望而却步的清单。我将逐一阐述。

1）为什么？

社会因果关系从来都不清晰，而且几乎始终存在争议。在我对融资业的各种现实距离的阐述中，我暗示了来自各个领域的几种原因。这有传统——我们总是这样做。人类心理模式鼓励对数字确定性和跨时间确定性的渴望，即使这种确定性实际上是不可能的。财务投资者的政治和经济权力，使他们建立或者维持有利于其远离现实的财务安排。这些是由于货币物所有者的野心，一种性格缺陷导致他们期望不切实际的巨额收益，也是由于智力不全面，无法现实地思考这些巨额收益，会随着时间的推移和频繁交易而助长的金融市场不切实际的预期。最后，金融还有各种各样的象征意义，其中许多都导致财务安排与大交换相距甚远。

这是我的清单，但其中的一些可能存在争议，而且在融资领域对现实距离的频繁偏向，很可能有许多其他同样好的或者更好的解释。然而，所有这些动机似乎主要在意识水平以下起作用，所有也许现实距离之所以不断扩大，正如我在本节前面所暗示的，部分原因是它未被注意到。

很显然，金融界认为好的许多事情都与现实相去甚远。由金融家、放利为生者以及专业投资者编制的金融体系目标清单，应该可以包括一个与现实密切的项目，即提供经济建设的金融投资，以及许多现实遥远的目标：流动性、降低金融投资者风险、为金融投资者提供高效套利、基于债务的金融结构、金融投资者提供最大化绩效以及投机的便利性。

2）现实距离融资促进了什么益处？

我可以想到融资可以促进现实距离的四种可能的益处。

首先，强烈继承经济等级制的热衷者可以指出，某些类型脱离现实的融资保护了所期望的社会秩序。流动性、无风险回报、期限转换以及接受相当高的长期回报，都让富人比穷人受益更多，并有助于确保储蓄货币财富为下一代拥有充足的消费和社会权力。

其次，慈善基金会、非营利教育与医疗组织、其他慈善机构以及私人养老金系统的热衷者可以说，融资领域的现实距离有助于这些组织支持共同利益。这些论点与支持世袭等级制度的论点相同，但是这些善良的组织和制度可以在不赞同任何种类的社会等级制度的情况下得到支持。

再次，如果没有金融投机的现实距离，世界可能变得更沉闷，甚至也许更危险。作为一种赌博，远离现实的投机确实生动。可以说，它比赌场对社会的破坏小，并且比网上游戏上瘾少。它还是合法的而且受到严密监管。

最后，远离现实的融资在许多方面可以比可用替代方案更好。譬如，如果唯一可用的安排，比当前远离现实的各种方案的集合的利润更低、流动性更差、不安全性更明显，那么投资者可能不太愿意，为有用的经济目的提供资金。

我不觉得这些论点有任何特别说服力。首先，反平等主义者应该认识到，当今的经济等级制更多依赖薪资而非金融。无论如何，现实距离几乎没为更贴近现实的金融提供等级制经济的支持。其次，由财务收入支撑的组织和个人未必，比由当前捐款所支持的更好。即使这种财务收入被认为可观，现实距离带来的益处并非明显地超过我将在下小节中描述的成本。再三，赌博充其量是一种需要容忍的恶习。没有充分理由认为，金融投机的大量资金、造成重大经济伤害的高概率，以及在金融市场不可避免地剥削不情愿与不知情的参与者，都是可以容忍的。最后，较少现实距离的金融会阻碍任何在经济和社会上有益的融资形式，是难以置信的。即使某些有用的经济融资被阻碍，通常其他同样有效的解决方案会处理相关目前无资金的问题。

3）远离现实融资造成了什么伤害？

尽管所有声称的金融现实距离的良好影响都是微不足道和可疑的，不良影响却太显而易见了。各式各样的现实与金融脱节会引发或者恶化几种类型的问题。

货币失衡：货币物价格的巨大的、与现实疏远的变化往往会使得三联体左侧部分的不稳定化，这种不稳定化的倾向会造成单一通货边界问题。譬如，当房产价格上涨并且许多业主进行"第二次抵押贷款"，将部分收益转化为消费时，代币货币的注入可能会扰乱付费经济的平衡。额外的货币供应将增加中央货币比率的分子。如果分母没有发生任何变化，结果将是不希望价格通货膨胀，或者对通货边界造成不必要的压力。

同样，外汇市场的现实距离增加了两种通货出现边界问题的可能性和可能的严重程度。来自外国的大规模、与现实脱节的储蓄货币流入，扭曲了银行体系，并且为最终不可持续的生产和消费模式提供了支持。同样，远离现实外流会在银行业引入新的扭曲，并且对生产和消费造成重大干扰。汇率与现实脱节的变化会扰乱跨通货贸易，并且当存在大量跨通货借贷时造成财务压力。

经济资源的配置不当：不切实际的货币物条款与价格可能导致经济资源低效使用或者不公正配置。来自三联体左侧部分的不切实际的信号可能会鼓励在中间部分的不同片段花费过多或过少的资金。尤其是，某个行业的高股价，譬如某些新科技，通常会鼓励新老竞争对手的消费热潮，而不切实际的低利率有时会刺激，在部分受借款成本或者可得性调节的行业的无益活动，譬如在美国的住房建设。此外，远离现实的金融投机放大了商品物价的变化，这往往会扰乱用户与生产商的经济行为。

后贵族式融资倾向：对于社会平等主义者来说，后贵族式融资既脱离现实又同时鲜受欢迎。它与现实相距甚远，因为其贫富转移与劳动和消费的经济现实没有明确或者公正的关系。这是不可取的，因为它巩固、放大并且增加了本已不公正的经济等级制的社会影响。对经济等级制持有复杂观点的人，可能只谴责后贵族式融资的某些远离现实的方面。譬如，他们可能认为将财务收入传给继承人的能力与现实相距甚远，因为继承人对储蓄货币及其提供的收入没有正当的权力主张。或者，他们可能只谴责三联体的左侧部分不断扩大的财富，这会巩固富人的地位，而与中间部分的经济活动几乎没有联系。

投机性浪费：脱离现实的金融投机施加给银行和经济融资一种破坏及寄生。赌博与财务投资的混淆和混合危及并且削弱了后者的进程。远离现实的投机泡沫与破灭所造成的经济损失有时是巨大的，而且总是不必要的。

过度金融：远离现实的融资所导致的资源利用最明显的扭曲存在于金融领域本身。与该行业支持经济利益的潜在力的现实评估相比较，金融业规模过大，其员工技术性太强而且报酬过高。金融化只会加剧这种过度行为，似乎在很大程度上反映了社会对金融使高级赌博成为可能而乐此不疲。

贪婪：下一章专门阐述贪婪与融资。在这里我只想指出，脱离现实的金融债务和企业杠杆没有任何经济目的，并且除了满足贪婪的欲望外没有其他目的。它们毫无益处，只会扭曲经济决策和制造或者放大毫无意义的社会紧张局势，从而造成重大危害。

金融中的贪婪　第五章 05

如果现代社会的政治、经济和思想领袖，能够以客观理性的态度研究货币和金融体系的问题，那么所有这些问题可能早得到了相当成功地解决。毕竟，正如我已在第一章中所指出过的那样，现代经济的历史包括众多实际困难的产生与解决。为十多亿人提供相当安全与健康的都市生活、组织良好的全球性企业雇用近百万人，以及普及免费教育等成就，需要非凡的毅力、想象力、雄心及其面对巨大变革的开放态度。如果所有这些优点都被用于到货币领域，尤其是融资领域，那么现在这些系统将更加忠诚与可靠地为公共利益服务。然而事实上，所有的货币融资改革的努力都十分有限，以至于当今的全球金融体系具有许多关键性特征和弱点，即 19 世纪晚期纸币时代之初的各种国家体系的特征和弱点。金融体系甚至保留了大部分那些国家的后贵族的特权保证，这与医疗保健、教育、基础设施甚至食品与服装方面，至少部分成功的平等主义努力形成了鲜明的对比。

　　为什么做得如此少？某些可能的解释可以被排除。愚蠢是不可能的——货币，尤其是金融，长期以来一直吸引着任何社会中最精明的人的关注。近两个世纪以来，许多聪明而有思想的学者也对它们作了研究。"人力资源"短缺也不是一个合理的解释。许多硬科学、社会科学以及人文学科的专家都曾在金融业工作过，或者在众多大学、政府和准政府机构以及其他组织中研究过货币融资体系的部分内容。

　　无知是对不作为的较合理的解释。正如我曾在第二章中解释过的那样，通货与贵金属挂钩的实证现实掩盖了货币的无本之物的本质，直到无本之物的货币实际上取代了"黄金支持"的物品。由此产生的对货币的误解，无疑让对融资的清晰思考变得更加困难。类似地，在以大规模货币为基础的经济体的发展、某些种类的国家账户和社会主义经济学发展之前，人们可能很容易忽视后贵族式融资的社会作用。尽管如此，至少一个世纪前所有无知的借口都消失了，而且在随后的几年中发生了很多的金融危机与斗争，使人们将注意力集中在可以学到的东西上。此外，过去的混乱所造成的无知无法解释，为什么经济融资很少被置于适当的经济背景下，作为解决目前资金短缺问题的几种潜在方案之一。看起来金融改革受到了比无知更难医治的力量的阻碍。

另一个可能的解释是传统的分量。也许人们太执着于旧的方式，或者太害怕改变新的方式可能会引起混乱，不会或者不相信他们应该甚至可以做出根本性的改变。这种论点对于货币来说毫无意义，事实上，从基于宝藏货币的古老系统到如今基于代币货币的安排，货币已经变得面目全非。正如我在第三章中提及的，当代金融安排与过去几代人的安排非常接近，但是持续性只会引发一个疑问：为什么传统在技术上很容易改变的领域会产生沉重的影响。毕竟，财务合约可以在劳动、消费或者社会组织不发生任何物理变化的情况下创造和销毁。

对于不作为可能还有其他不充分的解释，但与其寻找诋毁它们，不如转向更广泛的东西，在这种情况下，转向围绕货币与金融的象征意义的边缘部分的关注。我在第二章与第三章的开头分别提供了很长的清单，解释除了诸多其他东西外，其中的代币、指标、关系和实践与贪婪有着深刻而持久的联系。现在是时候讨论这种道德或者伦理关联对货币和金融体系的实际影响了。

我的主张很简单。贪婪是一种有害的激情，每当数钱时，无论是在三联体的左侧部分还是中间部分，它都会威胁到社会和经济秩序。在贪婪的干扰下，个人、组织以及社会都不愿意努力促进货币与金融体系的安全和公正。这实际上是金融易犯的过失。尤其是，它直接或者间接地造成了四个严重弱点。首先，对金钱的贪婪助长了货币分析中的个人主义和精确主义的错误，因为贪婪引发人们嫉妒地计算着究竟有多少——物品的成本、人们的收入、他们有多少钱，以及他们比邻居多或者少多少钱。其次，贪婪是许多银行及其银行家通常不值得信任的根本原因。再次，贪婪解释了为什么那些已经相对富裕的人们如此致力于后贵族式金融。最后，贪婪是社会容忍众多过度金融活动的唯一有说服力的解释。

我如此反对的贪婪是什么？从大体上来说，贪婪是很容易理解的。所有人都熟悉它，无论是从他们作为父母、工人、朋友还是作为政治观察家的角色。我们常常责备别人贪婪，而我们却常常拒绝任何对我们自己贪婪的指责。然而，贪婪的概念对于所有主流的当代学术行为模式来说都是陌生的。贪婪扎根的道德框架很大程度上已经从社会学、心理学、历史学以及人类学中清除了。正如我稍后将更详细地解释的那样，经济学学术的思想结构特别敌视任何关于善与恶的有意识的辩论，包括贪婪的邪恶。我甚至无法转向主流当代哲学。尽管客观上良好的道德生活，从柏拉图时代一直到不久前都是一个中心哲学主题，但在过去的数代人中，美德与恶行的传统区别基本上被摒弃了。幸运的是，这些传统中仍有一些继续发挥作用的知识遗留物，组成了一些明确的宗教思想家和一批"美德伦理"的世俗倡导者。在这些思想家的帮助下，我将尝试从哲学与心理学上解释什么是，货币性融资贪婪以及为什么其是错误的。这些论述会占据本章的前六节。最后六节会详细解释贪婪在融资领域的影响，包括贪婪欲望如何模糊或者混淆判断的一些方式。

1. 道德生活

有些读者可能会对我的主张的性质感到震惊，或者至少感到困惑。当代经济很大一部分持续性功能障碍，怎么能用伦理的、私下的以及老式的贪婪来做解释？

第一个疑问是关于道德的，它基于一种传统的理解，即经济学是一门纯粹描述性的学科——道德判断根据定义被排除在外。大多数经济学家现在认识到这种狭隘的观点在认知上是不一致的。伦理判断显然且不可避免地是任何有目的的人类活动的核心部分，包括经济活动。经济学家声称他们可以或者应该避免讨论此类判断，充其量表明他们不理解自己正在做什么。最糟糕的是，这表现出一种逃避讨论经济利益的严肃专业责任的愿望。

第二个疑问就不那么难以置信了。经济学通常主要关注群体的行为和愿望，贪婪显然是个人的而非社会的。左翼经济学家谈论压迫的道德和明显社会罪恶，而自由意志主义者讨论专制政府的道德和同样明显的社会罪恶，似乎都很正常；但是这两群经济学家可能都会赞同，作为专业人士，他们应该避免所有相关这类的讨论：这些社会力量对个人的道德习惯与选择的影响。然而，这种经济学方法过于狭隘。在现实中，始终存在双向互动。个人判断总是有助于形成共同的道德或者伦理标准，而这些共同标准也有助于形成个人道德判断与实践。正如我所说的，如果贪婪是从事或者参与金融的人们的一个问题，那么它将在社会上得到强化：通过所有与金融相关的官僚机构的规则和期望，通过受尊重的政治家和其他社会精英成员认为值得向往的财务抱负，以及通过给子孙后代的金融课程。同样相互的，只要贪婪在金融组织和更广泛的社会中有些滋生，金融贪婪就会在许多个人的行为和欲望上蔓延，而且不会在这些人的良心上引起不安。金融贪婪的全面讨论必须包括其个人乃至社会的原因与表现。

我对传统道德的依赖引起了第三个潜在的丑闻。当经济学家确实谈论道德时——尽管他们通常指的是听起来并非属于那么评判性类别，如"伦理学"或者"价值观"——但是他们的判断很可能被科学术语所掩饰，如"被不良激励机制所误导"或者"无意识的偏见"。相比之下，基督教在传统上将贪婪列入七宗罪清单中，这是理性和直接的，但并非科学。贪婪就像欲望、骄傲和懒惰等同类一样，在 21 世纪也许除了道德神学以外的任何严肃研究中似乎都不合适。这种文化判断很难反驳，但是我希望表明，这种老式习性的一种熟悉表现形式，为金融领域的频繁失灵提供了清晰的解释。

对我修改过的、现代化的和简化过的亚里士多德-托马斯伦理学有所了解的话，可能有助于使下面对贪婪的阐述更易于理解和更具说服力。许多读者将认识到我的道德框架，但其他人也可能从一个简短而广泛的概述中受益。

首先，行为（如同物品）有好也有坏。我们应该期望自己和他人表现好的行为，并且应该受到奖励，不良行为应当予以制止与惩罚。也存在良好愿望，应该受到鼓励，而不良欲望，应当加以劝阻。这些简单的二元性在心理上并不对称。相反（托马斯主义传统的哲学家会说），人们总是认为善良比邪恶更令人向往。他们始终想要美好的事物而非丑恶的东西。人们，尤其是那些与他们关系密切的人，想要成为善良的人并且追求美好的事情。人们试图帮助他们的孩子、朋友、邻居以及领导培养良好的愿望，找到并且遵循人生的康庄大道。

美德需要智力与感情上的努力，因为人类的愿望在道德上常常混淆。在渴望的那一刻看似好事物，实际上可能是坏的。然而在有时，当人们所渴望的事物给他们带来某种伤害时，他们就是因为行使不良欲望而受到直接惩罚。然而通常情况下，不良欲望或者行为并不对有歹念或者劣迹的人本身产生明显的坏的影响，但是会给其他人造成一些损害：对个人的最终利益、某些群体的共同利益，乃至整个社会或者整个人类社会的共同利益，及其永久善良的神圣意志。

有时人们会意识到自己的道德错误，也许是在获得了更多知识、对问题经过了深思熟虑之后，或者仅是在冷静下来并且放弃了因情绪误导可能引起的一些判断失误。然而，有时人们永远无法理解，试图满足特定欲望的决定实际上是错误的。事实上，人们常常始终无法认识或者接受他们的某些欲望、判断以及行为的客观不良性，譬如，正如我希望表明的那样，金融贪婪经常被忽视、未被承认，而且完全没有悔悟。

人们总是生活在某种程度的道德怀疑与紧张之中。他们频繁挣扎着去了解什么是好的，并且奋力地去实践他们所了解或者认为的好事情。在实践中，人们有时想要的是错误的东西，有时做得也很糟糕。道德生活在于不断地努力定义、发现和追求美好的事物，同时抵制无处不在的远离善良转向邪恶与混乱的诱惑。这种道德挣扎，既有成功也有失败，不可避免地个人化——我作出个人的选择。这种道德挣扎也是不可避免地存在群体性，因为任何组织的价值观、规则以及结构总是具有道德特征。此外，正如我在本节开始时指出的那样，个人与群体都是彼此影响的。我自己的决定在一定程度上取决于我所属各个社团的道德标准的影响，而一系列个人决定也会影响着周围社区的道德标准。

就像个人与社群一样，整个社会在努力让一切都正确，但如同他们的成员一样，社会有时也不可避免会失败。社会斗争总是涉及习俗、法律以及实践标准。其中一些社会性标记要求人们遵循美德，但是有时或者往往会被违反；其他标记在伦理上有缺陷，它们可能加重不公正、助长恶习或者以其他方式为不良的个人欲望及其行动铺平道路。

我们的道德规则与标准部分源于传统（"这是我父母和老师告诉我的"），部分源于权威（"这是上帝/诸神/教会/国王/法律告诉我的"），以及部分源于理性判断（"这个选择是由于这些原因推导的"）。道德生活是通过有意识地考虑论证而作出的决定，以及习惯而作出的决定的混合体而实现的，即通过在某种情况下几乎不假思索地评估什么是对与错的发展实践。

　　道德标准的普遍性程度是一个有争议的话题。各国民族对于什么是可取的、允许的、不可取的以及极其错误的观念有着很大不同，是由于对道德性的排他性或者很大程度上个人的、文化的或社会的不同理解。然而，各个民族也有相似的道德标准，是因为可能的某种普遍的道德性"自然法则"，它在某种程度上是人性的一部分。基督教和其他"精神"教义的出现已使这场辩论变得复杂，因为这些教义通常鼓励颠覆原本看似显而易见的道德标准——清贫与谦卑，即戒奢崇俭，是好的；宁可受苦也不作恶；施予比接受更好。

　　对于道德普遍性的辩论与贪婪的讨论是息息相关的。一方面，在不同的文化中被认为贪婪的行为是不同的。譬如，如今一位富人期望穷人向其提供，在前现代社会中被认为是正常且非贪婪的贡品，那么该富人可能会被认为是极度贪婪的。另一方面，对于过度欲望的谴责具有普遍性。每种文化似乎都谴责可以合理地称为贪婪的行为和欲望。我将在本章后面提供我所希望被普遍接受的当代金融贪婪的定义。

　　我们称之为"贪婪的令人反感的事物"是什么样的东西？我将其描述为一种罪孽，该词的清晰而直接的优点是描述了这种应该被拒绝的行为与欲望。对于我之前提到的一些感到愤慨的世俗读者来说，罪孽与美德的术语有点缺点，是由于这些术语与世俗读者因荒谬或者无意义而摒弃基督教紧密相关。这些读者不必放弃我的论点。尽管我认为基督教道德框架对财务例外的基础提供最清晰的描述，但是还是有几个与基督教关系稀疏的替代词汇。

　　这些读者可以遵循亚里士多德对伦理道德错误的表现，无论是过度还是不足，都偏离了适当的中庸。这位希腊哲学家说，贪婪是对物质事物的过度渴望，而对物质事物的欲望应该适度。或者，这些读者可以用一些更加柏拉图式的人类本性模型来替代，将贪婪视作为无序的欲望战胜了清醒的理性的标志。还有弗洛伊德学派，他们有自己的词汇，试图捕捉贪婪与其他自毁性或者反社会欲望之间的联系。最后，社会人类学与早期社会学将贪婪视作为一种社会不可接受的欲望水平。无论以何种方式描述贪婪，对于贪婪的人以及不控制其欲望的社会来说，都是危险的。不良影响会损害贪婪者的心灵——基督教的框架尤其清楚地表明了这一点——并导致各种类型的社会紧张与混乱。

2. 理解贪婪

在准确描述货币与金融体系中的贪婪的含义之前，我已经提出了贪婪是不好的结论。正如前面讨论所表明的那样，寻找可以轻松转化为货币与金融术语的贪婪的普遍定义是没有意义的。没有任何数字或者公式可以——真实、始终、到处——标记出贪婪与公平或者公正之间的界限。相反，货币和金融的贪婪无论在哪始终只有在其所在社会与文化的背景中理解。我对大多数金融活动发生的发达经济体最感兴趣。对贪婪的理解必须置于历史上前所未有的复杂性的经济、历史上前所未有的繁荣的社会、历史上前所未有的社会氛围以及经济影响力的发行货币的政府，一种褒扬某型形式的平等主义实践的主导政治意识形态，以及一种强化某种社会特权的社会现实。更具体地说，对贪婪的理解必须置于经济融资的福利、该融资的现实经济替代方案、对后贵族式融资的社会态度，以及融资在经济中的重要性。这里所列举的听起来可能令人生畏，但是我希望表明，在相关社会中，人们对储蓄货币，尤其是融资方面的贪婪方法的轮廓有着广泛的共识。

我对这个时代和世界部分地区的金融贪婪的描述，将安排在本章的下一节中。在本节中，我将简单地列举一些围绕贪婪象征性边缘部分的主要因素。正如我在第二章中针对货币和第三章对融资所做的那样，我要将贪婪的情感、心理和社会学的"厚重描述"，与更狭隘、更世俗和更实际的理解分开，这将有助于我评估当前财务安排中的贪婪。这里列举的形式与之前的不同，因为贪婪更多的是心理上的，而非概念性或者有形的。贪婪有五种基本方法，我用这个术语来表示极度吝啬贪婪、贪财、贪得无厌以及垂涎。前四个基本上是对贪婪的财务相关理解的干扰，而第五个，计算和最大化生活方式，为本章的其余部分的更详细地分析提供良好的背景。

一段介绍性的评论可能会有所帮助。有些哲学家将贪婪限定在对货币的渴望，而另一些哲学家则将贪婪限定在对货币及其买到的物品的渴望。我在本章的大部分内容中的论述主要遵循这种较为狭义的理解，但是在本节中则采用较广义的方法更为合适。作为人类对世界反应的一个因素，贪婪是一种相当普遍的纷扰。它是一种看待、渴望、焦虑和享受的方式，可以广泛应用于——各种事物、不同的人，甚至神圣的恩惠。譬如，在各种版本的浮士德①传说中，他作为学者与魔鬼签订契约，是因为他贪婪于权力、渊博知识或者崭新体验。故事的讲述方式各不相同，但是可以称之为贪婪的痛苦和令人信服的情感是所有版本都共有的。

贪婪是：

1. **一种灵魂的疾病**。在查尔斯·狄更斯②的《圣诞颂歌》中，主人公艾比尼泽·史古基③让自己对盖恩的渴望变成了一种"主宰激情"，摧毁了他之前所有的"崇高愿望"。这个著名的故事展现了极端贪婪的基本心理图景和实际轨迹之一。贪婪者认为对世界安全

---

① 译者注：浮士德（Faust），德国中世纪传说中的人物，他博学多闻、精通巫术，为追求永恒知识与个人的野心向魔鬼出卖了自己的灵魂。

② 译者注：查尔斯·狄更斯（Charles Dickens，1812—1870），英国 19 世纪中期作家，现实主义文学的重要代表，发表《匹克威克外传》等十多本著名畅销小说。

③ 译者注：埃比尼泽·史古基（Ebenezer Scrooge）是查尔斯·狄更斯的小说《圣诞颂歌》中的主人公，虽是一位伦敦银行家却非常刻薄、吝啬、唯利是图，在经历了圣诞夜的过去、现在和未来的圣诞幽灵的造访后，悔悟以往痛改前非。

的渴望，犹如狄更斯所描述的"以免遭到卑鄙指责"比关心他人"更明智"。这种偏执直接导致残忍，因为贪婪者不关心他人的福祉，只关心自己的欲望。这种欲望既表明合理——成为"优秀的商人"——又疯狂无限：永远无法满足。

史古基的贪婪是吝啬的。他想尽可能少地花费他积累的金钱。在现代世界，贪婪作为一种无休止和包罗万象的欲望疾病的概念，常常与完全不同的支付方法联系在一起。许多贪婪者都是挥霍无度的人，他们为自己的贪婪作合理化辩护，是为维护防止社会的责备或者过上好的生活所需的消费模式。话又说回来，有些贪婪者既不吝啬也不奢侈。除了顺从于对更多的无尽欲望之外，他们以一种温和的方式生活。

这种简单贪婪的极端主义造就了优秀的文学作品，但它并非思考融资贪婪的有益方式。尽管对少数人来说，再多的财务收益也不够，但道德问题通常更加微妙。贪婪者渐渐地想要并且认为他们应该得到比他们应得的更多。他们的自我辩解是基于对正义和节制的错误理解，而不是基于对安全和控制的疯狂欲望的不准确评估。

2. **社会混乱的根源。**马克思主义的共同创始人弗里德里希·恩格斯，将贪婪视为现代经济的驱动力。经济创造了奇迹，但是恩格斯精辟地指出道，"它通过激发人类最低级的本能和激情，并以牺牲人的所有其他能力为代价来实现它们。从一开始到现在，纯粹的贪婪是文明的驱动力；财富，再是财富，还是财富，不是社会的财富，而是单个卑鄙个人的财富——这是它的唯一和最终的目标。"换言之，狄更斯笔下的巨大欲望得到了大规模释放，成为一股革命性的社会力量。

贪婪作为一种社会力量的观念，并非马克思主义或社会主义的专利。我将在下一节中解释，极端自称资本主义者有时主张"贪婪是好的东西"，正是因为它具有这股社会力量。在这种叙述的两个版本中，贪婪具有社会破坏性。这两个版本的不同之处在于，贪婪驱动的旧秩序瓦解的评估，以及贪婪驱动的新秩序的领导质量的评价。

贪婪的强大社会力量的其他解释，源于对社会关系的完全不同的理解。贪婪有时被描述为强烈的反社会性的，因为它鼓励人们不分享，从而破坏了对社会繁荣至关重要的共同纽带。这种自给自足的贪婪被认为导致富人拒绝为国家服务，或拒绝缴纳他们公平份额的税款，甚至宁愿国家被奴役或者大众遭苦难，也不愿挫败他们自己贪婪的欲望。在无本之物的货币尚未确立之前，代币货币和储蓄货币之间的差异没有得到充分理解，较技术性的指责是常见的。重农主义经济学家与其他非学派思想家得出结论是，贪婪鼓励囤积货币。他们认为，这会减少流通中的货币数量，其结果减少了经济活动。

就像对个人贪婪造成畸形的极端描绘一样，所有这些不受约束的贪婪所造成的，社会影响的极端描述都是令人兴奋的，而且有时很可能是真实的。然而，它们对于理解金融贪婪的微妙影响都无多大帮助。我会争辩，在融资领域，贪婪令人痛苦地不受约束，但是，正如我在第三章中曾指出的那样，融资实际上在社会中扮演着相当次要的角色，尤其是当货币与金融体系按照参与者认为应有的方式运作时。假如情况并非如此的话，并且如果金融贪婪像那些戏剧性社会模型，所假设的那样具有破坏性的话，那么融资就会一直是巨大的经济与社会负担。由于金融体系通常只是相对低效，而且通常只引入相对适度的不公正现象，因此这些模型一定是夸张的。我相信，一个少受贪婪污染的系统除了更公正之外会更加稳定，而且我绝不认为金融贪婪可以被视为历史的驱动力。

3. 缺乏情绪控制。在《日常生活的心理病理学》中，西格蒙德·弗洛伊德描述了"婴儿的原始贪婪，希望抓住每一个物体"。这位精神分析之父认为，这种贪婪只能"通过文化与训练得以不完美的抑制"。换言之，作为有教养的成年人，我们希望却未能完全控制自己的原始贪婪。当我们无法控制破坏性激情时，破坏性激情就会得逞，这种模式并非完全是弗洛伊德式的。早在柏拉图的《费德罗篇》①以及近年来最新的热血谋杀案或者冷酷的华尔街丑闻中都可以看到这一点。

在这种心理模型中，放纵贪婪（柏拉图的战车形象）不仅意味着放弃自我控制，而且放弃辛苦修行得来的谨慎道德习惯和理性分析的智力品行。贪婪总是会带出我们本性中绝望、非理性以及兽性的一面。在贪婪的痛苦挣扎中，我们的本能与习惯都错乱了，以致我们无法清晰思考。我们总想要得更多一些，但是就像小孩子觊觎玩伴的玩具那样，只是为了拥有而非使用它们，这种愿望几乎脱离了对于拥有这些欲望的对象的益处的任何判断。

再次强调，这种模式有时与金融贪婪有关，但是并不能很好地描述整个现象。某些投机者基本上是赌博成瘾者，他们很可能被描述为失控的程度。然而，我即将开始描述的贪婪在大多数情况下都受到很好的控制。它是理性的——大多数融资决策总是经过相当谨慎衡量的。它还是理性化的。金融界有明智的捍卫者，其中一些人士否认金融贪婪的存在，另一些人士则解释说，贪婪要么本身是件好事，要么不幸的是由于金融良好运转所必需的附属品。理性与理性化的结合，再加入一些精确主义的思维，可以在一些蓬勃发展的中小型行业中看到，譬如"薪酬顾问"可以证明和量化高级管理人员的贪婪愿望（不仅仅在金融领域），并且"投资顾问"也为金融投资者做着非常相同的事情。

4. **缺乏健全的判断力。** 第四种贪婪的态度是我之前提过的亚里

---

① 译者注：《费德罗篇》是古希腊哲学家柏拉图的一部作品，记录了苏格拉底与费德罗的对话。他们讨论了爱情的本质及影响，认为爱情不仅是情感更是动力，激发了人类的思维及行为。柏拉图通过他们的对话中的哲学讨论与寓言，描绘了一幅人类内心的图景，他将灵魂比喻为由黑白两匹马驱动的战车，黑马代表贪欲和野性，白马代表理性和理智，而爱情则是驾驶者负责引导马匹朝着正确的方向前进，由此引申出关于人类精神追求的理想化观念。

士多德式的。贪婪实质上是一种失调，是对超出正确、适度数量的任何东西的渴望。在这种理解中，人类的愿望和行动有一个正确的顺序。要做或者想要的事情多于或少于正确的数量都是无序的。这种错误分为两个部分。第一部分是无知，不知道什么是正确的愿望或者行动。无知可以通过教育被很容易地纠正。更严重的失调在于意志，而非智力——尽管知道什么是正确的，却无法控制自己的情绪和选择。这也可以纠正，但纠正起来并不完美且困难，因为意志比智力更难以训练。

在这种模式中，一个健全而有序的判断总是符合世界的自然秩序。在亚里士多德的理解中，也是主流的前现代基督教的理解，世界上的一切都有一种自然秩序，因此，在对人类和宇宙本质的某些理解中，贪婪是一种不自然的欲望。想要得到比公正更多的任何东西，喜欢低级趣味的东西而非高尚的东西，培养有助于满足那些诸如金钱、物质和权力等基本欲望的才能与技能，而忽视那些用来追求智慧、关爱和优美等高尚事物，这些基本上是贪婪的。贪婪与公正适度的愿望相对立。因为贪婪会拉动获取的意志，所以它往往与需要给予的慷慨美德相对立。现代亚里士多德主义者也很可能认为贪婪往往与合作和团结的社会美德相对立。

这种对贪婪的理解抓住了贪婪成为一种习惯的方式，即一种对世界不假思索的反应方式。它还始于对社会和道德秩序之间深刻联系的合理理解。然而，完整的亚里士多德世界观，假设一切都是全面有序的，实际上并非要求研究金融贪婪。所需要的只是接受这样一个事实，货币数字的世界——大交换中的薪资和价格、大交换外的货币物价格和利率、围绕数字的条款和条件——可以在特定的社会和经济背景下被判断为公正或者不公正。

此外，在金融领域，亚里士多德的难度等级是相反的。对于大多数人来说，将自己的金钱愿望限制在他们认为或者被告知的公正范围内是相对容易的。事实证明，要想清楚什么样的愿望实际上是公正的，是极其困难的。

5. 精于算计与冷酷无情。最接近于贪婪的最后形象是正如我将在本章其余部分论述的那样，构成了对储蓄货币和大多数标准融资实践最普遍接受的态度。这就是冷酷的、贪心的、自恃的以及始终精于算计的贪婪。在这种贪婪中，没有绝望或者堕落，只是一个清晰的认识，多一点总比少更好，而且只要不违反法律，尽可能努力获取更多并没什么错。为了始终尚未满足的欲望，从传统到尊重等一切都可以被牺牲。然而，在这类贪婪中，其他一切都不必抛弃。这种贪婪不必像史古基那样的主宰激情，而是一种对生活中某些重要部分的方法。事实上，贪婪者认为，在生活的这些方面——也许是工作或者购物，肯定是与储蓄货币和货币物相关的一切——这种多胜于少的方法是自然而适当的。优化和最大化被认为是"理性的"。这种贪婪的计算无处不在，而且通常是数量化的，但是它们也可以采取更概念性的收益与损失的平衡的形式。这些计算必然是以自我为中心和客观的——他人的利益和社区的利益没有任何作用。数字通常被视为有益的，也许是因为它们非常客观。

这种贪婪最明显和最纯粹地体现在追求仅仅最大化的功利主义欲望，而没有过多考虑所积累的任何东西的真正价值。计算贪婪也符合通过某些数量标准判断所有事物的科学理性，以及符合任何"追求第一"或者怀疑对他人义务的现实性或者严肃性的自我中心哲学。

这种贪婪的观念是最微妙的。它经常被忽视，因为它与我已描述过的其他类型有很大不同。与本节的第一个形象不同，这种贪婪很少被视为心理障碍。相反，它通常被认为是正常的、无可争议的、几乎是不可避免的。同样地，它几乎与贪婪的第二个形象社会失序正好相反。这种冷酷无情的贪婪在当代社会中滋长并支撑着现行的制度。像第三个形象一样，这种贪婪在情感上不受控制，但是与对一切物品无节制的贪婪地疯狂积累的欲望相反。它是冷酷而深思熟虑的。与第四个形象不同，这种贪婪不承认适度的可能性，因为它完全基于最大化。

3. 货币与金融贪婪

现在几乎是应该定义货币与金融贪婪的时候了。首先，我需要作两个基本的区分。

物品贪婪与货币贪婪

在第二章中，我曾把代币货币定义为一种即时（或者短暂）代币，它促进了劳动与其成果的大交换。在这种严格务实的角色中，货币不能激发贪婪。任何对更多代币货币的向往并非对真正货币的愿望，而完全是对物品的贪婪，是对金钱所能买到物品的一种憧憬。当然，即时的物品贪婪可以用代币货币来表达——"但愿我还有一百万美元买一艘游艇"或者"如果我有一百万欧元的话，我会买更多很酷的东西"。然而，这种无厘头欲望的实质——"但愿我拥有一艘豪华游艇"或者"但愿我能够拥有一百万欧元价值的酷炫物品"——并非货币的。这是不可能的，因为无本之物的代币货币没有实质性的物质。然而，为了方便起见，我将对代币货币可以买到物的过度憧憬纳入货币贪婪的范畴。

尽管如此，该范畴中的主要因素是储蓄货币的贪婪。我的基本论点是，这种贪婪与在三联体左侧部分的储蓄货币相关，解释了在第一章中阐述过的财务异常。将其排除在大多数融资讨论之外是一个严重错误，就像在考虑人类状况时忽视死亡、关爱或者知识一样。

货币贪婪可以分为代币货币的贪婪，更确切地说是对代币货币可以购买到东西的贪婪，以及储蓄货币的贪婪。反过来，储蓄货币的贪婪又有两个不同的方面。当储蓄货币被视为对未来消费的期望时，觊觎它是代币货币贪婪的一种时间延伸：渴望不仅未来而且现在可消费更多的东西。然而，在当今的更加繁荣的经济体中，另一方面通常更为普遍。储蓄货币的贪婪主要是为了储蓄货币本身的，而非为了它所最终购买的东西。最渴望的是储蓄货币所代表的含义：它的社会、心理以及文化价值。

代币货币的贪婪和储蓄货币的贪婪之间的区别是至关重要的。代币货币的贪婪本质上是有限的，受到人体和自然界的物理极限的限制。我只能消耗一定数量的食物、衣服或其他物质的东西。我也只能在有限的时间里得到别人的服务或者娱乐。即使我个人可以提供或使用的款待、奢华和豪华也存在实际限制，尽管这种限制可以说是非常高的。这些限制确保尽管实际消费肯定会过度，但不可能是无限的。对于消费来说是真实的，同样对于购买消费的代币货币也是如此。拥有或者憧憬比我可以使用的更多的代币货币是没有意义的。这在货币储藏和货币符号的领域完全不同。储蓄货币证明了社会地位和阶层成员身份。它提供了政治权力与保护。对于任何这些被感知到的益处的欲望，实际上是没有限制的。我可以渴望有足够的储蓄货币，来保护自己免受最不可能发生的灾难的影响，足以让我的孩子过着奢华的生活，足以让我的子子孙孙们保持亿万富翁，足以支付数百年的弥撒来减轻自己在炼狱中的痛苦，足以向我的邻居展示我有多么富裕，足以买一个贵族爵位或者统治地位，或者仅仅足以向自己或上帝确凿地证明我的真正的价值。可以说，最后一个数量尤其是无限的，因为金钱永远无法购买或者显示其真正的价值。

正如储蓄货币的潜在需求是无限的一样，潜在的供给也是无限的。三联体左侧的任何货币物始终可以变得更有价值，并且在那个虚幻的领域中总是可以创造更多的储蓄货币——所有这些都不会对三联体中间部分的劳动、购买、制造、销售以及消费产生任何直接影响。这种潜在的无限性容易助长相互强化的贪婪势头。如果某人甲对 X 数量的储蓄货币的贪婪渴望得到了满足，那么某人乙就会迫切而贪婪地要求创造双倍 X 的储蓄货币，以超过其竞争对手，以此类推，直至无限或者金融危机，无论哪个先发生。

这里可能需要一个心理学的注释。许多货币贪婪的社会和象征性质有助于解释，为什么它经常与吝啬行为联系在一起，而吝啬行为与物品贪婪却恰恰相反。渴望储蓄货币的心理原因之一，是为了储存某种力量或者保护以抵御世界及其严酷的侵袭。当然，无论是储蓄货币的世俗财富，还是用代币货币购买的商品与服务，都无法真正保护我们免受人类处境的深刻悲伤：绝望、疾病和死亡。然而，一旦贪婪开始出现，金钱无法买到所渴望的东西是不可避免的，但是却令人无法接受，这只会增加人们对更多金钱的渴望，特别是对更多保护性储蓄货币的渴望。在此心态下，当前的消费只会消散未来的安全感，因此吝啬鬼将尽可能多的代币货币转换成不太明显无效率的储蓄货币。

储蓄货币贪婪与融资贪婪

融资贪婪是储蓄货币贪婪的变种之一。它包括对一般金融中一切事物的贪婪，这种贪婪比囤积的储蓄货币更加复杂，包括了与投机以及收藏品和大宗商品等货币物相关的贪婪。尽管简单的储蓄货币贪婪可以表达为单一欲望，但对于更多数量的储蓄货币而言，融资贪婪涵盖着许多欲望，包括更高回报的渴望、对潜在损失更多的保护、投机的成功以及专有货币物的所有权。基本上，贪婪的财务投资者憧憬着这些安排，它们始终表现良好，并且永远不会受到融资的时间与本体论不对称的伤害。贪婪的金融故事始于他们对未来的初始要求，即尽可能高的回报。如果未来的结果比最初所达成协议时的预期要好，贪婪的财务投资者就会期望获得更加高的回报。

当未来的结局变得较差时，他们期望维持当初的协议条款。当某种货币物似乎特别适合从未来获益时，他们就会渴望参与其中。

尽管金融贪婪在很大程度上，可以被视为储蓄货币贪婪的延伸和扩展，但后贵族式融资的盛行，在它们之间造成了一个重要的社会学差异。储蓄货币的贪婪确实隐含地有利于相对富裕者，因为他们可提供充足的储蓄货币，而不是相对贫穷者，因为他们几乎很少或者根本没有储蓄货币。然而，放纵这种贪婪本身并不会改变这两个群体的经济关系。在三联体左侧部分的富人越来越富裕，但是他们的在三联体中间部分的消费份额却不一定会增加。然而，当融资的贪婪被纵容时，就会发生明显的变化。后贵族式融资的由穷人向富人转移的财富被放大，因此，富人变得更富**因而**穷人变得更穷。

货币贪婪的定义

有许多合理的方式来描述货币贪婪，其中许多已经被提及或者暗示过了。贪婪可能是对金钱及其能购买到比其他更好的东西的偏好。它可以将储蓄货币视为一种目的和目标，而不是达到其他目的的手段。这可能是对储蓄货币或者代币货币可以购买的东西的过度热爱。从财务模式的角度来看，这可能是对未来金钱承诺的热爱。在更加社会化的范畴中，它可能对某个特定种姓、阶级或者群体成员来说，被认为是不适当的金钱欲望。

这些定义都没有错，而且它们都会影响下面的论述。然而，为了理解融资的混乱，储蓄货币和金融贪婪的最佳定义来自于上一节所阐述的贪婪的计算形象。货币贪婪是**对超出足够、自然、合理、值得、公正或者良好的货币（代币和储蓄）的渴望**。所有这些词汇都很难定义，因为它们（甚至"自然"）都是被社会决定或影响的，但没有一个是毫无意义的。

什么是"足够"？这个问题的哲学答案是值得商榷的，但社会学的回答是相当清晰的。一个人或一个家庭只想要足够的金钱获取他们认为合适的东西，那么他们就不是贪婪的。"认为合适"，即实际"足够"的商品与服务数量，随着人们的社会、经济和心理状况的变化而变化。无论这个"足够"的集合数是什么，想要购买比那集合更多的东西是贪婪的，想要收集比在确保正常情况下这种充足性所需的更多储蓄货币，或更多货币物也是贪婪的。

当然，对什么是"足够"的任何具体判断都将引起争议，金融业应当防范的是不确定程度，以及为继承人、朋友和各种社群成员提供消费的个人责任，都将引起争议。当然有可能，确实有可能，在一个特别富裕的社会中，对被认为仅仅是"足够"的东西的愿望，在一个较贫困的社会中，或按照某种普遍的标准，就会被认为是过度贪婪。当我回顾"贪婪"定义中的其他形容词时，我将很快探讨这些解释上的困难。这些困难是严重的，但不否认这个定义。相反，它们有助于框定为了美好生活和稳健经济所必需的道德辩论。在此类的讨论中，以正确的问题开始是至关重要的。我的定义表明，对于金融贪婪，一个好的首要问题是，此时此地，这个人的愿望是否已经足够了。

"自然"得益于我们的经济生活应该为了我们需要的商品而作有序安排的理念，这些商品能够使我们充分发挥人类的本性，无论是作为个体还是作为社区。工业繁荣的来临改变了人类对自然欲望的理解。两个世纪前，农民想要干净的自来水可能是贪婪的。一百年前，有人觊觎在几小时内飞行数千里，这种贪婪就会达到超现实甚至神通的程度。而今，这种愿望可以被认为是自然的。随着更大的繁荣，更多的社会平等的到来，改变了我们对社区的自然期望。期望普及教育和统一高质量医疗保健是自然的，不再是贪婪的。相反，现在对于精英成员来说，期望与普通民众隔离生活，远离所有非结构化的社会接触，这在社会上可能是不自然的，因此也是贪婪的，而这种愿望在大多数贵族社会中曾是完全自然的。

"合理"是指对需求和愿望，经过深思熟虑和彻底分析后作出的判断。这种方法是必要的，因为家庭或者社区给出的标准可能会允许贪婪的欲望。譬如，对后贵族式融资的广泛认可，或者至少对其缺乏普遍的积极批判，并不表明这种从贫人向富人转移的财富是合理的。由于合理性的标准并不是由当前的社会习俗所设定的，因此它通常朝向那些习俗所允许的期望方向作变化。当社会规则和标准容忍或者强化贪婪时，它们就应该被改变。

"应得性"是指社会与经济判断的基本标准之一——我们应得的。我已经提到过前现代时期分配给家族社会地位的应得性。这是一种普遍的信念，贵族之所以得到大量的消费品与服务，仅仅是因为他们或者他们的父母是贵族。还有地理和种族的标准——在法国，"法国本土人"应得更多，而罗姆人①就应得的少一些，仅因为他们曾是谁（罗姆人可能并不喜欢这种标准，但即使是这类分配制度的输家常常接受它，因为事情就是如此）。在比较平等的现代社会中，奖赏通常与更努力或者成就联系在一起。期望因努力工作得到一些奖励，通常不会被认为是贪婪的，即使这种辛劳并没有产生多少成果。同样，期望因完成某些事后而得到一些奖励，并不被认为是贪婪，即使完成该事并不需要太多的辛劳。然而，渴望获得比人们一般认为这种努力或者成就所应得的还要多的奖励，就是贪婪了。

"正义"和"善良"都是很深奥的哲学词汇，意义深远，无法用简短的解释来表述。无论它们有多么晦涩难懂，它们对于贪婪或者在经济中的任何事物的充分理解都是必要的。正义是个人灵魂和任何社会的正确秩序，是对人类状况的一切判断的包罗万象的标

---

① 译者注：罗姆人，通常也被称为吉普赛人，是一个主要分布在欧洲、美洲、亚洲和北非地区的民族。他们有独特的文化、语言和历史背景。罗姆人起源于印度北部，约在11世纪时向欧洲迁移，他们在许多社会中面临歧视、迫害和边缘化，从而导致在经济上的贫困与落后。

准。善良不仅仅是包罗万象的，因为它带来了超越人类条件的东西，即宗教信徒将其归因于上帝或者神圣的超然卓越。真正的善良是超越人类处境的限制和磨难，按照一种永远遥不可及却又是人生可靠指南的完美方式生活。矛盾的是，最强烈地渴望这种定义上不可能的善良一点也不贪婪。正相反，坚定地远离这个超越并改变我个人愿望的最高善良，通常与渴望违反纯粹世俗正义的标准一样贪婪。

三项评判货币贪婪的标准

决定货币欲望是否为贪婪的标准是什么？这个疑问对于评估当前和可能的金融实践与态度的实际任务至关重要。我回答任何具体货币欲望问题的方法是，考虑道德评判的三个标准：主观的、客观的和社会的。当我探讨了贪婪在过去与现在的现实经济中、在经济学家的想象中以及在三联体左侧部分的位置之后，我将在本章的第九节中详细阐述其中的每一个。为此，每种标准的简明扼要描述可能会有所帮助。

当欲望损害了欲望者（主体）的品格或者灵魂时，按照**主观标准**来说，欲望就是贪婪的。危害可能有多种形式。所期望的奖品可能是不当的，因为欲望者没有作出应有努力或者牺牲。或者，渴望的物品或者奖励对于**任何**人来说可能太奢侈了，以至于无法在不陷入道德堕落的情况下享有。更加微妙的是，不合适对于在这个特定社会中拥有特殊社会地位的特定人来说，这种奖励可能过于宏大了。

货币贪婪的**客观标准**取决于财务投资的实际成果。当相对于有欲望者对特定项目或者公共利益的客观或者实际贡献而言过度奖励时，无论主观上牺牲多少，货币欲望在客观上都是贪婪的。当一个人的贡献相对不重要，或者许多人都能轻易地、心甘情愿地作出贡献时，客观上公正的奖励都会相对较小，无论主观上的牺牲有多么巨大。对于当代经济性融资的贪婪而言，客观标准立即引出了一个问题：与成功和盈利的其他贡献者相比，经济企业的成功中哪一部分可以归功于纯粹财务投资，最显著的是劳动者直接参与的技能与辛劳，以及间接支持共同经济遗产的各个要素。

最后，金融贪婪的**社会标准**始于评估财务回报是否符合公共利益。即使一个愿望无论在主观上还是客观上都不是贪婪的，它也可能以一种显著的且不适当的方式破坏社会平衡。举一个极端的例子：考虑在儿童挨饿的社区建造一家豪华猫粮工厂的事宜。对于宠物猫的健康的主观热情可能不会损害财务投资者的品格，财务投资者可能愿意为了他们宠物的舒适而牺牲自己的舒适，而且这种帮助动物茁壮成长的回报在客观上也是丰厚的。然而，从本案的特定社会背景来看，对这个项目中获得财务回报的渴望仍然是贪婪的，因为它是以人类的生命为代价的，而人的生命本质上比动物生命更有价值。

作为一个更现实的例子，考虑一下在社会中相当大程度的经济平等被广泛认为是一种社会福利。这是当代每个富裕社会的既定政治标准。在这样的政体中，会显著加剧不平等的欲望必须被视为贪婪。在考虑后贵族式金融的正义性时，这种考虑是高度相关的。事实上，如果有一个更加平等的社会总被认为是社会公正的，那么所有的后贵族式金融都是社会贪婪的。

4. 四个微妙的术语

在第三章的第九节中，我阐述了六个用来表示完全不同事物的词汇。对贪婪的论述时也遇到了一些词汇上的模糊之处，但根本问题略有不同。在融资领域，核心问题是不愿意承认三联体的左侧和中间部分在根本上的不同。对于贪婪而言，首要问题是合法化——

货币、金融、现实与道德

高利贷和吝啬这两个带有明显道德色彩的词汇，在很大程度上从金融语言中被摒弃，而在该话语中使用的另两个术语，即资本成本和不完善竞争，其定义方式隐藏了它们的道德内涵。

高利贷

高利贷最好理解为融资领域的贪婪行为。更具技术性地说，它对财务投资回报的需求不符合一些公正的标准。运用我对贪婪的三个部分的实际定义，当回报在主观上不公正（高于补偿投资者作出的任何牺牲所需的回报）、客观上不公正（投资货币的贡献相对于投资对象的货币收益而言得到了不公正的高额补偿），或者社会上的不公正（导致了经济中的代币货币或者社会中的储蓄货币的不公正分配）时，即表明该回报是高利贷的。尽管高利贷的概念通常与债务而不是股权相关——即在所谓的伊斯兰金融[①]，股权被明确地排除在对高利贷的谴责之外——但是期望的股权回报当然是贪婪的。

将股权排除在高利贷之外反映了，这一概念曾经巨大的文化共鸣正在逐渐丧失。到了 19 世纪中叶，当股权融资开始成为发达经济体的工业部门的核心时，利息支付被视为商业和工业的正常部分，大多数相信放贷人和借贷人会找到互惠互利的财务安排，而这种低标准的交换正义被认为足以避免高利贷。即使始终视高利贷为一种重大罪孽的天主教会也软化了其态度；它在谴责言辞上是坚定的，在概念上是充实的，但是在实践上，主教们接受大多数商业贷款在道德上并非可疑的。

---

① 译者注：伊斯兰金融是指遵循伊斯兰法律原则的金融活动，强调公平、正义和社会福利。主要原则包括：禁止利息、禁止不确定性与赌博、基于资产的融资以及风险分担等。常见的伊斯兰金融工具和契约包括利润分享、合伙、租赁、伊斯兰债券以及成本附加融资。伊斯兰金融已获得全球认可，并在许多拥有大量穆斯林人口的国家实行，同时吸引了寻求道德与社会责任投资机会的非穆斯林投资者的兴趣。

随着货币越来越多地被定义为一种信贷形式，甚至随着金融理论更加完善地形成，曾经一度被认为是高利贷的回报如今已被认为是经济有效运行的必要条件。这些理论忽视了后贵族式融资，也没有像我在第三章中所说的那样，将经济性融资视为解决目前资金短缺问题的一种可选的却往往存在缺陷的解决方案。相反，他们认为由"市场"决定的财务回报，对于货币系统和经济的成功运行是至关重要的核心。这种假设几乎没有为高利贷的概念留下任何空间。

尤其是金融理论，我将在附录中更详细地阐述，它不仅仅是无关乎道德标准的。它明确地以准心理学为基础证明了，所有实际的由市场决定的利率的合理性。如果投资者必须就可能的损失以及这些损失的前景可能给他们带来的痛苦作补偿，那么高利贷的门槛就永远无法被跨越。这种金融行为的模式有效地抛弃了讨论贪婪可能性所需的概念。毫不奇怪的是，随着该理论的发展，"高利贷"一词首先失去了其大部分含义，然后几乎不再使用。

吝啬

我已经数次提及过吝啬，它是一种弗洛伊德式的给外界的忧虑，一种反社会的代币货币的囤积（尤其在无本之物的货币变得普遍之前），以及一种疯狂的贪婪激情的可能表现。如今，即使这种适度的兴趣也是不寻常的。这个曾经流行的词汇及其概念业已过时，原因是它既有积极的要素又有消极的因素。积极原因是随着经济的繁荣，吝啬变得也越来越困难。在前现代经济体中，囤积货币几乎总是导致相当大的消费牺牲，这是吝啬的传统本质。这种做法是众所周知的，尤其是当囤积的货币数量，相对于比日常生活所花费的金钱数量都要多的时候。在当今的发达经济体中，大多数人会将他们收入的一大部分储存起来，而无需作出任何痛苦的牺牲。对于如今发达经济体中的中产阶级来说，在几年或者数十年内无需作任何牺牲就创造出一笔可观的储蓄货币。至多，所需的通常只是一栋比想要买的略小点的房子，略欠奢华的度假旅游以及略少几次外出就餐而已。相反，如果要表现得像一个老式的守财奴行事的话，就需要一种几乎超现实的自我克制的行为——坐在寒冬中而不花钱取暖，因为便宜而吃腐烂食物，以及穿破旧衣服而不做新衣。

遗忘守财奴的不良理由是储蓄货币的贪婪不再被视为问题。如果贪婪是不好的，那么对于那些储存超过可能需要的人而言，囤积多余的金钱而不是花费或者捐赠则是吝啬的，即使这位多余金钱的储蓄者的实际生活方式并非那么特别节俭。对于无休止的积累被轻易接受为伦理中立，甚至是对的，这是一种道德混乱的迹象。关于不花钱或者不捐赠的贪婪并不会像，我在财务安排贪婪的主题中所讨论的那样影响到金融系统。然而，它仍然是贪婪，值得分析与谴责。

事实上，古老的守财奴形象的消失不应该削弱，关于就不同人的储蓄货币的适当数量的道德辩论。有一个强有力的论点认为，所谓的新吝啬行为——相对于需要并非相对于消费而言的过多储蓄——在富人中极为普遍。维持大于应付养老和困境所必需的储蓄货币的余额，也许还能留下一笔合理的遗产，这是新吝啬主义。非吝啬性储蓄的量取决于可行的替代方案。如果我可以依靠朋友、家人、社区或者政府的帮助，那么无论发生什么，新吝啬的门槛将低于如果我必须真正依靠自己才能应对任何发生的情况。对于那些能够利用普遍基本服务和福利国家的经济上有保护措施的人们来说，谨慎与新吝啬储蓄之间的界限可能应该设定在一个相当低的水平上。

资本成本

资本成本是金融理论中的一个变量。其计算细节因它们的伪复杂性与非真实性而令人头脑麻木，但其基本理念是简单的。吸引财务投资需要一些回报，而所需回报的水平并不是由任何公正标准决定的。相反，一系列被拼凑在一起的大胆假设，据称表明投资者不会也不应该将储蓄货币投入到，任何预期提供低于某一回报水平的项目或者企业中。在理论上，这个最低所需的回报大致相当于资本成本。经济学家通常认为向财务投资者提供这种回报是投资者对象开展业务的必要成本。企业收入应该足以支付给股权投资者的这种强制性款项，就像企业收入应该足够多地支付薪资。在这种企业生活模式中，所需的回报并非真正的利润。事实上，"经济利润"一词用于描述，扣除了据称尚欠因使用财务投资者资金的款项后剩余的任何资金。

近年来，由计算得出的企业资本成本在10%左右，如果不是更高的话。这不免有点奇怪，因为十多年来，储蓄货币的其他用途的回报率略高于零，有时甚至是负值。与金融替代方案的比较甚至还不是最令人不安的。财务回报应该与其他目前资金短缺问题的解决方案作比较。正如我已经指出过的，大多数工厂、道路以及其他长期项目实际上都是，在不提供任何直接金融式回报的情况下建造的。纳税人和消费者都是被迫付款，无论他们最终是否会从该支付中受益。总而言之，计算出的资本成本与经济现实相去甚远。

观察这些令人难以置信的高数字，一个愤世嫉俗的人可能会认为，金融理论的数学神秘化的主要目的是，将金融贪婪重新塑造为一种经济必然性，以避免批评。我认为这种指责有些不公平。开发该理论的人士以及教授或者应用该理论的人员，没有人会承认这种卑鄙的意图。他们有意识的动机，如果有的话，几乎正相反：提供一个严谨且科学的模型来描述看似随机的利率和回报，这些利率和回报在时间和投资之间似乎非常不一致。他们的无意识动机可能不同，但即使不讨论这些模糊的问题，如果说该理论的目的事实上是为了证明贪婪回报的合理性，那么该理论的结果可能是完全可以接受的。

货币、金融、现实与道德

资本成本的概念并非完全是谬误的。在特定的经济和社会的环境中，投资者很可能拒绝提供资金，除非被提供或者旨在获得一个具体的回报。然而，货币的情况和预期从来都不是简单地由人类本性或者经济现实中某些不可变化的事实决定的。正相反，储蓄货币安排总是构建以反映或者强化几个因素，包括社会权力结构、正义理念、对社会混乱的恐惧，以及至少有时是经济效率。这种资本成本的观念最好以如此复杂的术语来理解，而不是简单地被接受为道德分析的替代。

不完美竞争

不完美竞争是经济学而非金融学的一个观念，但它提供了一个几乎机械且绝对非道德性的方式，来描述一些道德上可疑的货币和财务的安排。这种基本观念是，公司的财务投资者通常可以期望，获得比资本成本计算所显示的更高的回报，因为公司的利润不会受到对手企业竞争的重大制约。对于公司活动的相关模型及其与技术、商业和消费者行为现实的巨大距离，作全面讨论将使我偏离本书的主题。然而，所有"竞争"模型背后都有一个相关的心理假设：公司自然会寻求利润最大化。该假设的另一种表述是，"公平"利润水平的概念毫无意义。如果不完美竞争允许高回报，那么公司的本质必然导致它们寻求这种竞争并获取高回报。由于股东被视为公司的"所有者"，因此不完美竞争的大部分收益都归他们所有。

不仅生产者被不完美竞争理论的无情压力所激励，银行也努力创造和利用其相对于客户的"定价权"和任何"信息优势"。这种导向的结果是，他们贷款的利率预计，将带来远高于其资本成本最慷慨预测的利润。正如我曾在第一章中所指出过的，实际回报往往较低，因为银行间歇性地无法抵御不必要的鲁莽行为的诱惑。然而，这种鲁莽行为所付出的高昂代价，部分是由于无节制且通常成功地追求极高回报而造成的。

标准经济理论认为，近乎完全的竞争，也许辅以监管，通常会防止利润增长过高地超越资本成本。然而，在当前的经济现实中，竞争往往相当有限。唯一制约贪婪蔓延通常是社会强制实施道德标准和预期。我将在本章后面论述，这些伦理约束在金融领域尤其薄弱。

5. 货币金融贪婪可以是好事吗？

在下一节中，我将描述储蓄货币贪婪的许多不良影响。在本部分中，我将简要地提及相反的主张，即一些或者所有不同形式的货币贪婪在某些程度上是好的。这种主张有几种不同的表现形式。一些思想家认为，所谓的"贪婪"实际上是一种明智的且在道德上无可争议的利己主义。虽然真正的贪婪很可能是邪恶的，但是这种虚假的贪婪对于经济与社会是有益的。另外一些思想家既接受贪婪的标准定义又认为贪婪的不义之处，但是声称这种公认不可取的贪婪与创造强大的现代经济倾向有着千丝万缕的联系：积极的雄心、旺盛的精力、无限的好奇、战胜大自然的意志、务实的想象力、社会革命性的热情以及宗教般的自信。另一群人将贪婪视为具有更加温和与模糊的良好影响，譬如富人对奢侈品的贪婪愿望所创造的就业机会。更有一类人拒绝所有对贪婪的道德批评，声称贪婪只是一种良好的自我表达形式，不会产生不利的经济影响。最后，还有些人承认贪婪是一种恶习，但是辩解说无论对恶人还是对社区来说，贪婪的危害性比其淫欲、愤怒和展示武力的渴望来说要小。

对所有这些论点的全面论述将使我远离货币与融资的范畴。尤其是，我将必须解决道德哲学的一些基本难题：如何评估具体行为及其欲望的道德性；不良意图能否产生良好的结果；如果能产生良好的结果的话，这种关系是否证明了鼓励不良意图的正当性。我还必须绘制出类似于心灵道德地图的东西，来描述贪婪如何与推理、其他欲望以及人类合作、关爱、竞争等的驱动力相交融。我甚至不会沿着这条路径启程，因为我相信在上一节中对货币贪婪作的哲学定义，以及在下一节对其某些诸多不良影响的描述，为贪婪的邪恶提供了足够充分理由，无需再作更加复杂的分析。为此，我仅提出四点简短的观察。

首先，贪婪根据定义——至少是从我的定义上来看——是一种恶习、罪孽或者混乱。它始终是与某些善良相悖，无论这种善良是个人的还是社会的。当然，这种对贪婪的理解可以被否定，但只会遇到一定的困难。正如任何父母都可以证明的那样，"太多"是小孩很容易理解的概念，而孩子必须学会控制自己的欲望，才能在这个世界发挥好的作用。在成年人的生活中，贪婪的负面性也被认为是常识——可是人们常常会否认自己贪婪，除了用自嘲的语气外，他们几乎从来不会说自己实际上是贪婪的，以及承认自己已经贪婪了并且认为对此应该没有问题。我并不否认一些道德良好或者伦理中性的情感或心理状态，在某些方面类似于贪婪的可能性。譬如，无论是一位致力于帮助人类的人士还是一个贪财好利之徒都可以创办一家公司并且希望其迅速成功。然而，这两位创始人的动机和方法会有很大的不同。在现实中，大多数创始人的动机是混合的，通常包括伟大的慷慨以及巨大的贪婪。

其次，即使如果在货币与经济的三联体的某些部分，货币贪婪是道德组合中不可避免的一部分时，它的出现总是令人遗憾的。譬如，这很可能确有其事，所有成功的企业家和财务投资者，都可能在某种程度上受到贪婪的驱使，以及可以想象贪婪有时会有助于集中他们的注意力，并且提高他们的判断力。尽管如此，贪婪毫无疑问还是会对他们的品格、注意力、与他人的关系以及对社区责任的理解产生不良影响。正如我将在下一节中解释的那样，从根本上说，人们越倾向于将自己的贪婪欲望置于其他人的愿望和关心之上，他们越无法激发和感受到将任何人类事业结合在一起所必需的信任。

再次，社会的凝聚力对于现代经济而言比任何贪婪可能推动的事情更加重要。这一说法与许多"自由及竞争市场"理论家的两个主张相矛盾：第一，贪婪有助于竞争为共同利益服务；第二，现代经济最好被描述为"竞争性市场经济"。我刚刚说过，贪婪实际上以任何对社会有益的方式，加剧竞争还远未确定，但即使第一个主张是正确的，第二个主张也是错误的。尽管竞争市场通常在大多数情况下竞争性不强，无疑在现代经济中发挥着一定的作用，但按大多数标准来看，它们的重要性都不如基于规则的官僚制度、许多法律、法规和政府机构、大部分非市场性和非竞争性机构的特征，譬如学校、医院和劳动工会，众多的知识和专业社群，以及垄断、卖方寡头垄断和买方寡头垄断的商业安排。个人的贪婪对所有这些机构都是有害的。所谓的制度性贪婪，即这些成员对不应得的收入和社会地位的共同渴望，是对经济及其所在的社会都有害。此外，正如我将在本章第七节中阐述的那样，真实经济对贪婪有着重要的制约。

最后，金融贪婪尤其不可能对经济有所帮助。正如我已解释过的，贪婪很容易出现在三联体的左侧部分，因为可以积累的储蓄货币的数量没有限制，而且因为货币的数量性质鼓励比较，从而更强烈地激发了获取更加多的欲望，尤其是当以数字衡量的贪婪融入了对社会地位的骄傲追求。这种左侧部分的轻易贪婪性，不可能对中间的部分产生良好的影响，而且有充分的历史证据表明，货币物所有者对更多货币的无节制欲望具有不良效应——无论以代币货币支付更高金额，还是各种投机获取的储蓄货币的收益。

6. 货币贪婪会做什么？

在人类的状况下，一种混乱往往会导致另一种混乱。战争滋生了怨恨，而怨恨再孕育着更多的战争。无端的惊恐会刺激攻击，从而产生更多的恐惧与恶意。性出轨会造成痛苦与不信任，从而形成残酷报复的循环。货币贪婪的混乱——渴望有更多代币货币可以购买物品的贪婪，以及更多储蓄货币和更多更有价值的货币物的贪婪——也不例外。它的影响波及贪婪者的品格与行为、整个社会，尤其是对经济等方面产生涟漪。我将会逐一论述每一个方面。

品格与行为：贪婪会扭曲判断力。因为贪婪被认为是坏东西，而人们不想成为坏人，所有储蓄货币的贪婪者总是，依赖某些必然的谬误推理来解释为什么其实际并非贪婪。贪婪者可能夸大了自己的优点，高估了安全所需的货币金额，或者甚至扭曲其动机，声称只是仅仅想要更多一点，就可以慷慨地给予他人。当考虑后贵族式融资的收益时，贪婪者可能依赖于对传统或者契约的过度尊重。

不幸的是，这些误判可能不仅限于当前的话题。这种不愿质疑一系列情感与愿望会依从一种扭曲许多反应与判断的世界观。我的贪婪视角将导致我系统性地贬低他人的关注，并且最小化地威胁到暴露出，我贪婪的任何论点的价值。换而言之，我会变得更加自己和更少理性。

尤其是，**贪婪会降低慷慨程度**。慷慨不一定与财富不兼容：拥有大量财产和许多货币物。亚里士多德甚至认为，财富是慷慨的先决条件，因为只有富人才有足够的东西可以捐赠。对于基督徒来说，情况比较复杂。耶稣说，一位贫困的寡妇从她微薄供应中奉献出少量的钱财，比一个富有的人在无任何消费牺牲时可多捐出许多的钱财更加慷慨。然而，无论贪婪者是富裕还是贫穷，只要有贪婪总是倾向于降低慷慨程度。捐赠的金额多少无关紧要，以及捐赠金额是否足够大到会降低捐赠者自己的消费也并不重要。在所有情况下，贪婪的逻辑都会导致我更不愿意给予、分享、慷慨地花费，或者以其他方式使我的金钱服务于共同利益。

过度的物质和储蓄货币的欲望，**会分散人们对更重要愿望的注意力**。这种效应在传统上是用先验术语①来解释。引用马可福音中耶稣的话来说，想要拥有整个世界的人却丢失了自己不朽的灵魂。在较低的层次上，贪婪者往往过分担心能否获得更多的金钱，而忽视了应该如何履行其更崇高的责任与抱负。他蔑视博爱、责任、荣誉、智慧、优美以及宗教虔诚。在经济生活中，贪婪倾向于分散人们对正义和社会责任的重视。它常常导致人们优先考虑尽快地获得更多利润，而不是考虑通过对未来卓越作出更昂贵的承诺所带来的潜在利润。在金融生活中，贪婪导致人们更倾向于通过投机和杠杆作用，并且尽可能少地从事经济工作来获得收益，而不是通过艰苦地建设工厂和其他由纯粹金融投资活动获得收益。

社会：恶习和美德最终是个人的，但是它们也是社会的。我们的贪婪标准在很大程度上是为整个社会制定的，每个成员的个人标准不可避免地会受到其他社区无论大小的影响。由于这些密切的联系的结果，贪婪**鼓励进一步的贪婪**。借用疾病的隐喻，贪婪往往具有传染性。如果我所敬重的导师或者专业同事乐于从事金融投机，期望高额金融回报，或者要求无风险回报，那么我很可能会认为这种行为是可以接受的，甚至不太可能认为它是贪婪。事实上，如果办公室里不配是我的竞争对手的薪资是五百万欧元的话，我更可能认为我应该值六百万欧元，而不是批评他的贪婪。贪婪传播得很

---

① 译者注：先验术语通常指超越物理或物质领域的概念或想法，一般与灵性、哲学或形而上学有关，这些术语不受经验观察或理性解释的约束，而是经常深入到直觉、情感或更高意识的领域。常见的先验术语包括：宇宙、灵魂、神圣、启蒙、永恒、超越、统一性、合一性、不可言喻、超验主义等。

快。一旦某种程度的金钱贪婪在一个行业，或者一种金融实践中被确立为可接受的，这种可接受性倾向于传播到相关行业和相似的实践中。

贪婪**扰乱了交换正义**。我在第二章中解释过，不存在客观真实的货币数值。每一个价格、薪资、税款等等都是通过有意识、半意识的和无意识的估计与计算而确定的。由于缺乏客观真理的坚实基础，使得所有货币数值都容易受到情绪、倾向和不受控制的贪婪欲望的影响。交易中一方的贪婪往往会与另一方的贪婪相匹配，而较强的一方很可能以其贪婪的方式得逞。储蓄货币几乎没有经济上的锚点，也没有任何客观真理，它比代币货币更容易受到无节制欲望的影响，从而使交易中较强一方的人，更有能力实现其贪婪的欲望。经济力量的贪婪和储蓄货币力量的贪婪并不仅限于个人；银行、公司和政府机构等组织也可能在交易中采取贪婪的世界观。我曾经指出，公司致力于股东利润的所谓定义性和非道德性承诺，实际上是结构性贪婪。如果公司足够强大，而且它们通常如此，这种贪婪倾向就会导致系统性贪利忘义的高价格、低薪资以及低税收。

权力者的贪婪不仅给个人经济选择和货币物带来混乱，它还**扰乱了社会正义**。社会结构中强者与弱者之间的任何分歧，都会因强者将其货币贪婪转化为更多储蓄货币能力的增强而扩大。后贵族式融资从穷人向富人转移财富更是雪上加霜，就像迫使相对贫困的人向相对富裕的人，支付某种形式的贡品一样。

此外，**社区也因货币贪婪而分裂**。在三联体的中间部分，对薪资的贪婪将一群工人与另一群工人分割开来。更微妙的是，消费者对价格的贪婪使他们与工人对立起来，因为工人的薪资大部分来源于这些价格所产生的收入。纳税人和福利受益人的贪婪造成政府财政紧张，常常导致相对富裕的人们与相对贫穷的人们之间对抗。对利润的贪婪使得工人与雇主以及经理与股东之间产生隔阂。在三联体的左侧部分，对房产价值的贪婪鼓励了各种形式的隔离与排斥。

对金融投资者，尤其是投机者的贪婪助长了金融界与实体经济之间的分离。

经济：贪婪会**使经济努力迷失方向**。它分散了管理者的共同责任；它诱惑财务投资者在经济融资中，陷入追求对在经济上无用的投机性收益。它鼓励后贵族式融资的不应得的收益。从较技术上说，近年来在杠杆收购中以债务替代股权的财务贪婪做法，以及削弱了对业务卓越的长期承诺。同样从更技术性上说，出于贪婪驱动的毫无任何经济目的的资金流，从一种通货流向另一种通货，已经导致了许多经济上愚蠢的借贷，以及数次不必要的金融危机。

货币贪婪**助长经济忽视**。在一个没有任何贪婪的合理公正的经济中，问题会仅仅因为其严重性而得到解决，而机遇会仅仅因为对共同利益的承诺而被利用。人性的道德弱点使得这种乌托邦①不可能实现，但是经济可以进一步或者接近这一理想社会。然而货币贪婪的存在不可避免地将它们拉得更远。许多问题根本没有与贪婪和谐的解决方案，许多机遇也不能以贪婪和谐的方式被抓住，或者至少不能被很好地抓住。融资贪婪不仅鼓励对现在资金短缺问题作为偏爱财务解决方案，虽然可能有更好的非融资解决方案；它还导致减少处理各种无法找到财务解决方案的问题的努力。储蓄货币的贪婪也可能导致贪婪和谐却有损共同利益的解决方案，譬如，世界各地的许多城市对住房建设的限制，满足了贪婪的业主与希望成为业主，因为这些限制有助于支撑这些货币物的价格（更准确地说，是与住房相关的土地的价格），但是这些限制并不支持普遍体面住房

---

① 译者注：乌托邦的概念是指想象中的完美或理想的社会，通常以社会、政治和经济和谐、平等和正义为特征。此词由英格兰政治家和空想社会主义者托马斯·莫尔爵士（Sir Thomas More，1478—1535）于 1516 年所发表的《乌托邦》一书中创造的，他描写了一个具有理想社会政治制度的想象中的岛屿社会。在乌托邦愿景的共同元素中包括公有制、机会平等、不受压迫的自由以及与自然的和谐关系等概念。

的共同利益。

最后，货币贪婪**加剧了经济冲突**。现代经济由众多复杂的实体组成，彼此之间存在着无数多方面的关系。即使没有贪婪，也很难建立和维持合作关系，因为各种群体有不同的目标与卓越标准。需要富有同情心的谈判和互相尊重的妥协来将分歧最小化。然而，贪婪者和企业往往过于关心自己的金钱利益，而不愿意向他人释放一些同情或者尊重。当贪婪扭曲了谈判各方的愿景时，最佳可能的结局就是一种不公正的愤怒造成的不信任平衡。金融贪婪与后贵族式融资的结合尤其有害。它在社会贡品的支付者与接受者之间造成了非常基本的冲突。

7. 贪婪、经济学家与实体经济

经济学家与贪婪

到目前为止，我已经对贪婪作了判断，但是还没有阐述它在实体经济中的普遍意义。在本节中，我会用一个论点填补这个空白，对于习惯了"自由市场"经济标准表述的读者来说，这个论点可能会比较陌生。我的观点是，尽管在复杂而深奥微妙的现代经济体中确实存在着贪婪，但是它通常被认为弊大于利，并且在很大程度上受到了约束。这种约束力量既来自外部——法律、法规和习俗——也来自内部——大多数经济行为者的道德信仰和大多数经济组织的文化，包括营利公司的许多部门。

我的论点之所以不同寻常，是因为许多经济学家和经济评论员认为，在经济中的贪婪程度比我所看到的要多得多。在我看来，在他们看待经济时，所看到的是被他们的预期所扭曲的。他们被预先说服"竞争市场"是现代经济中占主导地位的组织形式。这种经济的市场模式可以被描述为贪婪和谐型，因为所有市场行为者都被认为仅受一种无道德品质或者底线的"自身利益"所引导。正相反，假设的自身利益总是对获得更多代币货币和储蓄货币感兴趣，无论市场参与者可能已经拥有多少。在这种经济观点下，经济必须是贪婪和谐的。事实上，这种对于无序过度的观念，是货币贪婪的核心观念，在这个模型中是毫无意义的，或者至少是难以理解的，该模型将某种物质最大化的好处视为不容置疑的真理。

这种贪婪和谐的愿景是非常不现实的。首先，在发达现代经济体中，它极大地夸大了竞争的市场和劳动生活中普通竞争的作用。在组织规模上，非市场且竞争性不强的政府机构、医疗保健提供者、教育机构以及各种非营利机构雇用了接近一半的有偿劳动力。更重要的是，在以竞争为导向的组织中，绝大多数雇员并非主要工作在市场中。他们在官僚部门和劳动社区中工作，在这些地方竞争心理尽管经常显现，但是通常以合作心理和非竞争性追求卓越的心理占据首位。

当然，没有竞争或者市场，贪婪就会猖獗。然而，在实际经济——不包括金融——中，贪婪几乎从未培育或者吹捧过。更多的情况是，它会被劝阻、反对，很少被容忍。考虑到已经提到过的社会对贪婪态度的拒绝，这种待遇不足为奇：父母强烈反对孩子的贪婪，普遍不愿意承认自己是真正的（相比较于讽刺性或者某种受到控制的方式下）贪婪，以及接受"贪婪"始终是一种侮辱性的描述（除非在比较隐喻中，譬如"他不贪图物质，但是贪图知识"或者"荣誉"）。

对贪婪负面评价和回应体现在制度化三联体中间部分的规则、规章和预期之中。人们通常期望薪资和价格相当公平与公正。雇主、雇员、生产商和顾客都应该期望避免贪婪地忽视其他人和群体的需求，以及避免对他们造成伤害。他们不应该因贪婪而签订过于剥削性的劳动契约、过于劣质的商品契约以及过于欺骗性的广告契

　　　　　　　　货币、金融、现实与道德

约。所有这些做法通常都是被禁止的——在理论上是严格的，但是在实践上有一些效果。

反贪婪的道德标准当然可以更高并且更加勤勉地执行，但是几乎没有工业、商业、政府、医疗保健、教育、工会、休闲或者娱乐界的领袖敢于公开地表示——或者可能会私下里认为——贪婪是好的。即使百万富翁与亿万富翁通常也似乎感到有责任否认，他们的财富是一项个人贪婪的标志，或一种贪婪行为的结果。极高的薪资表明，这些男女在为客户、股东、工人、公共利益，或某些其他崇高目标服务的职业中实际上有点虚伪。然而，虚伪是恶习向美德的致敬的表现。富人认识到他们不应该承认贪婪，很大程度上是因为他们同意贪婪对于他们以及经济都有害的共识。我相信此判断是正确的。尽管我无法提供定量证据，但我确信一项比较研究将表明，以几乎任何标准来衡量，经济越成功，其对贪婪的抵制就越有效。

七种遏制贪婪的方法

如果开始的假设是经济——不包括金融——并不友善于贪婪，那么支持这一假设的证据并非难找到。我确定了七个常见于当代经济中的遏制贪婪的因素。

1. **竞争**：在市场经济模式中，来自实际的或者潜在的竞争的压力限制了参与者的贪婪造成的伤害。该模式具有一定的有效性。较低价格竞争对手的威胁有时确实会抑制生产商定价的贪婪，而将要失去工作或者员工的威胁可能会降低要求高薪资或者减少薪资的贪婪。然而，抑制贪婪的效应通常是有限的。现代经济体的大部分地区竞争是有限的。在似乎存在竞争的地方，竞争往往很容易受到实际垄断，或者通过正式与非正式的勾结形成的垄断行为所阻挠。即使略不贪的新竞争对手潜在到来可以提供一些反贪的约束，现有生产商通常可以购买潜在挑战者或者利用其市场力量以及监管关系击败他们。

2. 利润监管：监管比竞争更为实质性地阻止贪婪。一个多世纪以来，在几乎所有司法管辖区内的政府机构，都已经限制了许多行业的贪婪范围，包括那些经营为垄断或者准垄断的行业，以及那些视为特别重要的行业。这些法规最常集中在强制规定最高价格，以避免"哄抬物价"——很容易识别为贪婪的表现。此外，公司有时被迫服务一些客户群体，或者花钱去从事公共利益的活动，这些都不会带来收入更别提利润了。监管机构期望其监管的公司成为"良好企业公民"，几乎总认为贪婪行为是不良公民的标志。

3. 行业监管：利润在相对较少的公司中受到直接监管，但是行业监管让发达经济体的所有企业，都笼罩在一张涵盖了商业生活诸多方面详细规则的厚网中，包括产品安全、产品标签、工作场所安全、薪资与就业条款、有毒物排放、土地使用、各种歧视以及公平对待客户。在几乎所有情况下，法规会约束贪婪。当任何领域的贪婪行为变为明目张胆时，通常会制定新的法规来限制这种泛滥行为。这些限制、保护、规定以及披露等复杂系统约束所有公司建立合规文化，其中贪婪明确被认为有害于公司良好实践。当贪婪导致这种企业文化失效时，譬如，汽车安全气囊测试结果被伪造，或者飞机升降中的系统未经过全面测试或记录，造成的金钱及其声誉的损失通常是非常严重的。事件发生如此大错特错的可能性通常会抑制高级管理人员贪婪的乐观情绪。

4. 广泛的公共服务：在现代经济体中，有极少数雇员在具有结构上敌视贪婪的组织中工作。可列举的组织包括大部分的公共行政部门、公立院校、公共医疗保健、公共福利系统、军队、急救服务、私人慈善机构，以及宗教团体。当然，没有任何组织是完全免受贪婪者，或者贪婪制度文化及其亚文化造成的伤害的。每当货币易手和每当储蓄货币可以积累时，就会存在货币贪婪的诱惑。然而，当一个组织的"使命"是为共同利益服务时，这种诱惑就会受到组织的运作和理想导向的制约。贪婪的公务员与医疗专业人员等通常受到其同事的厌恶，并且常常受到公众的鄙视——这种蔑视会遏制贪婪。总而言之，这些敌视贪婪的面足够宽广，可以影响整体地经济领域的文化。接受过这些培训或者通过这些培训的人们，即使在更容忍贪婪的部门中工作，也可能会对贪婪冲动表现出一定的抵御。

5. **官僚制度**：20 世纪围绕监管构建的合规文化只是强化了形成于 19 世纪的现代经济的基本组织结构——不是商业队伍之间的竞争性争斗，而是一系列等级制度和基于规则的官僚体系。每一个组织的官僚体系通常在很大程度上自给自足，并且与相关组织的官僚体系保持着密切合作性关系，包括那些所谓的竞争对手部门。对于大多数在三联体中间部分工作的人来说，经济学家所谓的与贪婪和谐的竞争市场几乎没有直接影响。对他们而言，劳动的薪资与特权很大程度上由工作描述决定，只针对特殊情况作一些预先校准的调整。这些规则几乎总是敌视贪婪，因为它被认为是官僚组织的破坏性力量。即使在容忍贪婪的情况下，譬如在主流律师事务所的合伙人之间，或者在各种名人之间，有时也会有程序调节它，并且几乎始终保持着一种公正公平的假象。

6. **公众与专业的压力**：大多数国家的经济发展常常伴随着文明社会的扩大，为改革提供相当有效的监督与压力。记者、工会、吹哨者、律师，现在还有社会媒体调查发现、公开披露，以及试图惩罚和改变多种不良行为，包括各种贪婪的表现形式。这种压力往往是间歇性的和不充分的，但知情的公共肯定会遏制贪婪。值得注意的是，公共很少同情商业中的贪婪行为。贪婪，尤其是当它损害某些公共利益时，会造成恶劣的声誉。没人会说："你不可以因为贾经理采购了毒害顾客的原料而谴责他。他的目标是有价值的：通过提高公司的利润达到最大化自己的收入。"

7. **观念与理想**：公众对经济贪婪的普遍厌恶，源于一系列并非总是一致的并且通常表述不清的原则。尽管支持竞争市场的原则本质上是与贪婪和谐的，但是当代经济大多数其他指导观念，仍然保留着几乎普遍存在的前现代时期对贪婪的责难。无论在启蒙运动对理性与科学的赞扬、启蒙运动政治传统的普世主义、有效官僚体系的效率与理性，还是在基督教服务文化的世俗化重塑中，几乎没有或者根本无贪婪的一席之地。

所有这些都已经对经济产生了足够的影响，致使贪婪声名狼藉，从而限制了它的蔓延。

弱化防御贪婪力

这些七个要素的存在支持了我的主张，即贪婪行为基本上不鼓励非财务性经济。然而，我与许多社会评论家一致认为，在过去的三四十年里，这种排斥已经变得不那么全心全意了。这种转变的原因存在争议——建议包括主导思想、大众情感、社会权力结构，以及经济安排的变化。无论基础疾病是什么，其症状都是相当明显的。对"放松监管"、"华盛顿共识"①、小政府，以及依赖"市场"的热情，不是全部也至少在一定程度上，表明了人们对贪婪行为的更多宽容。金融化的崛起可能反映了，并且肯定鼓励在经济上对贪婪的更大的容忍度。非常明显的是，经济行为者如今对表现贪婪行为而感到羞耻的，要比五十年前少得多。

相对于下属的典型薪酬，高管薪酬的急速增长，提供了一个富有启发性的例子，说明了在主流经济中贪婪的社会地位程度的提升。从 20 世纪 30 年代到 80 年代，西方经济体中占主导地位的企业

---

① 译者注：华盛顿共识，源自出生于英国的美国经济学家约翰·威廉森（John Harold Williamson，1937—2021）在 1989 年所执笔的《华盛顿共识》，旨在系统地指导拉美经济发展政策的各项主张，其中包括放松监管、市场化政策等。这些秉承亚当·斯密自由竞争的经济思想，故有人称此共识为新自由主义的政治经济学理论。

文化，确保了高管的薪酬水平受到制约。早期管理大师彼得·德鲁克①提出过的标准是员工平均薪资水平的 20 或者 25 倍。这种限制被广泛认为在道德上是正确的，而且这种伦理学上的论据得到了对无神论、西方民主资本主义对权威的挑战以及社会共识的支持，即认为公司的"首席执行官"更像执行官而不是首领。高边界税率（美国最高可达 90%）强化了这一信息的传递。

所有这些期望、论点和政策产生了预期的效果。在此期间，高管的薪酬的增长速度，并没有超过普通员工的平均薪酬的增长速度。反贪婪的共识是如此之强，以至于高管们很少抱怨自己的薪酬过低。事实上，他们牢牢地陷入在抵制贪婪的世界观之中，致使他们常常只模糊地意识到，自己的潜在贪婪受到多大程度的遏制。当文化期望发生变化时，这种压抑的程度才变得清晰起来。然后，高管们开始以惊人的速度增加自己的报酬。正如典型的贪婪一样，他们找到了正当理由，最明显的是声称较高的薪酬可以提高"股东价值"。当然，这种理由甚至都经不起浅显的分析——目标是错误的，措施也是错误的，以及高管薪酬与愚蠢目标的不当措施之间没有任何关系。然而，无论是更强的逻辑还是公众的厌恶都无法终止贪婪，大概是因为社会氛围已经改变了。多数大公司的高管薪酬与平均薪酬的比率，如今已经达到了三位数。这种可悲的变化既展示了先前道德作用的成功，又显示了该作用的脆弱性。与所有道德斗争一样，在与贪婪作斗争中胜利可能会几乎在不知不觉中擦肩而过，成功也很轻易地失去。

我应该对本节中的论点添加一个警示。我对历史上与当前社会在经济贪婪的态度的宽泛概括还无法证明，仅仅是因为社会态度从

---

① 译者注：彼得·德鲁克（Peter Drucker, 1909—2005），奥地利出生的美国作家及管理顾问，他的著作为现代商业公司的哲学与实践作出贡献，故被誉为现代管理的创始人。

来都不是统一的或者一致的。在任何社会中，一些人或多或少直觉地认可贪婪，而更多的人或多或少自以为是地践行着贪婪。在社会比较中，只存在或多或少社会宽容、或多或少社会羞辱、或多或少限制贪婪行为。尽管存在着不可避免的认识论的不确定性，但是我认为，在整个经济中对于贪婪的社会态度，与在金融活动中对于贪婪的社会态度，进行比较是有意义且富有启发性的。我的判断是，贪婪一直被金融领域所容忍，而且这种容忍在金融领域甚至比在经济中的其他领域更为突出。

8. 金融贪婪：历史概述

纵观历史，思想家和社会通常更认为贪婪是金融的必要伴随品。在西方智慧传统的开端，亚里士多德认为，为了金钱而赚更多金钱的欲望本质上是混乱的，因为金钱本质上不会增加。这种混乱的欲望可以被描述为贪婪。（我正在简化一个论点，在我看来，这个论点在很大程度上是错误的）。在整个前现代的西方世界中，对金融道德持类似的、几乎本能的厌恶在普通民众、贵族精英以及宗教教师中很常见。金融实践通常被视作贪婪与卑鄙的——就是本质上贪婪。人们一般认为现代银行家的职业祖先，货币放债人是贪婪者。这种期望往往是自我实现的，因为选择从事这种道德上可疑职业的人，很可能起初就异常贪婪。

前现代的贪婪融资传统，在工业时期的最初数十年中得到了很大程度的强化，当时有较多的经济融资可供贪婪利用。融资扩张有两个主要原因。首先，新工业企业的快速扩张，导致经济融资特别适合解决目前资金短缺一类问题的激增。其次且更重要的是，人们普遍无法认识到货币是无本之物的代币，从而导致更加依赖财务安排。随着有偿生产的增加且政府不愿创造与黄金及白银无关的货币，官方认可的代币货币供应量一直太少，以至无法保持价格稳定。企业转向银行来弥补代币货币的缺口。银行的"信用证"，允许在这种漫长的"当前"生产过程中支付账单，最终被标准化而非官方认可地作为代币货币。

我所说的理想银行业崛起表明，早期金融化可以培育不那么贪婪的融资的方式。然而，在实践中，新的工业融资与扩大的贸易融资，大多数保留了贪婪放贷人的传统金融文化，同时对新企业增加上了一层前所未有，厚厚的特别贪婪的金融投机。银行业逐渐成为一种较受尊重的行业，但是在整个 19 世纪，大部分银行业仍然掌握在被社会上排斥的团体中——世界各地的犹太人、天主教国家的新教徒以及英国的不信奉国教人士。与前工业经济一样，外来的金融从业者被认为是贪婪的，而且他们在作专业交易时经常如此。尽管经常将一些贪婪获得的储蓄货币用于慈善事业，但是这并不能否定其财务上的贪婪。

然而，正如理想银行的崛起与金融家的赎罪善行所表示的那样，金融与贪婪并非会自动结合在一起。

除了融资中无节制贪婪的主导期望和传统外，还有对融资中道德约束的长期权威社会的要求。《旧约圣经》谴责了一些有回报的借贷，并且要求定期免除债务。导致理想银行的反贪婪传统始于 15 世纪的**蒙特迪皮耶塔**①，其目的是为贫困借款人提供比标准货币放贷人更公正的条件。纵观整个基督教世纪，放高利贷在理论上是被禁止的，虽然随着基督教世界的衰落，但是对不公正的财务回报仍然是一个共同的社会主题。

---

① 译者注：蒙特迪皮耶塔是意大利语 *monte di pieta* 的音译，是**意大利慈善信贷机构**之一，其历史可追溯至 1462 年在意大利的佩鲁贾（Perugia）成立的首个该类机构，1494 年已在意大利推广到 30 家。该机构由宗教团体管理，其目标是以相对较低的利率向小工匠和经销商以及贫民提供抵押贷款，被认为是现代信用合作社的前身，也为今天的银行业发展奠定了基础。

此外，就本著作来说意义重大的是，随着财务安排的现实方式的变化，金融从业者更容易变得不那么贪婪。在前工业经济体中，主观、客观与社会的贪婪都难以避免，贷款主要提供给行将成为债务奴役的劳动者，以及那些军事野心超出其赋税能力的国王。贸易与制造业的发展为普通银行和理想银行，提供了更多避免贪婪的机会，为存款人提供公平货币回报，为借款人提供公平的利率及普遍的支持，以及积极关注社会的公共利益。理想银行的竞争可能抑制了那些不那么公益竞争对手的贪婪。

尽管对金融过度的持续社会谴责也可能，在进入 20 世纪后已经遏制了金融贪婪，但是社会对于贪婪的态度在 20 世纪后几十年发生了转变。这种转变的标志之一是理想银行业的衰退。几乎在每个国家，这些机构都改变了法律结构、业务目标和企业文化，以便效仿商业竞争对手，助长了客户以及雇员的贪婪。更普遍地说，逐利银行的业务与文化越来越被最贪婪的金融领域所支配：投机与交易。规模较小的银行越来越多地合并为较大的机构，从而减少了，银行与具体社群之间的紧密且遏制贪婪的纽带关系。监管机构，越来越多地受到过去或者未来银行雇员控制，大多数都鼓励这种转变。相关反高利贷的法律条文被废除或者剔除。在美国和英国，私人养老基金扩张，并且越来越依赖财务收益，来为养老金领取者提供所承诺的收入。房产价格投机在许多发达经济体蔓延。对于贪婪的批评，数千年来曾一直是宗教劝诫与文化警示的标准内容，现已变得很罕见，而且常常被销声。

社会对金融贪婪反应的这种转变，无论是在时间上还是在概念上，都是与社会对贪婪的谴责减弱，和实体经济金融化程度的加强相匹配的。在这个新纪元，全球金融体系在 2008 年几近崩溃，这主要是由于一系列不负责的贪婪金融行为造成的，并未激发持久的反贪批判，也几乎没有对贪婪的罪魁祸首——无论是个人还是公司——进行惩罚。

9. 融资贪婪：类型分析

我希望对货币贪婪的各个方面的论述，使人们对这种不可避免的却在一定程度上可控的经济和社会现实有所了解。更雄心勃勃地说，我还希望这种了解，能让读者渴望一个包括贪婪在其分析框架中的金融范式。无论如何，本章其余部分将探讨这样的一个范式。为了开始这个分析，我将讨论在金融方面三种之前介绍过的货币贪婪类型：主观的、客观的以及社会的。

主观贪婪

主观的金融贪婪最终是个人的，本质上是心理的。个人情况与态度中存在着足够的共性，可以进行有益的概括，但是对主观贪婪的判断需要一种可以被描述为，用明亮的目光深入潜在贪婪者的灵魂。这种道德凝视的最合适的对象，就是我们在镜子里审视自己。寻找主观的金融贪婪需要当代马克思主义者有时所称的自我批评以及基督徒的良心检查。我需要自问一些尖锐的问题。我对储蓄货币和货币物的欲望是否过度？满足这些欲望会使我变得更不公正吗？随着时间的推移，我当前对货币欲望处理的方式会产生或者助长不良习性吗？我会开始认为自己需要并且应该得到过高的财务回报？

人们通常避免自问这些问题，也没有人能为别人明确地回答这些问题。然而，两个外部可用的标准可以帮助，鼓励和推进对主观贪婪的必要道德探究，无论是个体的还是试探性的整个金融体系。

首先，任何人所期望的回报都可以与获得它们所需的**牺牲**进行比较。至少可以说，在主观上总是贪婪地认为，我应该在不受损失或至少等价得到交换：相应的努力、痛苦或者放弃。作为始终与他人相互依存的人类，我们不可能真正值得"不劳而获"。在第二章中，我曾将大交换描述由礼物构成，但这些礼物总是以某种方式相互回报的。希望置身于这种慷慨的互换之外是贪婪的。

在就主观贪婪的讨论中，金融界的通用语言指向了错误的道德方向。财务投资不会像劳动赚取消费那样自然地获得回报。在任何主张平等主义的社会中，不与某种牺牲相匹配的财务回报，更可能被认为是贪婪的，而非应得的或者挣得的。什么样的牺牲在道德上是相关的？我相当随意地将财务投资中涉及的牺牲分为三类，每一类都有其自己的非贪婪回报的水平。

在**理想银行**背后的**理想储蓄**中，相对贫穷的投资者的财务回报可以被认为，通过在伦理上具有重要消费牺牲的直接交换而获得的。正如人们常说的那样，当这种形式的金融繁荣时，这些机构发放贷款的储蓄货币是从"穷人的每一分钱"中筹集而来的。对于这样的投资者期望相当高的回报，并非算是主观上的贪婪。打个粗略的比方，如果这些财务投资者步行是为了让他们的投资对象可以使用汽车，那么要求那些开车的投资对象补偿步行的投资者的麻烦就是公平的。

在发达经济体中，理想储蓄几乎消失殆尽了，最贫困的四分之一人口的财务债务额，通常超过他们所积攒的任何储蓄货币量。中产阶级已经替代了大部分的无产阶级与工人阶级，从事所谓的**中产阶级金融**。这些相当富裕的投资者作出了一些牺牲，但都不是实质性的牺牲。这些储蓄人可能拥有不太舒适的房子或者没有去豪华的度假旅游，而如果他们花费全部代币货币收入的话，完全可以住上舒适房子和度上豪华假期。继续这个比喻，这些财务投资者驾驶一辆较旧的、较小的汽车上班，以便让投资对象可以拥有他所需要的汽车。这样适度的回报听起来不像，是对如此适度牺牲的一种贪婪补偿。

在当代经济体中，中产阶级金融为财务投资提供的储蓄货币比例，远高于理想储蓄所剩余的部分。然而，大部分新创造的储蓄货币（不包括政府创造货币所涉及的储蓄货币）则来自于所谓的**无痛投资**。这种通过获得或创造的储蓄货币可以被完全销毁，而不会对所有者的过去、当前以及在许多情况下遥远的未来的消费产生任何有意义的影响。超高薪高管、企业主以及艺人的财务投资都是无痛投资，还有那些拥有大量货币物的继承人的财务投资也是如此。对于那些享有特权的人来说，获得并且持有如此之多的储蓄货币的欲望很可能从一开始就在主观上贪婪了。渴望让货币产生回报，更别提高额回报，甚至在道德上更加可疑。这就像拥有了二十辆汽车并不需要金钱的房东，却还向其可怜的房客借车送孩子看病收取租车费。

在发达经济体中，主导的心理模式与我的道德建议背道而驰：较富裕的人比他们的较贫穷的邻居和同胞更渴望高财务回报。许多理想银行的商业模式依赖于摈弃主观贪婪。他们向会员储蓄人提供相对低的储蓄回报，以及为会员借贷人提供相对低的利率贷款。这种组合模式之所以有效的原因之一是，投资者和投资对象在生命的不同时期基本上是同一批人。从更高的伦理视角来看，这些财务投资者可能被说服摈弃主观贪婪欲望。与此形成鲜明对比的是，最富有的财务投资者通常会聘请私人银行家，或者财富经理为其无痛投资寻找最高可能的回报。用你充裕的资金支付别人帮助你变得更加富裕，而无需你亲自付出努力，这**可能**不算主观上贪婪，但是举证责任肯定在那些富有的投资者身上。

其次，主观的金融贪婪可以根据**人类本性和经济组织**的相当恒定的标准来判断。在每种社会经济情况下，代币货币回报与投入的储蓄货币，存在某种在道德上可接受的最大比率。期望或者甚至接受超出该比率的回报总是主观贪婪的。同样，在不确定的经济体中，主观贪婪的需求存在一定程度的确定性和回报的恒定性，然而所有的经济体都不是确定的。

我已经阐述过这种主观贪婪的不真实性，我认为这是最令人难堪的例子：声称所有储蓄货币，包括囤积的储蓄货币，都值得无风险回报。没有任何经济或心理上的正当理由，可以让投资免受任何经济困难时期的痛苦。我将在下节论述要求无风险回报的客观与社会贪婪。

我稍后将提供一些绝对主观贪婪的其他例子。我将列举包括对各种类型的货币物的价格不断上涨的渴望，相对于任何可能的损失而言渴望财务投资提供不成比例的高收益，以及假设公司的唯一或者压倒一切的首要目的应该是为股东提供尽可能高的财务回报。

这份清单涵盖了许多个人与专业财务投资者的大部分愿望以及一些简单预期。譬如它表明，贪婪的房主只是因为拥有房地产，就能让自己变得富裕——躺在自己床上赚钱。对于那些尚未按本节开头所建议的，做财务良知检查的人来说，如此广泛的谴责可能会令人震惊。我要说的是，世界各地中产阶级的许多正常工作实践实际上都是贪婪的。批评者可能会问，想要从房地产获得收益、从投资中获得安全收入，以及强劲的股票市场，有什么错吗？难道它们不正是我们应该期望，在繁荣、良好秩序的社会中找到的东西吗？难道它们不也正是谨慎，或者合理节制消费的公正回报吗？

我对所有这些问题的回答都是一个响亮的"不"。这些欲望都是错误的，因为要求金融体系给予任何人比付费经济所能公正地提供还要多，无论是奖励性的还是实质性的，都是主观上的贪婪——这是根本和毫无疑问的。贪婪并不总是在今生受到惩罚（有人会说几乎不会受到惩罚），但金融贪婪的这些广泛表现间歇性地引发相当的实际问题。它们是经济总体韧性的金融例外的重要因素。当人们——无论是金融大鳄与工业大咖，还是普通民众——期望金融在三联体的左侧部分产生不公正的奇迹时，他们就会在中间部分招致严重问题。

客观贪婪

　　客观贪婪是指对经济回报的渴望，这种经济回报相对于经济或者社会贡献而言，是极不成比例的。沿用我之前的汽车比喻，对于一个仅开启一次车库门的人而言，期望得到能够提供一辆车的报酬是贪婪的。

　　客观金融贪婪的概念是有点棘手，又不可避免。它的棘手是因为所有关于某些个人的财务投资，对相关共同利益的贡献程度的判断将极具争议，对具体客观贡献的适当奖励的任何判断，也会引起很大的争议性。这个概念是不可避免的，因为它基于经济交换正义的普遍概念的一个方面：我们应该为自己的劳动实际所产生的益处而获得报酬。能治愈疾病的医生应该比医治不了疾病的同行得到更高的薪资，即使那些不太成功的同行工作得同样努力，具有同样多的教育、经验与支持。在我们紧密相互关联的经济体中，很少有如此清晰的比较。任何个人的劳动实际贡献——以及任何具体财务投资的实际贡献——都无法精确确定。尽管如此，那些比其公司平均员工高三百倍薪酬的首席执行官有责任证明，渴望这样薪资并不是客观上的贪婪。对于一家成功初创企业的早期股权投资者来说，也有责任捍卫其将原始投资的储蓄货币价值乘以一千倍，或者仅是五倍的正义性。他们需要解释这些资金实际上，如何对公司的成功作出了如此大的贡献，以至他们愿意考虑这些收益并不是客观贪婪。

　　人们总是可能对数字争论不休——如果五倍回报是客观贪婪，那么四倍的回报是否就不是客观贪婪？考虑财务投资的类型与回报的结构，可能更有成效。我将给出一些例子，首先是支持极具破坏性的现代战争的，相当特殊的财务投资的案例。由于掠夺和赔偿几乎永远无法弥补战斗的损失，因此对军事冒险的财务投资，几乎没有希望直接获得货币回报。这些财务投资者基本上是，在利用他们的储蓄货币来促进破坏。该结果是否有足够的客观好处，使任何对代币货币奖励的渴望，不被视为是客观贪婪？也许"战争债券"的任何回报都是，一种伦理上不可接受的"战争牟利"形式，因此融资不应在支付战争费用上发挥作用（那肯定是一件历史上的新鲜事）。

战争很少见，但现代经济包括几种更常见的活动，它们有着类似的目前资金短缺的问题，而且没有明显的方式产生货币利润。医疗保健和教育都是最突出的例子，它们合计约占大多数发达经济体所支付薪资的 1/5，其中绝大多数的薪资是通过国家税收与福利系统支付的。代币货币税收支付了经济融资特别擅长支持的大部分事物：昂贵的新建筑和设备，以及熟练专业人士的培训。当融资被用来支付其中一些经济事物时，财务投资者的任何回报都是，由政府有效提供或者至少由其协调的。为了使这些回报不被认为是客观的贪婪，财务投资者及其财务义务的存在，必须为卓越的医疗保健和教育，提供其他无法获得的客观贡献。在一些国家中，人们认为坚持融资是多余和贪婪的判断得到了加强，因为有另一种金融替代方案——捐赠，来解决教育与医疗保健领域的目前资金短缺问题。私立学校、大学和医疗保健机构可以依靠捐赠者，同时等待来自其学生和患者的收入。

股权是我最后一个，也可能是最具争议性的系统性客观金融贪婪的例子。根本问题在于，这些货币物的回报结构的变化远小于，财务投资者对企业利润贡献的客观重要性。19 世纪至 20 世纪初的风险企业的银行家，及其跟投者提供代币货币，而这种货币在那些货币化程度较低，以及灵活性不够的经济体中经常不易获得。此外，这些财务投资者通常会提供有价值的关系、政治保护伞以及组织性专业知识。对于投资对象企业来说，知识渊博的专业人士所表现出来的信心，可能是一项商业上重要的资产。如今提供类似服务

　　　　　　　　　　　　　　货币、金融、现实与道德

的风险投资公司，可以提出一个较好的论据，他们可以在不被认为客观贪婪的情况下，期望相当高的回报。然而，大多数支持新风险企业的储蓄货币都来自银行或者个人只提供很少的资金，甚至不再提供其他东西。任何要求在这种仅靠金钱的金融投资中获得超过相当适度回报的要求，都可能是客观贪婪的。

这里需要有一个限定。与任何财务投资者一样，新股权买家客观上并不会贪婪地要求成功的财务投资获得足够高的回报，以弥补其他有希望却最终未成功的投资可能出现的低回报与损失。然而，贪婪很容易隐藏在"有希望"的定义中，因为在财务投资中鲁莽地冒险而希望获取补偿，这在客观上是贪婪的。"足够高以补偿"回报的计算在伦理上也是有问题的。金融理论有时声称，这些财务投资者不仅应该为可能或者实际的损失获得补偿，还应该为"承担风险"所造成的心理紧张获取补偿。这种理论听起来肯定像一种客观贪婪的科学上的借口。

一旦初始投资者获得其最初的、可能是合理的高回报时，股权投资者的客观贪婪的可能性就会极大地增加。由于当今的企业通常更多地依靠分担，而非融资保持其健康运营与扩张，早期资金的支持与后续的企业成功的联系日益减弱。可以这么说，财务投资，尤其是股权投资，仅是启动这个过程而已。然而，当一个公平的回报已经被赚取过后，来自客户的代币货币的惯性流动会使企业运转起来，这种惯性很快会占据主导地位。成功的企业更多地依靠人力技能而非昂贵的设备，通常会在其运营的头十年中赚取足够的利润，为所有的财务投资者提供非贪婪性的回报，包括给债务投资者支付大额偿付，以及足够资金"偿清"股权投资者的，非贪婪性的财务权益主张。从该节点起，已得到公平回报的财务投资者，所要求的任何回报都很可能在客观上是贪婪的。

社会贪婪

财务欲望和预期在扰乱共同利益时，无论是主观上还是客观上的贪婪，它们都是社会性贪婪。社会贪婪的概念与社会不公正的政治观念，以及更宗教性的社会"罪孽结构"的观念密切相关。所有这三种大规模伦理上的混乱都在哲学上具有挑战性，因为贪婪的道德品质只能归因于个人，而不是群体。然而，在过去的几个世纪中，社会和经济改革者已经有力地争辩，具体的社会安排可以广泛地促使，与鼓励道德上混乱的个人欲望，以及社会内群体持续不公正的善恶分配。在这些情况下，这种哲学上的散漫言论不仅情有可原，而且具有启发性。如果说，奴役制对被奴役者不公正，战争对平民不公正，缺乏全民医疗保健或者教育可能对穷人不公正，那么也可以说某些金融实践可能会强烈鼓励贪婪。不公正社会结构的非公正性可能会特别令人反感，因为鼓励贪婪的实践与安排，几乎从定义上就深深地根植于"事物的本来面目之中"。它们容易被接受，而不受任何伦理质疑。

当我在本章开头介绍后贵族式金融的概念时，我就提及了其可能存在的社会贪婪。在某些方面，穷人向富人进行财务转移的做法确实符合社会贪婪的描述。这些转移的伦理正确性被相关财务投资者视为理所当然，并且很少被提供代币货币回报的穷人以清晰的方式质疑过。此外，如果没有任何主观贪婪，也没有任何成就的标准来判断客观贪婪，那么这种做法可能在社会上是错误的。然而，对社会贪婪的最终判断取决于，对当代社会的等级经济秩序正义性的判断，以及利用财务安排来支持这种秩序的判断。主流平等主义言论指出，社会贪婪是后贵族式金融的伦理核心，但是许多其他社会模式，包括薪资、住房以及精英教育的安排，表明后贵族式金融广泛地符合主流社会正义的观念。由于本书不是一本规范政治哲学著作，我既不会简单地谴责这种做法为贪婪，也不会为其辩护为公正或者社会有益的行为。我只想说，按照大多数平等主义对社会正义的理解，后贵族式金融显然是贪婪的。（在当前的论述中，谴责金融领域的贪婪和接受非平等社会思想可能的正义的组合，是非同寻常的，但在工业革命早期的数十年中，这便是司空见惯的了）。

即使是对等级制度最友善的社会思想家也可能会担心，脱离现实的金融会助长社会贪婪的趋势。容忍脱离现实的一个主要结果是催生了一批专业财务投机者，他们最重要的专业目标，是比客户更擅长满足其同样贪婪的欲望。这批人的存在似乎是社会的贪婪。另一个结果是一小群成功的财务投机者的致富，以牺牲一大批不成功同行的利益为代价。这种结果也似乎是社会的贪婪，尽管规模较小。

金融化可能是我最后一个社会金融贪婪的例子。如果期望的回报是适度的话，那么主要从货币投资回报的角度来，考虑商业与社会的倾向，可能会促进适度投资。然而，在实践中金融化与追求最大化回报的欲望密切相关。这种金融思维的传播不可避免地会鼓励贪婪期望在企业中蔓延，并在一定程度上泛滥至整个经济，以及该经济所处的社会之中。

贪婪的投资对象

在对金融领域贪婪的讨论中，我几乎全部关注于财务投资者的贪婪上。可以说，这种选择是贴近现实的。财务安排是经过谈判的契约，但是投资者通常比投资对象处于更有利的地位进行谈判。强者的贪婪常常会排除或压倒弱者的贪婪。

然而，没有理由认为投资对象在当前的欲望，或其潜在的行动都不如投资者那么贪婪。正相反，投资者与投资对象都具有人性的道德弱点，并且在同样偏向贪婪的金融系统中运作，因此，他们在对贪婪的敏感度上可能大致相等。就像特定的个性一样，特定的社会和经济环境可能大致上有利于贪婪，但在支持性甚至中性的社会环境中，贪婪几乎会滋生在任何地方以及波及到几乎每个人。只有道德品格非常高的人才可能在贪婪者得寸进尺的时候作出反应，在可以的时候不去压榨。对于我们其余的人来说，贪婪会激发反贪婪。一般来说，既是投资者又是投资对象的行为，支持伦理统一性的假设。

投资对象有时确实有机会表现出他们的贪婪，最明显的是在房地产市场。申请抵押贷款的购房者同时，既是货币物的买家又是金融投资对象。作为投资者，任何贪婪表现为，渴望提高其地产货币物的储蓄货币价格。作为投资对象者，贪婪表现为，渴望通过借贷尽可能多的储蓄货币来放大其收益。当然，投资对象的贪婪不仅限于房地产。尽管通常更多是潜在的而非实际的，但这种情况的存在有助于我，在以下两节中论述许多贪婪的表现形式。

10. 金融贪婪：细节

在这种三联体分类分析的背景下，我将列出一些财务安排中的标准前提，它们在三个标准中的一个或多个是贪婪的。其中许多已经被提及过了，但我认为将它们集中在一起会有所帮助。

无风险回报

在融资领域，贪婪基本上呈现两种形式，对不公正高额的货币回报的渴望，以及对货币损失风险承担不适当的少的渴望。这第二种形式，即体现在储蓄货币应该赚取一种保证"无风险"正回报的假设，总是主观的、客观的和社会的贪婪。这种需求在主观上是贪婪的，因为它不公正地声称，投资者应该免受融资固有的时间本体论不确定的影响，换而言之，他们不应该受到无法避免的命运变幻莫测的影响。当这种最终要求被推向极端时，其贪婪性是显而易见的，譬如在国家遭受战争蹂躏后，还要求政府提供无风险的贷款回报。在正常时期，主观上的贪婪不那么明显，但也同样存在。

为了要理解为什么无风险回报的期望客观上是贪婪的，就需要理解这种回报是如何产生的。银行可以给一些储蓄者或者投资者提供"有保证的"回报。或者，由"无风险的"政府直接地提供有保证的回报，无论哪种情况下，在一个无可避免的风险世界中，无风险回报必然意味着风险转移，因为必须有人为无风险持有人而承担其被豁免掉的风险。对于银行来说，风险承担者是借贷人和付费人。而对于政府来说，纳税人最终向政府债务的豁免风险持有者支付回报。这种风险转移没有客观的正当性，因此无风险回报的要求客观上是贪婪的。

这种说法可能会被反驳，无风险回报被设定为低于预期风险回报的观察，为一种关系可能表明，对正发生的事情有某种客观的认识。然而，这种反驳错过了一个关键点——尽管转移掉某些风险和回报未必是贪婪的，但假设**所有的**风险都应该被避免，不仅违背现实而且总是贪婪的。

对无风险回报的需求在社会上是贪婪的，因为提供这种回报几乎本质上会造成社会分裂。在此用"几乎"这个修饰词是必要的，因为在所有财务投资者都有相同数量的储蓄货币，进行投资的金融平等社会中，无风险财务投资的可用性不一定会造成社会不公正。然而，在等级制度和不平等经济的现实中，有保证的无风险回报加强了后贵族式投资者的优势。实际上，它们以牺牲穷人为代价，推动本已富有的人变得更加富裕。除了最极端的等级制度的道德标准之外，对这种经济优势的需求在社会上都是贪婪的。在发展中经济体中，由于目前资金短缺的问题普遍存在，对无风险回报的需求尤其具有社会贪婪性，因为它增加了对风险更高的借贷人的回报要求，这些投资对象的支出总体上，更可能是为了促进共同的社会利益，而不是为了规避风险投资者的财务投资。

经济学家有时将否决无风险回报描述为各种"金融压制"：政府或者强大的金融卡特尔①禁止投资者赚取，在畅通无阻的金融市场中可以获得的所谓正常回报。这种金融压制的最简单形式是，将回报限制在经济学家判断为不公正的低的水平，或者如果经济学家想保持其在道德上的装模作样，则将其限制在低于不受约束的金融市场的回报水平。任何伦理中立的主张都会因"压制"一词的应用而被削弱，该词几乎从未带着积极的伦理内涵。经济学家的道德判断是真实的，却是错误的。金融市场不是值得信赖的道德指南，而无风险回报在一个公正的经济中并没有地位。

过度依赖储蓄货币

在工业化的最初几个世纪中，不断增长的城市化与生产带来了对代币货币的持续增长的需求，但黄金以及以真金为后盾的货币的供应，经常不够满足经济的需求。储蓄货币帮助满足这种代币货币的需求，随着银行对企业贷款的"贴现"和标准化债权，将个体企业未来代币货币支付承诺的近期资金，转变为货币上稳健银行承诺的所谓的更加近期资金。这种制度固然比没有类似制度好多少，但操作繁琐，且当某些银行的货币状况并不健全时，容易导致货币信心崩溃的蔓延。

这些弱点非常严重，一旦政府可以接管代币货币供应的管理

---

① 译者注：金融卡特尔，也称银行或金融财团，是指由一些强大的金融机构组成，它们共同控制市场、操纵汇率并影响经济政策以服务于自己的利益。一个突出例子显示世界最大的银行曾在外汇市场上形成卡特尔，继 2013 年英国对伦敦外汇交易市场的汇率操纵调查，2014 年美、英、瑞士三国的政府监管机构就汇率操纵案作出裁决，对瑞银集团、汇丰控股、花旗集团、苏格兰皇家银行和摩根大通等串通一气牟取私利处以制裁。

时，代币货币系统依赖于储蓄货币就应该会消失。只有在满足某些条件之前，这样的接管是不可行的。首先也是最重要的是，政府必须明白代币货币不需要任何储蓄货币作后盾。从更技术性但仍然重要的是，当局需要具备有关当前经济条件的足够信息，以便能够很好地管理集中化的代币货币系统。还需要一个在整个经济中能够轻松且廉价地分配代币货币的货币转移系统。即使在最发达的经济体中，直到第二次世界大战后政府大规模扩张之后，这些条件才全部得到满足。然而，在 2008 年国际金融危机之前，它们显然已经存在，当时付费经济对储蓄货币的过度依赖，导致了一场经济危机。如果不是在那场灾难之前，那么一定就是在那场灾难之后，人们应该痛苦而清醒地认识到，储蓄货币对于管理代币货币的供应来说既不是必要的工具，也不是有益的工具。

那么，为什么储蓄货币仍然在代币货币创造中，发挥如此重要的作用呢？经济学家对此疑问的最常见的答案大致是，当前的系统仍然并非比政府直接货币控制的替代方案差。其论点是，储蓄货币的媒介作用，可以抵御政府不受制约的货币权力的幽灵，即导致中央货币比率在经济上灾难性地增加。经济学家宣称，财务投资者将拒绝向太鲁莽的政府提供贷款。这种信念的问题不在于该幽灵是虚幻的——它是足够真实的，而问题在于在创造代币货币过程中间，所存在的储蓄货币并不能驱除该幽灵。鲁莽的政府一而再再而三地表明，它们可以迫使银行向其放贷，或者只是按照其意愿放弃储蓄与货币的联系。这种储蓄货币中介使银行家致富，它却不能阻止不必要的通货膨胀。

这种富裕表明了为坚持将储蓄货币保留在货币创造系统中，提供一个较好的解释：社会的贪婪。许多经济学家都曾为银行工作或与银行合作，他们对一个提供轻松利润和社会尊重的银行系统，成为货币稳定来源的机制而感到满意。在没有意识或任何恶意的情况下，经济学家可以容易地合理化推翻替代方案。社会贪婪影响智力分析以及情感与行动。

一个较抵制贪婪的金融体系,将减少许多其他领域对储蓄货币的依赖。没有贪婪与盲目,曾希望前大学生"为其教育付费"的政府愿意转向税收制度,而非贷款。向消费者提供贷款大多数会被改变(更高的薪资)和集资(稳定的小额支付到一个资金池以换取大额紧急支付以及房产、汽车和其他昂贵的耐用品的定期支付)所取代。税法和公司法将阻止而非鼓励企业作广泛财务安排。只有在认真考虑较简单的替代方案,来解决目前资金缺钱的问题以及为了促进共同利益之后,三联体的左侧部分才会被不情愿地调用。

无限回报

投资者不受任何限制地追求财务回报最大化在社会上与客观上都是贪婪的。

从社会角度来看,投资对象只有在胁迫下才愿意提供非常高的回报。为拯救生命的手术支付高额贷款利用了绝望,让穷人免遭苦难的相似贷款利用了社会不公,以及发薪日的高额利率的贷款往往利用了无知和劣质品格。利用这些弱点所赚取的回报都是贪婪的。可以想象,某些目前资金短缺问题的唯一财务解决方案涉及非常高的回报。这不是这种安排的正当性理由,而是寻找解决该问题的一个非财务方案的论据。不愿意寻求此类解决方案,以及愿意寻求或者接受剥削性的财务回报的做法,都是社会贪婪。

在一个无本之物的货币的经济体中,融资提供的货币永远不可能是关键性的。创造新的货币,来解决目前资金短缺的问题总是现实的,而找到无需财务安排聚集,或者转移现成的货币的方法通常也是现实的。由于这些替代方案随时可用,通过融资提供货币的公平奖赏要么是相当适度,要么在客观上是贪婪的。即使当融资对于目前资金短缺的问题来说,是一种道德上和经济上合理的解决方案。譬如在成立一家新公司时，如果财务投资者不按照，对一个具体企业成功的可能出资的客观限制来约束其期望的回报，那么该财务投资者在客观上是贪婪的。

这种社会和客观贪婪的判断可能听起来有些极端。这当然是非同寻常。就像期望不会补偿任何努力或者牺牲的回报那样正常（在上一节论述过），财务欲望无限最大化的常态，通常也会被毫无疑问地接受。然而，我不仅质疑而且谴责这种做法，我无意用乌托邦或唐·吉诃德的努力来改造人性。我只是呼吁对贪婪施加与非财务经济安排中继续实施相同的限制，这些限制在建立复杂、协作和生产力极强的现代经济中发挥了至关重要的作用。

社会份额

对整体回报的要求，以增加财务投资者在经济体内的代币货币所得的份额，客观上是贪婪的。即使在纠正了第三章所论述的复利混乱之后，这种要求也融入许多社会与经济的安排中。在一些前工业化经济体中，这种模式是显而易见的。一个绝望的农民会以惩罚性条款借款，因为一笔贷款是他撑到下一个收获季的唯一希望。由于无法还清这些惩罚性借款，他只能继续越借越多，直至他所能主张的大部分劳动果实都欠了债权人。在许多社会中，按照事物的自然发展过程——也就是除了暴动或者债务宽恕的伦理禁令——他最终将沦为债务奴隶。《圣经·旧约全书》中申命记法典①规定定期对全社会债务进行宽恕，想必是为了改变事物的本质，并且限制债务奴役的程度。

---

① 译者注：《申命记法典》也称《摩西五经》，产生于公元前 13 至前 5 世纪，源于希伯来语，意为重复的律例，因摩西将《出埃及记》中的律法及其所含法治观念再次系统地列出，内容涉及希伯来人的法律地位、权利与义务、所有权、债务、婚姻、罪与罚等。

在当今的工业经济体中，这种模式不那么可怕。债务人通常可以违约而不会沦为奴役，因为不断上涨付款的周期可以被打破。尽管如此，在许多国家，后贵族式融资、新金融化和旧的社会与经济的安排相结合，这些有利于昂贵的财务承诺，导致近期财务支付与薪资的比率不断上升。这个比例上升是一个客观贪婪的标志。由于财务投资者对共同利益的贡献没有增加，他们贪婪地想要得到共同收入的上涨份额。个人投资者可能需要做一些研究并且作一些道德分析，以了解他们参与社会贪婪，但是正如对法律可以避免的无知，不能成为不服从的借口那样，可以避免的智力懒惰，也不能成为不尝试找到，并且反对这种形式的客观财务贪婪的借口。这种道德懒惰在当今信息灵通，以及谨慎衡量的经济体中尤其难以被原谅。

财务隔离

任何将回报与整体经济的趋势持久分离的做法都是社会贪婪的行为。债务工具是在"经济"成为一个连贯的概念之前创建的，更别说可以用数字术语来表述了。然而，即使在那时，也可能将金融以及封建领地贡赋的原始金融，与后来被认定为经济的观念联系起来。如果收成不佳或者面临入侵或借款人的严重疾病，放贷人不放宽债务期限是贪婪。当然，放贷人往往是贪婪的。

在现代经济体中，三联体中间部分的一切内容都会定期被测量。一小群专家跟踪代币货币经济的整体及其各个部分的趋势。实际数量的趋势，从汽车行驶的公里数到酿造啤酒的公升数，都经过仔细测量并与货币供应数量的趋势进行相关性分析。当融资与现实密切相关时，财务安排的期限就会利用其中一些可用的信息。明显的例子是产权股息。撇开对利润无休止的权益主张的整体正义性不谈，将企业财务会计利润按一个相当恒定比例支付给股东，可以是非贪婪收入分配的一部分。当股东坚持无论顺境还是逆境都获取相同股息时，他们在社会上是贪婪的，因为他们偏爱自己对稳定收入的欲望，而不是与公司有关的每个人的共同利益。

实际上，许多当代融资都涉及这种贪婪。金融体系几乎没有利用这些种类繁多的经济指标。债务本可以通过灵活或者与现实密切的支付方式发行，却很少这么做。这种远离现实的遗忘表明，投资者视自己为与经济脱节的社会群体。换而言之，他们是社会上的贪婪者。

再次强调，这种道德判断有效地谴责当前某些正常且普遍的金融实践。远离现实的债务在当代经济及社会中，就像各种形式的奴役制在大多数前现代社稷中一样地被接受与尊重。然而，这个类比并不准确，因为奴役制通常很好地融入了良好或者必要的社会安排的普遍理解，而固定收益的财务安排只有在自愿停止适用于其他经济的伦理与实践标准的情况下才显得正常。

金融解决方案的偏好

在主观上，假设融资是目前资金短缺问题的首选解决方案是贪婪的。随着现代经济技术能力不断提高和及时信息更大流动，质疑这个假设的必要性和可能性已经大大增加。在历史的大部分的时间中，债务融资往往是解决目前资金短缺问题的唯一或者显然是最佳工具。政府不够强大提供基于税收的解决方案，信托不够广泛无法创建股权或者大规模且持久的资金池，很少人足够富裕到真正大规模捐赠，以及社会秩序不够健全创建许多开放式分担安排。

所有这些限制都已经消失了。政府运行着庞大而有效的税收与福利系统。法律、习俗以及更强大的全方位的财富，支持着无数的非财务方案解决目前资金短缺问题。即使在融资接近现实且并非特别贪婪的时候，它的社会吸引力也往往不如任何这些替代解决方案。毕竟，融资是这些解决选项中唯一始终携带跨期的紧张方案。

此外，它需要求最复杂的监管，并且最不符合大交换的瞬时性。

鉴于那么多不利因素，融资很少应该成为解决目前资金短缺问题的首选方案。当融资不假思索地受到青睐，而替代方案在无充分理由的情况下遭拒绝时，主观贪婪就潜伏在其中。潜在的财务投资者以及他们出资的专家的论点，几乎不可避免地存在偏见，并且往往是无意识的，因为他们对财务回报的贪婪前景，几乎总是没有必要获取，而且也通常没有牺牲的价值。

与贪婪共存的实践深深地根植于经济和社会法律以及习俗之中。正直人常常也受制于主观社会贪婪，而被迫采纳融资解决方案，即使他们能够或者可能看到伦理上，甚至实际上更优越的替代方案。譬如，一位公司高管可能更愿意消除其盈利公司的股权、放弃使用债务，或者通过提高价格来支付扩张费用（而非采纳融资）。然而，公司法、税收规则和竞争条件可能使所有这些偏好完全不切现实。实际上促使该高管采纳融资的并不是个人贪婪所为，而是社会贪婪的规则和习俗。同样，慈善组织和养老金领取者可能更愿意避免依赖融资方法和货币物出售，但他们受到社会的制约。

金融借贷与杠杆

通过财务杠杆放大回报的愿望，无论在客观上还是主观上都是贪婪的。对于具体的财务安排或者具体的一套此类安排，辩论在哪里设定非贪婪与贪婪之间的界限，无疑是合适的。这个界限很可能因地而异，随着时间的推移而变化，贪婪的不变定义原则将被应用，反映经济与社会之间显著差异。然而，在一个具体情况下，这种界限本身是固定的。试图通过使用杠杆"增加"回报规避这种界限是贪婪的。这很像小孩子吃巧克力达到限定数量后，决定可以暴食冰淇淋了。利用多种可能性中的可能性在主观上是贪婪的。

由于涉及如此多的贪婪，财务借贷与杠杆的社会影响经常是不公正的，也就不足为奇了。譬如，高杠杆公司的财务投资者往往会获益颇丰，而体力工人通常会陷入困境。

三项结论

我希望所列举的贪婪金融实践足够齐全，以显示财务安排对贪婪所造成的扭曲是多么脆弱。在转向更具体的金融贪婪例子之前，我有三项总结性评论。

首先，在当代经济体中，金融贪婪普遍存在。如果一个安排符合了这三项标准中的任何一项就是贪婪的，然而，许多普遍接受的金融实践确实也是，符合其中一项或者多项标准的贪婪行为。

- 从主观上来看，当金融活动需要投资者作出很少，或根本无需作任何牺牲与努力时，投资者却要求获得高于最低回报是贪婪的。由于如今许多投资者足够富裕，无需作出太多牺牲或者努力即可投资，因此贪婪似乎确实存在。

- 从客观上来看，财务投资者的资金贫乏很罕见，或其资金对于该经济风险事业的成功至关重要也极少见，要求对这笔投资提供超出其贡献的财务回报是贪婪的。有些债务投资者的期望的回报可能并非客观贪婪，却很少有股权投资者提出适度的要求。

- 同样客观地来看，融资往往不是解决目前资金短缺问题的最佳方式，因此在有更好的方式可选用之时，仍然坚持使用融资手段是贪婪的。金融化的许多现象都体现了这样的坚持。

- 从社会角度来看，后贵族式融资按照一种普遍的伦理标准是结构性的贪婪，许多财务安排都具有后贵族式的特点。

其次，普遍存在的金融贪婪的证据是不容忽视的。既不需要有精致的道德敏感度，也不需要详细的技术知识，就会看到贪婪渗透许多常见的财务安排中。事实上，我坚信任何人倘采纳三联体中间部分，常用于识别和抑制贪婪行为的道德方法，会得出与我相同的结论。

- 对于任何不习惯于金融世界的人来说，想要"躺着致富"都可能觉得是道德上的"离经叛道"。
- 对于任何具有最微薄的社会良知的人来说，一种帮助富人未作出重大努力而变得更富有，只是常常以穷人为代价的制度，可能会感到不安。

第三项评论是根据前两项得出的。无道德性约束的金融似乎是，或者已经变得，完全可以接受了的。大多数参与财务安排的人都认为，好像一些良好及公平行为的正常规则并不适用。遵循整个社会认可的标准，他们毫无疑问地接受了其劳动或者消费中的行为被谴责为明显贪婪性。甚至税收的贪婪程度，通常都比股票市场投资或者"登上房产阶梯"要低。这种热情的社会容忍是下一节的主题。

11. 金融贪婪: 社会容忍

金融贪婪的社会容忍程度的广泛性是令人震惊的。在第一章，我曾提及过 2008 年国际金融危机后，在实施的金融改革中未能纳入反贪婪政策。这是一个具有几乎普遍反应的极端例子。显然，贪婪的欲望常常会被忽视、支持或原谅。更加微妙的贪婪表现完全逃脱了道德分析。即使财务安排的批评家确实指责贪婪时，他们的言论也很少与连贯性分析或者具体的建议联系起来。在无政府主义和其他文化革命的圈子外，几乎从未听到过对正常金融实践和贪婪预期的批评。几乎无人抱怨与贪婪共存的"金融知识"，以及更加贪婪友善的金融理论的传播。

我只能推测对此容忍的原因。它可能与第二章讨论的货币的许多象征意义，或与第三章论述的金融的象征意义有关。这也可能与未开明的利己的意识形态流行有关，后者用来捍卫贪婪的积极面。它可能是一个历史遗产，是对金融固有贪婪的传统谴责的残余，却把谴责部分排除在外。马克思主义者可以论证，金融精英并不总是有意识地操纵公众舆论。围绕货币与金融本质的许多普遍的知识混淆无疑起到了作用，但它们似乎既是容忍贪婪的原因又是结果。

无论出于何种原因，这个问题很普遍。在这里我汇集了一些大多数已经提及到的宽泛容忍或者奖励金融贪婪的例子。

房产价格

将住房整合进大交换始终具有挑战性。首先需要大量的代币货币来建造任何类型的住房，而后者需要相对小的资金来保持建成的住房的良好状况。在一个接近现实的系统中，在人们实际为自己的住房支付的货币代币（无论是作为一次性付款，还是所谓的有限抵押贷款的一系列分期付款，或者是所谓的无限的租金付款），与为向某住房小区的业主提供其住房利益（一个社区、区域或国家，甚至整个世界）而支付的实际代币货币之间存在着密切的联系。然而，在当前的实践中，住房消费者的实际资金流——支付给前业主、银行、房东和建筑商的款项——中只有一小部分明确用于维护新的建筑。接近现实的是，明确区分用于支付土地的储蓄货币和用于支付建造和维护住房的劳务的代币货币。这种区分几乎从未在经济学家的模型之外发生过。

简而言之，住房货币系统与现实相距甚远。如此的现实距离几乎肯定会引诱贪婪，就像把面包屑留在地板上招致老鼠一样；而贪婪之鼠确实已经在住房的货币经济中找到了归宿。一些政府与雇主有时会通过合理的、接近现实的资金流提供住房，但是住所常常被越来越多地视为货币物。无论是业主还是非业主都期望住房的储蓄货币价值增加。潜在的业主经常使用财务杠杆成为所有者，而实际业主则增加财务杠杆，寄希望通过任何提高其拥有的房产货币物的价格增加自己的收益。他们近乎无法理解房东的财务回报，以及业主的准财务回报可能过多的可能性。

这种标准的住房金融本质上是贪婪的：通常是主观的，几乎总是客观的，而且几乎肯定是社会的。如果贪婪被认为是一种需要抵制的邪恶，那么将采取一些措施来确保尽可能地遏制与住房相关的贪婪。相反，对抵押贷款，财务杠杆的来源的限制是最少的，而对住房资本收益的税收，准金融收益的体现，几乎总是适度的。这种在社会和监管上漠视的结果，正是我对三联体左侧部分的，贪婪和价格本质的道德分析所预期的。房产价格经历无数次的繁荣，随后通常都会出现萧条。即使没有繁荣，土地价格也会随着时间的推移而上涨，而潜在的房产业主几乎总是贪婪地期望这些不义之财。

我经常对发达经济体中房产贪婪的社会容忍程度感到震惊。只有当价格变化非常剧烈时，才会对房地产市场贪婪提出批评，而道德谴责似乎很快被忘却。很少有社会评论家注意到，根植于房产价格上涨的欲望中，根深蒂固的社会贪婪性。至多，人们会关注满足贪婪的一种影响，即业主与租客之间社会权威和储蓄货币的差距。富裕国家的房产价格的争论几乎从未上升到伦理辩论的程度。即使那些自认为是反资本主义者也经常会，热切地谈论以有利的价格做买卖的问题。

股票市场

公司在现代经济中发挥重要作用，它们的法律即公司形式几乎总是基于金融概念中的股权份额。直到世纪末叶，这些股权的价格很少与"账面价值"有过很大差异，即会计师所计算的公司机器、土地、库存以及其他实物的当前价值，并调整成为货币和金融的权益及其义务。在大多数情况下，股票价格可能包括，针对相对狭隘的客户"商誉"作相当小的调整。很少有公司拥有自由交易的股票。许多持有交易和未交易股票的所有者可能是贪婪的，但是与股权相关的滋生贪婪机会相对很少。

而如今，这样的机会却不计其数。自由、迅速买卖股票的投资人拥有着全部股权的很大一部分，股票价格快速上涨与下跌，而且定义非常宽泛的商誉通常占据着股票价格的主要部分等因素。很少有股东对公司的实际运营有着哪怕只是粗略的兴趣。这些财务投资者的动机很大程度上受储蓄货币希望的驱使，既希望所有股票价格都上涨，而且还希望他们当前持有的股票价格，上涨的幅度将会超出大多数股票。对股票市场收益的兴趣已经成为人们普遍关注的一个话题，以至于标准化一系列股票价格的"市场指数"的变化，经常被报道为重要新闻。这些报道从未表明，货币物持有者希望在其潜在的销售价格上涨中并未作任何努力而得到这种回报的想法是贪婪的。

股权所有者将赌博与希望结合在一起，构成了主观、客观和社会贪婪一种令人陶醉的混合物。在追求更高股票价格的激情中，公司的社会性质及其一系列经济目的通常被完全忘却。股票价格上涨被简单地认为是一件好事。无论这种股价上涨是否反映了公司对共同利益的贡献增加，股东的收益是否以牺牲其他更值得该收益的群体为代价，或者货币物的储蓄货币价格的现实距离进一步地扩大，都无关紧要。根据我的经验，专业和业余的股票市场投资者通常会对这种缺乏鉴别力的主观与社会贪婪的主张感到困惑。即使那些自称为社会主义者或"社会民主党"人，也经常将股票市场视为一个基本上没有道德约束的领域。

投资组合的总回报

借助某些存疑的金融理论（将在附录中阐述），希望"股票市场上涨"并为"我的投资组合的价值增加"而欣喜的粗狂贪婪，已经被提炼成一系列复杂的衡量指标。财务投资者，其中许多人被更好地描述为投机者，会仔细比较具体投资、投资组合（即一组投资）或者金融价格指数，在许多不同选定阶段的"绩效"。绩效的计算需要对如何计算，以及计算什么作出许多慎重的决策。困难包括协调不同通货计价的投资，将通常不同的货币物的价格变化，以储蓄货币计价，与利息和股息的代币货币支付相结合，比较不同时间段的绩效，并调整资金流进及流出的投资组合。当实际投资组合与假想的"纸上"投资组合进行比较时，计算假设的售出和买进的全部成本，以及调整管理实际投资组合的费用上会存在问题。如果这还不够，所有的绩效表现数据通常会"根据风险调整"，这实际上涉及基于对过去的波动率，和具体投资组合中各种货币物价格相关的倾向性计算，而作的一系列任意调整。

这项工作既细致又广泛。然而，如果贪婪没有扭曲投资专业人士的判断，那么这些衡量措施的无意义性就显而易见了。其一，它们之所以毫无意义，是因为这些衡量措施均依赖于人为的和虚假的时间假设之上。尤其当前尚未出售的货币物的当前价格的衡量，对于销售发生时将收到的实际储蓄货币，以及潜在的代币货币没有特别的影响。其二，它们之所以毫无意义，还因为实际的代币货币数字，并不能与半虚构的储蓄货币数字相提并论。其三，它们之所以毫无意义，更因为为了诚实地比较结果，有必要对可能被称为风险因子的数字进行调整，实际风险却只能在复盘时确定。其四，它们之所以毫无意义，更因为它们没有预测价值，无论是"市场"还是"投资经理"，始终以不可预测的方式变化。其五，它们之所以毫无意义，更是因为货币的精确性永远是失真的希望。总回报率的精确计算达到千分之一都没有经济意义。

由于贪婪确实会扭曲判断力，因此普遍对毫无意义的事情视而不见也就不足为奇了。我已经提到了投资管理中的主要道德失序，即拒绝质疑以三项标准中的一项或者多项来寻找"良好的"绩效，是否实际上是好的还是实际是贪婪的。寻找相对绩效，即在某个任意时期内比同行或者某些纸上投资组合更好的绩效，为任何投资者的贪婪添加了一丝铤而走险的暗示。投资者不仅可能想要获得比其应得的更高的回报——通常是主观的、客观的以及社会的回报——并且还想在随着时间推移且大部分随机的过程中，获得比与其一样贪婪的同行更高的回报。第二个贪婪失序是对不存在的数字的渴望——精确地计算着谁已真正地赢了这场或者那场金融竞赛、表现最佳及其确切地赢得多少，并且根据风险还要调整参数。就像老练的赛马赌徒会考虑赛道条件以及马匹健康报告一样，专业投资经理将这些类似科学支撑其原始的贪婪。

在一群挑选的狂热爱好者中，经科学训练的贪婪至少得到了与不太老练的股市"玩家"天然的贪婪同样多的社会认可。提供绩效评估已经成为一个相当重要的产业，专业咨询公司雇用熟练的专业人员，并利用广泛且昂贵的数据库为客户提供服务。这些专业人员几乎从来不曾从他们的电子表格和报告中，抬起过头来担心他们可能正在支持着贪婪的结构。

促进债务

我曾在第四章阐述过债务比股权更远离现实的许多方式，还论述了在三联体的左侧部分中财务杠杆的压倒性负面经济和社会作用，以及三联体的中间部分的公司杠杆的压倒性负面经济和社会作用。我曾多次指出，国内政府债务几乎总是不如税收或者直接货币创造，而外国的（跨越边境）政府债务在政治和经济上往往并非好主意。我还论述了商定的利率所表达的贪婪，在经济上太高而不切实际。这些论点的含义简单而强烈——债务往往是贪婪的而且对经济并非有益。

如果贪婪没有扭曲经济学家、政治家和监管官员对关注融资的经济效益的判断，他们就会制定相关规则来遏制债务的使用。这可能包括费用、限制、货币供应管理的变化、银行和中央货币当局的新角色，以及反债务的教育。至少，任何未被贪婪所迷惑的人都会急于消除任何**有利于**债务，而非股权或者替代解决目前资金短缺问题的规则。

然而实际上，贪婪的政治思想扭曲领域非常强大。在大多数司法管辖区，企业和财务杠杆都受到利息支付税收减免的强烈鼓励。银行监管机构实际上倾向于增加放贷，几乎从不考虑放贷与实际经济活动的关系。议员们迫使政府使用贷款来弥补财政赤字，而中央货币当局几乎完全靠债务来运作，因此他们的货币政策偏向于增加债务发行。

风险投资资本与杠杆收购

我在上一节中指出，经济在很大程度上是一项共同的努力，而资金又如此容易得到，以至于仅提供资金来解决几乎所有公司目前资金短缺问题，就要求高回报在客观上是贪婪的。法律结构和经济习俗的容忍，允许人们无需做更多事来满足某些极贪婪的欲望，是社会宽容的标志，且不说鼓励客观贪婪。目前，两种类型的以贪婪为导向的结构很普遍。并不令人意外的是，只在金融化、财务非经济化以及对金融贪婪不断提高的容忍度的近期，这两种结构才变得重要。这两种结构为资金提供者以及一些内部人士提供了借口，声称他们的提取回报在经济与法律上都是合理的。

第一种类型是风险投资公司，即收购新公司股份的组织。除了代币货币外，它们通常还提供有价值的经济性服务，譬如会计专业知识、经验丰富的管理者队伍以及战略性建议等。然而，即使考虑了这些超货币的贡献，他们对回报的典型期望通常似乎也不公正得高。风险资本家通常会开发复杂的金融结构，如果他们提供资金的公司成功时提高他们的酬劳，而如果该公司表现不佳时则利用税收制度将其实际损失降至最低。他们向潜在的高级管理人士许诺巨额酬金，以吸引他们离开现有公司，而这些公司通常可为新风险公司提供经济上更合理的资金与专业知识。在很大程度上，硅谷和其他"孵化基地"备受赞誉的"初创文化"，代表了在三联体中间部分引入不必要的庞大，而且必然贪婪的财务安排的一个相当成功的努力。

风险资本远非被描述为贪婪，甚至不必要的贪婪，而是广受赞誉，尤其是在美国，被视作一种珍贵的"创业"能量的源泉。极端的反资本主义者有胆量提出，只有那些较大的现有企业、大学以及政府机构才能够提供相同的创新、或许略有不同的卓越，并且以更少的资金流回财务投资者。贪婪总是被容忍的，有时甚至受到鼓励，遵循贪婪是（在本章第三节中所被列举的）好的论点之一。在大多数情况下，人们似乎甚至都没有注意到。成功的风险资本投资者的巨额回报，和未成功的竞争对手在最差情况下的适度损失，都被简单地接受为世界常态，没有任何伦理辩论。

第二种支持贪婪结构的类型被称为杠杆收购，或者更具误导性地被称为私募股权（它在特殊的金融意义上是"私募"，但是其基本策略是用债务替代股权）。这些公司通常收购现有公司的全部股份，主要以借来的储蓄货币支付这种交易。一旦接管投资对象的公司，其战略通常会做改变，往往会以其长期的卓越为代价增加即时利润。现在围绕着该公司的债务——新业主借来的大部分资金都变成了收购到的公司的债务——当其营收下降或者犯错误时，就会给该企业施加特别的压力。新业主还通常会收取高额费用和股息，进一步减少给员工可用的资金，并且增加向客户销售的价格。

甚至很难想象还有什么企业货币安排，会比杠杆收购提供更低经济效益和支持更多类型的贪婪。政府因债务减免税收而蒙受损失，而员工、客户、社区，乃至企业未来都因追求短期利润压力也蒙受损失。这些利润几乎总是在很大程度上满足于一小群已经富有的人的贪婪欲望，他们将后贵族式融资强加给了一个躺平的社会。他们的贪婪经常受到批评，但也是可以容忍的。即使对杠杆收购投资者的回报作最适度的削减，也会因基于似是而非的经济贡献主张的政治游说而失败。

投机与交易

赌博涉及货币贪婪的事实很少被否认。赌徒所希望的正是那种不值得的和不公正的回报，我将其定义为贪婪，无论是客观上还是主观上。然而，赌博与我在第三章中所论述的纯粹金融相去甚远，因为赌博与解决目前资金短缺问题毫无关系。恰恰正相反，当人们输掉他们维持其期望的消费水平所需的金钱时，赌博通常会造成此类问题。

某些类型的普通金融基本上是赌博性的，因此本质上是贪婪的，这一观点在过去曾被几乎普遍接受。这个事实很难否认，因为直到 20 世纪，对于股票市场以及陷入困境的公司与政府的债券，大多数"参与者"缺乏信息，评估真实价值的技术又很少，而且无道德顾忌。他们基本上是在"掷骰子"。正如任何类型的赌博所预期的那样，大多数投机者都赔了钱。那些推动不良投资的"内线"，为疯狂寻找那些难以捉摸的不值得的回报，只不过提供些原材料。尽管"市场"中的某些输家曾经或者现在富裕，但是总体而言，金融投机无论在过去还是如今都有利于那些拥有更多信息、具有更多储蓄货币承受暂时损失，以及肯花许多时间学习如何智胜对手的人。换而言之，投机往往最终变成一种隐晦而特别贪婪的后贵族式金融的形式。

一次又一次地"玩"的欲望是赌博心理学的核心。小赢鼓励更多的行动，而投注的便捷性会在失利后鼓励再坚持。在金融市场中，快速重复下注被称为交易，而下新注的便利性被称为流动性。我在第四章中曾提及过，交易和流动性都与现实脱节。它们都与赌博共存。同样，直到完全进入 20 世纪后，人们才认识到流动性和快速交易都是赌博机缘。许多司法管辖区试图通过，对交易的"短期"收益征收高额税费，以及对每笔交易收取高额手续费来遏制这两者。

在过去的半个世纪中，此类限制已经几乎全部无影无踪，大概至少部分是因为金融赌博，及其所激发的贪婪已日益受到尊重。其结果是参与和管理这种经济上毫无意义的赌博，已经成为专业投资业务的一个主要组成部分。这种发展将在我的附录中所阐述的金融理论得到体现与强化，通过衍生品、外汇市场和其他基本上为赌博而设计的金融证券的蓬勃发展，通过致力于"击败市场"巨量智力的努力，以及通过金融赌博的经济价值的精湛理论的辩护。当然，所有这一切都不会改变货币与道德的事实。与任何形式的赌博一样，如果没有特权信息几乎不可能赢。然而，主观上的贪婪促使赌徒继续尝试。

到目前为止，赌博已经深深地融入金融市场的运作中，以至频繁交易被认为正常的，即使对于负责管理投资组合的专业人士来说也是如此，这些投资组合将几年不被"变现"（从储蓄货币变为代币货币）。"绩效"是每天都被衡量的。即使"高频交易"，即持有股票的时间不足一秒，也被称为一种投资。我想在不愿意承认金融市场中，大部分"交易"对属于经济上毫无意义的"投机"，或者大多数投机与赌博没有太大的区别，也许可以看到一些积极的方面。对现实的否认可以被解释为，这些市场的参与者希望摆脱任何贪婪痕迹的迹象。然而，那是极其谦逊的赞誉。社会愿意允许贪婪主导本可以成为管理经济的重要系统，更好地解释为道德混乱的一种社会与经济的愿景标志。

对货币物无鉴别力的思考

显而易见，任何类型货币物的价格无节制地上涨都不会有什么益处。充其量，与实体经济没什么关系或者没有关系的变动，可能还会造成社会的紧张局势。在最坏的情况下，当无锚定物的货币物价格变化，导致货币在三联体左侧与中间部分之间的边界流动时，中央货币比率可能受到严重的干扰——从而对实际经济活动造成不必要的和无益的干扰。

同样显而易见的是，在货币物所有者之间赢得最佳"绩效"的竞争，是一项毫无经济价值的微不足道的成就。列举出的原因会令人望而生畏。从技术角度上来讲，这些计算结果是虚假的，因为代币货币和储蓄货币的混合导致了难以克服的测量问题。此外，对起始时间与终结时间作完全任意的比较，会对报告的结果有着重大的影响。从经济角度上来讲，在纸片上"投资"世界中所发生的事情，几乎与提供代币货币来解决目前资金短缺问题的纯粹金融无关。从道德角度上来讲，赢得这样的竞赛几乎从未有任何益处，因为仅仅通过交易货币物渴望获得收益，无论在主观上还是客观上都是贪婪的，尤其是当交易者既还没有作出过任何个人牺牲，也没有向经济上有价值的投资对象提供过大量代币货币。

仍旧显而易见的是，当货币物不能直接在实体经济中创造任何东西时，正如它们通常也不会创造，价格上涨就没有经济价值。如果土地（或者在该土地上的建筑物）的价格上涨，业主的主观贪婪可能得到满足。然而，如果三联体左侧部分的价格上涨不能对中间部分有什么影响的话，那么也就没什么可以让实体经济的学生感兴趣的事了。这同样对现有股权股票的价格也是如此。当债务货币物的价格因主导利率的变化而变化时，情况几乎是相同的。以代币货币支付利息只会产生适度的经济影响，因此它们的变化才会影响实体经济。

总体而言，很明显，大众对股票价格的兴趣是毫无意义的，而且大众对利率的兴趣可能还会引起混淆。现有股票的价格与实体经济只有松散的联系，而且利率也只能在通货膨胀率、经济增长率以及社会紧张局势的背景下才能理解。商业新闻报道几乎不应该关注股票市场，而表现优于其他投资人的投资者应该与成功的赌徒及魔术师，或机灵的说服术行家划归为一类人。他们的劳动肯定不会使他们成为经济专家，因为他们几乎所做的一切以及他们试图实现的所有事，充其量都是远离现实的，通常是扭曲现实的，而且在最糟的情况下是破坏现实的。

然而，这些显而易见的真理都没有被大多数经济学家所接受，或者如果他们确实理解，并且接受了其中的任何一项的话，他们对此也相当谨慎了。在普通大众中，这些显而易见的真理几乎是未知的。与其对货币物进行性的思考，专家和业余爱好者往往对货币物的价格，以及专业投资先行者的竞争力表现出明显无尽的痴迷。这些专业人士中最成功者通常被称为天才，有时还拜为请教的经济智者。他们的财富被广泛认为是对其专业卓越的应得奖励。这种兴趣与认可类似于对体育赛事天生的着迷，以及给最佳运动员提供的高额奖励。然而，金融虚幻则不同，因为它始于由贪婪所造成的思维扭曲，并且是社会认可的渗透于金融领域中贪婪的一种强有力的表达。

公司治理

很明显，公司是复杂的人类组织，具有复杂、重叠，有时甚至相互矛盾的目标和卓越特质。在经济方面，它们应该支持大交换两侧的繁荣，提供有价值的劳动以及有价值的消费品与服务。它们始终对人性化世界负有责任，有时也必须将自己人性化。它们至少在一个社会中运作，并且使用和支持许多物质、心理和文化网络与卓越特质。它们是法律的产物，既受制于政治权力，又影响政治权威，并且在危机时刻，被期望放弃一切来服务于共同利益的某些更高或者更紧急的方面。

事实上，很明显，以利润为中心的本质上是货币实体，在企业其实不应该成为清单上名列前茅的事物。尽管代币货币是引导这些社会实体，并将其与社会其他部分联系起来的系统之一，无论该实体的伦理目标是什么，代币货币从来都不会超越其伦理中立的手段。货币流动可以而且应该通过——改变价格、薪资、税收以及费用——来调整，以确保产品合格质量或者合适薪资水平。不仅代币货币显然不是让企业卓越的一种好指南，而且代币货币利润，尤其作为财务会计利润的精确化身，明显不能很好地指导货币效率。极高利润有时可能只是对服务于共同利益的公司股东的奖励，但是更多时候，它们是在大交换两侧复杂且不断变化的货币数字分配中一种出现问题的迹象。如果想象"利润最大化"这样一个瞬时概念，甚至可能以有意义的方式，应用于一个持续存在的社会实体，可能成为公司内部和关于公司决策的有益指南，这简直是荒谬的。

对于大多数工人、顾客和公正的局外人来说，利润在企业商品层级中的微薄地位是显而易见的。这至少反映在一些法律以及民间智慧的说法中，譬如"利润可以是好仆人但从不是好主人"。在金融界之外，几乎无人认为高额利润应该是所有公司的核心目标。只有一些股东，他们的思维可能受到对高利润不明智的自身利益的影响，才会经常地、严格地、错误地声称，根据定义更多的利润比较少的利润要好，并且企业中的所有其他利益始终是次要的。他们的信念往往是真诚的，而客观上却是贪婪的。

股东的社会容忍的客观贪婪为，企业高管直接的货币贪婪的猖獗创造了机会。他们已经神不知鬼不觉地说服了本应该控制他们的董事会，"股东价值"证明了高得离谱的薪资是合理的。勿用说，按任何标准来看，这种逻辑是错误的，但是当贪婪被容忍时，思维

　　　　　　　　　　　　货币、金融、现实与道德

就会被扭曲，逻辑就会被背弃。

未改良的银行

我关于社会对贪婪的容忍的最后例子是最微妙的，但是可能也是对实体经济最具破坏性的。几十年前，以对银行业务性质一无所知的借口剥夺了监管机构为银行制定规则，以及学院派经济学家为其提供顾问。到现在为止，任何知情者都应该能够看到，当前有利于贪婪的银行结构完全不符合货币与纯粹金融的性质。

将管理支付的重要经济业务，与创造足够货币以保持三联体中间部分平稳运作的，重要经济业务融合在一起，已经够糟糕的了。再加上经常的投机性放贷货币业务，尤其是金融性放贷，就是诱发贪婪。银行的关键而重要的作用限制了对借贷的约束，并且鼓励政府保护银行免受其贪婪地过度放贷造成的损害。

正如在第一章中所论述的，一个多世纪以来，几乎每一次经济衰退都可以追溯到银行的贪婪行为（使用我对"银行"的广义定义），而银行失灵的核心是经济结构，且它不得不容忍贪婪的放贷行为。详细的规定本应该防止银行的失职作为，但数千页的规章制度和成千上万次的计算，仍无法阻止每家大银行陷入狂热的、贪婪激发的乐观情绪。无论如何，通过分离各种业务和将银行从货币创造功能中转移出来，实现降低风险与贪婪，要比监管放贷和交易要简单得多。由贪婪所造成的心理扭曲，无疑在维持既无必要又无可争议的危险结构方面，发挥了重要的作用。

我刚才已经列举了这些各种金融贪婪的社会容忍往往是相互强化的。譬如，通过观察监管机构鼓励或者至少不阻止银行贪婪寻求收益，个人对拥有货币物的贪婪的回报的不应有欲望得到了支持。当银行向货币物所有者提供金融杠杆时，这种毒性循环就闭合了，这既鼓励又助长了周边的贪婪。这张公认贪婪的厚实网在合理稳定及反应灵敏的，当代社会经济组织中造成一连串巨大的金融例外。

12. 金融中的贪婪: 总结

这一长篇章节中所提出的论点可能对许多读者来说并不熟悉，因为对当代金融作严肃的道德分析实属罕见。作为结论，我认为再次简洁地陈述这个论点，并带上一些辩论的激情可能会有所帮助。

问题性质

货币贪婪的问题源于人性——贪婪，像所有其他杂乱的欲望一样，永远诱惑着所有人。贪婪会蔓延，因此它最终会扭曲整个群体的道德判断，譬如金融投资者。对于本书而言，相关的货币贪婪指的是对三联体左侧部分的货币物和储蓄货币。在那远离现实的区域，贪婪很容易产生，因为可以创造储蓄货币的数量没有限制，因此欲望也没有限制。财务安排给贪婪添加了跨期的维度。它们将过度的欲望延伸到未来，不仅包括倍增货币的欲望，还包括保护货币物免遭贬值的欲望。总而言之，金融作为贪婪的一种肥料，将个人的货币贪婪这种简单的道德杂草培植成根部广泛株连蔓引的植物，损害了经济与社会中原本可以更健康的植物。

我在本章的论点是，金融贪婪问题的症结不是贪婪本身，贪婪是无法根除的，而是社会对此道德松懈的反应。对于非金融贪婪来说，整体社会的反应相当于一种有效的杀虫剂。父母训斥贪婪的孩子、学生与工人回避并嘲笑贪婪的同龄人、潜在的恋人因贪婪表现而被厌恶、贪婪的政治家被鄙视等等。在经济中，法律、规则和习俗通常会，抑制房东、老板、公司、工会以及几乎所有有权攫取其比公平份额更多的贪婪。在最佳的情况下，经济贪婪被容忍为一种必要的邪恶，或者只要它不明显地伤害他人而被忽视。即便如此，贪婪的高管、员工和消费者就像贪婪的孩子、伴侣与政客一样，至少有一半的人知道他们的行为可能会惹上麻烦，以及甚至有四分之一的人可能知道，如果发生此情况会理所当然地受到反感贪婪社会的严厉审判。金融贪婪并非如此，并且远非如此。这种贪婪是普遍的、助长的和有害的。

普遍性

金融贪婪是如此普遍，以至于往往被忽视。只有金融机构员工的贪婪才受到公众的广泛监督，而且这种监督是间歇性和不连贯的。道德腐败肯定不仅限于我将在下一节论述的浮夸的银行家。

相反，无论何时何地，每当金融投资者期望获得主观、客观或者社会贪婪的回报时，金融贪婪就出现。这些贪婪的需求存在于繁荣经济体的大多数财务安排中，并且也差不多存在于所有当投资者已享有经济特权时的财务安排中。它们被纳入各种类型货币物的组织和条款中——债务和股权、土地和商品、衍生品和投机、银行账户和收藏品、公开上市交易和私募股权投资、流动性和非流动性投资。

无论何时何地，每当公司管理者试图满足股东的贪婪欲望时，每当税法编纂者放宽了或者只是未能没收被贪婪玷污了的回报时，金融贪婪便渗透到企业生活中去。这种金融贪婪直接违背了公司所在社区的整体利益，包括公司自己雇员与客户的利益。金融贪婪深深地根植于几乎所有在证券交易所上市的公司中，以及许多尚未上市的公司中。

无论何时何地，贪婪奠定了道德基调，人类的基本利益和居住的必要性被转变成一种货币物，业主会仅仅因为其存在而期望增加货币价值。住房的贪婪程度如此之大与普遍，以至于在许多司法管辖区，对"财产价值"的贪婪担忧限制了新住房的建设，并导致业主之间，以及尤其与非业主之间的对立。住房的贪婪如此之大，以至于对土地所有权"不劳而获"的回报征税的明智而公正的观念——19世纪经济学家亨利·乔治①的追随者用来描述我所称的客观贪婪的表达——很少受到关注。

正如金融贪婪扭曲了居住这一人类基本利益一样，它也会扭曲子女与父母的基本人际关系，或社会与其年长成员之间的基本人际关系。无论何时何地，当财务回报用来帮助决定老年人的收入时，贪婪都会毒害最后一种关爱与责任。直接依赖子女或者整个下一代善意的老年人，很可能因其在孩子成长过程中所给予的慷慨与服务而得到回报。依赖养老金分配的老年人因有利于自己的财务收益，并以提供那些收益的年轻人为代价而获得回报。金融贪婪将年轻人对老年人的责任，从代际结合的源泉转变为分离的屏障。

金融贪婪自金融有史以来就一直存在，而近年来变得更加普遍。在过去半个世纪中，越来越多的公司更多地受到"股东价值"的指导，这将公司从共同利益的仆人转变为金融贪婪的仆人。人们对金融理论给予更多的关注，金融理论的发展也可以，为日常投资者的贪婪欲望以及投机者与私募股权发起人更贪婪的欲望作合理性辩护。

近些年来，在2008年至2009年金融危机和2020年抗击新冠的经济限制之后，中央货币当局创造的新储蓄货币泛滥，激发了三联体左侧部分额外的贪婪。随着储蓄货币供应量的增加，货币物的价格上涨，而获得储蓄货币的成本，即政府债务的利率，则下降至零

---

① 译者注：亨利·乔治（Henry George，1839—1897），美国政治经济学家和社会改革家、土地制度改革运动倡导人。他1879年出版的《进步与贫困》成为经济领域的里程碑，在该书中他提议对土地价值征收单一"土地价值税"，通过对土地所有权的利润重新分配来防止财富集中并减轻贫困。他所创立的土地改革制度和经济意识形态被称为"乔治主义"，曾获孙中山的赞誉。

　　　　　　　　　　　　　　　货币、金融、现实与道德

甚至更低。无论价格上涨还是收益率降低都没有减少贪婪。恰恰相反，它们激发了人们在风险更高的财务安排中，疯狂地寻找更加高的收益率。

助长性

关于金融贪婪，最奇怪的事情或许是围绕它的热情。这种对道德失序的积极反应是极为不正常的。不良行为在原则上受到谴责，在实践上得到宽容却是常见的。滥用兴奋剂和酗酒以及嫖娼通常都隐藏在道德与社会的模糊性之中。在原则上和实践中谴责恶习也相当普遍，效果并非很明显。各种欲望——色欲、贪食以及贪婪——通常不被接受，而且非常极其有限量地勉强容忍。然后，还有一些被认为是错误的却很难控制的情绪与欲望。愤怒和嫉妒就是属于这一类，它们往往被劝阻或者被引导到受控制的方向和程序中化解，但人们并不指望它们会消失。

在我们的经济与社会中，金融贪婪是不同的。明显贪婪的行为却被认为是正常的，甚至值得赞扬。好公民通常会推荐"金融素养"教育，其中包括试图从财务投资获得尽可能高回报的禁令。"私人银行家"为了向那些现有财富就可得到这种回报的人，而自欺欺人地承诺更高的回报，是主观上最贪婪的。成功的投资经理因满足其客户的贪婪，而受到热烈地赞扬和收到丰厚的奖励。"金融工程"经常因给金融系统增加不必要的复杂性，或结构性弱点而受到批评，却很少批评它的主要目的——满足财务投资者的贪婪。职业投资者被训练寻找更高回报，而忽视他们选择的经济影响。换而言之，他们就是被训练满足客观贪婪的。公司高管通过提及其为满足股权投资者贪婪的责任，来为他们贪婪的薪酬安排作辩护。

可以公平地说，整个金融体系都助长了贪婪。几乎没有投资者或者投资对象收到过从专业顾问、私人教师或政治当局的鼓励节制，或者提醒他们任何社会正义或个人美德重要性的信息。恰恰相反，人们认为或者期望他们会遵循游戏规则行事，而游戏规则总是要求他们渴望更多，而不关心道德秩序。有时甚至在法律或者专业上要求他们遵循过度贪婪的建议。譬如，公司董事和经理不被允许建议股东应该要求得少一些。如果职业金融顾问的目标包括保护其客户免受贪婪欲望的影响的话，他将因严重不当行为而被解雇。

在主要事业中追求道德卓越的慈善组织，在涉及其捐赠基金的绩效时通常会支持金融贪婪。那些注重美德为导向的团体已经成为时尚，指示投资组合经理根据伦理理由筛选投资。受托管理人不希望与导致全球变暖项目中的收益或来自赌徒的资金有瓜葛。然而，投资组合经理几乎从未被告知要避免在自己的投资组合中进行贪婪的金融投机，或游说公司降低其贪婪的利润率，因为当前的水平只会支持股东的贪婪。现实几乎相反，慈善基金的经理被告知，要在他们良心允许的投资中寻求尽可能高的回报。

这种对贪婪的促进是相当主动的，但也有较被动性推动，即对贪婪欲望和行为的常态化以及缺乏批判。这种被动性推动在近数十年中已越演越烈。理想银行已经衰落得如此厉害，以至最可行的无贪婪的财务安排模式已经几乎消亡（除了在德国还存在一些明显的例外）。高利贷法的废除，取消了少数几个阻止或羞辱贪婪的关键标准之一的行为。

有害性

对贪婪的容忍已经助长了一种结构上不公正、经济上无益，并且本质上不稳定的金融体系的建立与延续。

金融贪婪使财务投资者对道德与社会责任视而不见，这当然不是引发令人反感（至少在口头上）收入不平等和道德上麻木的经济与社会安排的唯一原因，但它是一个恶化的因素。对富人特权的不满已经导致了近年来的普遍政治不满情绪的上涨。金融贪婪，尤其是与后贵族式金融相结合时，肯定会增加这些特权。

最重要的是，金融贪婪是金融例外的主要根源。贪婪本身会导致不可持续的过度行为，而贪婪对人们思维的扭曲效应阻碍了使金融更加稳定的改革。由于金融的贪婪，金融体系变得不必要地庞大、公司与银行变得不必要地脆弱、代币货币及储蓄货币的余额变得不必要地流动，财务需求变得不必要地巨大和刚性。金融体系的现实距离之所以被容忍，很大程度上因为它是贪婪投机行为的肥沃土壤。

在过去的几十年中，金融贪婪盛行的邪恶影响已经相当广泛。企业领导者经常会说，他们会避免那些不能保证足够高的回报的投资，但是贪婪的财务思维往往会导致他们设定"足够高的"标准，从而损害整体经济共同利益。房地产贪婪不仅造成了繁荣与萧条，还让许多人寸步难行，无论是移居到经济前景较好的新城市，还是简单地搬出其父母的家。对金融道德危险缺乏判断可能，鼓励了不当地使用财务安排来避免直接处理政治敏感问题。养老金、发薪日贷款、学生贷款，以及许多房产融资都是些不假思索的例子。

也许金融贪婪的日益常态化造成的最大的危险是其在整个经济中蔓延。长期以来，对经济贪婪不应受到欢迎的共识似乎正在瓦解。当然，在这种可怕的趋势中因果关系的方向尚未确定。金融可能是首个以一种新的、不那么道德的方式获得容忍各种经济贪婪的行业。作为经济中最容易受到贪婪影响的部分，它自然对这种新兴观念抵御力最弱。尽管如此，无论金融贪婪本身是一种疾病还仅是一种症状，它蔓延在社会上都是不受欢迎的。

可治性

当前对于金融贪婪缺乏道德判断既非不可避免，也非无法根除。尽管与经济贪婪的斗争永远不会结束——与罪孽的斗争也永远会继续——与金融贪婪的斗争尤其重要了。它是在经济道德化的斗争中最难驯服的前沿，或者现在它也许是经济贪婪合法化运动的先锋。无论哪种情况，投资者、投机者以及房东中的不受约束的金融贪婪的捍卫者，错误地声称这种混乱的欲望是繁荣经济的先决条件。他们同样错误地声称金融关系无法避免鼓励贪婪。有一个较好的方法，更确切地说，有许多较好的方法，其中一些我已经在本书中阐述过了。然而，原则比细节更重要：与金融贪婪作斗争是值得的。我们无法知道这场斗争会取得多佳的成效，因为我们尚还未接受斗争的该必要性。

我的六项论点之总结

在结束之前，总结一下本书的要点可能会有所帮助。

1. 我的分析基于我所称的三联体。它的三个部分显示了各种称为货币的事物与经济的关系：在右侧的部分是没有货币的经济，在中间的部分是有货币的经济，而左侧的部分是经济之外货币。左侧部分的货币是储蓄货币，而中间部分的货币是代币货币。在这幅图中，货币物要么全部要么大部分位于左侧部分。

2. 代币货币是组织经济非常有用的工具，而经济是人性化世界中劳动与消费的大交换。货币的作用就像交易所一样运作，为人们的劳动支付报酬，并且让人们为他们的消费买单。与货币相伴的数字是其成功的关键，因为它们允许劳动被分割、组合并凝聚到具体的价格中。

3. 货币**并不是**人们想的许多东西。货币**不一定**非人性化或者违反社会习俗的。它并不是由某些商品的价值支持的。货币数字并不表明"价值观"的任何非常重要的事物，无论是绝对的还是相对的，真实的或是社会的。货币并不是真正的价值存储手段。对于理解金融最重要的是，代币货币并不代表跨期债务。

4. 财务安排只是解决目前资金短缺问题的几种可能的方案之一。从经济的角度来看，在三联体左侧部分的融资跨期承诺和对货币物的依赖，并不是吸引人的特征。从这个视角上看，诸如税收和"分担"等解决方案往往比融资更为优越。此外，后贵族式金融，即代币货币从许多相对贫穷的人转移到很少数相对富裕的人，是非常普遍，但是在假设平等社会中很难证明其合理性。

5. 许多财务安排与现实脱节。它们的货币流动与在经济活动中的其他货币的行为或者任何明确的经济因果关系并不一致。现实距离使金融体系容易受到经济的与非经济干扰的影响。尤其是，远离现实疏的金融既鼓励贪婪，也被贪婪所纵容。

6. 在金融体系中贪婪是普遍的、助长的以及有害的。社会对贪婪的容忍程度远高于对经济的其他领域。贪婪不仅在金融体系中被广为接受，而且该体系的大部分都是为了鼓励或者满足贪婪的预期而设计的。

总体而言，货币体系现在运行得相当不错，尽管如果政府可能直接创造货币会更好。然而，存在一个严重的问题，即人们过于重视货币及其货币数字。相比之下，金融业迫切需要进行重大反思。

未来： 在序言中，我简要地提及了曾存在过的第六章，其中详细介绍了我自己的货币及其金融的反思。该章已被省略，主要是为避免我被视为一名金融幻想家。然而，拟议修改的主旨，对于阅读过本章的读者来说，应该不会感到意外。为了终止金融例外，货币体系需要与金融体系分离，而后者需要新的规则、组织和实践。

然而，我的主要建议不是技术性的。与本章的标题和所正在提出的经济范式一致，它是道德性的。任何技术变革的结合，无论多么深刻，都无法避免金融崩溃，除非这些变革反映并且强化了社会，和共享的个人放弃和拒绝金融贪婪的坚定意愿。金融不公正和危机将继续下去，除非有绝大多数人——其中包括房东、银行家、金融投资者、政治家、经济学家、哲学家、养育孩子的父母、计划退休的高管、教师以及社会上其他群体——都严肃地打算既不让自己贪婪，也不赞成其他人贪婪。我没要求品格的完美，只是为了去除金融业长期以来在现代社会的心灵、思想和规则中享有的特殊道德——实际上是不道德的——地位。当这种道德情绪开始发生变化时，一场关于如何创造抵抗金融贪婪精彩辩论不可避免地随之而来。也许那时我关于新金融秩序的建议将是或者将看起来是显而易见的，甚至是现实可行的。

附录

在本著作的正文中，我已试图避免论述比有趣更复杂的问题，这些问题就那些对当今金融机构，如何实际运作的方式知之甚少或者根本没有经验，并且有幸尚未接触过金融理论的读者而言是有趣的。对于他们来说，讨论当前金融体系的详细的运作和基本原理只会是运作无益的干扰。然而，我承认有些读者也许已经具有相关经历而且运气不佳。他们可能会觉得对这些问题采取伦理方法既有趣又不太复杂。本附录是针对这些更专心致志的读者，尽管我会试图解释有些专业词汇，以便好奇的初学者了解一些金融到达是怎么一回事。

银行

作为引言，也许值得重申的是，我将使用"银行"来描述所有从事货币或普通金融或者两者兼而有之的机构。我关注的是相当稳定的不同业务，而非那些不断变化机构边界的业务。事实上，目前的放贷与储蓄银行的结构基本上是一个历史的偶然结果。没有经济理由将管理资金流的数据处理业务，与货币创造、贮藏储蓄货币、登记货币物所有权，以及任何与财务投资有关的业务放在同一个组织中。相反，如果没有贪婪引发的思维扭曲，将代币货币资金流管理与银行所做的其他一切业务相当严格地分开，很明显将会对经济

　　　　　　　　　　　　　货币、金融、现实与道德

极有益处，并且进一步分离业务的论点将更强有力。

从理论上讲，银行不必沾染上贪婪的污点。机构文化与员工可以像大多数其他企业一样，普遍厌恶贪婪经济。他们可以专注于高效运营，并且寻找仅仅合理的利润和公平的薪资。银行也许会这样，但是除了理想银行的遗迹外，什么都没有。大多数银行及其银行业务都深受贪婪的影响。

在详细讨论之前，社会评论可能会有所帮助。在我看来，尽管银行业的贪婪是充足的、广泛的并且融入机构文化之中的，但它更多的是金融贪婪普遍盛行的结果，而非其原因。贪婪只会在银行、银行员工以及他们的大多数业务的顾客中盛行，因为只要顾客鼓励而且更广泛的社会不会阻止他们。当然，就像毒贩一样，这些贪婪的银行从业者也会鼓励他们的客户并且试图影响社会价值观。然而，这种相互放大不应该用来为其他人自我开脱。推诿责任实在太容易了，从客户抱怨其贪婪交易的高昂成本就可以判断。为了部分遏制这种做法（以及为了表明这个论述更具有技术性），我才将银行的机构贪婪归入本附录。

我从经济上最重要的银行业务开始，即围绕三联体中间部分的**资金流动的管理**。银行帮助大多数实物货币的交易，并且确保几乎所有电子交易的准确记录。（在许多司法管辖区，中央货币当局目前正在计划承担部分责任。）在运营层面，转移资金业务本质上无贪婪的。银行出纳员、呼叫中心接线员以及庞大的技术专业人员，相对于其他需要相似技能和可信度的员工来说，薪酬并非特别高。在世界大多数地方（美国是部分例外），银行在更高效的科技可用时被相当迅速地采用，即使新的安排带来较低的潜在利润（来自"浮动"下降）和较低的成本。

然而，在最技术层面上来说，贪婪渗透到了这个行业。脱离现实的定价用于获取高额利润。在大多数国家，银行常规地向其流动资金业务的客户，提供误导性和充满贪婪性的鼓励，通常是贪婪的利率借贷。更微妙的是，贪婪导致拒绝将资金流动的管理和定价视为一项普遍的公共服务。

接下来是**通过银行放贷创造新货币**的责任。我在第五章中说过，真正非贪婪的货币创造方法将剥夺银行的责任，并且将其与债务完全分离，从而消除货币贪婪的所有可能性。在当前体系的范围内，银行货币创造的非贪婪方法将确保新货币的创造专门用于解决纯粹金融的目前资金短缺问题，侧重于为公共利益服务的解决方案。然而，目前纯粹金融在银行货币创造中所占的比例相对较小，而且公共利益几乎从未进入银行家的思维过程中。相反，他们寻找尽可能大的"利差"，即收到的贷款利率与支付的存款利率之间的差距（从系统的角度来看，放贷在时间上和概念上都创造并先于融资，但是从个体机构的视角来看，两者几乎是同时发生的）。在经济中创造尽可能宽大的利率差距的努力在客观上和社会上都是贪婪的，而且这一努力的一个主要结果，即用于创造或者增加财务杠杆的贷款优势，在客观上也是贪婪的。

更全面地说，**传统存款与借贷银行的典型取向**是贪婪的。银行鼓励公司更倾向于债务而非股权。他们鼓励消费者贷款。他们游说政府维持有利于债务税法，并且劝阻有利于甚至保护不那么贪婪的理想金融业务的法律。他们慷慨地奖励那些帮助"增加营收线"的员工，而漠不关心那些任何额外营收所产生的公共利益。他们避免明确披露价格，并且推崇误导性广告。在其自身的"财务管理"中，他们尽可能地使用财务杠杆，尽管选择依赖相对少量的股权会使其对经济至关重要的货币转移业务更容易受到，他们借贷业务中的错误造成的严重损害。所有这一切的主要动机是主观和客观的贪婪——股东、资深管理人员以及信贷主管的贪婪。尽管如此，作为个人，绝大多数从事借贷与存款银行业务的人们并非特别贪婪，至少按照我即将要描述的其他银行业务的标准来看并非如此。有一些贷款机构的报酬异常得高，但在这些企业中工作的大多数人的贪婪

货币、金融、现实与道德

程度仅比其他行业的官僚略高一些。

　　创建新的金融安排（承销）是一项充斥着贪婪的业务。参与其中的银行家通常以几乎不可避免地贪婪的水平获得报酬，无论是主观上还是客观上。新发行股票的价格旨在平衡个人或者公司投资对象的贪婪，他们希望尽可能多地获得资金，投资者的贪婪是他们希望股票价格尽可能快地上涨。参与交易的银行家试图通过将新股票变成一种理想的奢侈品来满足双方的愿望，以便投资者会忘记其可能拥有的，任何以物有所值的储蓄货币的残余观念。为此，股票发行被广告、精心设计的路演，以及分析师荒谬乐观预测所包围，他们声称是客观的但是基本上是靠报酬来积极思考的。银行家与分析师期望他们的说服能力得到丰厚的回报。他们的客观贪婪是毫无疑问的，因为他们的客观贡献仅限于销售，而这些工作充其量遥远地支持投资对象在就业与生产上的实际拨款。

　　一些银行家帮助**重新调整现有公司的经济与金融结构。**他们帮助合并、收购、撤资，以及债转股或者股转债。并非所有这些工作都直接或者主要是财务方面的，但是其中很多涉及财务安排的变化，因此某种类型的银行通常会密切参与。这项工作的一些非金融部分有助于经济更有效地运行，因此它具有一定的客观价值，无论在一般情况还是特殊情况下，尽管人们可能会怀疑由此产生的经济效率收益对共同利益的实际贡献。许多财务重组毫无疑问缺乏好处：没有好处。储蓄货币转移旨在只增加一群财务投资者的利润，而牺牲一些其他群体的利益，这种转移不会产生经济效益或者只会产生负面经济影响。

　　然而，对于参与这些重组的银行和银行家来说，无论是总体经济利益还是不同财务投资者的收益与损失，通常都不是一个重大的关注点。最为重要的就是"出售交易"。如果一家公司，或者更准确地说是其经理和主要股东及其董事，可以被说服参与一项给安排银行带来收入的交易，那么该银行几乎肯定会定义该交易是一项好交易。这项业务中的主观贪婪是巨大的。银行家与银行会收取巨额费用，只要他们能够说服客户多支付。客观贪婪的程度更难确定，但是考虑到大多数金融交易创造所得的经济利益对于社会而言微乎其微，以及如何给公司增加财务杠杆对经济来说从来不是件好事，然而这种增加财务杠杆往往为贪婪性所驱动已成为这些"金融交易"近半个世纪以来的实质性影响之一。

证券交易所曾经都是气势磅礴的建筑，其中充斥着大量贪婪的交易和投机与非常有限的纯粹金融活动混合在一起。在过去的半个世纪里，无论物质还是制度安排都已经发生了巨大的变化。计算机与电信的崛起已消除了交易大楼的需要。分担和风险投资资本的兴起作为解决目前资金短缺问题的方案，已经减少了交易所对纯粹金融的贡献，而股票衍生品的登场，既降低了如今基本上虚拟证券交易所"上"进行交易的相对重要性，又为银行创造了新的交易机会。每笔交易的成本，无论是在交易所内还是在交易所外，都已显著下降了，但是交易数量的增加至少弥补了在大多数国家下降的数量（尽管衡量技术存在着某些争议）。在这些交易中，银行有时只是为其客户找到交易对手。有时，银行通常由超高薪员工代表为客户交易或者与客户交易。

在所有这变化中，有一件事始终不变：银行和几乎所有直接参与交易的人们的贪婪取向。对于银行而言，基本目标总是增加买卖，同时保持费用、佣金和"利差"尽可能大。贪婪是客观的，因为所鼓励的交易至多具有微不足道净正数经济价值。（"价格发现"和"流动性"所声称的积极因素，尽管可疑，必须与维护交易系统的明确而巨大的成本相对照。）主观贪婪也普遍，因为许多参与者的收入往往过高并不符合资格。特别是在美国，向股票市场的赌徒们"销售预期"的业务（这个短语最初应用于化妆品业），给了许多人通过激发和调节其客户的贪婪欲望，来满足自己的某些贪婪欲望的机会。

创造衍生证券的银行非常清楚各种贪婪激励不同的买家与卖家。这些银行设计衍生"产品"来迎合其客户在具体道德上的弱点和智力上的混乱。譬如，向经验不足的客户兜售，据称可以控制损失风险或者扩大收益，甚至诡称极易交易的复杂产品。精明的客户有时会被用通常提供稳定小额收益的产品取悦，其实往往会牺牲那些经验不足的客户为代价。有的时候那些精明的客户也被引诱进入复杂衍生品，据说有助于平衡他们投资组合，或者被引入据称是几乎万无一失的交易策略中。

在大多数情况下，创造产品的银行是唯一确定的赢家。产品设计者通常可以确保客户承担衍生品，参与金融的时间本体上的非对称性所带来的所有风险。银行的盈利能力通常可以纳入任何新的开发项目中。然而，银行并不总是遵循类似针对毒贩的严格禁令：别碰令人陶醉的物质。在 2008 年金融危机期间，多家银行本可以坚持安全地运营获取丰厚利润，却因为非常贪婪地充当赌场"庄家"，或者其他类型赌博中的组织者或操纵者而遭受巨大损失。

股票市场和衍生品市场是**货币物的交易系统**中规模大而相对为人熟知的部分。还有许多其他非专业人士不太熟悉的部分；我在第四章第四节阐述过一种，人造金融实体。这些种类繁多，具有多种功能，包括模拟或者人造的证券，以及不同种类的保险单。还有多种债务及其利率互换、大宗商品价格、通胀对冲、碳排放许可证，以及加密货币等货币物的活跃市场。众多类型的衍生品都在交易。标的证券或者变量包括货币汇率、农产品价格、能源价格、金属价格、各种利率、贷款违约率，以及通货膨胀率。

在每种情况下，赌博都是银行客户的主要兴趣。银行作为交易所和组织者（"结算行"），承担着最安全而且通常最有利可图的"庄家"的角色。这些银行有时还可以，通过利用对客户的意图和愿望的了解进行盈利交易。在任何情况下，银行的交易员和产品设计师都不仅仅满足其客户的贪婪；他们通过友好地交流和精心地设计积极鼓励这种做法。一般来说，这种鼓励没有什么虚伪之处。交易的推动者是远离现实的金融市场中完全认同贪婪文化的机构和人员。

在本附录的前面，我提及过以吸纳存款和发放贷款为导向的银行典型的贪婪取向。然而，**与主要从事一般金融的货币物交易的银行**相比，他们的机构文化的贪婪性要少得多。这种差距并不令人意外。对于存款及借贷银行而言，一部分贷款服务于纯金融，这通常解决真正经济上目前资金短缺的问题，还有一部分存款代表了真正的消费牺牲，另一重叠部分的存款代表了对灾难的谨慎储备。一些交易银行确实通过安排新的股票销售帮助纯金融，但是正如之前指出的那样，尽管这种业务有利于经济目的，但它却充斥着贪婪。对于其余部分来说，交易银行所做的几乎一切都是确实服务于促进和增加客户的主观贪婪。由于没有经济目标可服务，客户的贪婪几乎不可避免地渗透到银行的文化中。

有时，贪婪文化会粗俗地表达出来，如同被称为"投机铺"①的银行。银行以一个价格买进货币物，然后又以很高的价格卖给主观上非常贪婪且在经济上非常不精明的客户。通常，贪婪的文化要高雅得多。温文尔雅的银行家可以鼓励富裕的、主观上贪婪的个人为专业的投资管理支付大量费用，频繁地交易以及购买为银行带来高额利润的更加复杂的产品。还有一些贪婪的职业文化存在于养老金和共同基金等机构中。致力于与这些客户开展业务的交易银行，擅长于将贪婪隐藏在表明上看似无害，甚至有益的活动的背后和里面，譬如提供可能的投资策略方面的专业知识，以及提供并

① 译者注：投机铺也可以直译为水桶店，指一种允许对股票或商品价格赌博的企业。1906 年美国最高法院裁决将水桶店定义为"一个机构，名义上用于交易证券、交易所或类型性质的业务，但实际上用于投注注册，在股票、谷物、原油等价格涨跌时下赌注，通常金额很小且不转让或交付名义上交易的股票或商品"。

货币、金融、现实与道德

解释复杂的金融产品。在交易银行内部，众所周知，言语上总是为客户服务，但现实是寻找说服客户进行更多交易，并且让他们参与为银行提供更高利润的市场的论据。

交易银行的股东从机构性贪婪中取得一些利润，但是大部分都分配给了员工。**一般金融银行家的贪婪**是众所周知的。由于支付给他们的大部分薪酬没有任何经济目的，他们的高额薪资客观上是贪婪的。主观贪婪很难表现出来，但是大多数与成功的银行家共度时光的人都会说，他们对奖励的欲望远远超出了个人贡献、功绩或者牺牲的任何标准。许多成功的广义金融银行家同时也是，甚至主要是财务投资者或者财务投资机构的经理。譬如，对冲基金常常混合经理人和客户的资金，甚至有时充当交易银行的中介人和客户的角色。然而，尽管机构边界通常模糊与混乱，但是贪婪却始终如一。对冲基金通常会收取巨额的管理费用。

最后，**银行被一大批**充满贪婪的企业**所包围**。与银行打交道的律师、公关公司、顾问、会计师以及记者通常不如支付他们报酬的银行及其银行家贪婪，但是该行业贪婪奢侈的文化会向外渗透且难以抗拒。这些服务机构为保留和获得业务的欲望导致了，对贪婪驱动的产品及其行为的认可、支持和鼓励。在大多数这些企业中，向金融客户收取的费用和它们所产生的薪资高于可类比的非金融企业。不可避免地，同类工作的更多报酬的诱惑既鼓励已参与人员的贪婪，也吸引了已经相当贪婪的人加入其中。

如果银行完全在三联体的中间部分运作，银行内部及其周围的贪婪文化都不会蔓延。付费经济的现实提供了货币锚定点，其道德标准至少有时会抑制贪婪。然而，银行大多数情况下在三联体的左侧部分运作。由此产生与大交换的距离限制了，银行及其银行家的贪婪所造成的经济损害。不幸的是，三联体的中间部分有足够的贪婪和足够的重叠，以致银行家的道德失序对金融例外起了重要作用。

金融理论

　　财务安排在许多社会已存在了几个世纪，而没有任何理论阐述过它们。事实上，直到在 19 世纪时，许多金融专业人士还并不熟悉如今被认为是初级的计算。譬如，直至 20 世纪之初，比较固定收益工具利率与不同期限及设定利率的技术且不完善。声称对提供数学上一致的心理、经济和货币的解释，以及货币物价格变化的理论也要到 20 世纪的下半叶才得以发展起来。

　　长期缺乏精确的金融数学模型并不令人惊讶。首先，无论是对于努力与奖励的分享，即纯粹金融回报的基本社会原则，还是对于穷人对富人的持续社会义务，即后贵族式金融背后的社会原则，数字都不是完全自然的。这些概念是如此非量化，以至于这两者类型的关系都是无货币社会的社会与经济结构的一部分。货币的引入显然增加了数字，但金融的统一量化的观念，即随着时间的推移货币，直到科技时代来临之前是无法想象的。然而，一旦关于随着时间的推移测量事物的一致性的现代观念，被广泛接受并且渗透到商人阶级中，发展一套完整的金融理论可能仅是时间问题。事实上，这需要相当长的时间，因为当时的金融理论不仅必须等待新古典主义经济心理学模式，该模型在 19 世纪末才形成，还需要对统计推理的熟悉程度，该推理也直到第二次世界大战后才在非专业人士中广泛传播。

　　金融理论可能相对较新，但现在已经相当先进。它充分模拟了确定、解释和比较各种金融证券价格间相互关系的问题。这些比较是与其他大致相似的证券，以及某种假设或者计算出的"真实"价值进行的。金融理论颇具影响力。当投资者研究投资组合时、当银行设计发行新的金融证券时、当交易员参与非常活跃的金融市场时，以及当公司高管评估潜在项目时，他们都会使用或者声称会使用金融理论。

我已经多次提及过该理论的许多基本概念上的问题，并将在本节中提到其他方面的问题，但我在这里的兴趣主要是道德方面的。我想表明，该理论的心理基础以及在量化许多细节上所作的智力选择都有助于促进或者至少容忍贪婪的预期。粗略地说，该理论作出了三个在伦理上灾难性的假设。首先，财务投资者应该而且基本上总是希望获得尽可能高的回报。其次，财务投资者应该而且基本上可以自己决定，如何在各种条件下应该获得多高的回报。最后，在经济领域工作的人们能够对未来有足够的了解，从而可以使用财务计算作为经济决策。第一个假设认可了贪婪；第二个假设隐藏了贪婪；而第三个假设通过为贪婪行为提供借口，从而助长了贪婪。该金融理论的部分内容并不支持贪婪，可它们往往被忽视了。

我现在将论述金融理论的七个部分的道德含义，并尽最大努力少用专业术语。然而，下文中缺少方程式与公式不仅仅是为了帮助那些不擅长数学的读者；我还试图展示通常对贪婪共存的假设，当它们以不道德的数学符号表达时，这些假设便容易被遗忘。

货币的时间价值

金融理论并不是在投资对象向投资者支付，因暂时使用其资金的可能性正义开始的；也不是在投资者分享，投资对象的劳动果实的可能性正义开始的，而财务投资使劳动成为更有生产力。尽管这两种合乎情理的论点都存在于一个背景中，实际的理论依赖于一个古怪的心理主张：无论何时何地，所有人都认为现在持有的代币货币比将来拥有它时更有价值。

即使在进行精确量化的额外主张之前，假定每年以 0.1％ 来衡量偏好，这种观念也是荒谬的。没有任何理论案例、经验模式或者客观可能性表明这一主张是有效的。从理论上讲，代币货币不具有贮藏价值功能，也不能提供跨越时间或跨越空间的价值比较。按照定义，一定数量的代币货币仅存在于大交换中的特定的此时此地，它与其他此时此地的相同数量的代币货币没有正常的"价值"关系。根据经验，人们对货币的欲望随着他们的性情和社会环境的不同而变化。他们现在也许想要更多一点金钱，因为他们感觉贫穷、有迫切的需要、渴望一些奢侈品，或者看到一个很有前景的机会。然而，他们很可能稍后想要更多一些金钱，因为那时而非现在，欲望、贫困、需求和机会才会出现并感到迫切。客观地说，货币数量支持的程度对于个人和公共利益完全与时间无关。金钱现在可能会带来更多的好处，也可能以后会带来更多的好处。

为什么要采用一个明显错误的心理前提呢？据我所知，唯一动机，我不认为是有意识的，是这种对人性的不吸引人的描述——总是蚂蚱而非蚂蚁①——顺利地引入了对财务回报的精确且与贪婪共存的合理性。因为假定目前没有金钱的痛苦被认为随着时间推移是恒定的，所以这个前提证明了恒定的回报是合理的。因为痛苦被认为是人性的普遍特征，所以它证明了所有财务投资的"期望收益率"是合理的，从无风险利率开始。因为时间偏好被呈现为人性中不可避免的事实，所以它无法从道德上被评判。贪婪不是一个相关的概念。

存在心理决定的无风险利率的假设有两个贪婪共存的效应。首先，对主观心理的依赖实际上将决定这个利率的权委托给了投资者。他们决定需要多少奖励来延迟满足。在实践中，投资者的贪婪程度是有一个重要限制的。中央货币当局的中央利率建立或者至少影响无风险利率，凌驾于投资者和投资对象的意愿之上。自 2008 年

---

① 译者注：作者虽然引用了伊索寓言故事《蚂蚁和蚂蚱》，显然表述的是自己的道德价值观。

金融危机以来，中央利率一直远低于大多数投资者认为的无风险利率应有的水平。然而，该限制并非故意的。原则上，中央货币当局通常不存在过于高的中央利率的道德问题。其次，金融理论的非道德范畴心理学排除了，对后贵族式金融的道德社会学的任何争论。毕竟，富人与穷人都有同样的需要，即在以后而不是现在得到有钱的补偿。

风险量化

金融理论的下一步是声称无风险利率远远不足以补偿，非无风险货币物的财务投资者所承担的许多风险。

首要的也是最大的风险是，货币物可能会提供负回报，甚至过低的回报（投资"亏本"或者"不足以赚取资本成本"）。在一个非贪婪的系统中，这种非常真正的风险可以通过汇集大量结构上相似的贷款（譬如向同一区域或者行业的公司）来充分应对。资金池的放贷人将从借贷人处定期收取保险金，每笔保险金的大小由该资金池的成员最近违反承诺的规模决定。这种类似股权的制度将支持财务投资者，与某些投资对象群体之间的交换正义。

实际的与贪婪共存系统并非如此运作的。金融理论教导人们，贷款利率包含预先设定的"违约风险溢价"。这种安排的范围是，让大部分利息付款实际上补偿了，少数实际无力支付的利息。然而，金融理论添加了声称，投资者不仅需要补偿实际损失，而且还需要补偿实际损失可能超出预期的可能性。换而言之，它假设投资者因接受不满意回报的可能性，而应得到非常可观的奖励。这种额外奖励通常是足够慷慨的，以至于风险金融证券投资组合的财务投资者，通常比无风险证券的投资者获得更高的总体回报。这种结果中有许多贪婪却没有正义性。

金融理论还声称，债务投资者应该为承担"通胀风险"而获得溢价，即价格和利率上升会侵蚀金融证券价值的可能性。固定收益证券的到期日越长，实际通货膨胀率与原始利率"定价"的预期利率不同的风险就越大。该金融理论善意地解释道——对财务投资者来说是友善的——放贷人需要额外风险溢价来应对通货膨胀的不确定性。如果没有贪婪的蒙蔽效应，很明显，更贴近现实，包括对过去和现在的通货膨胀率进行某种定期调整，将为补偿提供更多的正义且无贪婪。然而，该金融理论忽视了这种可能性，因此贪婪的放贷人可以要求高通胀不确定性溢价，同时希望通胀率出乎意料地低，而贪婪的借贷人则以相反的动机。

金融理论进一步引入了"时间溢价"以补偿据称由于期限较长而带来的无力支付及通胀的额外风险。几乎毫不奇怪的是，一旦经济、价格和时间风险都得到充分补偿，计算出的总风险溢价为投资者提供的回报几乎总是客观上贪婪的，而且通常还带有主观上和社会上的贪婪。

在实践中，投资者的回报有时比该金融理论告诉他们应得的要少得多。这种偶尔的"失望"通常是由经济特别是金融危机造成的，给财务投资带来了巨大损失。在金融理论中，损失大多数是由财务投资者和投资对象相互强化的贪婪造成的，被用来作为需要贪婪的高风险溢价的证据。这里有一种讽刺：该理论解释了为什么贪婪的财务投资者，最终不仅会因为创造和延续金融例外而得到补偿，而且还会得到奖励。

贴现率

固定收益货币物的高"风险调整"回报的理论依据在股票的"预期收益""自有资本成本"以及"贴现率"的金融理论中得到反映和放大。这三个词组指的是同一基本概念的略有不同方面，即特定比率的最低可接受水平：分子是公布的利润或者可用于股息的资金，分母是原始货币投资金额或者数年后对投资所作的会计价值评估（"账面价值"）。金融理论教导人们，对于任何一家公司来说，这种"净资产回报率"或者其密切相关的"投资回报率"以及"股权现金流回报率"应该足够高，以便为原始股权投资者的财务投资提供适当的回报。

一连串术语不应该掩盖所涉及的计算的现实距离与贪婪。人们假设股票比债务风险更大，因此除了假设风险债务投资者要求所有的无风险利率溢价之外，股票投资者还应该获得一种"股票风险溢价"。这种股票风险更大的假设是完全没有道理的，因为股票可以免受通货膨胀率意外上升的影响，而固定收益债务却不能，而且随着时间推移，股票将无休止地参与两家公司（我在第五章中描述为客观上贪婪）以及整体经济的成功，这足以弥补当公司无法支付股息但仍可支付利息时，所遭受的相对罕见的损失。

股票确实存在流动性风险：卖方可能不喜欢他们想要卖出时的现售价格。当然，对货币物的现成流动性的渴望本身就与现实相距甚远。此外，同一位财务投资者的贪婪欲望与恐惧极大地放大了货币物价格的固有波动性，产生了另一个贪婪的讽刺。财务投资者的贪婪程度越大，他们对自己的不良行为期望得到的回报越高，造成的破坏性越大。

要求的回报率有时可能与某些投资对象有关。可以说，投资经理可以将价格定得足够高，以便提供财务投资者他们期待的利润及股息。然而实际上，未来的价格与利润很少受到这些投资经理的控制。除此之外，利润计算的复杂性与模糊性，为通常围绕着贴现率计算的数学精确度增添了一层幻想的色彩。公司经理在讨论可能的主要支出计划时，使用贴现率的正当理由则更少了，譬如，用于新建工厂或者新产品市场营销的支出。引入一个在很大程度上是任意的贴现率，并不会给未来利润的必然不精确的估算增加有用的信息。此外，对增量投资的股权投资者的回报问题在经济上是无关紧要的，因为该公司可以并且在大多数情况下，确实通过分担而非融资解决其目前资金短缺的问题。

计算出的预期回报率和贴现率几乎总是高得离谱。对于想要证明自己对贪婪回报的渴望是合理的投资经理和股东来说，这并不是一项缺点。他们可以说，"我并不贪婪地要求这种水平的利润。我只是遵循金融科学"。然而，对于任何正常运转的经济体来说，计算出的资本成本往往是非常奇特，以至于它们不得不被忽略。如果某公司的资本成本是，譬如说，10%，那么财务投资者向该公司投资1美元，一年后该公司可以还给投资者1.10美元。一个简单的计算表明，以这个10%的资本成本来计算，一家公司只会在现在愿意支付6美元的价格，来购买三十年后价值100美元的东西。从这个视角来看，几乎不值得担心一代人之后可能发生的是好事还是坏事。譬如，数十年后将长成材的树木的收入的当前或者现值不值得考虑，一代人后退役核电站的费用也不值得考虑。因此，金融理论告诉木材公司现在不要重新种植被砍伐的树木，而核电厂现在只管使用而不必担心放射性废料要怎么处理。幸运的是，要求回报的金融理论所支持的贪婪很少会推翻经济常识。木材生产商的经理和核电生产商的监管者通常会找到忽视这种有缺陷的理论。

货币物的有效价格

金融理论中的一部分被称为有效市场假说①，声称对于在金融市场交易的任何货币物，当前价格是对其真实价值的最佳估计。这个说法在最高理论层面上是有些问题的，因为"真实价值"的含义

---

① 译者注：有效市场假说又被译为效率市场假说，由美国著名芝加哥经济学派成员及2013年诺贝尔经济学获奖者尤金·法马（Eugene Francis Fama，February 14，1939）于1970提出的这个经济学说，其对有效市场的定义是：如果在一个证券市场中，价格完全反映了所有可以获得的信息，那么就称它为有效市场。

尚不清楚。各种价格，尤其是货币物的价格，与所支付物品的主观、客观或社会价值之间可能没有明确的关系，因为该价值是人类的，而人类的价值是不可量化的，并且由于货币物与任何人类价值的关系充其量也是间接的。在较低但仍然处于较高的水平上，由于时间本体论的非对称性，货币物的真实货币价值的观念几乎是不连贯的。没有任何当前价格可以客观地认为，等同于在未来所收取的货币性支付，也无法调整到给那些支付不确定性，赋予一个当前价格的货币值。最好的处理方式是在一套商定的规则下进行等价，既用于总结对未来的猜测，并将一系列可能的数字转换为单一数字。

从更加实证的角度来看，金融市场的历史并不真正支持市场有效性背后的直觉理念。决定货币物价格的群体有时是有先见之明的，但是贪婪往往会损害判断力，而且容易蔓延并随之增长。金融市场中无数的泡沫和萧条以及价格的快速波动均表明，贪婪与大众心理的交织使得这些市场效率相当低下。

尽管如此，证据在微不足道的层面上支持有效市场的假设。个人财务投资者很少能让其长期的"投资收益跑赢市场"。用较技术性的话说，按照普遍公认的惯例衡量，它们的"总回报"很少大于，由相关金融市场整体变化而总结出的指数所产生的回报。优胜的稀缺性表明，要对大多数未来货币物价格的决定因素有一贯较好的判断是困难的，也许是不可能的。认识到这种可能的无能力实际上已减少了一种金融贪婪。在过去的十年中，更多投资者选择了"被动"基金，这些基金仅管理与指数整体涨跌相匹配。

然而，有效市场假设不仅鼓励克制。像金融理论的其余部分一样，它鼓励贪婪，尽管在这种情况下，这样的联络异常微妙。其逻辑如下：货币物价格持有某些有关可能未来信息的隐含暗示，鼓励人们更多地关注它们。这种关注支持了企业经理观点，即他们认为自己应该因管理股票价格上涨而获得奖励。更通俗地说，货币物的价格尽可能反映事实的假设，会遏制任何质疑贪婪在确定该价格中作用的愿望。

这种有效价格思维是混乱的。尽管高股价或者不断上涨的股价可能对应着，企业卓越性的积极或不断改善的多维评价，但是它不一定如此，而且通常也非如此。很多时候，高股价仅仅反映了某些社会上可能暂时取得成功的贪婪商业实践，与这些股票购买者主观贪婪热情的某种组合。股票价格的上涨满足并且鼓励了贪婪的双重性，而在道德上盲目鼓励高股价本身就是对贪婪金融取向的反映与鼓励。

货币物数字的意义

我已多次提及了货币物的价格及其价格变化的现实距离。由于层次和变化与三联体中间部分发生的任何事情都没有明确或者统一的因果关系，因此它们的非理性也不足为奇了。正如他们所说，它们是金融体系的特征而非缺陷。这两种类型的非理性显然会招致贪婪。货币物价格缺乏上限，消除了对贪婪愿望的实际限制的可能性。货币物的价格与经济现实之间缺乏一种明确或者必要的联系，排除了任何逻辑限制。此外，由于价格可以快速波动，并且没有任何清晰或者可预测的模式或可辨别的因果关系，因此现实几乎不会提供遏制短期金融赌博中获胜的贪婪期望。

金融理论不需要煽动对货币物价格的投机贪婪，但是它确实提供了一种智力的掩护。毕竟，赌博的名声不佳。如果参与金融市场的游戏并不比障碍赛马①更"绅士地重名誉"的话，那么金融游戏

---

① 译者注：障碍赛马最初是由英国海军上将亨利·约翰·劳斯（Henry John Rous，1795—1877），在1860年为英格兰赛马会设计的一套马匹的年龄体重配比系统表，因为年轻的马匹与年长的马匹相比，不具有相同的耐力，而耐力在较长距离的比赛中会发挥出关键的作用，尤其是在障碍赛中，马匹在快速奔跑时必须跳越许多栅栏和障碍物，为此劳斯根据该系统为成熟的马匹添加"配重物"以减慢其速度，由此让年幼马匹具有竞争力。但此操作具有一定的人为主观操纵的空间，从而影响赛局的结果。

充其量是一项阴暗的生意，因为在赛场上欺蒙是持续战胜赔率的最有效的方法，也许是唯一有效的方法。在某些博弈游戏中，具有数学知识的赌徒可以获胜，但是他们通常认为自己的劳作更像是一个爱好而非一种体面的职业。在金融中"参与股市博弈"曾经招致类似的社会鄙视，包括怀疑成功往往来自某种不正当的安排。金融理论通过为价格水平和价格变化提供听起来很合理的解释，已经帮助消除了这种耻辱。

我已经介绍了价格合理化、货币时间价值和风险溢价的要素。这些与投资对象对投资者未来付款的预测相结合，创建了一个大胆却毫无意义的等式。以储蓄货币表示的当前价格，据说等于投资者的"预期的未来现金流"的"风险调整过的现值"（或者"贴现未来值"或简称为"净现值"）。这一观点在三个层面上是错误的。首先，没有为两种不同类型的货币性质而操心，即向财务投资者支付的代币货币和货币物的储蓄货币价格。没有注意到假设这两种货币可兑换的问题是可以被谅解的，因为"货币"被模棱两可地使用的观念是非常陌生的。这第二个问题是计算背后的贪婪共存的假设。

理解货币物价格为净现值的第三个问题是，将未来现金流与未来利率这两组长序列完全未知的数字，组合在一起的总智力真空。希望根据定义无法得知的大量一系列数字，可以帮助确定此时此地此物的真实价值是毫无意义的，甚至在通过远离现实的贴现因子调整了，这些未知数字之前也是如此。如果对这些价格没有投机，那么人们对寻找真实价值就不会有太多或者根本没有兴趣。然而，存在大量的投机和投机者正在寻找，或者帮助建立真实价值的观念为其提供了一个智力上正当性理由。换而言之，净现值的计算，无论其背后的逻辑多么脆弱，都为赌博中获胜的贪婪的欲望披上一件体面的外衣：为准确而"高效"估值的智力追求。

金融理论对货币物的价格变化的处理远没有其对价格水平的处理那么荒谬。事实上，该理论关于这些变化的主要结论，即在短期内大多数变化都是随机的，是相当合理的。这证据在很大程度上支持价格"随机游动理论"①的主张，尽管判断在某种程度上取决于随机性的定义和计算方式以及短期有多长。与有效市场假说一样，随机游动假说基本上遏制了交易中的贪婪，因为它告诉人们，只有基于以较低的成本获得的优质信息，才有可能满足交易者的贪婪欲望。随机游动理论通过提供分析价格变化的科学分类，巧妙地鼓励贪婪。事实上，许多交易者乐于使用理论家用来测试随机性的技术。交易者通常但并非总是徒劳地希望，使用略微复杂的数学技术对大量历史数据进行分类，从而满足他们贪婪的欲望，去做理论上认为几乎不可能的事情。

债务与股权等值

经济学家通常假定价格差异，可以准确量化几乎任何质量或者品质的差异。如果一种桃子比另一种桃子多汁更美味，但是其新鲜度略差，那么相对价格应该并且可以表达所有这些差异。正如在第一章中阐述过的，这种说法是错误的；但是正如在第二章中论述过，这种说法却是有用的。在这里，我对金融理论的货币意义过度延伸感兴趣：即积蓄货币数量可以始终如一地"定价"，**所有的**结构上不同的货币物的品质和未来数量的说法。我已经论述了为各种债务提供所谓一致性价格所需的一长串假设，并且我本可以论述在比较具有截然不同品质的公司股权价格出现的类似困惑。

金融理论与三联体左侧部分相当奇特的现实之间，最大的张力

---

① 译者注：随机游动理论又被译为随机游走理论，指资产价格本质上是随机的和不可预测的，过去价格的变动走势对未来的变化几乎没有影响，因此过去的价格不能用来准确预测未来的价格；该理论由美国著名经济学家伯顿·麦基尔（Burton Gordon Malkiel，1932—）提出，并在他 1973 年出版的《漫步华尔街》一书中推广。21 世纪以来，麦基尔积极提倡中国的投资机遇，还编撰关于中国金融市场的 ETF 指数。

货币、金融、现实与道德

来自于更雄心勃勃的说法，即相对价格可以捕捉到在债务与股权之间的许多差异。这两种类型的货币物在几个维度上存在根本的不同：潜在的最大回报、潜在损失的时间与结构、它们对通货膨胀变化的敏感性，以及它们与整体经济和具体投资对象发展的关系。金融理论声称将所有这些因素含在定价内了。

出于务实和历史的原因，该理论首先将债务作为标准的财务安排。它将股权视为债务的有利因素：债务加上可变回报、额外可能的收益、更大的保护措施以防意外通货膨胀率变化，以及经济滑坡的更大脆弱性。如果现实主义是目标的话，那么呈现的方式本应该减掉股权，因为股权比任何债务都更接近付费经济的现实。然而，主要缺陷不在于创建等价方式，而在于可以创建等价的假设。随着时间的推移，债务和股权的运作方式差异太大，以至于无法找到一个正确的方法，使用相对价格来使这些不同类型的货币物作互换。

幸运的是，无法根据股权对债务定价，反之亦然，没有经济重要性。三联体中间部分内的相对价格的经济意义有限，而远离现实的三联体左侧部分的相对价格的经济意义更有限。然而，该理论确实为各种类型的贪婪行为提供了一些智力上的掩护。贪婪和远离现实的偏好于债务融资而非股权融资，可以为被辩护为理论上合理而且道德上中立的"资产负债表最优化"。该金融理论的分析技术——风险与回报的阿尔法和贝塔系数[①]、投资组合的"有效边际"[②]"夏普比率"[③]以及"协方差"研究——都可以吸引金融投资者

[①] 译者注：阿尔法和贝塔系数，也可以表述为 α 值和 β 值；阿尔法系数常用来衡量一只股票相对于整个市场的变动程度，有许多不同计算 α 值的方法，最常见的是将股票的回报率与一个市场基准指数作比较。贝塔系数是衡量一只单个股票价格的波动性。一般而言，高 α 值和低 β 值的股票表现优于市场，反之低 α 值和高 β 值的股票表现得比市场差。

[②] 译者注：有效边际的概念是由美国经济学家、诺贝尔经济学奖得主哈里·马科维茨（Harry Markowitz, 1927—2023），于 1952 年在其发表的《投资组合的选择》论文中首次使用数学模型分析投资组合中提出的，其目的是要求最有效的投资组合集，即投资的有效边际。马科维茨依据六个假设建立其有效边际模型：1）投资者希 （转下页）

寻求贪婪的、远离现实的回报。

高管薪酬与股东回报的"对标"

金融理论大部分是关于融资的。事实上，很大程度上，它将实际经济简化为对金融市场有效却不稳定的交易和定价的，一系列本可以追溯的外源性影响。在处理"账面资产"时，正在交易中金融证券的"标的"公司被简化为"贴现现金流模型"。理论家会承认这些数字严重简化，故肯定是错的，但是他们几乎心不在焉地断言这些数字是现有的最佳估计了。他们同样漫不经心地驳斥了关于模型输出过度波动的抱怨，在这些模型中，变量的微小变化会导致"公允价值"产生令人难以置信的巨大差异。这种思维暴力只有当每位参与者都了解，真正重要的不是标的公司而是交易时才有意义。

尽管金融理论作为整体在学术上令人尴尬，但是无论是在三联体左侧部分的荒唐可笑的举动，还是其脆弱的智力理由，都与三联体中间部分所发生的事没有太大关系。有一个重要例外。认为股价最大化必然是，所有公司管理者首要目标的财务假设，在经济上是有害的。这个财务假设依赖于有些经济学家提出的两项主张：股东的利益相对于那些公司利益相关者的利益具有绝对的优先权，而股东只想实现股价最大化。许多其他经济学家拒绝了其中一项或者两

（接上页）望财富多多益善，被投资效用为财富的增函数，但其边际效用呈递减性；2）投资报酬率分布为正态分布；3）投资效用的期望值是预期报酬率与风险的函数，影响投资决策的主要因素是预期报酬率和风险；4）投资风险以预期报酬率的方差或标准差表示；5）在相同预期报酬率下选择风险小的证券，或在相同投资风险下选择预期报酬率大的证券；6）市场是有效的。这项方法对投资理论产生了重大影响。

③ 译者注：夏普比率，或称夏普指数、夏普值，是由美国经济学家、诺贝尔经济学奖得主威廉·夏普（William F. Sharpe, 1934—）于 1966 年提出的，其定义是投资收益与无风险收益之差的期望，除以投资标准差，用来表示金融领域衡量一项投资，例如股票或投资组合，在对其调整风险之后，相对于无风险资产的表现，该值代表着投资者额外承受的每一单位风险所获得的额外收益。

项主张，但是金融理论则简单地将盈利最大化的公司作为股价模型的输入。这种单维度的企业只是一种更加不切实际的假设，与所有其他不切实际的经济和心理的假设一样，是在漫不经心的情况下做出的。

我在本章前面阐述过了由贪婪泛滥的"股东资本主义"所造成的损害——有用支出的减少、对公共利益考虑的缺乏，以及向高管支付荒谬的高薪。金融理论对破坏性做法的成果虽然仅次于经济及社会精英的图谋，但是它确实有所贡献。它在意识形态上的争论中的存在，提供了一个好的例子，阐明了金融理论表面上中立的观念是如何支持贪婪的结构，不仅在经济中也在金融世界中。

对数字的贪婪

在本著作中，我尽可能地少使用数字。这种节制可能似乎有点奇怪。代币货币是经济的一部分量化，货币数字是金融数字的主要原料，而金融如果不是数字的话就无法存在。然而，数字的缺乏，伴随着代数公式的匮乏，符合我的一个起始原则：经济活动本质上是非量化的。劳动与消费大交换是基本上无法衡量且始终不可比较的人类活动。人类学、社会学、心理学、组织行为学、法学以及伦理学提供的经济洞见比任何数字分析都可能更多。

经济学的真理也同样适用于金融学——实际数字和通用方程引入了错误的精确度，从而阻碍了理解。具体的数字、方程式与公式似乎游离于它们非量化的社会与经济背景之外。孤立地看，这些数量因素既无法为具体财务的安排，又无法为整体社会金融方法提供深刻的洞见。

我在第二章中阐述过为什么特定的代币货币数字不值得关注。基本问题是个别与相关价格反映着太多的因素，从社会地位到稀缺价值再到劳动工时，都无法提供太多经济洞见。我本可以对近乎无意义的中央货币比率的具体测量方法作出类似的分析。金融货币物的价格更不值得尊重，因为它们几乎不与真实经济中任何事物挂钩。

利率与其他财务回报的衡量也许有所不同。当然，神学家和立法者已常常这么认为。几个世纪以来，特定的利率被设为上限，凡高于该上限的财务安排就被定义为高利贷。神学已经很大程度上被抛弃了，相关的法律也被废除了，但是诱惑却已以一种改良过的形式延续着。在托马斯·皮凯蒂①的 2014 年的畅销书《**21 世纪资本论**》中，这个法国经济学家用代数不等式"r＞g"设定了可接受回报的一个有效限制。这只是略微简化，他定义了当投资回报率（r）高于相关经济增长率（g）时为社会贪婪。

这种纯粹的数字和代数定义的金融贪婪在本质上是错误的。如果不考虑本质上非数字因素——主观的、客观的以及社会的，就无法确定具体回报数字的正义性。全面讨论在道德、社会，以及经济上适当的财务回报，无论预期还是实际的，还要仔细考虑总体经济繁荣、具体经济结构、中央货币比率（通货膨胀）趋势、三联体的左侧部分和中间部分的相对规模，以及税收系统组织。回报数字的完整伦理辩论还将考虑社会凝聚力和分层的问题、针对目前资金短缺问题的非财务解决方案的可用性与可取性，以及研究中的财务安排的类型。最后，在后贵族式、与政府相关的以及工厂建设融资中，贪婪的门槛可能都是不同的。对于书呆子和新马克思主义者来说，R＞g 可能是条朗朗上口的口号——甚至有段时间被印在 T 恤衫上——但是即使它是完美的经济学（我深度存疑），对于严肃的伦理学分析来说，这是不够的。

---

① 译者注：托马斯·皮凯蒂（Thomas Piketty, 1971—），法国经济学家以研究财富与收入不平等而闻名，在《21 世纪资本论》中作者对过去三百年来欧美国家财富和收入分配动态变化的数据作详尽探究，证明"第二次世界大战"以来各国国内不平等现象已扩大而且将更加严重，该书曾于 2014 年荣登亚马逊和《纽约时报》销售排行榜的冠军。

对具体财务数字的简单道德判断都存在着另一个问题。金融的时间与本体论不确定性使得那些数字极其难以解释。在 20 世纪 70 年代晚期，许多发达国家物价通胀年率测得高于 10%，而债券的条款反映了通胀率多年不会大幅下降的预期。基于这种预期，11% 利率的 30 年期限债券客观上可能不会显得贪婪。然而，通货膨胀率在随后几十年里稳步下降，因此任何购买此类债券的人最终可能获得足够高的回报，这表明了客观及主观的贪婪。2022 年通货膨胀率突然上涨造成了类似的相反方向的变化。

实际的回报数字在两个维度上令人困惑：意义和道德。就意义而言，将任何一组数字放入一个单一的、智力上一致的系统中并不容易。这种统一只有通过自由应用金融理论才有可能实现，但是金融世界的秩序与理性远不及理论所假设的多。货币数字从来都不是真实价值的精确或者一致性的指标。金融的回报数字，实际上是附加了前瞻性或者回顾性的时间不确定性与不一致性的货币数字，本质上比货币数字具有更多的不精确性与不一致性，因此无论是个别性还是群体性考虑，它们将给予很少的真实信息。

这种实际的混乱蔓延到了第二个道德维度。如果没有社会与经济的背景，这些数字就无法提供足够的经济意义从而具有明确的道德意义。由于避免贪婪并不是确定这些数字的考虑因素——如果有的话，它们是通过最大限度地满足强势方的贪婪欲望而设定的——很可能其中许多数字实际上按照一个或者多个标准来看都是贪婪的。然而，单单回报数字并不能讲述道德故事。充其量，它们可以发出几声绝望的哀鸣。譬如，"发薪日"贷款借贷人被要求三位数的回报数字（年利率百分比）时尖叫道，"贪婪的放贷人"，以及成功的科技公司的初创股权投资者获得好几位数的回报时则惊呼"这么多"。然而，在大多数情况下，金融贪婪最好通过查看预期（为了最大化或者公平性）、结构、现实距离，以及在这些数字背后的社会关系来分析，而不是单纯地看待原始数字本身。

因为金融通常按照我建议的方式进行分析，即通过数字分析，所以有几个常见讨论的主题值得作简要的道德分析。第一个是在第五章中阐述过的**高利贷**。它经常受到谴责，但是却很少得到明确的定义。我对于反高利贷法律的消亡以及对高利贷的道德谴责表示过某些遗憾，但是我所怀念的是法律的道德立场，而不是它们对数字的规范。在高利贷与非高利贷的安排之间，不可能有在所有时间与条件下都适用的清晰的数字界限。高利贷一词及其概念非常值得恢复流行，但是其前提是它们被作为相当复杂的分析框架的一部分。

第二个分析主题是**税收**会影响财务安排中的贪婪。譬如，一个承诺 10% 回报率的债券买家，如果他可能期望利息收入按 50% 或 100% 的税率征税，而不是期望对该收入不纳税，那么他就会被判断为主观上贪婪。当然，高税收安排在客观上或者社会上可能仍然是贪婪的。更加一般地说，税收制度可以作为对抗投资者贪婪的社会武器。高税率无论是金融收入、货币物的价值或者价值变化，还是投机性收入，几乎自动地减少了各种贪婪的范围。

第三个分析主题是我多次提及过的所谓的**"实际利率"**，尽管我避免了使用常用的形容词，因为（正如在第二章关于"实际"收入和生产的阐述中提到的）误导性地使用"真实的"来描述数字，完全是对实际货币数字和回报数字进行了任意且部分一致的调整后的产物。尽管措辞选择不佳，但是"真实"的调整背后有一个好的理念。不考虑总体通货膨胀造成的"购买力"损失（或因通货紧缩带来的收益）的财务回报与现实相去甚远。当然，这些损失（或者收益）的计算必然是不精确的。货币是一种粗略的工具，而且加权过的货币数字只会降低它的精确度。尽管如此，在尝试评估特定安排的贪婪程度时，最好调整数字以减少其误导性，而"真实的"调整基本上就是这么做的。

第四个分析主题是企业**股权收益率**为计算值而非实际支付额。这种差异在金融理论中并未得到认可，其中利润与"股权资本"

（或"股东资本"）的比率被视为等同于债务利率。这种等价性的主张是不现实的。股权回报数字与债务回报数字实际上没有可比性。债务比率是有问题的，因为它们错误地被假设了货币数字随着时间推移是可比的，但是与利润和公司股本相比，它们的虚假性最小。

利润和股权资本的两种会计结构都使用，被调整过却无意义的代币货币价值。这两种计算都需要对各种货币数字进行加减，它们通常以货币不精确性，描述了公司在三联体左侧部分，至少是一部分的所有关系。股权资本计算还包括一些，但绝不是全部，使公司稳定运营的因素。两种计算均不包括对价格变化影响的调整。总体而言，尽管利润数字并不像股本数字那样是个大杂烩，但两者的比率并不能作为任何事情的可靠的指南。债务和股权数字的不可比性解释了，当前利率和股东预期回报之间的巨大差异，尽管股东的贪婪可能发挥了更大的作用。

第五个分析主题是**负利率**，这是最近几年一项较引人注目的发展。有意将中央利率设定为低于通货膨胀率（"负实际利率"）的做法已经相当常见，可以用一个技术性术语来描述，即金融抑制①，但是经济学家长期以来一直认为，实际的负利率对于专业投资者和普通公众来说都是不可接受的。然而，在努力修复 2008 年国际金融危机之后的金融与经济关系中，许多中央货币当局设置了非常微小的负中央利率。这些并没有传递给普通公众，但是专业投资者似乎并没有，因为他们囤积的储蓄货币的名义价值被缓慢侵蚀而烦恼。

---

① 译者注：金融抑制一词是由两位美国应用经济学家爱德华·肖（Edward S. Shaw，1908—1994）和罗纳德·麦金农（Ronald I. McKinnon，1935—2014）于 1973 年提出，是指一项向储户提供低于通货膨胀率的储蓄回报的政策，旨在允许银行向企业和政府提供廉价贷款，以减轻他们还款负担。该政策在第二次世界大战后降低债务与国民生产总值的比率方面发挥了重要作用，譬如在 1945 年至 1980 年期间将美国政府债务的实际利率保持在 1% 以下，可见该理论在清算以本国货币计价的政府债务方面产生了一定的效应。

接受负利率可以是贪婪吗？当然，当出现任何价格通胀时，对名义价值的损失的保证以及"实际"价值损失的近乎确定性，减少了接受这些负利率的投资者的贪婪范围。然而，评判整体的贪婪程度需要金融与社会的背景。负利率基本上是数年"量化宽松"政策的一部分，即在三联体的左侧部分增大储蓄货币数量。这种扩张可能会鼓励更多的主观、客观以及社会的贪婪，而不是负利率可能抑制的贪婪。

图书在版编目（CIP）数据

货币、金融、现实与道德：以一个崭新的视角论述古老问题/（英）爱德华·哈达斯著；周振雄译. —上海：上海三联书店，2025.9. —ISBN 978 - 7 - 5426 - 8965 - 8

Ⅰ. F830. 2

中国国家版本馆 CIP 数据核字第 2025U7F836 号

Money，Finance，Reality，Morality：A New Way to Address Old Problems
By Edward Hadas
This book first published 2022
Ethics International Press Ltd，UK
British Library Cataloguing in Publication Data
A catalogue record for this book is available from the British Library
Copyright © 2022 by Edward Hadas
Translation into Simplified Chinese Copyright © 2025 by Shanghai
Joint Publishing Co. Ltd. ，All rights reserved. Published under license.

著作权合同登记图字：09 - 2025 - 0355 号

货币、金融、现实与道德：以一个崭新的视角论述古老问题

著　　者 / ［英］爱德华·哈达斯

译　　者 / 周振雄
责任编辑 / 张静乔
装帧设计 / ONE→ONE Design Studio
监　　制 / 姚　军
责任校对 / 王凌霄

出版发行 / 上海三联书店
　　　　　（200041）中国上海市静安区威海路 755 号 30 楼
邮　　箱 / sdxsanlian@sina. com
联系电话 / 编辑部：021 - 22895517
　　　　　发行部：021 - 22895559
印　　刷 / 上海盛通时代印刷有限公司

版　　次 / 2025 年 9 月第 1 版
印　　次 / 2025 年 9 月第 1 次印刷
开　　本 / 655mm×960mm　1/16
字　　数 / 360 千字
印　　张 / 28
书　　号 / ISBN 978 - 7 - 5426 - 8965 - 8/F·953
定　　价 / 78. 00 元

敬启读者，如发现本书有印装质量问题，请与印刷厂联系 021 - 37910000